CULTURE AND TOURISM
INDUSTRY FRONTIER

文化和旅游产业前沿

第九辑

主编　郭万超

社会科学文献出版社
SOCIAL SCIENCES ACADEMIC PRESS (CHINA)

《文化和旅游产业前沿》

主　　编　郭万超

副 主 编　赵玉宏

编　　辑　王　丽　仇　博　杨传张　周　倜　倪乐融

编辑单位　北京市社会科学院传媒与舆情研究所
　　　　　　北京市文化创意产业研究中心

编委会委员简介

主编简介

郭万超　北京大学法学硕士，中国人民大学经济学博士，中国社会科学院经济研究所博士后，新加坡国立大学访问学者。北京市"高创计划"哲学社会科学和文化艺术领军人才，北京市宣传文化系统"四个一批"人才。现任北京市社会科学院传媒与舆情研究所所长、北京市文化创意产业研究中心主任，研究员（破格），博士后指导老师。主要兼职：中国政策专家库（国务院研究室）、财政部、科技部、文化和旅游部、新华社瞭望智库、中国博士后科学基金、国家版权局（腾讯）网络版权产业研究基地专家，中国水利文学艺术协会创意设计委员会副主任，欧美同学会建言献策工作委员会委员，清华大学文化创意发展研究院、上海交通大学城市科学研究院、浙江大学国家制度研究院特聘研究员，国家重点研发计划文化科技类项目、东亚文化之都、中央文化企业预算资金、国家级文化产业园区评审专家。在北京市社会科学院科研考核中两次排名第一，两次排名第二。出版专著 12 部，包括《数字文化产业》（腾讯董事局主席马化腾作序）、《走向文化创意时代》、《中国文化产业辞典》、《北京市文化创意产业竞争力提升研究》、《当代中国经济发展战略》（中央政策研究室原副主任郑新立作序）、《探寻当代最优发展模式：中国经济大变革》、《中国特色新型城镇化道路研究》、《中国特色自主创新道路研究》等；诗集 1 部；主编著作 10 部，包括《创意城市蓝皮书：北京文化创意产业发展报告》《文化和旅游产业前沿》《中国互联网文化企业发展报告 2015》等；在《求是》《经济学动态》《人民日报》等发表论文 230 多篇，其中 C 刊和中文核心期刊 49 篇，《人民日报》《光明日报》《经济日报》12 篇，《求是》6 篇。20 项成果获中央主要领导等人重要批示或被内参采纳。主持国家社科基金及中宣部委托等国家项目 8 个，主持省部级重大等课题 50 多项。获人事部、《人民日报》和中央统战部等 10 多项奖励。应邀参加第四届世界互联网大会，在国际或全国论坛、大学、政府机构等演讲数百场，为首创集团、中青旅集团、万达文旅、北京演艺集团等企业做讲座。《人民日报》、《光明日报》、中央电视台、中央人民广播电台、凤凰卫视等对其进行过报道或采访。

目　录

代序　我国文化领域经济发展新态势及政策响应 ……………… 郭万超 ／ 1

数字文创

虚拟形象 IP 的建构机制与前景趋势 ……………… 唐洁琼　陈少峰 ／ 3

北京文化大数据体系建设：思路框架与突破路径探析 ………… 常　艳 ／ 17

北京数字文化产业集聚的主要特征、动因与建议 ……………… 田　蕾 ／ 26

"云游"时代博物馆知识产权创造与管理的新启示 ………… 刘　蕾 ／ 37

网络视听新闻的生态隐忧与治理路径研究 ……………… 倪乐融 ／ 48

新型业态

中国乡创美学的基本特征 ……………… 孙若风 ／ 69

非物质文化遗产与研学旅行融合发展研究 ………… 李　柯　韩顺法 ／ 74

蓝色文旅产业与金融服务体系建设
　　——发展粤港澳大湾区蓝色经济的视角 ……………… 金　巍 ／ 89

我国影视旅游的发展路径与青岛实践 ……………… 吕绍勋 ／ 97

场景理论视角下城市滨水区夜间文旅发展经验与启示 ……… 陆梓欣 / 113
“超级明星”艺术机构营造范式刍论 ………………………… 张笑天 / 129

文化传播

文化，城市之魂 ………………………………………………… 李建臣 / 145
智能时代新闻传播主体的伦理责任探析 …………………… 潘　璐 / 155
技术与媒介仪式的交融：北京冬奥构筑国家形象
　与对外传播研究 ………………………………… 王袁欣　车梓晗 / 171
城市形象传播中的文化影响因素模型
　——以广州市为例 ……………………………………… 周　倜 / 187
融媒体时代北京冬奥会国际传播效果分析 ……………… 赵玉宏 / 213
融媒体转型发展面向“三个转变”
　——以北京市东城区融媒体中心发展为例
　…………………………………… 王继志　郭　佳　郑娜娜 / 221

区域文产

2021 景德镇国家陶瓷文化传承创新试验区发展报告
　……………… 景德镇国家陶瓷文化传承创新试验区发展智库 / 233
5G 背景下深圳文化产业价值链的现状分析与地位提升探讨
　…………………………………… 陈能军　高洪波　周凯丽 / 259
文化引领现代化活力新南海建设 ………………… 殷秩松　田　乐 / 269
冬奥会推动北京全国文化中心建设策略 …………………… 王　丽 / 283
文化自信视域下加快北京文化产业发展的研究 ………… 李嘉美 / 297

文旅综合

国家新基建战略与文化和旅游消费新旧动能转换研究报告

　　…………………………………………… 王晓静　周　枣 / 307

媒介变迁中的文化生态 ………………………………… 杨　昆 / 320

北京市阅读空间建设赋能公共文化服务高质量发展

　　——以朝阳区"城市书屋"建设为例 ………………… 张　力 / 336

文化产业空间组织形式转型研究 ……………………… 杨传张 / 348

在高质量发展中推动城市文化建设的路径探索 ……… 贾　澎 / 359

北京中轴线文化遗产活化利用 ………………………… 景俊美 / 367

文化场景视角下北京 798 艺术区发展论析 ………… 吴承忠　陈　洵 / 376

"线上教学常态化"趋势下独立学院艺术设计专业

　　教学管理研究 ………………………… 尹媚丹　巢月星 / 386

"科技+消费"驱动文化和旅游产业创新发展研究 ………… 高明亮 / 393

代序
我国文化领域经济发展新态势及政策响应

郭万超[*]

一 充分认识新形势下我国文化经济的重要地位和作用，更加自觉主动把文化经济融入国家经济发展大局，为稳定宏观经济大盘提供新支撑

对文化和旅游部的经济职能要更新观念，认识到位，主动站位。从传统观念看，之前的文化部专司文化和意识形态，虽然早在 2000 年就设置了文化产业司，但一直底气不足，总是自我设限。在新形势下，既要看到文化产业和旅游业的文化和意识形态属性，又要充分认识其经济属性，树立文化经济的强烈意识。其实，并非只有国家发改委、商务部、工信部、农业农村部具有经济发展职能，其他不少部门都有重要的经济职能。比如，国家民委就设有经济发展司。如今，文化经济已成为我国经济发展的重要新生力量，特别是文化和旅游部的成立，使文化经济在国民经济中的地位更加凸显。

---

[*] 郭万超，经济学博士，北京市社会科学院传媒与舆情研究所所长、清华大学文化创意发展研究院特约研究员，博士后指导老师，主要研究方向为当代中国经济、文化产业、互联网与新媒体、城市发展等。

（一）要加快推动文化经济成为我国经济增长的战略新引擎

2021 年底召开的中央经济工作会议特别重新强调，"坚持以经济建设为中心是党的基本路线的要求，全党都要聚精会神贯彻执行"。而文化经济可以为稳增长提供重要新助力。当前，我国经济发展面临国际国内多重压力，稳增长成为经济领域十分紧迫的任务，而文化经济，特别是数字文化产业，在经济增长下行压力加大的形势下，依然保持近两位数的增长。从世界经济趋势看，文化经济早已成为发达国家的重要经济支柱，而我国与发达国家相比，还有很大的差距和发展空间。必须从全局高度认识发展文化经济的重要性，强化职能，使之成为我国经济增长的新一极。

（二）要加快推动文化经济成为高质量发展的战略新生长点

我国经济已由高速增长阶段转向高质量发展阶段，而文化经济是推动高质量发展的重要战略选择。文化经济不仅社会效益突出，还具有环境友好、资源节约的优点。此外，文化经济的溢出效应十分明显，它不仅是统计范畴的文化产业和旅游业，更大范围的泛文化消费、泛文化产业已成为现代经济发展的新势力。仅从旅游业来看，就具有产业高度关联性、高度融合性、高度消费带动性。对当前的文化旅游融合不应仅做狭义的理解，即它不单单是在旅游业范围内将文化产品和服务纳入旅游内容供给要素，而是要把它理解为对旅游全产业链每个节点的文化赋能（内涵拓展和价值提升），以及旅游与其他相关行业，包括农业、工业、生态、艺术、体育、教育、科技、健康医疗、商贸等的跨界融合，进而带来业态创新、商业模式创新、多元主体的广泛参与。因此，文旅融合必然带来产业格局的大变革，形成具有相对独立内涵和外延的大文旅产业（行业群束、业态群束）。

（三）准确把握当下我国宏观经济政策，积极落实并推动文化经济主动与之对接

当前宏观经济政策调控力度和方向有利于文化产业发展。中央经济工作会议的总基调是"稳字当头，稳中求进"，从目前政策出台情况看，"稳"的信号更加明显：一是对稳健货币政策的内涵进行了适度调整，降准降息等政策已经实施，普惠金融已进一步发展；二是积极的财政政策提前发力，1.46万亿元2022年新增专项债务限额提前下达各地；三是目前大部分省市在地方政府工作报告中公布的2022年投资增速都高于GDP增速，适度前置基建投资规模；四是国务院办公厅印发《关于做好跨周期调节进一步稳外贸的意见》，商务部确定2022年为"外贸巩固提升年"，进一步出台相关政策来稳定外需。这些政策从宏观上看，有利于稳定宏观经济运行，防止经济下滑；从微观上说，有利于打通国民经济堵点，激发微观主体活力，进一步保障民生。文旅产业作为集中吸纳就业的产业门类，"六稳""六保"政策将为其发展提供稳定器。第六次全国金融工作会议上对于资本调控的观点也释放了积极信号，在设定资本发展的"红绿灯"基础上，对于平台经济的监管将进一步精准高效，一定的扶持政策和允许海外上市，都为资本恢复行业信心提供了支撑。

二　文化经济短期局部性收缩、增长速度放缓，但长期增长旺盛势头没变，文化产业仍属于朝阳产业，红利可期

在多重压力下，2021年我国文化及相关产业依然显现出比较强劲的新动能。2021年，全国6.5万家规模以上文化及相关产业企业实现营业收入119064亿元，按可比口径计算，比上年增长16.0%，两年平

均增长 8.9%。全年国内游客 32.5 亿人次，比上年增长 12.8%；国内旅游收入 29191 亿元，增长 31.0%。受疫情冲击和文娱领域综合治理影响，文化产业虽然出现增长放缓、收入下降情况，但相比整体经济，仍然抢眼，显现出强大增长潜能。特别是文化新业态特征较为明显的 16 个行业小类活力强劲，实现营业收入 39623 亿元，比上年增长 18.9%，两年平均增长 20.5%，增速高于全部规模以上文化及相关产业企业 11.6 个百分点。

从长期看，我国经济发展内生动力足、韧性强，文化经济红利可期。

无论外界如何风云变幻，只要保持定力，办好我们自己的事情，利用好自身优势，坚定不移深化改革、扩大开放，我国完全有能力在国际环境不确定的情况下，保持合理的中高速增长。这是我国文化经济继续快速发展的重要条件。持续强化的科技创新、不断提升的国际竞争力、全面强化的人力资本都决定了中国经济增长潜能在不断强化，2022 年我国经济仍有望保持较快增长，稳增长政策仍将继续出台，中国经济高质量发展中将涌现更多投资机遇。文化经济作为新兴经济，未来将保持旺盛活力。

中国超大市场优势决定了文旅消费需求巨大。人口规模的优势决定了细分市场具有充足的开发潜力和受众支撑，任何一个小众文化产业可能拥有可观规模的潜在消费群体，因此我们产品的消费能力是毋庸置疑的。要利用好国内大市场的优势，深耕细分领域，做长做深做精产业链条，文化产业是具备很强应对风险冲击实力的。

中国具有产业升级、科技创新后来者优势和换道超车优势。我国在网络应用、人工智能以及数字经济方面已经建立了一定的技术优势和市场壁垒，文化产业加速与科技融合，完全有实力实现换道超车，直接在新的平台上闯出自己的一片天地。特别是中国在应对疫情上的优秀表现和中华文化复兴，也为世界接受并认可中国文化模式提供了基础。科技对于文化消费的赋能，让以兴趣、交往为基础的文化传播突破国别和意识形态的限制，文化产业成为更为通用的世界产业和世界语言。

新冠肺炎疫情和文娱领域综合治理都是外生变量，影响是短期的，疫情总会过去，文娱领域综合治理的主要政策，该出台的基本出台，影响在逐渐减弱。

三　当前文化经济发展面临不少困难，短期承压较大

（一）头部平台企业经营收缩，对文化旅游领域投入力度减小

行业贡献率超过 50% 的字节跳动陆续退出教育、旅游、本地生活等板块。腾讯受游戏版号政策影响，逐步在业务布局上转型，作为公司主要营收项目和品牌象征的游戏业务在收缩。美团等在旅游板块有优势的互联网平台企业受疫情影响，酒旅业务板块营收下降，主要依靠本地生活类业务补充，而相应业务受进一步下调餐饮业商户服务费用标准、将外卖骑手等灵活就业人员纳入社保规范保障体系等国家政策影响，经营成本上升，对新业务的开发支撑能力不足。爱奇艺因受节目供给不足、短视频冲击影响增速放缓，裁员风波以及节目停播等问题对平台持续发展影响显著。

（二）受行业整体环境影响，文化领域吸纳就业能力和人才吸引力有所下降

近期，来自全国工商联旅游业商会的《疫情期间旅游业失业专项调研报告》显示，在受访的业者中，目前仍稳定就业的仅占 13.8%，失业比重高达 68.1%，近六成的从业人员失业时间已超过 1 年。由于文化类项目投资回报慢，大型平台类企业在进行业务调整时，首先裁撤的一般是与文化产业相关的部门，比如百度 2021 年底对游戏、直播

业务就进行了大幅裁员；受"双减"政策影响，大量教育培训企业减员明显；疫情影响下，以旅行社为代表的传统旅游企业、重资产运行的景区类企业都在进行减员止血，特别是以出入境游为代表的高素质行业人才不断流出。加之当前文化领域业务经营门槛的降低，部分文化人才通过灵活就业、自主创业和委托业务等形式介入产业链，人才流动加快。

（三）文化行业从高速发展到重大调整，产业转型正经历阵痛期

文娱领域综合治理行动是外力推动产业健康发展的重大举措。目前，相应政策对于行业前期集聚的泡沫挤出效应还将持续，一定时间内的资本流出会对产业发展产生影响。特别是原有的优势行业盈利能力持续减弱，而在可替代的新兴业态领域前期投入不足，可持续价值变现模式和经营模式都没有完全成型。同时，行业供给尚无法跟上文化消费需求的增长，特别是供需不匹配的问题明显，比如，国民对于数字阅读、知识付费、功能游戏的专业化需求持续上升，但能够提供优质供给的行业主体不多，深耕专业领域的龙头企业尚未形成，细分行业领域产业链条没有成形，产业总体处在支撑业态的"青黄不接"期。

（四）文旅企业融资痛点难点较多，金融扶持落地效率不高

就目前行业态势看，资本对文旅产业投资保持审慎观望态度，同时商业金融机构对文旅企业融资尚存在政策落地的"最后一公里"难题。比如：旅游企业没有可供抵押的资产，即使要求商业银行给予贷款展期，提高一定的坏账容忍率，企业仍然很难从相应机构获得融资。再如：知识产权具有一定"企业专属性"，一旦企业贷款产生坏账，其质押的知识产权担保价值无法覆盖贷款风险敞口，导致大量轻资产的中小文创企业无法获得融资担保的增信服务。在文创领域还没有成熟运作的

信用贷款模式，以产业园区、行业协会等方式聚集一部分企业实现的信用融资池模式仍处于试验阶段。文化领域产权无法明晰的问题也在一定程度上制约了文化资源价值转化效率，比如：基于公共文化资源或国家文化藏品资源开发的创意产品所产生的归属权问题。文化资源的所有权、开发权、经营权和收益权均不明确，一方面影响了创意创新的开发热情，另一方面也使得专业运营资本很难介入，大量宝贵的文化资源被"束之高阁"，没能成为发展资本。

四　适时推动出台对冲政策，提振信心，扶持 文化经济渡过发展难关

一是千方百计保住市场主体，特别是占 80% 的中小微文化企业，是稳住文化经济基本盘的底气、韧性所在。在需求收缩、供给受冲击、预期转弱的三重压力下，稳增长成为中国经济紧迫的任务。2020 年末，全国共有文化市场经营单位 20.89 万家，保住了这些文化企业，就保住了希望，也就保住了就业和民生。要针对市场主体特别是中小微企业、个体工商户等遇到的困难，落实好退税减税降费政策，减轻企业负担，提升企业盈利水平，进一步优化营商环境，提振信心，让企业"轻装上阵"，增强应对风险的能力。

在政策扶持上要进一步分级分类，从过去的区分所有制、经营区域、内外资等传统方式，转变为依据企业实际需求提供定制化的服务策略。比如同一个行业，不同市场主体的政策诉求有很大区别，头部企业和小微企业的诉求甚至有矛盾之处，因此要提供精准到位的政策服务。比如北京对于行业定盘星类的企业采用政府服务管家模式，要求行业主管部门随时回应重点企业的需求，解决实际困难。而对于小微企业，则着重于优化营商环境，包容审慎监管，帮助小微企业介入产业生产的关键环节，以形成大中小企业联合发展，或围绕行业龙头企业发展文创企

业谱系的良好生态。

二是顺应消费升级，推进新业态、新模式释放新活力，使之成为拉动文化经济发展的核心力量。在科技创新和变革推动下，顺应多元化、个性化消费需求的新业态与新模式蓬勃兴起。"十四五"期间中国将跨越中等收入陷阱，消费领域以高质量、新品种、重服务为特征的需求快速上升。中国迈向高质量发展，产业升级、消费升级是值得关注的投资机遇。文化经济将在这个过程中获得新的发展。要逐渐转变对文化和旅游消费的传统观念，这些消费不再是一种享受型消费，而是一种基础性消费。文化和旅游不仅是消费，更是一种生活必需品、一种学习教育。在义务教育体系之外，知识付费、专业培训以及继续教育等都应该成为公民的基本文化权利。要更加注重新兴市场的消费需求，比如目前小镇青年的文化消费投入和意愿往往超越一线城市，三、四线城市可能成为"票仓"；乡村文旅消费更是一个巨大的蓝海市场，农村居民不断提升的旅游消费需求和能力，以及扩大的出游半径将带动新的旅游消费市场发展。

三是利用文化经济跨界融合特性，主动对接相关国家经济发展新战略。京津冀、长三角、粤港澳大湾区，以及最新获得批复的几个都市圈建设规划，都给区域内文化经济做大做强、合理提高资源利用率提供了重要机遇。在各地的城市更新过程中，可以鼓励相应的文旅企业积极承接老旧小区改造或者老旧厂房转型升级项目；支持文化企业参与新基建项目，用好地方政府专项债和 REITs 等试点政策；支持文创主体参与乡村振兴建设，引导文创人才回乡创业；在推进共同富裕过程中，通过非遗项目赋能乡村留守老人、妇女等低技能群体，这不仅可以提高他们的收入水平，还可以激活下沉市场的消费活力。

四是各地还须结合本地实际，加大国家 43 条服务业政策的执行落地力度。要以疫情防控为契机，进一步完善行业应急体系，增强产业发展韧性。2022 年一季度 14 个部门联合出台的扶持受疫情影响较大的服务业若干政策,为相关行业复苏注入强心剂。但是各地在落实过程中,力度不一,除属于中央事权的普惠性政策外,属于地方事权的政策与各省市的财政保障水平、文旅产业在地方经济发展中的地位密切相关。比如对企业而言,因各省市目前社保缴纳存量情况不同,不同地区可减免的社保缴纳费用、额度和期限都不确定,社保缴费减免政策对于减轻企业人力资本负担的作用暂时不好确定。很多文化企业都是租用国资背景的产业园区办公,疫情发生以来,文化产业园区的空置率逐渐走高,因此房租减免政策,也需要地方国资委和国有企业大力配合。在43条政策中,对于餐饮业的员工进行定期核酸检测的费用予以补贴减免,而同样属于疫情常态化防控重点人群的文旅经营场所人员却难以享受到同样的减免政策,因此建议各地将文旅经营场所人员的定期核酸检测费用以及场所环境检测费用纳入属地政府保障范畴。北京市推出的暂停营业保留主体资格的制度,可以适用于一些旅行社。

五是着眼文化科技、文化IP等核心竞争力的培育,进行有效激励和积极引导。目前文化领域对于科技的应用尚停留在浅层次,且有过度追逐风口产业、忽视行业发展的基础问题。大多数文化企业没有建立立足于自身的科技研发体系或机制,对于前端创意环节的打磨投入和研究开发投入很少。文化IP产业链的延伸开发思维局限性较强,有的仍停留在最基础的低端消费品贴牌制造。科技含量高的文化智能制作、消费终端制造和文化设备制造等高端制造基本上处于起步期,大量文化领域的关键底层技术和设备尚掌握在国外企业手中,远未能实现国产替代。文化企业尚处于要么只买产品设备,后续服务开发跟不上,要么只买内容服务,衍生产品制造等高利润环节被其他国家占据的状态,严重影响了我国文化企业发展的自主权。

数字文创

虚拟形象 IP 的建构机制与前景趋势

唐洁琼　陈少峰[*]

摘　要：作为互联网时代与数字化技术的新产物，虚拟形象 IP 开始获得前所未有的发展机遇与成长活力。从受众心理与文化的视角来看，虚拟形象 IP 的建构机制中既包含情感的因素，也包含认同的因素，前者满足了受众的意义自我生产需求，并投射出一个更为完满的超我形象，后者则依托于外部条件的发展成熟从而不断实现自我认同，同时借助以同好交友为基础的小众文化的拓展形成群体认同。虚拟形象 IP 具有良好的前景趋势，但同时要注意突破发展瓶颈，及时向人格化标识、次元壁的突破以及平台化发展的方向进一步实现产业赋能。此外，虚拟体验的世界中存在着物化风险，在使用临界点与伦理界限上，人始终发挥着更高的决定权。

关键词：虚拟形象　建构机制　文化产业　互联网经济

一　虚拟形象 IP 及其发展现状

IP（Intellectual Property）通常被译为知识产权，应用到文化产业

---

* 唐洁琼，北京大学哲学系 2020 级伦理学博士研究生，主要研究方向为文化产业及伦理问题；陈少峰，北京大学哲学系教授、博士生导师，北京大学文化产业研究院学术委员会主任，主要研究方向为文化产业。

领域则指具备知识产权的创意产品，狭义可理解为具有较大影响力的文化产品或文化形象，广义上则包含一切可 IP 化的品牌、产品、企业、团队等。从内容上看，IP 又可具体细化为故事 IP、形象 IP、产品 IP 和企业 IP[①]，本文讨论的虚拟形象 IP 就是形象 IP 的一种。

虚拟形象 IP，又被称作虚拟明星、虚拟网红、虚拟偶像，是以人格化网生内容为本质，拥有极高影响力和传播力的调性网络形象[②]。虚拟偶像的概念由日本人发明于 1990 年，最初多指一些动漫中的二维形象，随着科技的更迭发展，虚拟偶像的定义和内涵也在不断更新。区别于真人 IP，如今流行的虚拟形象 IP 是在互联网和新媒体等技术环境之下产生的新事物，通过 3D 建模技术、声库技术、全息成像技术、VR 技术等多种方式的助力不断获得更加丰富饱满的表达，不仅可看可听可感，还能够进行互动交流，判断标准通常由流行程度、粉丝群体、营销模式及是否能够带来经济效益等几个方面组成。从早期动漫电影中的哆啦 A 梦、樱桃小丸子、小熊维尼，到今天爆红的熊本熊、Line Friends，都是虚拟形象 IP 的典型代表，区别在于，前者仅停留于人物和故事自身的演绎，后者则形成了以形象为核心的跨形态的完整 IP 产业链，因此也创造出比前者更成规模的营销体系和更为巨大的经济效益。

麦克卢汉曾提出"媒介即讯息"，认为一切能够延伸人体功能的事物都可称为媒介，在改变人感觉和感官的同时也改变了人类对于时间、空间以及人与人之间关系的认知。虚拟形象 IP 就是在互联网时代应运而生的一种新媒介，它作用于人的情感，改变人的价值呈现方式，在多个领域内交织发挥着强大作用。作为新媒体时代的产物，尽管虚拟形象 IP 的发展历史并不算长，但甫一出现便呈现出前所未有的发展活力。2007 年，日本利用以语音合成程序为基础的音源库打造出虚拟歌姬初

① 陈少峰：《未来导向的文化产业商业模式创新》，《北京联合大学学报》（人文社会科学版）2019 年第 2 期。
② 杜一凡：《网红粉丝经济》，人民邮电出版社，2016，第 4 页。

音未来的形象，该形象产生之后便在全球引起极大反响。十多年来，"她"已经拥有 50 万首以上的歌曲、200 万件以上的视频网站投稿、全球 6 亿粉丝以及超过 70 个国家运营，音乐播放软件中的粉丝量和影响力甚至超过了国内顶级的女歌星。在多次举行的世界巡回全息投影演唱会中，初音未来不断揽获越来越高的人气，全球上百家厂商的邀约代言纷至沓来，每年创造的市场效益过亿元。又如诞生于 2010 年的熊本熊，作为熊本县的城市吉祥物形象，出道第一年就为该贫困县带来了包括观光旅游和产品销售在内的高达 12 亿美元的收入。据 2013 年日本权威调研机构 RJC 形象代言人排名结果，熊本熊在公众形象认知、品牌传播效果等综合评分排名中超过麦当劳且位居榜首①。2010~2020 年的 10 年间，熊本熊创造出的效益只增不减，其 IP 形象已经形成了涵盖旅游、艺术、游戏、网络等多个领域的新型产业链形态。

二 虚拟形象 IP 的建构机制

虚拟形象 IP 的建构来源是多方面的，譬如技术的突破、平台的拓展、相关文化政策及文化氛围的推动等都构成其不断发展的有利条件。本文则主要基于受众视角考察虚拟形象 IP 的建构机制，也即从受众心理与文化的角度出发进一步挖掘虚拟形象 IP 作用于人的深层原因，其中，既有情感的因素，也有认同的因素。

（一）情感建构

虚拟形象 IP 不是真人，仅仅是一种具有人格化标识的拟人化符号，但人在与之互动交流的过程中却能产生宛若真人般的情感体验，很多消费者对其喜爱与依赖的程度甚至完全超乎大众所能理解的范围。实际上

---

① 熊本熊的故事：http://www.360doc.com/content/16/1008/16/35325516_596721953.shtml。

这也并不令人费解，如果我们将情感作用做进一步深入细分的话，会发现在情感建构的维度之中，虚拟形象 IP 不仅满足了受众的意义自我生产，同时还投射出一个更为完满的理想自我，也即超我。

1. 意义的生产

瑞士语言学家索绪尔将语言符号区分为能指（signifier）和所指（signified），能指是音响形象，即符号的形式，所指是概念，也即符号的意义。"语言符号连接的不是事物和名称，而是概念和音响形象"[①]，且这种联系完全是任意的。法国符号学家巴尔特进一步指出符号的意义恰恰来源于能指和所指之间约定俗成的关系，来源于特定的社会和文化环境，其认为能指和所指能够结合为一体，并将这个过程称为意指（signification）。由于意指作用中的能指与所指存在着一对多的情形，从这个意义上说，虚拟形象 IP 作为一种拟人化符号就已经脱离了能指与所指的简单范畴进而上升到使符号充满意味的意指作用领域。一个 IP 对于每一个体来讲究竟意味着什么取决于其在意指过程中所赋予的内容，换句话说，同样的形象针对不同人来说所包含的寓意不尽相同，因为每个人在意指作用中投入的意义内容和情感寄托也是不尽相同的。

作为数字技术的文化产物，虚拟形象 IP 既非无意义的符号堆积，也不等同于直接现实的个体，而是处于初始符号输出和人在脑海中最终呈现的意义建构之间，是一种半敞开的中间状态，只有加入每一个体的意指作用之后，虚拟形象 IP 的符号建构才算完成。在这种未完成的中间状态中，留给个体想象的空间是极为丰富的。与"一千个读者心中就有一千个哈姆雷特"的作用原理一致，同一作品和形象在受众心中最终呈现出的意义很大程度上取决于受众自身想象的延伸，想象的延伸进一步丰富了情感的体验，进而形成一个意义自我生产的过程。每一个体独特的成长经历、文化背景及情感需求都在影响着这种独特的意义自

---

① 〔瑞士〕费尔迪南·德·索绪尔：《普通语言学教程》，高名凯译，商务印书馆，2017，第94页。

我生产。尼采认为，人较之动物具有更强的意识，能够意识到自身生命的有限性和时间性，因而每个人都需要按照自己的意义创造一个保护层来生活。在这种可以尽情加入自身想象与情感的虚拟形象之中，完全属己的情感体验就是我们每个人所寻找到的保护层。正如我们在儿时所熟知和喜爱的那些动漫人物形象，其中掺杂的恰恰是每个人不可复制的童年记忆以及对这种记忆的无限怀念。

受众对于虚拟形象 IP 的意义自我生产，一方面生成了一种不同于他人的、自身美好的情感体验，另一方面也满足了其作为人喜怒哀乐的正常情感诉求。很多粉丝把他们所喜爱的虚拟形象 IP 视为一种陪伴，甚至家人的角色，原因就在于他们能够从这种自我生产的、属己的私密情感中获得情感释放的机会，使本不现实的虚拟体验带给人一种现实的安全感与亲密感，也让虚拟形象 IP 在弥补个体脆弱性的过程中逐渐成为受众寻求慰藉的一种情感表达方式。

2. 超我的外化

受众对虚拟形象 IP 发生情感作用的另一维度在于理想自我的建构，也即他们能够在所喜爱的形象身上外化出一种更为理想的自我形象。这要从虚拟形象 IP 的特性说起。

有学者将社会生活分为"前台"和"后台"，人们在前台进行理想化的表演，呈现出符合观众期待的良好形象，后台则是与表演场所相分离、观众不能进入的场所①。每个生活于其中的人都像一个演员穿梭于前台与后台之间，来回呈现不同的形象。个体生活有公域和私域之分，因而前后台是合乎人性的社会反应。虚拟形象 IP 则不然，因其作为一种人为设计的拟人化符号只有前台而没有后台，被赋予的形象就是其所呈现的形象，所以和真人明星相比，虚拟形象 IP 给予粉丝的印象感受更为直接纯粹，一方面不会陷于丑闻、绯闻等负面报道之中，克服了很

---

① 〔美〕欧文·戈夫曼：《日常生活中的自我呈现》，冯钢译，北京大学出版社，2008，第70 页。

多人性本有的缺陷，另一方面也拥有较真人而言更加完善理想的人设形象，使得粉丝寄托于其中的信仰永不崩塌。因而在一个良好的虚拟形象IP之中，受众更容易自觉或者不自觉地将自身的理想自我形象投射其中，在此形象中找到一个超我的模型，同时能够在这种超我中反过来进行自我欣赏，形成一种价值肯定的良性循环。"在美中，人把自身设置为完美的尺度；在适当的情况下，他在美的事物中崇拜自己。除此之外，一个物种便根本不能单独地进行自我肯定。①"

按照弗洛伊德的人格理论划分，超我是从自我中分化出来的、作为内部世界和本我的代表与自我形成对照，是人性中高级的、超道德的和超个人的方面，包括自我在内也要服从于超我的强制规则，"正是在这个自我典范或超我中，我们具有那个高级本性②"，"通过理想形成，属于我们每个人的心理生活的最低级部分的东西发生了改变，根据我们的价值尺度变为人类心理的最高级部分的东西③"。经人为创作、可以集各种优点于一身的虚拟形象IP对于部分受众而言，象征的就是这样一种超我的外化，"他/她们"实现了粉丝囿于现实所不能实现的诸多理想，延续了其精神生命与理想自我，大大增强了用户黏性。事实上，人类早期就已经开始了对理想自我与精神信仰的探索追寻，从原始部落里的图腾崇拜到中世纪宗教中的上帝，再到今天大众所敬仰的具体英雄与楷模，都是人类寻求心灵慰藉的种种表达方式。伴随着媒介革命与大众文化的兴起，人格化的偶像逐渐成为更加鲜活的表达方式，而虚拟形象IP，不过是在互联网时代中应运而生的、受众寄托信仰的全新形式而已。在这之中，受众找到了外化的超我形象，并希望朝向这种理想自我走去。

---

① 〔德〕尼采：《偶像的黄昏》，李超杰译，商务印书馆，2013，第65页。
② 〔奥〕西格蒙德·弗洛伊德：《自我与本我》，林尘等译，上海译文出版社，2011，第227页。
③ 〔奥〕西格蒙德·弗洛伊德：《自我与本我》，林尘等译，上海译文出版社，2011，第228页。

（二）认同建构

情感建构若被视为向内的模式，认同建构则是向外的，它依托于外部条件的发展成熟从而不断实现自我认同，同时借助以同好交友为基础的小众文化的拓展形成群体认同。

1. 自我认同

自互联网诞生至普及以后，大众逐渐获得网络赋权的机会。新媒体时代中，媒介革命降低技术门槛，公众话语表达权力的覆盖度逐渐提高，去中心化特征越发显著，"以离散性、多节点为特征的互联网技术结构为网络传播的去中心化注入了技术基因，使信息生产和传播结构更加多元，信息传播从原来的'你说我听'的单向式、线性化传播向'双向沟通'的网状化扩散、裂变式传播转变"[1]。体现在虚拟形象 IP 与受众之间的关系上，去中心化主要表现为受众主体意识的增强。人们不再期望一个高高在上、如上帝般的神圣偶像，而是希望代之以互动交流、彼此需要，同时进行自我表达与自我认同。

虚拟形象 IP 相比真人偶像来说拥有极高的可塑性，这为受众带来了变革性的权力体验。在官方设定的形象特质之外，粉丝可以基于自己的喜好和想象自发地为虚拟偶像生产内容，也就是成为同人创作者。同人创作，即不受商业影响的自我创作，内容涵盖编曲、作词、绘画、视频制作等多个方面。粉丝们以文本拼贴、二次创作、角色扮演、评论留言等方式生产了大量内容，使虚拟形象 IP 的整体特征逐渐生动饱满。同时，消费与生产之间的环节被打通，传统被动的消费者经由同人创作之后变成了生产型消费者，彼此强化了相互之间的依赖性。这种具有"去中心化再生产"特征的同人文化大大刺激了受众主动参与的欲望和"用爱发电"的热情，进一步投入更多的时间、精力与金钱又反向助推

---

[1] 韩云杰：《去中心化与再中心化：网络传播基本特征与秩序重建》，《中国出版》2020 年第 21 期。

了形象自身的客观发展。以国内著名的虚拟歌姬洛天依为例，其外貌特征和性格属性均由同人创作者赋予，作词编曲、舞蹈动作设计等二次创作也是同人创作者们的集体智慧。在同人文化的促进下，洛天依形象的知名度和由此产生的经济效益都在大幅提升。

由此可见，在虚拟形象 IP 的内容生产中，同人创作者承担着相当重要的角色，在表达自身对偶像的喜爱、促进偶像传播发展的同时，同人创作对受众而言更是一种提升主体价值感和寻求自我认同的重要方式。粉丝们以自己的想象与特长为喜爱的形象赋予新生命，事实上也是借虚拟形象 IP 表达自身的价值、理想与希冀。当他们的思想得以在另一形象——尤其是他们所喜爱的形象——身上展示传递的时候，他们实际上也在完成对自我构成的丰富和对自身价值的认同。随着同人文化的深入创作，部分作者已经开始获得利润报酬，在物质利益的肯定扶持之下，参与创作的受众的自我认同感将会越来越强。

2. 群体认同

对虚拟形象 IP 的喜爱从个体层面上升至群体层面，也就构成了群体亚文化的概念。亚文化是由一群拥有独特兴趣习惯、身份行为而形成非常规状态的群体所构筑的文化形态，各种因素将其整合为一个功能性的整体，同时对其成员产生综合性的影响。虚拟形象 IP 即是同好交友圈得以建立的情感纽带，在这一由共同喜好所聚集的虚拟社群之中，每一位成员都拥有强烈的归属感，凭借独特的身份与标签在这一集体中找到排他性的群体认同。

虚拟形象 IP 的群体认同建构基本上以两种方式进行。一种方式是以消费再生产为基础的、强调贡献和参与的同人创作方式，同人创作者依靠自身才华在形成自我认同的同时也在粉丝圈内赢得人气好评，进而有助于强化创作者与群体之间的双向认同，这一部分前文已有涉及故在此不再赘述。另一种方式则是"在群体中"这一身份本身所构成的群体认同。亚文化群体通常以自身个性化的表达与仪式区别于其他群体，成员将他们的风格趣味视为一种摆脱了主流意见与传统习惯的自由生活方式，可以说，这一群体在内外之间有着很清晰的边界感，但仅就群体内部而言，成员则保有高度的趋同性和一致性。

对产品的消费通常意味着对其背后文化价值观的消费。以文化符号消费构筑的审美旨趣和身份认同，使得消费主义在群体认同之中扮演了推动角色。"在群体中"这一身份本身就意味着对其文化及规则的认可，是群体内部成员彼此认同和建立情感的前提。一种集体归属感和集体认同感在青年人的生活中仍然是一种重要力量，彼此之间相互存在着一套一致的趣味和规范，共同的风格特质中仍然存在着一些联系，包括独立性、创造性、开放性及信念。① 换言之，喜爱和消费某一人物及加入粉丝群的行为本身就是在该群体内部获得认同的一种方式。

另外，从虚拟形象 IP 的年龄设定来看，14~18 岁左右的人物角色也满足了年轻受众在群体内部寻求认同的自我人格发展需要。美国心理学家爱利克·埃里克森将人格的社会心理发展分为八个阶段，并认为每一阶段都有不同的社会心理任务，其中青年时期的任务是发展自我同一性，防止同一性混乱，成年早期则需要建立亲密关系②。对于虚拟形象 IP 15~25 岁的年轻化受众群体而言，青春化的人物角色正从青涩走向成熟，单纯而充满朝气的形象会使人不自觉地产生亲近感，恰恰满足了他们在这两个时期中向外寻求认同与情感交流的发展需要。

三 产业赋能的前景趋势

当下，新媒体时代的浪潮已然势不可挡，作为互联网数字化技术的新兴产物，虚拟形象 IP 未来具有相当大的市场开发空间。和传统真人

① Hodkinson，Paul，*Goth：Identity，Style and Subculture*，Oxford：Berg，2002，pp. 18-62.
② 傅永春：《埃里克森的自我心理学理论述评》，《内蒙古师范大学学报》（哲学社会科学版）1990 年第 2 期。

明星相比，虚拟形象 IP 的隐患更小、成本更低，随之而来的经济效益也更大，这既是时代必然性的驱使所致，也是其自身不断优化完善的结果。如何不断突破发展瓶颈从而为该产业领域进一步赋能，是虚拟形象 IP 未来实现升级转向所必须面临的挑战。

（一）打造人格化标识

对于受众而言，虚拟形象 IP 的吸引力在很大程度上是由其人设特征所决定的，在形象各异的人物之间，消费者实际上是通过人物性格的不同方面来满足自身的情感需求，并在此基础上构成和延伸了精神自我。以日本的熊本熊为例，呆萌可爱的外在形象是引起粉丝关注的首要因素，笨拙的身躯、憨厚的表情、又小又圆的眼睛以及两坨可爱的标志性腮红都是熊本熊形象加分的表现，但更为关键的是，外在形象只有通过人格化标识的强化才能进一步持续粉丝的喜爱与情感互动。所谓人格化标识，应用到虚拟形象 IP 身上，即为其赋予拟人化的特征，公务员身份、定期出差、下车时会被自己绊倒甚至与人打架等强烈拟人化的性格色彩都是熊本熊爆红背后所暗含的人物设定逻辑。吸人眼球的形象设计加上真实自然的人格化标识，使得熊本熊与粉丝群体之间的距离被不断拉近，在这种频繁的互动交流之中，虚拟形象 IP 获得了深入人心的形象认知，延长了生命周期。

受欢迎的形象设计不一定要完美无瑕，但一定需要极高的辨识度与强烈的人格化特征，这是塑造形象 IP 的关键所在。具有生命活力的形象一经打造成功，接下来的故事 IP、产品 IP 等其他产业链的完成便都可以轻而易举地附加在形象之上进行二次创造。

另外，从营销的本质来看，"营销应从为顾客创造价值的产品和服务的特点开始思考，或者说是反向的思考。实际上，只有从顾客的需求入手来创造产品和服务，才能谈到营销"①。虚拟形象 IP 的产业如何实

---

① 陈少峰：《文化产业战略与商业模式》，湖南文艺出版社，2006，第 250 页。

现为经济赋能，首先需要考虑的就是受众心理需求的满足。网络社交在某种程度上加剧了人的孤独感，在这种境况之下，真实生动而有温度的虚拟形象实际上会对人的负面情感起到一种弥合治愈的功能，在日常生活的烦琐与重压之下作为一种心灵陪伴而存在。因此，虚拟形象 IP 虽由技术而生但绝不应当仅仅停留于技术的层面，而应为其注入更多的人文价值与伦理关怀，逐步实现拟人化的转变，打造多元的人格化标识。

（二）次元壁的突破

虚拟形象 IP 是二次元世界，也即二维虚拟世界的代表，常用于指ACG（动画 animation、漫画 comic、游戏 game）领域交互创造出的幻象空间。三次元则与二次元相对，指代的是现实世界。我们日常生活中观看的真人演出的电影、电视剧等都是三次元作品，由现实世界中的人物、事物构成的作品也都属于三次元[①]。次元壁指的就是二次元世界与现实世界之间的壁垒，其中既包含打通线上线下的技术层面的壁垒，也包含二次元爱好者在话语层面自行构筑和无法分享的心理壁垒。前者的突破主要通过技术与市场规模的发展，是一种"看得见的"突破；后者则需要在话语权力、社会宽容等"看不见的"文化属性之间实现柔性转化。就虚拟形象 IP 所要突破的次元壁而言，我们指的是前者，提升形象影响力和实现产业赋能的必要途径之一就是推动虚拟形象 IP 从二次元到三次元、从虚拟到现实的迁移转化。

从产业链形态的多样性来看，次元壁的突破打通了虚拟形象 IP 线上与线下之间的联动，以商业合作的形式进一步实现了 IP 的势能转化和产业链延长。反观 Line friends 的发展之路，其线上线下 O2O（Online To Offline）互通有无的商业模式闭环便是一个很好的次元壁突破案例。很多虚拟形象 IP 在发展初期通常是以聊天表情包等简单形式打开大众

---

① 孙越：《从跨文化传播视角探讨打破次元壁》，《新闻传播》2017 年第 9 期。

市场并渗透日常生活的，发源于韩国的 Line Friends 家族进入中国市场最初就是凭借布朗熊、可妮兔、莎莉鸡等 11 个卡通形象的独创表情包而走红，明了的人物配色、鲜活的性格特征、系列连续的场景和切中当下情感的具体反应较传统单一的表情包具有更为丰富的表达。迅速占领表情包市场之后，Line Friends 又果断抓住商机打通了线上应用与线下门店之间的壁垒，成功开发了线下周边实体店。目前仅中国就已经有数家集拍照、娱乐、购物于一体的主题商店，极富创意的装修摆设、休闲娱乐的轻松氛围和鲜明直观的消费场景都在向 Line Friends 受众甚至普通消费者传达出极富吸引力的营销信号，不同城市门店之间的差异化风格更是满足了受众不同场景表达的需求，拍照打卡的同时也造就了另外一种旅游形式。应该说，次元壁的突破实质性地助推了从人物形象到商业价值的势能转化。

（三）长远持久的平台化发展

优质 IP 的打造无法一蹴而就，持续的内容生产是一方面，成体系的平台化发展则是另一方面。开发者不仅需要倾注人力物力，还要有高瞻远瞩的格局以及持久奋战的耐力。我们可以将次元壁的突破视为从虚拟到现实的纵向延伸，优良的平台化发展则更侧重于不同渠道、形式和领域之间的横向渗透。

从符号传播的渠道来看，多渠道传播可以进一步挖掘和开拓形象背后隐藏的市场潜力。虚拟形象 IP 的传播最初是经由动漫、表情包等形式得以渐渐发展起来的，获得一定的社会认可与形象知名度之后，传播渠道可以尝试向多元化方向转变，譬如动画、电影、短视频、沉浸式体验等一切与新媒体技术相关的渠道，从而进一步扩大 IP 影响力与市场规模。从符号表达的形式来看，多形式表达是塑造跨形态产业链的有效途径。除 Line Friends 的门店形式之外，虚拟形象 IP 的表达形式还包括但不限于主题公园、演唱会、周边衍生品等形式。在从线上到线下的转化过程中，受众通常更关注表达形式的多样性及其所呈现出的情感体验和消费感受。从符号拓展的领域来看，多领域拓展有助于虚拟形象 IP 进一步释放经济价值，推动产业赋能。由于其二次元的呈现方式，虚拟形象 IP 从发展初期至今，应用最广的领域依然是动漫和游戏等娱乐产业，事实上，产业领域的集中性太强对于虚拟形象 IP 行业的转型与赋能来说是一种亟须改观的局限。当前，这种改观的势头已经浮出水面。2021 年 10 月 31 日，虚拟美妆达人柳夜熙横空出世，其在短视频平台上发布的首条视频短时间内即登上热搜并揽获粉丝数百万。同样作为虚拟形象 IP，柳夜熙的角色定位已经不再单纯停留于纯粹娱乐领域，而是实现了由娱乐向实用领域的跨界，在优质内容生产与互联网技术的双重助推之下，虚拟形象 IP 向其他产业领域的迁移指日可待。

此外，国外市场的拓展维护、品牌方之间的相互合作以及形象版权的开放使用等也都是长远持久的平台化发展方式。总之，优质虚拟形象 IP 的打造周期是漫长而又艰辛的，但一旦打造成功，带来的效益价值也是可观的。

结语：完美新神与真实的边界

虚拟形象 IP 正在以异军突起的形势在文化市场中占据一席之地，相较于过去传统的真人偶像，虚拟形象对于个体而言更加容易获得进入精神乌托邦的介质。超乎以往的感官体验、切近主观的人设形象以及随之而来的巨大经济效益都在塑造着这一当今时代的完美新神。然而，作为文化产业中的一隅，虚拟形象 IP 始终无法脱离资本与商品经济的基本属性，这也就注定其无法脱离物化的风险。这一领域在创造便利的同时，也给我们留下诸多思考的空间：感觉与真实之间有什么关系？虚拟体验的尽头是什么？真实与虚拟的边界又在哪里？

虚拟形象带给人种种主观体验，起初在那些充满关怀与温度的良好感觉当中，虚拟人物形象发挥的是正面导向作用，可是感觉的使用一旦超过界限，便会悄然溜入由物的崇拜所导致的自我异化，"每个人最后获得的不仅不是个性的自由舒展，他的个性反而会被淹没在类型化的形象之中；而且，在这种崇拜中，他被牢牢地固定为文化市场循环机制上的一个环节"。① 生活需要意义的补充和感觉的调剂，但这绝不是对人性与个性的完全代替，片面的沉醉其中带来的结果是显而易见的，纯粹感官的享受和感觉的迷狂最终只会导致意义和真实的解体，"密集的形象最终只是使大众的感觉麻木，迷醉于形象的丰富之中，于是大众对乌托邦的完整欲望被分解为与分散的形象相应的碎片，在形象的海洋中，乌托邦的意识终于被遮蔽住了"。② 于是，人在自我中所试图建构的乌托邦非但没有建构成功，反而从最初的主导地位沦为虚拟世界中的从属产物。

科技是把双刃剑，由科技带来的虚拟世界同样是把双刃剑，不过技术本身并无伦理性可言，好与坏的结果在于使用者自身。正如虚拟无法消解真实、欲望无法摧毁理性，人在自身所创造出的另一个世界之中始终掌握着最高的决定权。真实与虚拟的边界不会消失，在惊奇于虚拟世界产生巨大效益的同时，我们更应当考虑的是怎样在其发挥最大价值的同时又不至于迷失自我，也即探索虚拟世界使用临界点及其伦理的问题。

---

① 陈刚：《大众文化与当代乌托邦》，作家出版社，1996，第72~73页。
② 陈刚：《大众文化与当代乌托邦》，作家出版社，1996，第69页。

北京文化大数据体系建设：
思路框架与突破路径探析

摘 要： 国家文化大数据体系建设是国家文化数字化战略实施的抓手，事关数字经济时代社会主义文化强国建设大局。北京文化大数据体系建设既要坚决贯彻落实国家文化大数据体系建设的统一部署，又要结合北京优势特色，以做强文化数据流通交易为关键突破，依托专网数据服务平台叠加公网综合数据交易平台的"双平台"优势，打造终端"双消费"引擎，在保障数据安全的基础上更好地释放文化数据资源红利，吸引更多文化数据汇聚流通，努力建设文化生产与文化消费良性互促、循环畅通的北京文化大数据体系，赋能公共文化数字化建设与文化产业数字化转型。

关键词： 文化 大数据体系 公共文化 文化产业

数据是数字经济时代的"石油"，数据的流动犹如石油的燃烧，可以产生动力并创造价值。在文化领域，文化大数据是驱动文化生产与消费体系变革的关键要素，对于重塑数字经济时代文化生产力至关重要。

---

* 常艳，博士，北京市社会科学院经济研究所副研究员，主要研究方向为数字经济、产业规划。

近年来，国家层面高位谋划加紧布局文化大数据体系建设：2019 年 8 月，《关于促进文化和科技深度融合的指导意见》首次提出加强文化大数据体系建设；2020 年 5 月，《关于做好国家文化大数据体系建设工作的通知》明确提出国家文化大数据体系建设的目标、任务与要求；2022 年 5 月，《关于推进实施国家文化数字化战略的意见》（以下简称《意见》）发布，明确要求以国家文化大数据体系建设为抓手，推进社会主义文化强国建设。北京作为社会主义大国首都与超大城市，文化资源丰富多元，数字文化产业发展全国领先，但文化数据"孤岛"现象明显，尚未形成关联衔接、集成应用的良好格局，制约了公共文化数字化建设与文化产业数字化转型深化。加快落实国家部署、探索北京市级层面文化大数据体系建设必要而迫切。

一 文化大数据体系的总体架构与主要特征

按照《意见》规划部署，到 2035 年，国家文化大数据体系要实现"物理分布、逻辑关联、快速链接、高效搜索、全面共享、重点集成"的建设目标，本质上说，就是要构建独立于公网的文化大数据"专网"汇聚流通体系①（见图 1），其总体架构可分解为以下五个方面。

一是在行政架构上，国家文化大数据体系包括省域中心、区域中心和全国中心三个层级。地方各类文化机构数据中心接入省域中心，省域中心接入全国中心。为加强资源整合，全国设立 8 个国家文化大数据区域中心②，按照区域级数据中心和智能计算中心的功能定位，上联全国中心，下接行政大区内省域中心，承担区域内省域间文化数据的采集、

---

① 当前，我国网络基础设施包括三类：一是公网，以电信网络为基础；二是内网，以服务党、政、军机关为要务；三是专网，以有线电视网络为基础。
② 8 个区域中心分别为：国家文化大数据东北区域中心、华东区域中心、华中区域中心、华南区域中心、西南区域中心、西北区域中心、东盟区域中心和多语种区域中心。

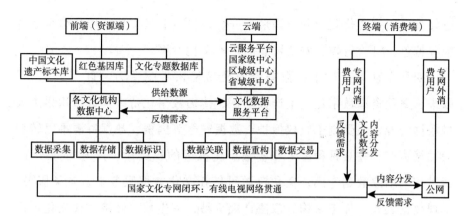

图 1　国家文化大数据体系架构

存储、加工、分析利用等工作。

二是在组成架构上，由"三端"构成，分别为前端、终端和云端。其中，前端为资源端，处于供给侧，为物理分布上去中心化、数据逻辑上实现关联①的各类文化资源，主要包括中国文化遗产标本库、红色基因库、已建或在建的文化专题数据库；终端为消费端，处于需求侧，既包括专网内消费用户，也包括专网外消费用户；云端承担供给侧需求侧对接功能，是连接资源端与消费端的中间枢纽，主要由省级、区域级、国家级云平台构成。

三是在基础设施架构上，主要依托有线电视网络设施，打造国家文化专网。文化数据属于国家、民族的核心信息资源，特别是文化基因数据，重要性敏感度如同生物基因数据。同时，文化数据还涉及意识形态安全。以国家战略性战备资源有线电视网络作为底层基础设施②，能够

---

① 数据逻辑关联采用中国主导制定的信息与文献关联标识国际标准（ISLI），赋予数据唯一标识码，在技术上保障逻辑关联的同时实现"谁的数据谁做主"。在文化机构数据中心装配部署底层关联服务引擎和应用软件即可实现该功能。

② 根据世贸组织《服务贸易总协定》，有线电视网络不包括在世贸组织基础电信协议范围内，不需如同互联网信息服务（ICP）和网络服务提供商（ISP）等互联网服务对外资开放，有线电视网络始终掌握在中国自己手中。"三网融合"（电信网、广播电视网、互联网）不改变"三网"各自的独立性。

更好维护国家文化安全和意识形态安全，打造兼具文化宣传和综合信息服务特色、可管可控、安全可靠的国家文化专网。

四是在动力架构上，数据流通交易是核心驱动力。自"十二五"以来，文化资源数字化、生产数字化、传播数字化持续推进，积累了大量数据资源，但受制于版权保护、数据安全等因素，数据资源难以转变为数据资产，在某种程度上影响数字化推进的积极性、投入的持续性。通过接入国家数据专网，文化资源可依托文化数据服务平台各类服务，实现数据关联、加工重构、依法合规交易，催生数字经济时代文化生产专业化分工新格局，实现文化数据资产价值。同时，消费端数据通过国家文化专网，实时反馈文化数据服务平台，引导文化数字内容定制化、精准化创作生产，畅通文化生产与消费循环。

五是在运行架构上，实行生产闭环消费开环。基于数据安全考虑，文化生产在专网内闭环运行，数据保真、内容守正。在消费环节开环，通过文化数据服务平台，与互联网消费平台衔接，为文化数字内容提供多网多终端分发服务，整体上实现数据的"统进统出"。

总体而言，国家文化大数据体系建设是一项架构性强、联动度高、涉及面广、建成后影响深远的战略性文化工程，当前仍处于起步阶段，面临分管部门多难以统筹协调、省域区域中心建设进度不一数据难共享流通、文化机构接入省域区域云平台动力不足、投入资金不足等一系列难题，亟待在实践中加快破解。

二　北京文化大数据体系建设思路探析

根据《意见》精神，国家文化大数据体系建设由中央主导，地方主责。北京文化大数据体系在国家文化大数据体系建设中处于省域层面，要按照中央层面统一规划要求，在遵循国家文化大数据体系"三端"组成架构基础上，结合北京实际，发挥首创精神积极落实推动。

基于北京综合性数据要素市场建设的基础和优势，通过终端"专网+互联网"双消费引擎牵引，在保障数据安全的基础上做强数据产品与数字内容流通交易，更大力度盘活数据资源、释放数据红利，吸引更多文化数据进入文化专网汇聚流通，赋能公共文化数字化建设与文化产业数字化转型，形成文化生产与文化消费良性互促、循环畅通的北京文化大数据体系（见图2）。

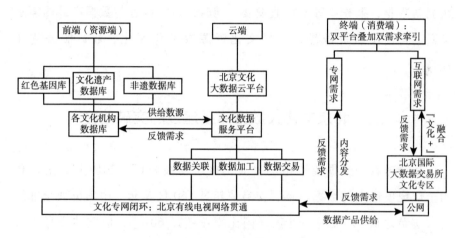

图2　北京文化大数据体系思路框架

一是逐步做实前端资源端。按照北京"十四五"规划要求，以红色基因库试点为切入，探索数据采集、存储、传输、关联机制；建立遗产登录保护常态化机制，建设文化遗产数据库；强化非物质文化遗产系统性保护，推进非遗数据库建设；在市级层面加强统筹，推进文化和旅游、广播电视、出版等市辖部门文化专题数据汇聚。

二是依托国家文化大数据体系北京中心，推进云端建设。发挥北京歌华有线电视网络贯通作用，建设北京文化大数据云平台，链接资源端与消费端。同时，鼓励吸引多元主体依托有线电视专网，搭建文化数据服务平台，探索提供文化数据要素关联、重构、供需匹配、结算支付等数据服务，做好前端与终端的中间服务。

三是依托专网数据服务平台叠加综合数据交易平台双平台优势，打造"专网+互联网"双消费引擎，牵引云端服务提升、前端资源汇聚。一方面，通过专网文化数据服务平台，加工数据资源、分发数字内容，满足专网内用户需求；另一方面，通过有线电视专网接入北京国际大数据交易所（以下简称"北数所"）综合数据交易平台，打造文化专区，实现文化数据与其他行业数据汇聚流通、融合开发，以高质量数据产品赋能制造业、服务业等多行业发展。同时，数字内容与数据产品的需求又通过云端反馈资源端，引导文化资源数字化深化、数据服务优化提升。

三 北京文化大数据体系建设的突破路径

从全球看，数据要素市场发展仍处于初级阶段。2019 年，美国作为全球规模最大的数据市场，交易值超过 150 亿美元，中国位列全球第三（美英之后），虽增势迅猛（同比增速超过 60%），但整体交易规模仍然较小（仅为美国的 16%）。其中，进入数据交易机构的场内交易占比不足 5%，面临数据场外交易乱象频发、数据交易机构"用不起来""长不大"、数据要素市场化进展缓慢等关键痛点与发展困局。北京文化大数据体系在资源端、云端实行文化专网闭环运行，在终端通过文化数据服务平台接入互联网消费平台，属于高监管环境下高敏感数据要素市场建设，相比一般数据交易难度更大，需要立足北京文化数据资源、科技创新等方面优势，围绕文化数据交易流通关键环节，创新探索文化大数据体系建设的突破路径。

（一）以公共文化数据授权开放保障高质量数源供给，吸引更多消费主体入场交易

缺乏稳定的高质量数源供给是数据交易发展壮大的关键痛点。实践

中，故宫等头部文化机构依托自身品牌授权，实现数字化产品商业价值，入场交易需求低，而中小文化机构则因缺乏数字化能力难以入场。为增强入场合规交易吸引力，北京要立足超大城市丰富优质公共文化数据资源，通过"政府监管+文化机构授权+企业运营"的公共数据市场化应用模式，推动文化数据统筹汇聚、关联重构，授权开放稀缺、多元、高价值的公共数据，创新开发高质量数据产品与服务。同时，叠加北数所平台优势，有利于扩大数据需求市场，实现更大范围"一对多"供需对接。

（二）依托北数所核心技术创新，保障公网文化数据流通"可用不可见、可控可计量"

不同于一般生产要素，数据要素具有易复制性、非标性等特性，从而衍生出二次转卖难避免、质量标准难确定、数据价值难评估等交易痛点。数据确权与定价成为世界性难题，导致政府、企业等开放数据的意愿不足。文化数据作为数据要素的一种，同样面临这些难题。立足北京科技创新优势，北数所依托长安链底层技术架构，首创基于区块链的"数字交易合约"新模式，将数据要素解构为可见的"具体信息"和可用的"计算价值"，对其中"计算价值"进行确权、存证、交易，让"数据不搬家、算法多跑路"，实现数据流通的"可用不可见"。同时，按照数据场景使用范围、数量频次以及数据服务进行市场化定价，实现用途"可控可计量"。因而，文化专网通过与北数所的连接，能够保障文化数据流通的"可控可计量"，并保护数据加工挖掘等创新活动中付出的劳动和享有的财产权益。

（三）吸引平台企业参与文化数据场景应用标杆项目，打响文化数据流通交易品牌

北京文化平台企业资源丰富，拥有抖音、爱奇艺等国际国内头部平

台资源，在文化数据资产治理与市场开发等方面积累了丰富经验。要依托文化企业"服务包"机制，通过通州城市副中心博物馆数字化场景开放、长城数字化展示工程等品牌项目，吸引平台企业参与，探索文化数据通过文化专网、北数所综合性交易平台流通交易的机制、规则与技术创新，打响文化数据交易品牌，吸引更多市场主体参与文化资源的数字化开发和数据应用。

（四）以规则创新保障交易可信安全

与传统生产要素相比，数据要素具有存在方式上的虚拟性特点，导致数据交易中信任与安全问题更为突出。对供给方而言，已经发送给需求方的数据无法撤回或销毁；对需求方而言，只有在使用数据服务时才能发现其是否符合需求。而且，移动互联时代量大多维的大数据特性也意味着数据一旦泄露或遭遇安全威胁，易诱发大规模公共安全事件。文化数据除面临一般数据的安全风险外，还同时要求意识形态方面的安全可控。北数所经过一年多探索，已突破供需撮合的传统交易职能，在数据流通方面创新了一系列制度规则，建立了覆盖数据流通全流程的信任机制：准入环节采用"实名会员制"注册模式，对数据来源进行合规性审核，将数据交易从随意上架、随意购买的"农贸市场"转变为合规准入、分级分类的现代交易所模式，并建立数据登记、评估、定价、交易跟踪和审计机制，以可信第三方服务保障"上市有审核、购买有资质"。在安全监管方面，积极推动数据创新融通应用纳入"监管沙盒"，并建立数据安全备案机制和数据市场安全风险预警机制，强化关键领域数字基础设施安全保障与数据交易市场风险防控体系，能为文化数据要素安全流通提供规则上的保障。

（五）以特色生态打造做强数据专业化服务

促进数据交易不同环节专业化分工、规模化发展是提升效率、降低成本、增强交易入场吸引力的关键。北京文化大数据体系的建设要综合统筹市级数据要素建设资源，推动北京有线电视网络系统、北京文化产权交易中心、国家版权创新基地等与北数所加强伙伴联盟，共同打造丰富文化数据流通生态，并探索通过"白名单"机制，推荐法律、评估、托管、审计监督、仲裁等服务合作机构，培育壮大专业化、特色化服务，促进文化数据服务专业化分工深化、文化数据资源高效化利用开发。

文化大数据体系建设属于系统性、开创性工程，涉及数字化技术应用、数字化版权保护、数字化规则制定、数据估值定价等方方面面。要通过北京文化大数据建设的实践探索，引导示范文化数据在经济社会中的依法合规流通应用，助力北京全国文化中心建设，服务社会主义文化强国建设。

参考文献

高书生：《文化数字化：关键词与路线图》，北京联合出版公司，2022。

高书生：《体系再造：新时代文化建设的新命题》，《经济与管理》2020年第1期。

江小涓等：《数字时代的文化创新与全球传播——提升中华文化全球影响力研究》，北京联合出版公司，2021。

金巍：《文化数据资产将成为未来最重要的文化资产之一》，中国经济网，2020。

黎建等：《国家文化大数据体系建设研究》，《广播电视信息》2021年第4期。

王璟璇等：《全国一体化大数据中心引领下超大规模数据要素市场的体系架构与推进路径》，《电子政务》2021年第6期。

魏鹏举等：《文化遗产数字化实践的版权挑战与应对》，《山东大学学报》（哲学社会科学版）2022年第2期。

中国信通院：《数据价值化与数据要素市场发展报告（2021年）》，2021年6月。

北京数字文化产业集聚的
主要特征、动因与建议

田　蕾[*]

摘　要： 北京是数字文化产业发展的核心重地，但市内各地区由于历史条件、资源基础和产业特点迥异，产业空间分布呈现出差异化集聚形态。网络游戏、数字音乐、网络视频等产业的技术驱动特征显著，重点集聚在西二旗—中关村地区和望京地区两大科技创新核心地带；网络文学产业受传统版权资源分布影响，呈现出以朝阳区为发展高地、多点分散发展态势。建议充分发挥技术创新的纽带作用，提升数字文化产业集群竞争力；强化政策引导，加快形成园区创新网络与产业集聚互促共进机制；促进区域协同，优化数字文化产业集聚与分工格局。

关键词： 北京　数字文化产业　产业集聚

2020年11月，文化和旅游部发布《关于推动数字文化产业高质量发展的意见》（文旅产业发〔2020〕78号），提出"到2025年，培育20家社会效益和经济效益突出、创新能力强、具有国际影响力的领军企业，各具特色、活力强劲的中小微企业持续涌现，打造5个具有区域

---

* 田蕾，博士，北京市社会科学院市情调研中心助理研究员，主要研究方向为文化经济学。

影响力、引领数字文化产业发展的产业集群，建设 200 个具有示范带动作用的数字文化产业项目"。北京作为全国文化中心，是数字文化产业发展的核心重地，不仅聚集了大批网络游戏企业、网络视频与新闻企业的总部，还吸引了 70% 以上的网络文化企业，国际影响力初步彰显。

然而，数字文化产业的高质量发展离不开空间载体的支撑。在空间上，北京尚未形成有显著影响力的专业园区或集群，与"具有区域影响力、引领数字文化产业发展的产业集群"的要求还有一定距离，亟待结合具体产业融合发展趋势，重新审视发展形态与动因，科学谋划发展方向。

一 北京数字文化产业集聚的主要特征

2004 年，北京市文化产业园区的建设正式开启了集聚发展的新阶段。到 2020 年，全市共认定 98 家市级文化产业园区，其中市级文化产业示范园区 10 家、市级文化产业示范园区（提名）10 家、市级文化产业园区 78 家。东城、西城、朝阳、海淀四个中心城区共 74 家入选，占比为 75.6%，其中位于朝阳区的园区有 32 家，位于海淀区的园区有 13 家。截至 2019 年底，这些文化产业园区共集聚文化企业 7337 家，包括腾讯、新浪、网易、光线传媒、文投集团等文化核心领域知名企业，以及成长型文化企业和众多小微文化企业（占园区企业总量的比重接近 77%）。2019 年，园区文化企业实现收入总计 7828 亿元，缴纳税收总计 286 亿元，户均实现收入 10669 万元，约为北京文化企业平均水平的 10 倍；劳均产出 268 万元，约为北京文化产业劳均产出的两倍①。

其中，由老旧厂房改造而成的园区占 60%，中关村软件园、北京电影学院影视文化产业创新园平房园区、东亿国际媒体产业园等产学

---

① 《98 家园区获评市级文化产业园区》，《北京日报》2020 年 8 月 21 日。

研合作园区，体现出密切的校企合作、央地合作。政府主导、企业运作的园区，有北京出版创意产业园和"新华 1949"文化金融与创新产业园。此外，腾讯北京总部文化产业园区、阿里文娱集团总部园区等总部型园区，正逐步成为上下游产业集聚的核心。这些园区不仅在新闻信息服务、内容创作生产、创意设计服务、文化传播渠道等文化核心领域发展起来，也在"文化+科技""文化+金融"方面表现出鲜明特征。

北京数字文化产业依托科技创新高地和文化资源密集的优势，整体发展规模领先全国，尤其是在网络游戏、网络文化、网络视频与新闻、艺术展览展示等领域。从空间形态上看，不同细分行业由于历史条件、资源基础和产业特点迥异，空间集聚形态也各不相同。

（一）网络游戏产业呈现"双核"分布

从规模和数量上看，海淀区与朝阳区是北京网络游戏企业当之无愧的两大发展高地。海淀区从西二旗延伸到中关村一带，汇聚了腾讯北京总部、网易游戏、乐元素、金山游戏、智明星通、能量盒等一批国内外知名网游企业。2019 年 11 月，围绕北京构建具有国际影响力的"网络游戏创新发展之都"和精品网络游戏研发中心、网络游戏新技术应用中心、游戏社会化推进中心、游戏理论研究中心、电子竞技产业品牌中心（"一都五中心"）的发展格局要求，中关村科学城数字文化产业园正式落地中关村国家自主创新示范区核心区的中心地带，一期规划 3 万平方米。其中，北京市精品游戏研发基地在园内挂牌。腾讯、网易、完美世界、乐元素等近 30 家知名企业入驻园区，初步形成较为完整的游戏研发生态体系，实现了游戏研发企业的聚集发展，开启了北京市游戏电竞产业发展的新局面。

朝阳区望京地区是网络游戏企业的发展热点，聚集了完美世界、英雄互娱、蓝港互动、阿里文娱总部等巨头，发展规模与能级跟上地—中关村发展带形成两大核心，交相呼应。凭借朝阳区在重点企业、品牌游戏、电竞赛事、游戏出海等方面形成的一定发展基础和产业空间，坐落在朝阳区定福庄的国家文创实验区，力图在电竞产业聚集方面做出探索。通过吸引 JDG 京东电子竞技中心落户实验区 24H·齿轮场文创园，引进和培育全国最具影响力的顶级赛事。东城区聚集了一批以昆仑万维为首的游戏出海企业，致力于开拓海外游戏市场。石景山区网络游戏产业发展较早，但目前整体规模有限，以搜狐畅游为核心，聚集了有爱互动、乐动卓越、手游天下、漫游谷、奇迹互动等中小微游戏企业，面临一定的业务流失压力。

从当前发展特征来看，网络游戏产业布局中"科技"属性更胜一筹，大多依托西二旗、中关村、望京等软件和信息服务业发达区域，实现文化和科技的融合。这也反映出当前北京网络游戏产业依然处于技术驱动的阶段，文化资源的核心价值还有待深入挖掘，尚未成为主导网络游戏企业布局的关键因素。

（二）网络文学产业以朝阳区为发展高地

经过 20 多年的高速发展，北京网络文学呈现出内容精品化、产业跨界融合的发展趋势。北京市网络文学产业发展较快，创作者阵营强大，读者用户规模庞大且付费意愿高，网络文学企业数量约占全国的70%，是国内网络文学产业发展的重地。据不完全统计，北京拥有在线作品总量超过 800 万部、注册作者近 300 万人；总产值近 20 亿元，约占全国的 30%。

然而，在从"高原"迈向"高峰"过程中，北京网络文学产业的空间布局却保持发散状态，并没有表现出显著的集聚。从全市来看，朝阳区是名副其实的网络文学高地，从来广营、望京到四惠，从北辰到安贞，分布着诸多业内领军企业。国内网络文学巨头阅文集团坐落在北辰地区，阿里文学、爱奇艺文学则布局在望京，周边分布着豆瓣阅读、凤凰互娱、星引力等企业，初步形成了一定的创作生态圈。掌阅科技、新浪阅读均落户四惠地区，晋江文学城则注册在怀柔，运营在朝阳北苑，其他则表现得较为分散，如中文在线布局在东城区，纵横文学、黑岩阅读均在海淀上地，长佩文学则在丰台区运营，塔读文学、磨铁中文均坐落在西城区德胜园区。

（三）数字音乐产业空间布局分散化

数字技术与移动互联网的发展改变了传统音乐产业链的核心环节，即处于音乐版权管理与分发核心地位的唱片公司、版权代理公司和国家版权管理监督机构等角色被弱化，迅速崛起的数字音乐平台/企业凭借商业化、个性化、规模化、社交化特点，在音乐创作、版权、分发阶段更有影响力，已经成为整个数字音乐产业链的核心。作为泛娱乐生态链中的重要一环，数字音乐平台成为百度、腾讯、阿里巴巴、字节跳动等头部互联网企业必争之地，且已经形成相对稳定的市场格局，在空间布局上受技术驱动，依然聚集在上地—中关村板块和望京板块。

虽然中国数字音乐起步并不晚，但与国际发展水平相比，在产业规模、原创能力、版权保护力度等方面还存在较大差距。北京推进全国文化中心建设的中长期规划将"音乐之都"作为与设计之都、影视之都、演艺之都、网络游戏之都并列的五大目标之一。从全国发展地位上看，北京聚集了国际国内丰富的音乐资源，数字音乐产业发展的供给端和需求端均呈现良好态势。国家音乐产业基地 2011 年 12 月落户北京，通过十年的发展，中唱园区、中国乐谷园区、天桥园区、1919 园区和数字音乐园区已经粗具规模（见表 1），但是整体呈现出小、散、弱等特点。行业规模较小，业内影响力不高，资源整合力度不够，产业生态较为脆弱，产业集聚效能和创新能力有限，园区之间尚未形成稳定的互动与合作关系。

表 1 北京国家音乐基地园区情况 *

序号	园区列表	位置	运营单位	重点领域
1	中唱园区	西城区	中国唱片总公司	"中华老唱片数字资源库"项目
2	中国乐谷园区	平谷区东高村镇	北京绿都乐谷投资有限公司	以乐器产业为基础,打造音乐创作、乐器研发等音乐展示、器具集散地等
3	天桥园区	西城区天桥	北京天桥盛世文化发展有限公司	以音乐演艺为发展特色
4	1919 园区	朝阳区三间房	北京巨海传媒有限公司	音乐创作、制作、展示交易、教育培训、娱乐消费等
5	数字音乐园区	朝阳区 CBD 核心区国贸以东	北京无限星空音乐有限公司	打造数字音乐原创展示平台,提供原创数字音乐产品的内容输出

＊ 李小莹、蓝天祥:《数说国家音乐产业基地》,《人民音乐》2015 年第 3 期,第 80~82 页。

(四)网络视频产业以西二旗—中关村为核心

在"互联网+"的融合业态发展趋势中,北京网络视频、短视频、自媒体、知识付费等新业态创业公司的聚集呈现出以西二旗—中关村地区为核心、望京地区加速集聚的态势。三大头部视频平台中的爱奇艺、腾讯视频以及短视频领域的领导者字节跳动均以北京中关村地区为大本营,短视频巨头之一快手科技则布局在海淀上地,优酷土豆在望京。随着版权保护力度日益加大和政府监管环境的趋严,短视频、直播、网络综艺等领域面临一定的格局调整,但内容创新和优质内容供给始终是网络视听实现高质量发展的必经之路。此外,以北京 CBD—定福庄一带为核心承载区的国家文创实验区已经是文化传媒企业的集聚高地,不仅聚集了中央电视台、人民日报社、中国国际电视台等传统文化传媒企业,也吸引了蓝海电视、华韵尚德、普罗乐派等文化出口企业,以优越的文化资源吸引了阿里音乐、猫眼电影、一点资讯等数字娱乐类独角兽企业。

（五）京津冀数字文化产业协同效应有限

由于三地经济发展阶段不同，数字文化产业尚未在京津冀形成有效的区域梯度承接与要素保障，陷入北京一枝独秀的尴尬境地。根据2019年11月科技部、中央宣传部、中央网信办、文化和旅游部、广电总局联合发布的《国家文化和科技融合示范基地名单》，整个京津冀地区仅北京有四家入选（四达时代软件技术股份、利亚德光电股份、掌阅科技、蓝色光标数据科技股份），而集聚类园区更是无一入选。

二　北京数字文化产业集聚的动因分析

（一）科技创新是北京数字文化产业集聚的首要驱动因素

从本质上看，数字文化产品/服务具有技术、文化、资本与制度四重逻辑，技术担当起媒介功能，极大地提升了文化产品生产与传播的水平与效率，是数字文化产品竞争力的保障。近年来科技的迅猛发展加深了技术逻辑在文化产品/服务中的烙印，使得传统文化产业的创作、生产、传播、消费等环节，突破了空间距离和有形物质载体的限制，或被新技术渗透改变了商业模式，或被完全颠覆催生出全新业态，技术经济、规模经济、范围经济、网络经济等特征越发鲜明，还将随着人工智能、云计算、物联网、5G、VR等数字技术的发展与应用而不断强化迭代。

网络经济的产业特性决定了数字文化产品或服务可以突破运输成本、运输时间和服务效率的硬约束，使得劳动力和劳动服务可分离，使文化生产供给与消费方式发生重大变革，在提高生产率的同时直接面向全球文化市场。规模经济、范围经济、平台经济则意味着"赢者通吃"，最快速度完成文化内容从生产到渠道分发的全流程，比如Google play、Apple Store、腾讯视频、优酷等平台型企业可以汇集全球各种语言、各种类型的文化产品或服务,其内容质量与多样性是平台价值的根本保障。决定上下游关系的不再是劳动力成本、原料成本、运输成本等有形要素,而是信息要素,因此,数字文化产业,在空间上通常难以出现内容生产者与内容分发商上下游聚集某处形成集群的情形。

从产业属性来看,科技创新与文化创意融合是数字文化产业的根本特点,两者具有天生的地缘相近性。世界各地的发展经验表明,文化产业与高科技产业相伴相生是普遍规律。全球娱乐影视的生产中心(好莱坞)和全球互联网科技高地(硅谷)均坐落在美国加州,共同奠定了美国在数字技术创新与文化娱乐领域所占据的主导地位。伦敦的创意产业与高科技产业在空间分布上呈现出高度的地域重合。

北京数字文化产业也不例外,尤其是在网络游戏、网络视频、数字音乐等领域,算法和流量是关键。科技创新是企业的核心竞争力,从而成为决定企业布局的第一因素。在地理空间上,其突出表现是对西二旗—中关村板块和望京地区两大科技创新热土的黏性。通过隐性知识和技术人才共享形成的松散网络社区,造就了技术敏感型数字文化企业的不断集聚。

(二)制度创新与政策优化培育文化科技园区

北京以CBD—定福庄为核心承载区的国家文创实验区是政府主导型集聚的典范,不仅吸引了一批优秀的数字文化企业,还培育出多个高品质文化园区,实现良性发展。国家文创实验区通过上级政策先行先试、相关政策借鉴平移、产业政策集成创新等方式,构建起较为系统的文化产业政策体系,如2019年出台实施的"政策50条",涵盖品牌提升、信用体系、文化科技、文化金融、旗舰企业、精品园区、文化贸易、风投奖励、上市融资、四板奖励、孵化创新、人才服务、知识产权、服务平台、文化保税等15个方面。"蜂鸟"助飞行动、《文化创意企业申请高新技术企业认定指南》等一系列政策举措，通过为数字文化企业的精准服务促进相关产业集聚发展。

通过政策引导园区布局文化科技新业态，园区发展特色和发展品质得到保证，有 16 家文化产业园区入选市级园区，约占全市数量的 16.3%。2019 年，国家文创实验区汇聚了集奥聚合等 200 余家高新技术企业，掌阅科技、宣亚国际等 52 家上市挂牌企业，得到 App、太合音乐等 5 家文化类独角兽企业，以及万达文化等 164 家文化类总部企业，形成引领北京数字文化产业发展的态势。

（三）传统版权资源奠定北京网络文学产业发展格局

文化逻辑是数字文化产品/服务的精神内核，满足人们精神文化需求，彰显文化价值。内容是网络文学发展的根本。当前付费阅读模式下，网络文学产业的技术渗透力相对较低，线上线下融合程度较高，对优质版权和出版管理的迫切需求让企业布局时通常选择接近传统版权资源中心。但随着免费阅读模式的兴起，网络文学企业将越发依赖流量引流和推荐算法，对技术人才依赖程度更高，预计在企业空间布局方面将出现调整，更加接近科技创新高地。

三　发展建议

（一）以技术为纽带重塑数字文化产业集群竞争力

当前北京文化科技融合进入新阶段，技术创新在数字文化产业的发展中发挥着重要的基础作用，成为泛娱乐矩阵资源整合的核心纽带。北京作为全国科技创新中心，在数字文化经济方面走在国内前列，须牢牢把握数字文化产品/服务的四重逻辑和技术驱动特点，抓住国家服务业扩大开放示范区和北京自贸试验区建设契机，制度创新与政策支持双管齐下，多措并举，充分释放 5G、人工智能、区块链等技术创新对文化内容生产、渠道分发和硬件终端三大体系的支撑作用，促进文化产业链与互联网、物联网深度融合。以规划为先导，优化提升网络游戏基地的相关功能，合理规划数字音乐、网络文学等产业集群，加快培育若干产业链条完善、创新要素富集、配套功能齐全的集聚区，以稳定的产业链和产业生态塑造数字文化经济新竞争力。

（二）政策引导加快形成园区创新网络与产业集聚互促共进机制

创新是集群发展的动力，集群的长远发展依赖创新的强度，集群的创新能力是支撑产业集群持续发展的主导力量。对创意与知识密集的数字文化产业而言，知识外溢与网络效应的"流动空间"，织密了产业集群的创意与创新网络，不断催生新模式与新业态，创造出源源不断的就业岗位和创业机会，并进一步吸引人才、资本、信息等要素聚集。产业空间集约化、协同创新网络化发展是实现高质量发展的必然要求。

依托中关村科学城数字文化产业园、国家级文化产业示范园区、国家文化产业创新实验区、国家文化与科技融合示范基地等重点功能平台，明确"文化+科技"政策导向，增大专项基金扶持力度，完善园区服务保障机制，加强国家、市、区、园区四级主管部门在税收、土地、人才、金融等方面的政策衔接，引导数字文化企业进一步向特色鲜明、功能明确、集聚效应彰显的园区聚集。

（三）基于区域协同优化数字文化产业集聚与分工格局

坚持开放发展、融合发展、创新发展，积极融入区域发展战略，是数字文化产业义不容辞的使命。在"两区"建设的背景下，数字文化经济不能是一个封闭的小圈子。当前北京发展不平衡现象较为突出，海淀区、朝阳区、东城区、西城区依托雄厚的文化资源与科技资源基础处于领先地位，是数字文化产业发展的高地，而石景山、顺义等区则规模有限、实力较弱，远不能与前四区相提并论。随着国家服务业扩大开放综合示范区和北京自由贸易试验区建设，园区开放和产业开放成为制度创新的重点领域，尤其是中关村、望京、国家文创实验区、顺义区、通州区等文化园区，有望通过政策体系和管理机制先行先试，打通制约产业发展的堵点痛点，成为文化科技深度融合的示范区和文化科技产业创新发展的先锋队。

针对京津冀城市群不平衡发展的现状，充分发挥北京的示范带动作用，增强北京和天津在动漫、数字文化产业与园区领域交流互鉴，促进数字文化产业跨区域、跨领域、跨业态融合发展，提升京津冀数字文化产业影响力。将数字文化产业发展融入京津冀协同发展战略，与各地战略性新兴产业集群、国际消费中心城市、历史文化名城、国家文化和旅游产业融合发展示范区等发展目标相衔接，促进产业融合与集聚。

参考文献

《国家文创实验区将打造文化"金名片"》，《北京日报》2020 年 12 月 20 日。

《98 家园区获评市级文化产业园区》，《北京日报》2020 年 8 月 21 日。

文婧、张强国、粟旭：《互联网影响下的"网剧"与传统"台剧"生产网络的结构差异》，《地理研究》2020 年第 6 期。

包国强、陈天成、黄诚：《数字文化产业高质量发展的内涵构建与路径选择》，《出版广角》2021 年第 3 期。

李小莹、蓝天祥：《数说国家音乐产业基地》，《人民音乐》2015 年第 3 期。

朱静雯、姚俊羽：《后疫情时代数字文化产业新业态探析》，《出版广角》2021 年第 3 期。

宋立夫、范周：《生态化视角理解数字文化产业发展的必要性与可行性研究》，《出版广角》2021 年第 3 期。

臧志彭、胡译文：《基于区块链的数字文化产业价值链创新建构》，《出版广角》2021 年第 3 期。

"云游"时代博物馆知识产权
创造与管理的新启示

刘　蕾*

摘　要：随着网上游览博物馆成为新的展示潮流，博物馆各类藏品的展出方式有了新的变化，随之而来的一些知识产权风险不容忽视。为避免未来可能发生的各类知识产权纠纷，博物馆知识产权的创造与管理工作永远不能缺席，只有结合"云游"看展的特殊之处，探索立体化、综合性的博物馆知识产权管理体系，才能让博物馆的数字化发展受到充分的知识产权保护。其中，博物馆及其衍生品商标保护与运营、开发文创产品的知识产权风险管控、"云游"博物馆的宣传广告、推介活动的知识产权风险识别与管理、"云游"博物馆 App 的知识产权风险与防范，是本文关注的重点。本文意在通过线上线下结合对博物馆展出与文创产品开发的知识产权保护问题提出建议。

关键词：博物馆　知识产权　数字化

由于新冠肺炎疫情，人们不能出门旅游甚至出行，但对博物馆的热情不减，除了想方设法访问博物馆网站、收看各类博物馆综艺节目

* 刘蕾，法学博士，北京市社会科学院法治研究所助理研究员，主要研究方向为知识产权。

之外，还有很多科普、教育人士直接将网上游览博物馆作为疫情期间文化娱乐、增长知识的途径积极推荐。为满足这类需求并寻找疫情之下博物馆的新发展路径，各类博物馆纷纷摸索开启"云游"模式，通过新媒体技术和数字化手段，在多样化提供服务的同时，也借此机会大力提升自身的数字化能力，适应技术进步提出的时代要求。而在这一过程中，博物馆知识产权的创造与管理也面临新的挑战，总结其中的启示，有助于后续博物馆"云游"产品的开发与推广。可以说，"云游"时代，尽管博物馆的展出方式有了新的变化，但知识产权的创造与管理永远不能缺席，只有结合"云游"看展的特殊之处，探索立体化、综合性的博物馆知识产权管理体系，才能让博物馆的发展得到充分的知识产权保护。

一　博物馆及其衍生品商标保护与运营亟待加强

"云游"博物馆，要将博物馆的藏品直接呈现在网上，无论是博物馆形象的代表，还是博物馆镇馆之宝，都会在展出中出现，而这对于博物馆的商标战略并不完全是好事。

（一）博物馆及藏品商标被抢注现象突出

近年来，伴随国内各大博物馆探索自身特色、发掘文创产品引起消费浪潮，新的考古成果不断出现吸引大众眼球，与博物馆、文物宣传有关的商标事项也成为热点。2021年河南卫视春晚舞蹈节目"唐宫夜宴"、元宵晚会"元宵奇妙夜"节目，受到全国人民称赞，而当河南博物院申请注册"唐宫夜宴""唐宫小姐姐"商标时却发现早有公司在其之前抢先申请了"唐宫夜宴""唐宫小姐姐"商标；"三星堆"文化遗址再出重大考古发现，而"三星堆"相关商标早已被人抢注，据媒体统计，2021年3月20日以后三星堆商标被抢注超200个；2022年虎年春晚"只此青绿"舞蹈大热之后，相关商标又被多方抢注。博物馆、文物藏品的商标保护，直接关乎其未来知识产权布局和相关文创产品的开发战略，除了防止甫一推出成为热点的时候被抢注，更有必要尽早进行专门的研究进而开展布局，从长期规划角度实施综合商标的保护与经营。博物馆一旦选择采用"云游"方式推出展示藏品，就要做好准备应对抢注风潮。

（二）博物馆商标保护存在客观困难

时下在知识产权领域存在的抢注、囤积商标的不良风气波及了博物馆知识产权保护与运营，对博物馆商标保护造成了客观困难。我国商标法对申请主体的限制很少，自然人也可以注册商标，使得申请注册商标的门槛较低，以至于出现了以抢注商标为职业的一类群体。由于博物馆在知识产权方面客观存在一些缺陷，多数博物馆缺乏知识产权保护与运营的经验，其在知识产权的申请、运用和管理等环节处于较为被动的境地，无力对抗这类缺乏诚信的知识产权申请行为。尽管近期知识产权管理部门重拳出击，治理商标抢注、囤积行为，但由于商标抢注、囤积活动已经持续多年且已形成规模，要彻底清除其造成的影响，仍需要博物馆自身多做投入。此外，我国商标注册管理制度中，没有规定在申请注册文物商标时需要征求文物主管部门的意见，使得这类抢注行为不必通过文物部门的审核，在申请之初就受到规制。对此，需要博物馆成立行业协会，积极参与商标注册管理制度改革，提出博物馆、文物部门的真实意见，有效阻止针对博物馆及其藏品的商标抢注。

（三）博物馆及其衍生品商标保护与运营启示

近期关于博物馆及其衍生品的各类热点新闻，使得博物馆商标保护问题进入人们视野，在谴责抢注者的同时，理性看待博物馆及其衍生品商标权并实施保护与运营，方是冷静而有效的举措。

1. 现有商标的清点与管理

博物馆要有效保护和运营自身商标，首先需要了解真实的商标"家底"，对现有商标进行清点和梳理，对相关情况建立具体的管理档案，并保持对现有商标法律状态的监测。这是商标保护和运营的第一步，直接决定着后续的商标申请、监测和维权策略。只有了解现有商标的数量、种类、许可情况，才能够发现现有布局的不足，寻找解决之道。必须承认，"云游"博物馆，使得博物馆的建筑、各类展品的图片和名称等信息都发布在网上，大众可以轻易获得，一定程度上为商标抢注提供了方便之门。博物馆不可能将所有建筑、展出藏品都申请商标，抢注者的行为方式防不胜防也决定了这样做不现实，这种情况下只能由博物馆及其行业协会与商标注册管理部门沟通，确定新型保护模式，同时博物馆在推出"云游"展出时也要适当考虑展示的内容与详细程度。

2. 新商标的注册申请与维护

在了解现有商标状况的基础上，应制定新商标注册申请计划，积极开发新的商标并及时申请注册。对新商标进行注册是一项需要前瞻性的工作，也是一种基于整体规划的布局工作。不仅要对使用或拟使用的商标进行注册，还要结合业务的长远发展考虑对一些近似商标和相似类别进行注册，以形成有效的商标体系，防止发生纠纷。"云游"博物馆带来的展品线上展出，对博物馆申请与维护新商标带来的挑战很明显，因为抢注者的行为并无规律可循，新商标的注册申请与维护需要尽量考虑以下方面。

（1）积极防止商标被抢注。一旦商标遭到抢注，想要夺回就必须面临一场旷日持久的"战斗"，无论是金钱还是时间方面都需要极大的投入与消耗。而企业恶意抢注与博物馆有关联性的商标，会误导消费者认为其产品是与博物馆有关的馆藏产品，真正的博物馆产品可能反而被忽视。要防止商标被抢注，在推出展品、推出"云游"博物馆活动之前，就要做好相关商标的申请和分析工作，防止出现一上线就被抢注的局面。

（2）在保证核心类别商标注册的同时，扩大相关类别上的申请，避免日后需要时被动。在相关类别上的注册能够扩大商标权人原有的排他权，以保护核心商标不受侵犯，避免别有用心者攀附商誉、混淆市场，也可以为企业日后在其他相关领域的发展奠定基础。考虑到博物馆知识产权预算有限，建议在条件允许的情况下，至少将特色展品注册的类别覆盖到博物馆现有业务和项目范围，同时尽量扩大商标注册类别的范围。

（3）约定商标标识设计的著作权归属，避免纠纷。一件独创的富有美感的商标标识也可以构成著作权上的作品，能够获得版权保护。无论是内部职员所设计的商标，还是与设计人签订了委托合同设计的商标，商标标识的著作权归属都必须以明确而有效的合同条款来约定。对于委托设计，还要注意保留创作底稿、委托创作合同，并通过各种有效方式固定创作内容和创作时间，以明确著作权的成立时间、作者、权利人和作品内容。

（4）进行密切的事后监测。成功获得注册商标权之后仍然不可掉以轻心，必须加强事后监测，定期定时查阅商标公告，一旦发现他人在相同或类似商品上申请注册与本商标相同或类似商标的情况，要及时向商标局提出异议，防止商标权遭到侵犯。通过商标监测，还能及时有效地获得商标续展与权利状态信息，防止商标因过期未续展而被注销，或者未经商标权人同意冒名转让或许可行为的发生。现在网络已经成为重要的文创衍生品销售渠道，所以商标监测还要做好电商平台内的监测，以发现是否有其他店家冒用博物馆商标，侵犯博物馆权利，以便及时通过电商平台等渠道进行维权。"云游"博物馆项目一旦推出，博物馆更要密切关注相关动向，及时维权。

（5）建立商标的使用证据档案。博物馆的注册商标，如果连续三年未使用，也可能被他人以此为由申请撤销，所以要重视商标使用证据的收集和保留。商标使用证据档案包括商标宣传资料、广告资料以及销售资料等。因为无论是在商标驳回、异议、无效状态中还是在撤销程序中，都需要提供商标使用证据，这些资料在商标权遭遇侵权时更能为维权提供证据支持，从而有效打击侵权行为。

（6）利用商标国际注册制度。有对外开展国际交流项目的博物馆，应当及时做好国内、国际商标注册两方面的工作，用好国际注册工具在博物馆业务和工作可能涉及的国家和区域选择注册。

二　授权开发、销售、推广文创产品的知识产权风险管控

2015年发布的《博物馆条例》鼓励博物馆积极挖掘馆藏文物的文化价值与经济价值，积极开发文化创意产品，大力发展文化创意产业。在这个过程中，博物馆首先应做好与文化相关的源头工作，以文化为根本、创意为核心、落地为目的，引导合作团队开发文创产品。

第一，博物馆应当注重知识产权数量的累积。只有知识产权的数量积累至一定程度，才有可能在一定数量的基础上建立知识产权整体性规划组合，并制定完善的知识产权运用策略。这里的知识产权数量，既包括著作权、商标权，也包括外观设计等专利权。博物馆的日常工作虽然主要是发挥对公众的教育作用，但相关的研究成果仍有必要及时转化为知识产权，以便综合管理运用。

第二，要充分考虑博物馆文创产品开发的系统性，发挥知识产权许可的利益平衡作用。文创产品开发的目的是销售，因此，博物馆文创产品开发不仅应结合博物馆自身定位及规划，也需要统筹考虑商品包装、营销策划、售后服务等内容。如果没有完善的产品设计评价标准、成熟的商品管控机制、规范的授权体系，艺术授权就无法调动其他三方的积极性。但完全按照普通文创产品的生产销售模式由市场主导并不可行，

博物馆应当把握产品开发的主导权,制定切实可行又体现博物馆特色的产品设计要求,做好产品的统筹规划工作,通过知识产权许可的方式,让更多第三方愿意开发适于博物馆长期发展的产品。

第三,博物馆对外商标授权须慎重,不能脱离自身文化传播与教育的功能。商标的授权使用,是指注册商标所有人允许他人在一定期限内使用其注册商标。博物馆在进行商品授权使用时,要选择与具有较高设计能力的机构合作,注重文创衍生品的商标商誉提升。尤其是在"云游"活动中,往往会涉及与其他机构的合作、联合,更要做好有关商标授权后使用情况的监督。不仅要注意经济效益的获得,更要注重文化传播与文化教育作用的实现,而不能盲目追求经济利益,无节制地进行商标授权。一旦授权泛滥、产品质量失控,不仅会引发法律纠纷,还会对博物馆带来若干负面影响,不利于未来发展。

三 "云游"博物馆的宣传广告、推介活动的 知识产权风险识别与管理

"云游"博物馆作为博物馆一种新的展出方式,必然会配合各种宣传活动以便公众获知。这种宣传主要集中在网上进行,大多通过在官方网站、应用软件、社交媒体等网络平台发布引起关注。其中的知识风险识别与管理,更加复杂也更容易出现问题,最突出的就是宣传图片、文案侵犯他人版权问题。

博物馆自己制作或委托专业机构设计宣传片,在设计过程中,往往只考虑介绍内容的有效性和准确性,常常忽略配图及封面设计图片的来源,尤其是委托专业机构设计时没有对委托机构所选用或推荐的图片进行版权权属审查,导致大量的版权侵权风险存在。而在一些宣传创意的发掘方面,更容易出现委托机构直接抄用他人创意的行为。这类侵权行为一旦发生,会迅速在网络世界里发酵,引发后续争议,处理不好就会

使博物馆形象大打折扣。

对此，博物馆应对"云展出"的宣传广告、推介活动就版权保护和风险防范做出相应准备。

第一，重视知识产权律师的风险评估和建议。建议博物馆在将"云展出"宣传广告、推介活动对外发布前，聘请专业的知识产权律师对宣传内容进行版权风险评估并提出建议。一方面可以对自己的作品和其他智力成果进行保护性审查，另一方面也可以对是否侵犯他人知识产权的情况进行风险评估。对于存在侵权风险的宣传信息，要么替换该风险内容、要么放弃发布该信息、要么与相关权利人谈许可，合法取得权利后再行发布。通过知识产权律师对整个活动宣传的知识产权保护及风险防范进行评估、审核，做到防患于未然，避免出现问题的时候措手不及。

第二，签署知识产权风险协议，对员工进行知识产权培训。如果博物馆采用委托其他机构和个人进行广告宣传设计和维护的方式，应当签订相关的协议并明确对所涉作品的权属和权利进行约定，将知识产权风险转移给受托机构或个人；如果由自己内部人员进行设计和维护就应当聘请专业知识产权律师对相关人员进行知识产权保护和风险防范的专题培训。但对于博物馆宣传广告侵权产生的影响而言，无论是协议约定知识产权风险转移给受托机构或个人，还是内部人员的知识产权专题培训，都不能发挥在宣传广告侵权问题产生之后挽回博物馆声誉的作用，这只是日常管理中知识产权风险防范和侵权赔偿时候降低赔偿额的做法。应当将其作为一种制度实施，但是不能替代由专业知识产权律师对宣传、推介广告进行知识产权风险评估。

四　"云游"博物馆 App 的知识产权风险与防范

"云游"博物馆为了满足适用于移动终端的特点，多数需要采用各种 App。这样 App 相关的知识产权法律风险也成为"云游"博物馆项目开发中必须考虑的因素。这是因为，App 开发和使用的各个环节涉及诸多知识产权方面的内容。

（一）App 著作权有关问题

1. 软件著作权的归属

（1）委托研发的知识产权归属。根据《著作权法》和《计算机软件保护条例》的相关规定，"接受他人委托创作的作品或开发的软件，其著作权的归属由委托人与受托人签订书面合同约定；无书面合同或者合同未作明确约定的，其著作权由受托人享有"。因此，如果博物馆采取委托他人开发 App 的方式，则应当与 App 开发者签订书面的委托开发合同，并在合同中明确约定所开发的 App 的知识产权归属于博物馆。同时为了防止 App 开发者擅自以自身名义办理 App 软件著作权的登记，还应当对该等事宜在合同中作出明确的约定。

（2）自主研发的知识产权归属。根据《著作权法》与《计算机软件保护条例》的相关规定，"一般的职务作品（包括计算机软件），其著作权归属于作者，但单位享有两年的优先使用权；以下职务创作，作者拥有署名权，单位拥有其他著作权利：主要是利用单位的物质条件创作，并由单位承担责任开发的作品（包括计算机软件）；针对本职工作中明确指定的开发目标所开发的软件；开发的软件是从事本职工作活动所预见的结果或者自然的结果"。根据上述法律规定，若是博物馆的员工自行研究开发的展出 App，其著作权利并非完全归属于博物馆。因此，建议博物馆与其开发员工签署相关协议，对开发完成后 App 著作权的归属作出明确的约定，以确保博物馆能够拥有相关开发软件的著作权，同时避免在使用 App 过程中受到员工权利的约束。

2. App 委托开发中的技术合同风险防范

App 的开发往往不是一次性的，除了初次开发，还会有后续的升级、更新。由于博物馆与开发者之间相关权利义务主要通过双方所签署的书面委托开发合同进行体现，因此为了避免开发者开发出的软件界面、功能等不符合博物馆的要求并由此引发一系列的争议，对于委托开发合同相关条款的设计就显得尤为重要。

第一，博物馆应当对自身需求予以明确，反映在协议中就要明确开发的技术的内容形式和要求，或另行签订明确的软件需求书，就开发周期、App 应用界面和效果、App 应具备的每一项具体操作功能等具体问题进行约定。博物馆还可以根据自身对 App 的要求，在委托开发合同中约定其他细节条款。

第二，就 App 再开发及升级的情形进行约定。根据《合同法》规定，"在技术咨询合同、技术服务合同履行过程中，受托人利用委托人提供的技术资料和工作条件完成的新的技术成果，属于受托人。委托人利用受托人的工作成果完成的新的技术成果，属于委托人；当事人另有约定的，按照其约定"。因此，在委托开发合同中或者之后可能会签署的技术咨询合同抑或技术服务合同中，均应当就所开发的 App 再开发或升级之后形成的新的技术成果的权利归属于博物馆即委托人所有作出明确约定。就 App 的再开发及升级事项，在委托开发合同中还应当注意约定博物馆与开发者的合同到期后，开发者的"后合同义务"。

（二）商标保护

对于 App 软件来说，虽然软件本身更多涉及著作权的保护，然而在实际维权过程中，著作权往往很难对软件本身进行有力保护。将 App 的名称、简称、App 本身的图标，以及为使其所提供的服务或商品具有特有性和区别性所做出的文字、图形等相关设计申请为注册商标是对 App 最为基础的保护。例如，腾讯在微信的产品研发过程中便已开始了大规模的商标申请，将与微信相关的商标（诸如"微信云""微信·摇""微信地图""微信手表"）等均进行了注册，这样后续一旦有人想要使用这些文字、图形，就会收到侵权警告。

博物馆"云游"项目的开发，不是简单的开发 App 然后运营，而应当与整个博物馆的知识产权战略协作。只有尽早对博物馆和藏品进行商标注册，才能保证 App 的开发和运营有合法的商标来源。这样 App 在推广过程中，就可以直接用商标进行推广，而不用担心会有在先权利人提出异议，同时推广平台也可以放心大胆地进行宣传。当博物馆"云游"项目做出特色之后，即使 App 市场出现仿冒者，博物馆早期布局的各类商标也可以及时阻止侵权，避免博物馆自身产品和声誉受损。

网络视听新闻的生态隐忧
与治理路径研究

倪乐融[*]

摘　要：新兴技术的诞生和运用让传统的大众传播新闻业面临前所未有的变迁和震荡，网络视听新闻的多元化文本使得网络生态成为一个前所未有的景观式"图像流动库"，各色图像涌动喧嚣，构成了线上线下融合联结的泛视听媒介环境。网络视听的整体生态虽然主流上呈现着价值传递、真实复原、共识构建、情感陪伴等美好面向，但也存在着四个层面的生态隐忧，即真实性的隐忧、客观性的消解、公共性的消解与主导权的让渡，而清朗的网络空间构建需要针对这些隐忧来思索未来进路、治理路径，需要政府与平台的双重主体协同发力。

关键词：网络视听新闻　短视频新闻　网络视听生态　网络生态治理

一　技术变革背景下的泛视听生态

当下的媒介环境正步入以计算机技术、互联网技术为代表的数字时

---

* 倪乐融，博士，北京市社会科学院智库管理处工作人员，主要研究方向为视觉传播与新媒体。

代，一系列新兴技术的诞生和运用让传统的大众传播新闻业面临前所未有的变迁和震荡。1992 年 12 月 3 日人类的首条手机短信发出，标志着文字脱离了模拟时代固定线路的限制，飞向数字时代的无线时空。3G 时代，高速的蜂窝移动通信技术使得声音与数据信息得以迅速传播，其后移动终端普及化，移动互联网发展日盛，智能手机越来越靠近人类的日常生活，社交媒体成为网络信息最广泛的集散地，人类交往从"熟悉的身边"走向更广阔的广场，每个人都可以成为信息传播链条上的重要节点；文字、图片、音视频融入"富媒体化"文本，信息的呈现形式打开了更多想象的空间。基于 4G 的流媒体技术让视听化传播整体爆发，多元化的视听形态构筑了泛视觉的人类生存空间，信息的产生传播交流也夹杂了更多难以预判的曲折，"后真相"应运而生。5G 技术具有"超高速率、超低时延、超大链接"的特点，从而架构了一种全新的网络生态，实现了网络性能的新跃升。媒介之间彼此渗透融合，媒介与"非媒介"、人类与媒介之间的边界也在逐渐模糊与淡化，甚至消失。行业间壁垒被打破，媒介生态被重塑，"泛媒化"成为现实①。信息技术革命下的人类生活的流动化巨变和新闻业日益不确定的未来构成了本文研究问题的初始来源。

　　整个新闻业面临双重改变。第一重改变是新闻文本表征的变迁，从电子化、数字化到网络化，从文字到音视频再到复合沉浸，新闻所传播的信息量和数据量指数式增长，媒介形态推陈出新。第二重改变则更为根本，是新闻生产方式的革命和生产关系的重构。数字化改造了传统的生产模式与传受者关系，也侵蚀了媒体的价值体系和形象定位②。技术赋权打破了职业新闻人对于新闻报道的垄断，时刻发生的新闻事件可以

---

① 彭兰：《万物皆媒——新一轮技术驱动的泛媒化趋势》，《编辑之友》2016 年第 3 期，第 5~10 页。

② 王俟：《液态社会中新闻生产的变革与延续——基于对新闻客户端 M 的分层访谈》，《国际新闻界》2019 年第 5 期，第 60~79 页。

由任何一个在现场的个人记录并发布于互联网之上，新闻信息将在数字高速公路上以实时传递的方式扩散开来，观点、情绪等也可以在无时差的人际交往中实现裂变式传播，不必经由传统媒体的渠道而直接闯入公众意识①。新闻事实也许因此就会变得凌乱，甚至真相逆转；纷乱的群体情绪和表达欲求冲击着理性逻辑，众声喧哗之中难以寻觅新闻价值的本真考量。这在某种程度上或许是对新闻本质意义的颠覆，当每个人都成为历史时刻的见证者和时代的记录者，新闻的报道就会由一种权威性话语变成为一种"集体日记"，"化约"②为公共生活的记录和日常信息的传递。当今全球传播变局的具体表现之一便是新闻传媒业正在经历一场"视频转向"。

网络视听新闻的多元化文本使得网络生态成为一个前所未有的景观式"图像流动库"。这一图像流动库与现实社会和个体生活一一对应互动，主流的、亚文化的、特殊兴趣的各色图像涌动着、喧嚣着，成为我们身边汹涌着的"拟态环境"、层出不穷的网络视听文本形态，并带来文化冲击与情感体验。

以短视频文本为例，根据中国互联网络信息中心（CNNIC）发布的第 49 次《中国互联网络发展状况统计报告》，截至 2021 年 12 月，中国网络视频（含短视频）用户规模达 9.75 亿，占网民整体的 94.5%；其中，短视频用户规模达 9.34 亿，占网民整体的 90.5%，短视频用户日均使用时长 125 分钟，这就代表着物理时空之中，一年有 426137 亿分钟的短视频内容被消费。网络视听接触的用户比例之高、网络视听对于日常生活介入之深，已经直接全面性地冲击着电视的主导地位。短视频已经不仅仅是一种内容形式，它成了一种每一个平台都标配的文本类

---

① Shirky, Clayton, *Here Comes Everybody: The Power of Organizing without Organizations*, New York: Penguin, 2008.

② 化约论：仅将新闻产品描述为信息，如果新闻只是关于信息的产品，那么确实它也仅是一种技术，注定会被高速高效、具有良好用户体验的网络所取代。

型，由此，延伸出一个国家语境与日常生活相关联的数字空间与舆论空间。

截至 2021 年 12 月，我国网络直播用户规模达 7.03 亿，较 2020 年 12 月增长 8652 万，增长势头迅猛。网络直播让远方的世界随时随地能够与现实的目光产生连接，在慢直播的时空共处中共情；虚拟现实让人类与现实世界的身体联系走入虚拟性体验的幻象时空中。当下的视听传播环境已然跳出原有文本框架，正从单一的平面视觉向立体性、身体化的复合视听体验转型。

短视频和直播所具有的线性、集中化、情感驱动等特点改写了互联网的叙事规则与传播形式。互联网曾经是一个去中心化的、基于文本的、由思想和理性驱动的"阅读网络"，现在则演变为高度中心化的、基于图片和影像的、由情感驱动的"收视平台"。[①] 新闻媒体也在充分地适应和回应这样的视觉化趋势。丰富的视觉符号和多元的视觉表达手段已经充分地嵌入了日常的新闻生产之中，从业者具备视觉化的思维逻辑方式也已经成为一种行业的基本要求。在技术发展和媒介演进的双重力量交织中，泛视听传播奇观中凸显的不仅仅是媒体机构与个体用户的二元关系，还有掩藏在背后的社交媒体、商业平台与这些行动主体之间的深度关联。例如，近年来以抖音、快手、梨视频等为代表的移动短视频媒体全面性地进入日常生活与新闻传播领域之中，不论是在内容生产还是在舆论发酵等层面，它们产生的影响难以忽视。因而，视听化传播或是新闻视觉化生产不仅仅要从文本转型或是媒介行为的层面来理解，更应当放眼到一个多维度、动态化、交叠开放的生态系统与实践过程去探索其中的隐含逻辑。

网络视听以一种多姿多彩的方式扩展了主流价值的发声渠道，在网络空间之中，多种形式的视听文本丰富了用户的消费体验，而乘着这种

---

① 史安斌、王沛楠：《2019 全球新闻传播新趋势——基于五大热点话题的全球访谈》，《新闻记者》2019 年第 2 期，第 37~45 页。

多元文本的快车，主流价值话语以更容易接受的方式和更广泛的传播力面向社会公众。

在官方生产与民间生产的互动之中，每一则短视频都像是新闻事件现场的一个侧影，而共同联结才得以将完整的新闻现场、新闻事实全面性复原。用户生产内容除了可以实现对于事实性信息的补足和构建，也能在情感的抚慰、凝聚和支持层面发挥和权威话语不一样的功效。价值的传递、真实的复原、共识的构建、情感的陪伴等塑造了网络视听新闻生态中的美好面向，也是当下网络视听新闻传播中的主流生态景观。

二 网络视听新闻的生态隐忧

技术成为牵引网络视听新闻生产变革的重要线索，5G 速率打开了更大的传播空间，提供了视听形态更多的可能，智能终端的普及也向下拓宽了普通网民参与生产的门槛，而基于人工智能的算法分发、机器人生产等也深刻改变了视听内容生产和传播的基本逻辑。网络用户的文化水平结构与职业结构与"专业精英生产"相比处于相对底层的状态，其构筑的网络环境中视听化社交越来越成为重要的文化景观，其中虽不乏具有引领性的精华与亮点，但也有解构与狂欢交织、易碎与群体极化等社会风险的影子。因而，基于本研究期望网络视听新闻生产未来能够变得更为合理、更为科学的研究面向，也需要以"忧患意识"发掘当下生态中的暗面与忧虑。

（一）真实性的隐忧：非信息爆炸与噪声扰乱

与传统媒介时期人们获知信息的渠道单一性相比，在网络视听新闻的传播环境中，人们面临的问题已从信息匮乏转变为信息过量，"信息爆炸"就形象地概括了这一传媒景观。信息爆炸的直接副作用便是信息焦虑。"信息焦虑"一词由美国学者沃尔曼提出，其认为信息时代不是"信息爆炸",而是"非信息"(non-information)爆炸,"它以信息的形式灌输给我们许多无用的东西,信息焦虑正是数据与知识之间的黑洞,是信息(数据)的无序性和污染性与人类使用的选择之间的矛盾,是有关我们如何与周围数据相处的问题"①。海量的网络视听内容丛林会让身处其中的人无所适从,有价值的信息却被大量低价值或无价值的信息所遮蔽,媒介空间内弥散着大量碎片的、重复的、虚实难辨的信息,这种诡谲的现象构成了我们这一时代的复杂信息景观。网民处于信息获知的两难境地。一方面,过载的信息干扰了人们正常的信息获取;另一方面,过量的信息稀释了信息的原初价值,大量鱼龙混杂的信息占据着人们的视线,冲淡了人们对有价值信息的关注。

同时,海量的网络视听文本之中,新闻内容与非新闻内容交织、真实新闻与谣言并行,在"噪声"之中,真实性却难以寻觅或难以判断。

网络视听作为一种公开资源,任何主体都可进行内容的生产、获取和传播,加之当下摄录设备、剪辑技术等门槛逐渐降低,多方生产者对视听内容进行再处理的情况并不鲜见。例如,多数生产者追逐热点事件,无限制的重复报道会导致信息冗余,反而阻塞了真正有价值信息的传播渠道。更为严重的是,部分新闻生产者为博眼球,不惜采用一些煽动性、诱导性、欺骗性的方法,经过"非新闻化手段"修改过的内容将导致新闻真实信息的"污染"效应。所谓信息污染,是指在信息活动中,混入有害的、误导的和无用的信息元素,它是对信息生态系统产生的负效应②。大量未经证实的视频信息在网络空间大肆传播,搅乱了话语秩序,挑战着人们"眼见为实"的基本认知,不断威胁着媒介生态,推动着舆论朝极端方向发展。信息污染打破了媒介生态的平

---

① 〔美〕Richard Saul Wurman:《信息饥渴——信息选取、表达与透析》,李银胜等译,电子工业出版社,2001,第19~22页。
② 梁宇、郑易平:《大数据时代信息伦理的困境与应对研究》,《科学技术哲学研究》2021年第3期,第100~106页。

衡，也在无形之中消解了媒体的话语权威。随着鱼龙混杂的新闻日益增多，公众在繁杂的新闻之间难以甄别出有效信息。更有部分缺乏道德自律或法律意识的网络生产者直接生产虚假新闻，或是虚实结合、片面解读等以此博人眼球，真相隐藏在形形色色的传言、谣言乃至谎言背后，公众往往要在新闻多次反转后才能得知真相。这种反转不仅消耗了受众的情绪，也间接弱化了他们对新闻真相的期待。披着"新闻"外衣的错误信息却在网络的推波助澜下被不断放大，进一步激化了公众的心理恐慌，"后真相"的反复出现也加剧了公众对新闻行业的不信任感。

另外，网络视听文本中以短视频为代表的碎片化文本也使得人们获知的内容不再是逻辑严密的新闻故事，而是缺少关联、零散无结构、支离破碎的片段。15秒或30秒的内容之中，推演论证的过程被简化或被略去①。"乱花渐欲迷人眼"，浮于表面或是仅有片段的视听新闻内容无法让受众整合其背后的总体事实。这是一个加速社会中媒介行为与受众消费的互构过程，因为人们追求越来越快的"信息快餐"，新闻生产者必须迎合这种内容消费需求；而长期的碎片化信息接收也再涵化了用户需求，他们难以再对有铺陈、有细节、逻辑严密的长视频保有耐心。

（二）客观性的隐匿：放大的主观情感体验

在专业化的新闻生产中，"客观性"是专业主义中非常关键的一个要素，不论是塔奇曼说的"一种仪式"还是布纳达所描述的"一种表演"。尽管人们了解绝对的客观性是一种无法实现的理想主义，但"客观性"仍然被视作一种行业的普遍规范。"情感"在传统专业新闻生产中，是被谨慎使用的要素，有学者在研究中发现记者认为情绪意味着客

---

① 汪新建：《超量信息带来的普遍焦虑如何应对》，《人民论坛》2021年第Z1期，第138~140页。

观性的污染①。为了充分发挥作用并避免污染，记者遵守一系列原则和做法，限制对新闻产品的情感、价值判断和带有政治偏见的访问。这些原则可以称为新闻客观性，而不是科学客观性，包括事实性、公平性、无偏见、独立性、非解释性以及中立和超然。

客观性是中国新闻生产中的重要原则。郭镇之指出："新闻专业主义有两个最主要的特征——中立的把关人和客观的反映者。客观性和中立性是新闻专业主义的特征，并由此发展出一套专业的理念和技巧。"②

但是，在网络视听新闻的传播语境之下，即使是客观性理念排除情感的参与，事实上新闻也无法脱离情感。网络短视频以"短"为表现特征，以"情感集中"为核心内容，"短"正好符合了当代人碎片化的消费方式和面对庞大繁杂信息时的取舍诉求，再与移动网络终端的即时性、便捷性相匹配，在直观地呈现场景的同时，还配有声音的情景传递，其所呈现出的感性信息为人们带来了最直接的感官刺激。就短视频新闻而言，其大批量的生产者是普通民众，他们的视听内容生产并不受客观性的理念制约，或许是生活上的趣味记录，或许是个体的情感表达与目的诉求，短视频新闻中当事人的情感在吸引公众、唤起共鸣的过程中具有不容忽视的影响。而在许多短视频平台上亦有"情感化"的语法驱动，从扣人心弦的背景音乐、精心设计的字幕文字到极具视觉冲击力的核心形象，短视频新闻的微观语境更容易让受众产生情感共振，一些小角度、"暖新闻"，一些可以直击受众内心柔软处的画面、事件都成了值得报道的内容。在题材选择上，除了重大紧急的突发新闻外，"暖新闻"日益成为当下新闻类短视频的集中选题，即从整体梳理、全面报道和呈现事实，转向从小角度切入、强调新闻事件中正能量的意义

---

① 赵云泽、王怀东：《公众情绪传播的社会实践性和客观性研究》，《新闻与写作》2021年第8期，第5~11页。
② 郭镇之：《舆论监督与西方新闻工作者的专业主义》，《国际新闻界》1999年第5期，第32~38页。

或调性，突出了新闻的情感共振。在此背景下，用户逐渐接受了短视频新闻叙事逻辑中人物形象自然流露的情感释放，也在自身主动的情感介入中成为被媒体征用的外部资源。①

而在交互式体验与沉浸式新闻中，"情感"与"体验"更是直接成为内容生产时必须纳入的考量要素。虚拟现实技术所带来的在场效应可以唤起受众的情绪波动。"沉浸式新闻最突出的特点是能够让用户对新闻事件有身临其境的现场体验"②，其呈现的虚拟新闻现场，让用户完全沉浸在了一个"可靠图像"中，成为思考和行动的基础。超越简单的"看"的功能而转向"体验"，这会使用户更好地"进入"事件的空间，甚至在一定程度上成为"当事人"，与新闻中的人物实现"在场交流"。同时，沉浸式传播是"以人为中心的信息传播，是人性与个性的交融"，是"一个在客观基础上的主观创作过程"③。这种基于第一人称的报道样式使得受众获取信息拥有了极大的自主性与想象力，选择自主性强化了受众对于新闻场景的"代入"体验，更容易实现受众与传播者乃至新闻当事人之间的"共情与共振"④。

（三）公共性的消解：新闻泛化于日常生活

在"前数字时代"，新闻与公共性之间的关系在某种程度上构成了新闻学规范理论的主要内涵，对公共利益的维护和对信息民主的追求则是新闻学的"原生价值观"⑤。新闻生产是否存在认真求证、努力还原

---

① 王斌、李曜宇：《从事实逻辑到呈现逻辑：短视频新闻的微观语境生产及其影响》，《广西师范大学学报》（哲学社会科学版）2022年第1期，第123~132页。
② 张屹：《基于增强现实媒介的新闻叙事创新策略探索》，《国际新闻界》2015年第4期。
③ 李沁：《沉浸新闻模式：无界时空的全民狂欢现代传播》，《现代传播》（中国传媒大学学报）2017年第7期。
④ 喻国明、谌椿、王佳宁：《虚拟现实（VR）作为新媒介的新闻样态考察》，《新疆师范大学学报》（哲学社会科学版）2017年第3期。
⑤ McNair, B., *Journalism and democracy: An evaluation of the political public sphere*, London: Routledge, 1999.

真相的专业判断，对于呈现一个负责任的公共新闻产品至关重要，因为它关乎受众的公共生活和整个社会价值的养成。

一方面，新闻边界发生位移，新闻的外延不断扩展，更多的信息被"泛化"为新闻，比如服务信息、生活故事、身边琐事等。泛化新闻的素材来源于日常生活，以私人生活为主，逸闻趣事、家长里短等故事性、娱乐性与碎片化的内容充斥于网络视听新闻之中。不仅是用户自主发布的，许多媒体也将 UGC 内容发布于自己的渠道中，以这类素材为核心的内容得以进入社会公共空间与广大用户的视野，并分享了用户的注意力与关注度。

但是，以消遣为主的日常生活绝大多数内容不能促进社会的广泛讨论与公共问题的解决，虽然在接近性、生活化的审美倾向和高参与性、互动性方面迎合了大众的需求①，却也消解了民众对于更具"公共价值"的新闻的需求与渴望。

另一方面，就泛化新闻的生产者而言，大多数用户受到知识文化水平、经济条件、生活环境等的影响，其内容生产实践是由兴趣爱好、情感需要、自身诉求等驱动的，尤其是在流量变现的背景下，资本力量成为主导甚至操控泛化新闻生产者内容生产的重要因素。没有"公共性"的约束，为了生存与经济效益而过度曝光娱乐化、低俗化、浅薄化的内容，乃至试图侵犯他人隐私。例如，山东大衣哥门前的诸多自媒体拍摄者已经事实上影响了他的日常生活。更有甚者会违反道德或是法律法规，以素材与内容生产者的双重作用在新闻业结构层面挤压了严肃内容的空间，新闻的公共价值也在无聊的社会消遣中被弱化。

（四）主导权的让渡：视角自由与算法议程

传统的电视新闻生产有着非常严格的把关程序，不论新闻议题是否

---

① 刘丹凌：《3G：第三媒介时代?》，《现代传播》（中国传媒大学学报）2010 年第 3 期，第 31~34 页。

可以播放或者具体的叙事以何种角度、何种逻辑呈现，都有一套严格的专业程序与专业语法。大到策划、采编、播出流程，小到拍摄角度、剪辑的蒙太奇与排播顺序，精英化的专业生产主导着视听新闻的文本意义与传播路径，也设置着社会受众的议程。

但是在网络视听新闻的生产与传播空间中，专业媒体也在或主动或被动地把自己对于内容的主导权让渡给普通用户或社交平台。

一方面，网络直播中的多信道选择改变了传统电视直播中"指哪看哪"的视角掌控。例如在"朱日和阅兵""反法西斯战争胜利70周年阅兵"等直播活动中，央视频在自己平台上为用户打开了多渠道直播窗口，观众既可以跟随带解说的电视视角，也可以自己成为"导播"，锁定于鹰眼、战士脚下等奇特的角度。而沉浸式新闻中用户更是自己掌握了信息接收的角度与深度，进入特定空间进行自主探索，而不是直观接收由专业人士排布的镜头逻辑。这种视角自由式的传播方式，就是媒体将把关的主导权让渡给用户，但其中也会面临一些关键性信息缺失的隐患。例如周勇等在关于沉浸式内容传播的实验中就得出结论：在"信息认知"层面，VR新闻的受众相比于文字内容受众会缺失一些关键信息点[1]。

另一方面，在诸多信息传播的社交平台或是商业平台之上，媒体也把自己的信息把关、议程设置等权力让渡给了技术逻辑。其中，算法分发就是一个重要代表，随着以大数据、智能算法、人工智能为代表的算法分发模式的兴起，网络平台将算法推荐技术应用于其生产、流通和反馈等信息传播的各个环节[2]。算法将视听内容的标签与用户画像与兴趣标签对接，实现个性化的信息供应与精准传播。有平台提出"你关心

---

① 周勇、倪乐融、李潇潇：《"沉浸式新闻"传播效果的实证研究——基于信息认知、情感感知与态度意向的实验》，《现代传播》（中国传媒大学学报）2018年第5期，第31~36页。

② 张林：《算法推荐时代凝聚价值共识的现实难题与策略选择》，《思想理论教育》2021年第1期，第86~92页。

的，才是头条"的说法，与大众传媒时代的"媒体头条"有直接性的价值不对等。算法推送加剧的"信息茧房"或许使得每一个因网络连接的个体又重新变为一座"孤岛"，算法技术的广泛应用让传统媒体主导公共议题的能力下降，其精准推荐信息的特性提高了公共议题的聚集度，越来越深度地影响舆论传播[①]。此外，诸如"热搜榜""热点榜"等榜单，虽然形式上呈现着"用户关注度高"这种看似"公共关心"的价值意义，但其背后隐藏的资本运作也在威胁着真正的社会公共价值。

三　网络视听空间的治理路径：引导与规制并行

中国特色社会主义进入新时代，网络空间治理也要随之进行调整优化，而从新闻传播领域出发理解网络治理，关键在于网络空间的舆论治理。习近平总书记多次表示过，网络意识形态安全风险是至关重要的，互联网现已经发展成为一个舆论斗争与辩论的最关键战场。我国的意识形态以及政权是否安全取决于能否在互联网环境中掌握网络意识形态主导权。[②]

（一）逻辑基点：网络空间清朗有序

2014 年以来，各种新的技术手段发展日新月异，移动互联网日益勃兴，新兴媒体不断渗透社会各个行业和生活的各种角落，新闻信息与资讯无时无刻不被视觉形式包裹，通过各种智能移动设备终端占用了用户的每一分注意力。新媒体各类应用已广泛和传统实现联合，全面应用到第三产业，高度"卷入"中国社会，网络视听行业也在技术创新与

---

① 穆莅晔：《算法舆论的公共性》，《当代传播》2021 年第 4 期，第 97~99 页。
② 习近平：《坚决打赢网络意识形态斗争》，选自《习近平关于社会主义文化建设论述摘编》，中央文献出版社，2017。

文化生态变迁的背景下大步走向新的发展阶段。对于整个国家社会发展而言，网络已逐渐成了治理的底层根基，网络信息安全成为国家战略，媒体融合成为中央深化改革的重要任务，网络空间治理也成了国家社会治理的重要组成部分。

建设风清气正、健康有序的网络生态，是我国网络视听新闻生产实践的重要导向和前置逻辑。互联网的去中心化特点，形成了较之以往更为多元的文化形态和价值观。对此，习近平指出"网络空间是亿万民众共同的精神家园。网络空间天朗气清、生态良好，符合人民利益。网络空间乌烟瘴气、生态恶化，不符合人民利益"。一些别有用心的意识形态渗透、不负责任的网络言论，使得网络文化鱼龙混杂、泥沙俱下。网络视听新闻生产要服务于形成"网上网下同心圆"。"什么是同心圆？就是在党的领导下，动员全国各族人民，调动各方面积极性，共同为实现中华民族伟大复兴的中国梦而奋斗。"① "网上网下要同心聚力、齐抓共管，形成共同防范社会风险、共同构筑同心圆的良好局面。"② 在这一宏观指引下，网络视听新闻生产需要做好两个舆论场之间的桥梁，推动互联网从变量向增量转化。

（二）参与式治理：政策规制与平台责任

齐心协力、共谋未来，是我国网络视听新闻生产实践的责任和担当。如果说"网上网下同心圆"是侧重问题导向的战略部署，那么"举旗帜·聚民心"则指出了新时代意识形态建设的锚点。习近平两次提到新闻舆论工作的"旗帜"意义："高举旗帜、引领导向，围绕中心、服务大局，团结人民、鼓舞士气，成风化人、凝心聚力，澄清谬误、明辨是非，联接中外、沟通世界。"③ 在 2018 年全国宣传思想工作

---

① 习近平总书记在网络安全和信息化工作座谈会上的讲话，2016 年 4 月 19 日。
② 习近平总书记在十八届中央政治局第三十六次集体学习时的讲话，2016 年 10 月 9 日。
③ 习近平总书记在党的新闻舆论工作座谈会上的讲话，2016 年 2 月 19 日。

会议上，习近平再次强调"举旗帜、聚民心、育新人、兴文化、展形象的使命任务"。① 从这一角度看，中国网络视听新闻生产的结构环境就极大区别于西方的纯商业逻辑。在中国的元场域中，网络视听新闻并不只是一种形式上有别于传统媒体的客观信息，它具有鲜明的政治立场，并同时承担了重要的社会及历史责任。

因而，来自政府的官方政策、法律法规为网络视听新闻生产画下了发展的红线、明确了实践的底线。各有关部门强调对新技术新应用的依法管理，以及有针对性地对恶意传播负面信息的行为进行有力打击。"一手抓管理，一手抓繁荣"也是面对网络视听传播领域的主要政策管理特点。

针对各网络平台上出现的混乱的新闻内容、错乱的价值指引或是违规的内容生产流程，出台相应法律法规来进行管理和规制也是必要之举。例如，对网络平台的业务包括论坛治理、微博信息服务、短视频平台生态等层面都提出了相应的治理规范与举措，合理约束了商业平台上的不正之风。

表 1　互联网视听信息平台治理相关规定（自 2017 年起）

序号	政策	时间
1	《互联网论坛社区服务管理规定》	2017 年 8 月
2	《微博客信息服务管理规定》	2018 年 2 月
3	《网络短视频平台管理规范》	2019 年 1 月
4	《网络信息内容生态治理规定》	2019 年 12 月
5	《网络音视频信息服务管理规定》	2019 年 12 月
6	《互联网用户公众账号信息服务管理规定》	2021 年 1 月
7	《加强网络直播规范管理工作的指导意见》	2021 年 2 月

① 习近平总书记在全国宣传思想工作会议上的讲话，2018 年 8 月 21 日至 22 日。

同时，互联网空间的治理模式从"九龙治水"向"参与式治理"演变。2016 年 10 月 9 日，中央政治局对网络强国进行了集体学习，其中习总书记提出，为了适应当下的移动互联网趋势，社会治理需要模式转变，需要双向互动、线上线下融合、社会协同治理。① 这是将参与式治理理念运用到互联网治理的明确表述。新时代中国社会主要矛盾已经发生变化，要重视参与式治理，将其确立为社会治理的重要战略策略。党的十九大报告指出，应"完善共建共治共享，形成社会治理崭新面貌"，其中的"共治"就是要逐步形成企事业单位、各类团体组织与公民的治理合力，形成多元治理格局。② 参与式治理已经成为当前和今后很长一段时间内党和政府积极推行的互联网治理模式，也是顺应时代发展的治理新思路。

其中，除了来自官方的管理规制，也需要互联网平台公司深度联结、共同参与网络视听空间的治理，承担起企业的社会责任。

英国政治理论家拉斐尔认为："互联网企业拥有信息的筛选和发布权力，但企业有责任保障信息的处理措施透明公开，并有效地传达给公众。"商业化平台公司作为一种嵌入型力量虽然不对外宣称自己对新闻生产的介入，却实际推动了场域结构变革，它们提供支持新闻生产的新技术、链接与新闻业密切相关的受众、隐秘供应传媒业运转的资金。虽然它们自我宣称是新闻业的外部力量，但可以利用平台化的聚合优势或社交渠道优势在网络视听新闻生产的场域中渗透得越来越深，甚至拥有了靠近核心的中心化改造力量，因而也必须承担维护网络空间秩序、建构清朗生态的责任。

作为入口级平台和用户界面的基础系统，平台可以对其用户使用

---

① 人民网：《习近平在中共中央政治局第三十六次集体学习时强调：加快推进网络信息技术自主创新朝着建设网络强国目标不懈努力》，http://dangjian.people.com.cn/n1/2016/1011/c117092-28768107.html。
② 马庆钰：《人民日报新知新觉：打造共建共治共享的社会治理格局》，《人民日报》2018年 7 月 24 日。

"强制权力"。当用户发布的信息违反法律或不符合道德观念时，平台可以对其采取一定的规范措施。就微信而言，删除或警告被举报的信息内容、删除违规账号、限制功能使用等都是其对违规用户的处理措施。2018 年 6 月，抖音平台累计清理 27578 条视频、9415 个音频、235 个挑战，永久封禁 33146 个账号。抖音平台通过机器算法和人工审核的方式查封部分涉嫌违法、低俗恶搞、歪曲历史、危险模仿的公众号，审核工作取得一定成效。同时，快手等其他短视频平台也以类似方式整治违规短视频。

尽管如此，短视频审核依然面临"未建立专门社会责任部门、也暂未定期发布企业责任报告、参与审查的人手不够"等各类问题，因此以博人眼球、获取关注度为唯一目的的生产模式并未得到根本性改变。平台要进一步落实审核工作，建立专门审核部门，增加视频内容举报渠道，增加审核人员，使人工判断和机器筛选真正结合。对于一些违法违规公众号，在查禁账号的同时，也要视危害程度对其实际控制人进行相应的经济处罚。此外，平台要定期发布企业社会责任报告，把审核的过程和结果公开化、透明化，以更好接受大众的监督。

（三）价值引导：优质内容涵养"有价值的流量"

政策的顶层设计明确了网络视听新闻生产的历史方位与社会责任、价值导向，要建设性地大力扶植能够体现主旋律、正能量、社会主义核心价值观的优秀网络文化。"培育积极健康、向上向善的网络文化，用社会主义核心价值观和人类优秀文明成果滋养人心、滋养社会，以正能量和主旋律营造一个风清气正的网络空间。"[①] 网络视听新闻的生产实践，应在时代主题的宏大叙事框架下进行，正面宣传是网络视听新闻需要继承并发扬的实践路径，"本着对社会负责、对人民

---

① 习近平总书记在网络安全和信息化工作座谈会上的讲话，2016 年 4 月 19 日。

负责的态度，依法加强网络空间治理，加强网络内容建设，做强网上正面宣传。"① "要加强网上正面宣传，旗帜鲜明坚持正确政治方向、舆论导向、价值取向，用新时代中国特色社会主义思想和党的十九大精神团结、凝聚亿万网民，深入开展理想信念教育，深化新时代中国特色社会主义和中国梦宣传教育，积极培育和践行社会主义核心价值观。"②

在网络视听传播的全新语境之下，"正面宣传"指的并非传统的"高大上"式的说教语态，而是将社会主义核心价值观隐含在短小、轻灵、趣味的网络视听语态之中，实现"有意义"与"有意思"的有机结合。

其中，处于融合发展中的各级主流媒体就需要发挥自身的优质内容生产优势，在商业化平台所引导的流量导向逐渐盛行时，通过优质内容对算法和平台渠道进行反向驯化。"新媒体平台的主流化，具体表现为新媒体平台从亚文化向主流文化的靠拢。主流文化具有强大的规驯能力，它能对亚文化中符合主流价值取向的内涵进行选择性吸收和改造，从而创造出一种新的主流文化。"③ 主流媒体通过在网络社交平台进行内容生产，在扩大自身影响力的同时，无形之中也对互联网平台起到了规范发展的作用。从话语层面来看，在主流媒体的短视频新闻生产中，存在着"借鉴互联网文化中的话语形态与表达方式"，以增强自身影响力与传播效果的现象。但同时，随着国家相关机构对网络平台内容的规范化更加严格与细化，网络平台也在向主流媒体的话语体系靠近，进行一种反向融合。

与强制性规则相对，以优质的内容涵养更高的用户媒介素养，使

---

① 习近平总书记在网络安全和信息化工作座谈会上的讲话，2016 年 4 月 19 日。

② 习近平总书记在全国网络安全和信息化工作会议上的讲话，2018 年 4 月 20 日至 21 日。

③ 《对话人大新闻学院副院长周勇："平台垄断" or "草根狂欢"，传播 "去中心化" 没有表面那么简单》，https：//baijiahao. baidu. com/s？ id＝1653863437843251149&wfr＝spider&for＝pc。

得网络空间的视听生态走向正向循环。以优质内容培养算法，而非由算法主导"劣币驱逐良币"。具体来说，就是以优质的内容吸引用户，可以通过隐性反馈行为"驯化"算法效果，算法在一次次试探性发送优质信息内容到用户终端时，用户对所推荐的短视频内容的每一次点击、转发、评论和收藏，都会被算法捕捉并被保存为可量化的数据。当用户对推荐的优质内容的观看停留了较长时间或是有点赞、评论等互动时，会强化算法对用户的进一步画像，也会对相应的视频内容进行标签优化。

平台这种"价值性权力"通过吸引力而不是控制力来实现目标。其借助免费的信息传播来引导、吸引和说服人们改变自身意志和行为，通过创造一种"价值共识"，使用户从心里接受平台的规则体系和强制行动，将由网络平台引导的秩序视为理所当然和合情合理。不论是平台自身建设一支优质视频生产队伍，还是通过引入主流媒体、优质社会力量等高质量生产团队，需要把推送高质量视频与创新生产有机结合，形成一条良性生态文化产业链，给予优质内容更多流量激励，实现视听泛化大背景下高品质视听新闻的有效突围。在反复的反馈修正之中，优质内容就会获得越来越多的流量，进而实现从"流量的价值"到"有价值的流量"的升级。

四　结语

网络视频兴起依托于人与信息的联结，作为一种高度整合的媒介形态，正日益改变着传统的信息传播模式与人们的思维方式。借助数据和算法传播的网络视听新闻也会进一步整合社会关系架构，作用于整个传播生态、媒介生态、社会生态的再造。视听生产场域内各方力量簇拥下的具象，更多地像一种"裹挟"，有必要重归理性。这是一个整体化媒介进化的问题，不仅是媒体行业的调适与进化，也不仅是对商业平台的规制约束，其实是需要监管方、平台、资本、用户、舆论各方合力的过程，是整个媒介生态与社会环境对于新闻素养和价值追求的重塑过程。这一过程代表了追求更美好传播生态和社会秩序的想象，需要多方合力探索前行。

新型业态

中国乡创美学的基本特征

孙若风[*]

摘　要： 乡土资源通过市场运作实现审美与生产生活融合，中国美学精神是"道"，生产生活是"器"，文化创意是"术"，科技支撑是"技"。乡创是将乡土资源通过文化创意、科技提升、市场运作转化为产品的创业活动。正确把握乡创美学的基本特征，需要纠正对文化艺术活动的误解、对审美与实用融合的误解、对"原汁原味"的误解。

关键词： 乡创　美学　市场　科技　生产生活

乡创，是将乡土资源通过文化创意、科技提升、市场运作转化为产品的创业活动。它对乡村振兴和文化发展的作用表现为，将经济实用与审美价值结合在一起，双向拓展产品的物质功能与精神功能，在实用中实现超越，在超越中赋能实用。

约翰·霍金斯最早从发展文化产业的角度提出"创意经济"，并且认为它经过了不同的发展阶段。从中国的实践看，近三十年来，文化创意激活了尘封的文化资源，成为文化发展的重要推手。它第一波是催生了文化产业，第二波是与相关产业融合，第三波是以乡创为表征重塑全

---

[*] 孙若风，中国人民大学文化产业研究院特聘研究员，文化和旅游部科技教育司原司长，主要研究方向为文化产业。

社会经济文化生活，从而一波波拓展了文化空间，产生由近及远的涟漪效应，在文化领域的内外部、在城乡之间，形成了文化发展新的战略纵深和回旋空间，也激发了文化的主体活力和内生动力。依托文化创意的渗透力、覆盖力和开放性，擅长太极身法的中国文化，见山乐山，遇水乐水，既以万物为融合对象，又以万物为发展载体，显示出经天纬地的力量，并构建起新的话语体系和审美意识。借助文化创意，文化在产业化、规模化的发展进程中，能保持无法复制的原创性和个性化，这种新的文化经营和审美创造，消除了关于文化与市场、文化与消费关系的疑虑，包括来自人文知识分子的质疑和社会上的误解，促进了文化建设和经济建设的结构性变化，并越来越深刻地作用于大众生活。

今天的中国乡创美学，集中呈现了当今文创的基本特征。如果我们把中国美学精神理解为乡创美学的核心，而且这种美学精神以天人合一为基础，以"人为五行之秀、天地之心"为尺度，以关注民生为情怀，那么，在今日乡创中，中国美学精神与生产生活、文化创意、科技支撑，大致对应于中国古代哲学和美学中的"道与器""道与术""道与技"。

第一，乡土资源通过市场运作实现审美与生产生活融合，中国美学精神是"道"，生产生活是"器"。

审美融入生产生活，是从利用文化的实用功能与商品属性开始的，可以追溯到原始先民用骨管、石刻艺术品丰富生活并交换。古代印刷业、娱乐业，更是今天发展文化产业的先声。但是，规模化的文化产业，只有在市场经济发展到一定程度时才能形成，才能有条件深入大众之中，进而向相关产业和更广泛的经济社会生活领域拓展。以工业经济为代表的现代经济的兴起，产生了真正意义上的现代市场，由此孕育出文化产业。中国的文化产业在改革开放后实现自觉，并且随着社会主义市场经济的节奏推进，成为文化体制改革的动力，审美也发生变化——纠正封建社会对商品经济的偏见，特别是对娱乐业的偏见，改变计划经济时期遗留的思维惯性，形成与市场经济相适应的思想文化和审美标准。

在审美上，关于文化商品属性和市场功能的认识变化，首先发生在城市，这是由于城市是现代产业和市场的重镇。历史上城市就具有市场、人才、信息等方面的天然优势，是城乡市场的枢纽。历史上中国城乡文化观念是相互依存的，只是进入近代才拉大距离，甚至在一个时期里表现为文化理念、审美意识的矛盾和对峙。当代文化产业起步时就把乡村纳入了视野，但由于市场条件等方面的限制，近年来才真正发力。一个国家的文化产业走上正轨的标志，是发展本土文化产业。开发乡土资源形成的特色文化产业，逐步成为中国文化产业压舱石和审美校准器。

第二，乡土资源通过文化创意实现审美与生产生活融合，中国美学精神是"道"，文化创意是"术"。

艺术与物质、审美与实用，美学上一般认为它们互不相干甚至相互排斥。其实，人类从来就有将生活艺术化的倾向，中国美学特征之一，是生活美学。先秦时期就有以墨子为代表的功利为善的思想，中国传统文化反对唯言心性、空谈义理，主张兼顾审美与实用，推崇知行合一。当人的温饱、安全等基本需求没有得到保障，艺术想象受到限制，审美空间受到挤压。一旦这些问题得到基本解决，文化地位提升，大众认识世界和生活态度就开始发生改变，更多用审美眼光审视世界，用审美的态度装点人生。这样的大众心理需求，是文创在这个时代蔚为大观的基础。以 2014 年国务院出台《关于推进文化创意和设计服务与相关产业融合发展的若干意见》为标志，审美要素融入生产生活，在全社会层面由自发转变为自觉，极大拓展了审美创造的领域。

在历代文人歌咏中，乡村往往就是诗意的世界，甚至可以说是一个大 IP，乡村缕缕炊烟是中国生活美学薪火相传的象征。这正是今天乡村文化产业和旅游业最需要的历史基础和现实场景。在文化产业和旅游业发展中，乡村的"农文旅"成为与城市"商文旅"并驾齐驱的两大现象。文化产业、旅游业除了与特色农业融合，还与乡村其他产业融合，相互赋能。乡村从来就是创新创意的土壤，为想象的自由生长、创意的充分发挥提供了条件。

第三，乡土资源通过科技支撑实现审美与生产生活融合，中国美学精神是"道"，科技支撑是"技"。

科技提升是促进审美演进的动力，历来是美学理论的关注点。科技在不同的审美活动中有不同权重，文学创作与舞台表演对于科技的需求就完全不同，必须处理好科技与其他审美要素之间的关系。一般说来，科技主要是审美呈现的辅助手段，是表达内容的工具，要服务内容的需要，不能反客为主。这也是发展文化产业和旅游业以及文旅产业与相关行业融合要遵循的规律，只是，在发展这些产业时要综合处理艺术、产业等多方面的关系。特别是这些产业与生产生活的实际功用结合，涉及更多方面的科技支撑。

乡创正是发展特色文化产业和特色旅游以及文旅产业与相关行业融合的主战场。科技的发展，特别是互联网技术的深度应用，给乡村带来新的机遇。乡村振兴的全面推进、新的城乡互动、新农人进入乡村，为科技提升营造了前所未有的氛围，创造了利用科技实现审美意图、完成审美过程的条件。近年来的乡村文化产业和旅游业以及文旅产业与相关产业融合初显成效，很大程度是拜科技所赐。乡村基础条件的改善和科技支撑力的加大，将进一步彰显这种作用。

如果进一步梳理还会发现，在文化产业短短二三十年的发展历程里，虽然上述基本特征没有变，但经历了三个阶段性的深化。最初认识到文化的商品属性，显然是文化行业要搭经济的便车寻找发展机会，经济为主、审美为辅，在这个阶段，文化创意只是文化及相关产业分类中的一个很小类别并不为人关注。尽管当时有部分城市将文化产业称为文化创意产业或创意文化产业，并不表明在认识上更重视文化权重。进入第二个阶段，文化创意突破文化产业，与其他行业融合，审美在产品中比重不一定大，但起的是画龙点睛的作用。现在是第三阶段，在增强文化自信、满足人民群众美好生活需要、建设美丽中国、中华优秀传统文化回归等社会背景下，在互联网等科技手段助推下，人人可审美、处处可审美、时时可审美正在演变为时代趋势。文化地位进一步提升，文化创意成为产品的灵魂，审美也成为召唤相关行业融合发展的大旗。在这样的演进过程中，乡创既是其动力，也是其结果。

正确把握乡创美学的基本特征，需要继续纠正以下三种误解。

第一，对文化艺术活动的误解。要防止两种倾向。一种倾向是将对文化艺术活动的偏见延伸到对乡创的偏见，认为是花架子，搞形式主义。他们既没有看到文化艺术的作用，更没有看到乡创产业的作用。当然，要注意杜绝长期以来在文化艺术活动中存在的形式主义问题，正是形式主义败坏了文化艺术的形象。另一种倾向是对产业规律没有认识。文创既然是产业，就应遵循产业规律，对接市场，体现需求导向，固然不能盲目迎合市场，但终归是要在市场立足、接受市场检验的。

第二，对审美与实用融合的误解。"买椟还珠""叶公好龙"作为成语有固定的讽刺意义，但换个角度就可看出艺术与包装结合、艺术与建筑结合产生的吸引力。实际上，今天的文创，很多就是在包装上下功夫，在建筑形式上精思巧构。这种融合如何把握好相互关系、各自分寸，需要加强研究和引导。

第三，对"原汁原味"的误解。乡创当然要保留乡土原貌，但不能将其与创意、科技对立起来。千百年来乡村都在变化，"变异性"是民族民间艺术的特征之一，社会生活在变，民间艺术家、手艺人的创意和技术手段也在变。重要的是不能失去乡村的本质特征，如果有变化，也应是有序的"基因流传"，而不是失去基因。今天的乡创，要发挥有专长的艺术家、设计师、建筑师的作用，但村民或其他熟悉乡村的新农人掌握了创意方法，也会有奇思妙想。科技是乡创的标配，相关部门要通过政策、项目和市场机制给予支持，新老农人也要主动学会新技术。

非物质文化遗产与研学旅行
融合发展研究[*]

李　柯　　韩顺法^{**}

摘　要： 非物质文化遗产与研学旅行融合已成为旅游业发展的新态势，其作为新兴的教育形态与产业形态受到社会广泛关注。本文首先基于研学旅行的意义和非遗的教育价值，分别从政策、非遗与研学旅行契合性的角度探讨二者融合的合理性。其次根据非遗与研学旅游融合的现状，梳理出目前存在的政府主导、学校主导、商业化主导三种主要融合模式。最后，结合非遗与研学旅行融合的现实需要，在课程研发、参与主体、研学场所、支持政策等方面提出二者融合发展的路径。

关键词： 非遗　研学旅行　教育

非物质文化遗产作为一种"活遗产"，活态性是其本然形态和生命线。^① 在现代生活中寻找非遗的生存空间，促进活态传承是保证其生命

----

　　* 基金项目：本论文为国家社会科学基金艺术学重大项目"中国特色艺术智库研究"（17ZD09）的阶段性成果之一。

　　** 李柯，南京师范大学新闻与传播学院硕士生，主要研究方向为文化传播；韩顺法，管理学博士，南京师范大学新闻与传播学院教授，博士生导师，紫金文创研究院-南京师范大学非遗管理与品牌传播研究中心主任，主要研究方向为文化产业管理。

　　① 宋俊华：《非物质文化遗产特征刍议》，《江西社会科学》2006 年第 1 期。

力延续的必要方式。近年来，我国采取一系列政策措施支持非遗融入现代生活，其中研学旅行作为体验式教育与旅游跨界融合的新业态，正逐渐成为我国推动非遗保护、传承的重要形式与方法。2021年发布的《"十四五"文化和旅游发展规划》中就明确指出要"推出一批具有鲜明非物质文化遗产特色的主题旅游线路、研学旅游产品"。与此同时，各地政府亦积极探索非遗与研学旅行融合发展的新模式。在非遗原生态环境不断消弭的今天，研学旅行这一新兴的旅游形态无疑为非遗提供了新的传承空间与发展机遇。基于此，本文对非遗与研学旅行的融合发展进行探讨，试图为非遗与研学旅行的有效融合提供参考。

一 研学旅行的意义与非遗的教育价值

（一）研学旅行的意义

明代董其昌有云"读万卷书，行万里路"，从古时起，许多文人墨客就将"游学"作为进益自身学识的重要方式。现如今的"研学旅行"在理念上与古人是相通的，可以说是对传统"游学"的继承和发展。目前，对于"研学旅行"学界尚未形成明确的统一定义，大体上有广义与狭义之分。广义上来讲，研学旅行是覆盖全年龄段的，是出于求知目的，前往异地开展的研究性学习旅游活动。从狭义上讲，研学旅行特指以学校为组织主体，由学生参与的以学习知识、开阔视野、提升素养等为主要目的的实践活动。这两个定义除群体的圈定范围不同外，具体内涵基本一致，在社会实践过程中均有所涉及。[1]

近年来，随着我国社会经济的发展，国民教育观念正从"应试教

---

① 邱悦：《江苏非物质文化遗产研学旅行产品开发研究》，东南大学硕士学位论文，2017。

育"向"素质教育"逐渐转变，研学旅行作为一种既有传统渊源又符合现代需求的教育概念被广泛提及和关注。2013 年，国务院办公厅在《国民旅游休闲纲要（2013~2020 年）》中首次正式提到"研学旅行"一词，将"逐步推行中小学生研学旅行"作为改善国民旅游休闲环境的重要内容之一。2016 年教育部等部门就推进中小学生研学旅行正式发布指导意见，研学旅行成为我国中小学素质教育拓展的重要举措。同年，国家旅游局发布《研学旅行服务规范》，自此研学旅行正式作为新的行业被认可。在产业发展层面，其作为一种"研""旅"交融的新形式，迎合了市场日益升级的消费需求，拓展了旅游业的发展空间，正成为旅游业创新发展的增长点。

（二）非遗的教育价值

人类学曾提出"地方性知识"的概念，它是指一种与地域和民族的民间性知识和认知模式相关的知识，具有"总是与西方知识形成对照""指代与现代性知识相对照的非现代知识""与当地知识掌握者密切关联的知识"[①] 三个基本特征。而非遗是指"被各群体、团体、有时为个人所示为其文化遗产的各种实践、表演、表演形式、知识体系和技艺及其有关的工具、实物、工艺品和文化场所"，[②] 从定义上看，非遗的本质就是特定地域和情境中的知识掌握者持有并实践的地方性知识。[③] 非遗既为知识，又为文化，当然能作为教育的内容和载体，发挥其育人价值。

2018 年 9 月 10 日，习近平总书记在全国教育大会上明确提出我们

---

① 吴彤：《两种"地方性知识"——兼评吉尔兹和劳斯的观点》，《自然辩证法研究》2007 年第 11 期。
② 联合国教科文组织：《保护非物质文化遗产公约》，http：//www.moe.gov.cn/srcsite/A23/jkwzz_ other/200310/t20031017_ 81309.html。
③ 陈恩维：《地方性知识与非遗的整体性保护——基于广东勒流"扒龙舟"的考察》，《民族艺术》2020 年第 3 期。

的教育必须培养德智体美劳全面发展的社会主义建设者和接班人。① 而非物质文化遗产作为中华民族上千年来沉淀而成的地方性知识，其历史、文化、科学等价值丰富，可在德育、智育、体育、美育、劳育方面发挥重要作用（见表1）。在德育层面，每一项能够留存于今日的非遗，其自身都凝聚着前人对于生活的思考、技艺与智慧，承载着一代又一代传承人的坚守与努力，不仅成为传承人展示精神世界的载体，更是对于中华民族美好品质的直接书写，是进行德育的鲜活教材。在智育和劳育方面，许多非遗技艺本身就诞生于古人运用智慧解决实际问题的生活实践，甚至即使在现代也具有极高的科学价值。特别是一些传统技艺，其

表1 非遗的教育价值

育人要求	可运用非遗类型	具体功能和价值
德育	传统戏剧,曲艺,传统技艺,传统医药,传统美术,传统舞蹈,民间文学,传统体育、游艺与杂技,民俗等	个人精神品质的塑造; 中华文化价值观培养; 传统生活方式的认同与推广 ……
智育	传统技艺,传统美术,传统知识,传统医药,传统体育、游艺与杂技等	具体的技法与原理传授; 历史文化背景知识传授 ……
体育	传统体育、游艺与杂技,传统舞蹈,传统戏剧等	丰富体育课程内容与形式; 强身健体 ……
美育	传统音乐、传统美术、传统戏剧、传统舞蹈、曲艺、传统技艺等	东方审美能力提升; 中华民族文化之美的传播 ……
劳育	传统技艺,传统体育、游艺与杂技,传统医药等	正确劳动观的培育; 劳动实践能力的提升; 工匠精神的塑造 ……

① 石中英：《努力培养德智体美劳全面发展的社会主义建设者和接班人》，《中国高校社会科学》2018年第6期。

不仅设计精巧，可开启今人之智，亦是匠人劳动之所得，可作为劳育之源。在美育方面，我国传统美术等非遗无不体现出中华民族的审美与风格，是中华美学教育的富矿。在体育方面，一方面非遗最大的特征是身体的参与性和社会的实践性，个体的身体在非遗的社会实践中，非遗的活态传承又以身体作为载体。另一方面传统体育、游艺与杂技等非遗既可丰富体育课程的内容与形式，又可增强学生体魄，达到锻炼之功效，是传统体育的类型，也是当今创新体育形式的重要资源。

总而言之，我国非遗资源丰富、种类多样、内涵深厚，可在培育德智体美劳全面发展人才的过程中发挥出重要的教育价值。

二　非遗与研学旅行融合发展的合理性

（一）政策利好为非遗与研学旅行融合发展提供的机遇

近年来，教育部高度重视包括非物质文化遗产在内的中小学研学实践教育活动，推出了一系列政策措施支持推动研学实践教育基地（营地）建设，对各地开展研学实践提出了一系列指导意见。"十三五"期间，教育部利用中央专项彩票公益金支持建设中小学研学旅行实践教育基（营）地，并先后组织遴选了 622 个全国中小学研学实践教育基（营）地。2019 年，文化和旅游部启动全国非遗主题旅游线路征集活动，征集包括非遗研学游、体验游等非遗旅游线路。2021 年《"十四五"文化产业发展规划》中指出要在"十四五"期间鼓励依托文物、非物质文化遗产资源大力发展文化遗产旅游、研学旅游等。此外，《"十四五"非物质文化遗产保护规划》明确指出"引导社会力量参与非遗教育培训，广泛开展社会实践和研学活动，建设一批国家非遗传承教育实践基地"。国家政策的支持与非遗研学旅行战略地位的提升为二者的融合创造了优越的发展空间，为非遗与研学旅行的创新发展提供了良好契机。

（二）非遗与研学旅行具有天然的契合性

1. 研学旅行扩大了非遗传承的群体规模

研学旅行是一种典型的体验式教育形式和旅游方式，在与非遗融合的过程中，扩大了非遗传承人的总体规模，有助于现代化背景下非遗传承新体系的建立与维护。非遗作为一种与人类的生存发展历史同生共衍的传统文化形态，在创作与传承方式上有着一个最为鲜明特点，就是对于人体的依附性。[①] 作为一种口传身授的文化，家庭传承、师徒传承是非遗既往的传承方式。然而，近年来由于生活方式的迅速变迁，当代年轻人拥有了更多选择。相比其他文化知识，学习、传承非遗所付出的时间与精力与其经济回报不成正比，人们学习非遗、传承非遗的意愿大大下降，导致不少非遗面临传承人断代、后继乏人的困境。将非遗融入研学旅行中，无疑有利于非遗的保护与传承，成为扩大非遗传承群体的有效途径。此外，与走马观花的参观式学习不同，参与者在研学旅行中需要切身参与、体验非遗的实践过程，在"学"和"游"的过程中直观、系统、全面、生动地了解非遗的技艺技能、文化脉络与精神内涵。这种方式也在一定程度上保证了学习非遗知识的深度，有助于达到非遗活态传承的目的。

2. 研学旅行营造了非遗传承与消费空间

在城镇化的过程中，许多非遗赖以生存的文化生态土壤被破坏，它们的形制虽在政府的支持和传承人的坚守下不至于消散，但事实上已经成为"无本之木"。任何一种非遗都与特定的社会背景相联系，非遗源自过去的农业社会，它们是一定文化生态场的产物，这个文化生态场就是非遗得以继续生存发展的必要"场景"。缺少了这一"场景"，非遗

---

① 蔡丰明：《中国非物质文化遗产的文化特征及其当代价值》，《上海交通大学学报》（哲学社会科学版）2006 年第 4 期。

必将无法得到真正的保护和传承。① 而非遗与研学旅行的融合为地方重建非遗的传承空间提供了契机，一定程度上为非遗在现代社会寻找到新的文化生态环境和展示时代价值的舞台。对于发展研学旅行的区域来说，研学旅行的开展通常以非遗场景为基础，为参与者提供具有沉浸感与体验感的空间。那些被重构的文化景观与文化空间虽然仍是注入现代产业发展元素的场景，但至少提供了非遗文化传承的基本载体，同时也为非遗传承人打造了立身之所。在非遗的社会整体发展空间方面，研学旅行是非遗知识的学习平台，也是非遗文化传播推广的重要渠道。这种"身体在场"的参与也会增强非遗研学者的学习黏性，加深其对非遗的理解与认知，使其感受中华传统文化的厚重、领悟其中蕴含的精神力量，唤醒其保护、传承非遗等传统文化的责任感与使命感，增强其文化自觉与文化自信。通过研学旅行，参与者将会成为非遗的潜在消费者与传播者，这也变相地拓展了非遗开发利用的市场空间与社会文化的传承空间。

3.非遗丰富了研学旅行的文化内涵

研学旅行具有双重属性，一方面它作为一种特殊的教育形态，目的是通过实践、体验的方式达到综合育人的效果；另一方面其作为旅游产业的新兴形态，是拓展旅游市场的重要方式，不管是教育方式还是产业形态，均可在与非遗的融合中丰富自身的文化内涵。

随着我国经济发展水平和教育水平的提升，越来越多的家庭注重子女的素质教育，而非遗是传统生活方式的重要支撑，延续着民族的历史记忆，蕴藏着民族文化根基，具有德育、智育、体育、美育、劳育的价值与功能。将非遗融入研学旅行中，可以丰富和拓展旅行的文化层次与教育深度，开拓新的活动形式，增强旅游的教育意义。参与者不仅可以

---

① 陈勤建、尹笑非：《试论民间美术非物质文化遗产的活态保护》，《美术观察》2007 年第 11 期。

在现场直观触达非遗的文化内核，在课程的讲解中提升对于非遗文化的理解，也可以真正参与非遗产品的制作过程，提升个人的动手能力、沟通能力和审美能力等，在知识层面提升个人的综合素质与精神品质。从产业角度看，非遗代表着传统的经济形态，属于现代文化产业的一部分，在推动地方经济发展的同时，拥有鲜明的地方文化形象和民族文化特色，是当地历史文化的"活化石"。将非遗融入地方的研学旅行中，一方面有助于提升旅游产品的层次性和丰富度、基于消费者参与性和体验感的产品体验，满足旅游者的文化需求；另一方面有利于发挥地方的独特优势，打造差异化的旅游产品，增强旅游品牌的文化内涵，加强和提升地方旅游的文化记忆与知名度，从而吸引潜在消费者的注意力，并且在促进旅游业发展的同时，进一步提升地方文化影响力与品牌竞争力。

三　非遗与研学旅行融合的模式

非物质文化遗产是中华优秀传统文化的重要组成部分，是传承中华文明、赓续历史文脉的重要载体，其与研学旅行的融合既有利于自身的传承，又可发挥教育价值，助力旅游产业的创新发展。目前，非遗与研学旅行融合的形式逐渐受到各地政府广泛重视，教育部、文化部也出台了相关政策促进该形式的普及。各类"非遗+研学旅行"的产品纷纷上线，成为近几年旅游消费的新趋势。根据主体不同，当前非遗与研学旅行融合的模式可分为学校主导、政府主导、商业化开发三种。

（一）政府主导的"非遗+研学旅行"

近年来，在国家政策的支持下，各地政府基于各自资源情况推出了非遗旅游路线以及建立了非遗研学基地。如湖南省文化和旅游厅在2021年推出"鱼米之湘·非遗环湖之旅""神秘湘西·非遗探秘之旅"

"眉山神韵·非遗寻踪之旅"等 10 条非遗主题（研学）旅游路线①，共覆盖 14 个市 100 个县，串联 156 个传承传习点。同时，部分地方政府依托当地国有戏曲艺术院团、民俗博物馆、文化馆和非遗保护中心打造和设立非遗研学旅行基地。以浙江绍兴为例，该地政府在 2019 年率先出台《非遗研学游基地认定标准》和《非遗形象门店管理规范》两个地方标准，公布首批 16 家研学旅行基地并使它们融入旅游路线。近几年又主导非遗旅行基地与当地旅行社合作，既提升了非遗资源的利用效率，又有效促进了当地旅游业的发展。除此之外，有些地方政府还会采取社会合作的方式，运用统战力量促进非遗研学场馆打造，如起初由个人筹备建设的湖南省雨花非遗馆，在省市政府的支持下逐渐成为湖南省非遗聚集平台，并建立了市场运作机制，形成了集"产、学、研、玩、观、购"于一体的立体运营模式。

（二）学校主导的"非遗+研学旅行"

基于开展素质教育的需要，有些学校将非遗研学内容与课程改革融合，既有"非遗进校园"——邀请非遗传承人当堂授课的形式，又有将课堂延伸至教室之外，以研学旅行活动丰富课程的方式。目前，由于"非遗进校园"可操作性强、实施便利，在我国的普及率较高。但有时因学校教学设备与空间的限制，传承人对于非遗的传授和演绎只能停留在直观观赏层面。在研学旅行政策的支持下，许多学校联合当地或异地的非遗研学基地等非遗场所，将研学旅行内容与课程需要相结合，组织学生参观、体验非物质文化遗产。如山东省济南市部分小学与淄博周村古商城达成合作，学校会定期组织学生前往古商城，体验扎染、周村烧饼制作、琉璃盘绘制等非遗项目。这种模式的非遗与研学旅行融合教育性和组织性较强，参与者可获得较为专业的指导和学习，但由于学校需

---

① 蔡寅春、方磊：《非物质文化遗产传承与旅游业融合发展：动力、路径与实例》，《四川师范大学学报》（社会科学版）2016 年第 1 期。

要承担组织与安全风险，该类活动开展的周期通常较短，学习内容也较为固定，自由性与灵活度不高。

（三）商业化开发的"非遗+研学旅行"

商业化开发的非遗与研学旅行融合是纯粹基于经济利益和市场需求来设计与制定的研学课程与内容。该模式下的旅行产品供给主体多元化，内容更加丰富，甚至可根据参与者的个性化需求进行产品的设计与定制。如近年来旅行社推出的暑期"亲子游"，依据不同的参与时长推出"同城非遗研学游""一周非遗研学夏令营"，依据不同研学主题推出"茶文化"研学游、"陶瓷"研学游等，为参与者提供了多样选择。但由于整个业态仍处于初期发展阶段，现有的产品质量参差不齐，有些虽冠有"研学旅行"的名称，却未在活动中真正将"研"与"行"做到深度融合，许多非遗产品的文化内涵挖掘不够，"研"的部分浅尝辄止，流于表面，这也导致非遗研学旅行的体验和质量大打折扣。

四 非遗与研学旅行融合的路径与政策

随着旅游业的发展，非物质文化遗产的保护与旅游业的融合发展必将成为一种趋势。[①] 非遗与研学旅行的融合由于其天然的契合性，是非遗旅游业态创新的主要发力点与增长点。目前，我国非遗与研学旅行的融合正在起步阶段，有诸多方面仍待完善，下面根据非遗与研学旅行的发展现状，提出几点发展路径与政策建议。

（一）根据非遗种类，制定不同研学旅行融合路径

2003 年通过的《保护非物质文化遗产公约》将非遗分为"口头传

---

① 《湖南推出 10 条非遗旅游线路》，http：//www.hunan.gov.cn/hnszf/hnyw/bmdt/202105/t20210513_ 16546643. html。

统与表现形式，包括作为非物质文化遗产媒介的语言；表演艺术；社会实践、仪式、节庆活动；有关自然界和宇宙的知识和实践；传统手工艺"等五个类型，结合中国非遗的实际，可进一步划分为表演艺术类、民间文学类、民俗类、传统手工技艺类、知识类等五大类型。在非遗与研学旅行融合过程中，应根据不同非遗的特征，采取适配的、差异化的融合方式。

表演艺术类可有"观赏性研学"和"体验性研学"两种融合方式，在前者开发的过程中，要注重视觉上的创新与美感。后者要根据研学旅行的需要，在整体的表演体系中选取可操作性强、接受度高的部分加以调整编构，并且根据不同年龄群体制定不同难度的研学内容，在观赏的基础上进一步提高互动参与性，增强其体验深度。民间文学类属于静态艺术，其内容以历史典故、古老故事为主，对于该类非遗应充分利用当地历史文化场景给予介绍普及，除简单的文本讲述之外，还可以将其转化为歌曲、舞台表演等更多元的形式，或者利用该类非遗及相关场景创造互动性的游戏，让参与者在完成游戏任务的同时深入理解其文化内涵。传统手工技艺类和一些知识类的非遗内容较丰富，在与研学旅行融合过程中要对其相关知识体系加以提炼、简化，将最精华、最有价值的内容，运用有趣、体验性强的方式传授给参与者。

（二）丰富研学旅行主体，推进市场拓展与服务提升

在受众主体层面，当前研学旅行的相关政策主体主要侧重于中小学生，而随着非遗概念的普及与文化自觉性的提高，越来越多的人愿意加入学习非遗的行列。因此，在非遗和研学旅行融合的过程中，应在中小学群体的基础上探索更多层次的参与主体，如，高等院校的学生、非遗文化爱好者、国际友人等。这些群体通常具有独立的个人管理能力和相对充裕的旅行时间，可成为非遗与研学旅行市场开发的另一个重点。在

研学服务主体层面，应打造复合型研学服务队伍。首先非遗传承人要充分承担起非遗活态传承的责任，在非遗研学旅行中发挥其授课导师的作用，将非遗技艺传授给参与者。其次，应积极联络当地的非遗研究学者，举行文化讲座，进行高质量的文化传播。最后，成立非遗研学旅行服务团队，在当地招募非遗志愿者、讲解员，为非遗研学旅行提供引导与讲解等服务。应在上岗前对他们进行一定的专业培训，以保证非遗研学旅行的服务质量。

（三）立足当地文化，围绕非遗进行课程研发

在内容与体验为王的时代，课程研发是决定非遗与研学旅行融合成功与否的关键。在课程设计中，要依托当地非遗资源，充分发挥非遗的教育价值，将"研"与"游"紧密结合，以达到育人目的。首先，要对当地的文化内涵进行深入挖掘，包括当地非遗历史背景、非遗发展的生态环境、相关的物质载体、变迁过程，编纂出适用于研学旅行的具有趣味性、生动性的课程教材，并运用参观解说、讲座、知识竞猜互动问答、情景再现等多元化的方式进行内容的讲解与呈现。其次，要立足实践性的原则，充分尊重不同参与群体的特征和需求，打造多层次的课程体系，制定和举办具有针对性的旅游路线和研学实践活动，以此来增强参与者的体验感。除此之外，也要注重对当地非遗文化价值、社会价值的提炼与总结，在研学过程中将其进行展示、讲解，让参与者了解、喜欢非遗，并主动做非遗的传承者、传播者。

（四）打造非遗研学场所，烘托文化氛围

所谓活化，不仅要有传承文化事项的主体，更要有使这些曾经失落的文化得以继续传承发展的文化生态条件。而这个文化生态环境的内涵就指文化的空间，即与传统生活方式、社会整合、习俗仪式和知识体系

相联系的地理位置与活动场所。① 因此，研学场所的打造是促进非遗活态传承、促进非遗与研学旅行深度融合的必要条件。根据当前的非遗旅游发展情况，可将以下三个场景作为主要发力点。

1. 非遗景区

景区是非遗研学旅行开展的物质场所之一，景区作为空间载体，可提供非遗宣传、普及、体验、展示的平台。可通过设立舞台、剧场等方式，让传统音乐、舞蹈、戏剧、曲艺等表演类非遗在景区展示。此外，可由政府牵头在景区内打造非遗示范区，推出相关非遗体验项目，提高非遗研学项目的曝光度与可及性。

2. 博物馆

博物馆主要承担着非遗典藏、研究、展示和知识教育等功能，可在该场所内进行三类非遗研习活动。第一类是在博物馆内定期举办非遗主题展、非遗大师讲座，以推动非遗知识的传播。第二类可将博物馆作为直接的教学场所，由非遗传承人坐镇，现场教授参与者进行非遗创作。第三类是将博物馆打造为非遗研学旅行基地，在假期面向中小学生开展为期一周或者更久的系统性的非遗教学和工艺制作课程。

3. 非遗传习所、非遗传承示范基地

非遗传习所、非遗传承示范基地是能够有效帮助传统技艺传承，集中继承与弘扬地方优秀文化，开展地方优秀文化交流、形成地方特色、实现民族文化兼容的场所。地方政府可根据当地实际情况，依托现有文化单位进行非遗传习所或非遗传承示范基地的开发与建设，打造具有接待、娱乐、教学、销售等多种功能的非遗场所，并积极与当地学校、旅游集团进行深度合作交流，共同促进非遗研学基地活动的展开与拓展。

---

① 高小康：《社群、媒介与场景：非物质文化遗产活化三要素》，《中国非物质文化遗产》2021 年第 1 期。

（五）出台推动非遗研学旅行的支持政策

在全面落实《"十四五"非物质文化遗产保护规划》以及《"十四五"文化产业发展规划》等政策的基础上，进一步加大扶持力度。加强财政政策扶持，各地政府应设立非遗与研学旅行发展专项扶持基金，建立研学项目库，积极争取上级文化、旅游等各类专项资金，为当地的非遗与研学旅行发展提供财政保障。在服务方面，健全便企服务功能，简化非遗研学旅行项目申报的行政审批事项，提升非遗研学旅行项目的开展效率。推进政务公开，推出非遗旅游专项服务窗口，为相关企事业单位提供信息服务，推动该产业的进一步发展。在监管方面，应进一步优化促进非遗与研学旅行融合的营商环境，完善非遗研学旅行的营商环境评价体系，并针对现有的非遗研学旅行项目进行定期监管与质量抽检，统一归集相关信息，并进行多维度分析利用，精准指导监管工作，以促进非遗与研学旅行市场的良性发展。

参考文献

宋俊华：《非物质文化遗产特征刍议》，《江西社会科学》2006 年第 1 期。

邱悦：《江苏非物质文化遗产研学旅行产品开发研究》，东南大学硕士学位论文，2017。

吴彤：《两种"地方性知识"——兼评吉尔兹和劳斯的观点》，《自然辩证法研究》2007 年第 11 期。

联合国教科文组织：《保护非物质文化遗产公约》，http：//www.moe.gov.cn/srcsite/A23/jkwzz_other/200310/t20031017_81309.html。

陈恩维：《地方性知识与非遗的整体性保护——基于广东勒流"扒龙舟"的考察》，《民族艺术》2020 年第 3 期。

石中英：《努力培养德智体美劳全面发展的社会主义建设者和接班人》，《中国高校社会科学》2018 年第 6 期。

蔡丰明：《中国非物质文化遗产的文化特征及其当代价值》，《上海交通大学学报》

（哲学社会科学版）2006 年第 4 期。

陈勤建、尹笑非：《试论民间美术非物质文化遗产的活态保护》，《美术观察》2007 年第 11 期。

蔡寅春、方磊：《非物质文化遗产传承与旅游业融合发展：动力、路径与实例》，《四川师范大学学报》（社会科学版）2016 年第 1 期。

《湖南推出 10 条非遗旅游线路》，http：//www.hunan.gov.cn/hnszf/hnyw/bmdt/202105/t20210513_ 16546643.html。

高小康：《社群、媒介与场景：非物质文化遗产活化三要素》，《中国非物质文化遗产》2021 年第 1 期。

蓝色文旅产业与金融服务体系建设

——发展粤港澳大湾区蓝色经济的视角

金　巍[*]

摘　要： 国家金融与发展实验室和北京立言金融与发展研究院一直关注文化产业和旅游产业的金融服务。文旅产业与蓝色经济关系密切，其与海洋经济相关的文旅产业部分可称为蓝色文旅产业。本文从文旅产业与蓝色经济、金融服务与文旅经济、蓝色文旅产业的金融服务体系三方面切入，解析蓝色文旅产业及金融服务的主要问题，为粤港澳大湾区及琴澳蓝色经济发展提供参考。

关键词： 蓝色经济　蓝色文旅产业　文化金融

一　蓝色经济与蓝色文旅产业

2019 年 2 月 18 日，中共中央、国务院印发粤港澳大湾区发展基础性文件——《粤港澳大湾区发展规划纲要》，对文旅产业和蓝色经济发展都有要求。文件提出"坚持陆海统筹、科学开发，加强粤港澳合作，拓展蓝色经济空间，共同建设现代海洋产业基地"，同时又提出"深化

---

* 金巍，国家金融与发展实验室文化金融研究中心副主任，北京立言金融与发展研究院副院长，主要研究方向为文化金融。

粤港澳文化创意产业合作，有序推进市场开放"。我们可以从这两段话中提炼大湾区发展中蓝色经济与文化旅游产业之间的关系。

蓝色经济是环保可持续的，是高质量发展的海洋经济。传统的蓝色经济包含海洋能源、海洋水产、海洋工程制造、海洋交通产业等。我们可以这样理解文旅产业和蓝色经济的关系：蓝色经济由一系列蓝色产业构成，其中与海洋主题相关的文旅产业是海洋经济中的新兴部分，包括滨海/海洋旅游、海洋体育、海洋文娱、海洋艺术、海洋文博、海洋文化遗产开发等，这些都是蓝色经济的新形态。这部分我们可以称为蓝色文旅产业。

粤港澳大湾区要发展蓝色经济，需要充分重视蓝色文旅产业的发展。我们首先要对发展文旅产业的重要性有所认识，归结为一句话，那就是"比重大、意义大"。这两年因为新冠肺炎疫情，文化产业发展受到较大的影响，但仍保持了一定程度的增长。2020 年全国文化及相关产业增加值为44945 亿元，比上年增长 1.3%，占国内生产总值（GDP）的比重为 4.43%，比上年下降 0.07 个百分点。2019 年全国旅游及相关产业增加值为44989 亿元，占 GDP 比重为 4.56%，但 2020 年旅游产业增加值降为40628 亿元，GDP 占比降为 4.01%；即便如此，文化和旅游产业 GDP 占比仍为 8.44%，是我国国民经济体系非常重要的组成部分。

粤港澳大湾区是我国文旅产业发达的地区，在全国总量中的比重也非常高，粗略计算应在 15% 以上。根据《中国粤港澳大湾区改革创新报告（2021）》，2019 年，粤港澳大湾区文化产业增加值合计约 7000 亿元人民币（见图1），其中澳门文化产业增加值为 297.64 亿澳门元，香港文化创意产业增加值为 1210 亿港元。2020 年，粤港澳大湾区的文化产业仍有较快增长。大湾区内文化产业的主要特征是数字文化产业发展迅速，例如数字文化基础设施、数字文博等；文化消费新业态逆势飞扬，例如网络动漫、网络音乐、网络直播、短视频等。

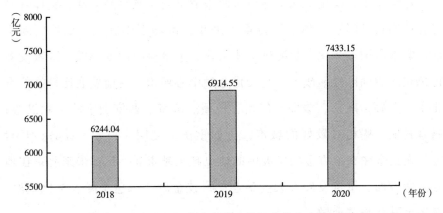

图1 2018~2020 年粤港澳大湾区文化产业增加值

粤港澳大湾区是旅游业非常发达的地区，这两年也受到较大的冲击，但我们可以看 2019 年的数据。2019 年大湾区总体旅游收入为 1.2 万亿元，2/3 的旅游收入来自广州、香港和深圳。香港旅游收入于 2015 年出现大幅下降，2017 年有回升，2019 年又出现下降。澳门旅游业虽然较发达，但受制于土地面积小，旅游收入规模位居大湾区第八。

文旅产业的重要性还体现在国家战略当中。文化强国是文化事业和文化产业的结合，国家已确定在 2035 年实现文化强国的目标，没有强大的文化产业是不现实的，所以发展文化产业非常重要。另外，实现国家战略需要双循环新发展格局。所谓的内循环重点在内需，内需很大一部分是文旅消费，如何重视文旅文化、如何刺激文旅消费，是一个很重要的选题，意义重大。

二 金融服务文旅产业发展的基本状况

从金融服务和资本市场的视角来看，文旅产业是非常具有投资价值的产业。事实上我国文旅产业的金融服务发展得也较快，已经形成了文化金融、旅游金融这两种比较独特的金融活动形态。

近十年来，我国文化金融通过政策驱动与市场创新联动，整体规划与分业实践共举，总体上取得重大进步：市场规模壮大、机构创新丰富、资本市场多元化、制度供给体系化、金融科技的变革以及区域发展特色化。我国已经形成了一些文化金融中心城市，目前发展比较好的有北京、上海、南京、深圳、广州、杭州、成都、西安、宁波、武汉等；还有其他一些相对较好的城市，比如重庆、昆明、长沙、青岛、开封等。文化金融在地方金融发展中的地位越来越重要，比如未来北京在地方金融方面会重点发展五大金融业：科技金融、绿色金融、文化金融、养老金融和数字金融。

旅游金融的特点与文化金融又有所不同，虽然我们可以把它们合称为文旅金融，但是两者仍然是有一定区别的。第一，经营特点是客流量、现金流，这是旅游金融的主要基础。第二，旅游业具有较多的土地、林地等资产，能够较方便地提供抵押。第三，旅游资源具有自身的特点，除了地理资源，还有很多实物形态的文化资源，如古建筑、文物等。近年来政府也出台了很多关于旅游金融的政策（见表1）。

表 1　金融服务旅游产业相关政策文件

时间	文件名称	主要内容
2012 年	《关于金融支持旅游业加快发展的若干意见》（银发〔2012〕32 号）	区别对待、有扶有控,加强和改进对旅游业的信贷管理和服务/支持旅游企业发展多元化融资渠道和方式/规范发展旅游业保险市场,增强旅游保险服务/改进旅游业支付结算服务,支持发展旅游消费信贷/完善旅游业外汇管理和服务,支持旅游企业"走出去"等
2014 年	《国务院关于促进旅游业改革发展的若干意见》（国发〔2014〕31 号）	设立旅游产业基金/支持符合条件的旅游企业上市/推出企业债、公司债、中小企业私募债、短期融资券、中期票据、中小企业集合票据等债务融资工具,发展旅游项目资产证券化产品/加大对小型微型旅游企业和乡村旅游的信贷支持力度

时间	文件名称	主要内容
2015 年	《关于进一步促进旅游投资和消费的若干意见》(国办发〔2015〕62 号)	支持符合条件的旅游企业上市/鼓励金融机构信贷支持/积极发展旅游投资项目资产证券化产品/鼓励旅游装备出口,加大对大型旅游装备出口的信贷支持力度
2016 年	《"十三五"旅游业发展规划》(国发〔2016〕70 号)	积极推进权属明确、能够产生可预期现金流的旅游相关资产证券化/支持旅游资源丰富、管理体制清晰、符合国家旅游发展战略和发行上市条件的大型旅游企业上市融资/加大债券市场对旅游企业的支持力度/支持和改进旅游消费信贷,探索开发满足旅游消费需要的金融产品
2021 年	《"十四五"文化和旅游发展规划》(文旅政法发〔2021〕40 号)	深化文化、旅游与金融合作,鼓励金融机构开发适合文化和旅游企业特点的金融产品和服务/扩大文化和旅游企业直接融资规模,支持符合条件的文化和旅游企业上市融资、再融资和并购重组/支持企业扩大债券融资/引导各类产业基金投资文化产业和旅游产业/推广文化和旅游领域政府和社会资本合作(PPP)模式/完善文化和旅游企业信用体系,健全市场化融资担保机制/推动文化和旅游基础设施纳入不动产投资信托基金(REITs)试点范围

2016 年以来,文化金融发展进入成长中的调整期,主要还是平衡期。由于金融监管趋紧等外部因素的影响,银行信贷债券等债权融资持续增长,2016 年以来文化产业资本供给总体上稳定,但局部波动剧烈,尤其是在股权投资领域,导致资本市场活跃度下降,社会资本投资热情下降。这是一个调整时期,也是规范与创新平衡发展时期。

2020 年以来增添更多变数,文化产业因新冠肺炎疫情呈现停滞的态势,文化金融发展也呈现新的态势。文化金融为文化产业的"重启"提供了巨大的支撑,但是在银行信贷领域、股权领域仍呈现下降趋势。面对疫情,银行业金融机构积极作为,进一步扩大对文化产业的贷款规模，有力支持了文化产业复工复产。截至2020年底，30家银行（21家主要银行和9家中小型商业银行）文化产业贷款余额达16561.5亿元。整体上，2020年文化产业债券市场呈现两极分化的态势，文化产业数字化与互联网相关债券增多，传统文化娱乐行业相关债券大幅下降。2020年，全国文化行业私募股权融资市场延续了整体下滑趋势，融资事件数量同比下降37.15%，融资总金额同比下降38.34%，直接融资市场腰斩，并且出现了严重的区域不平衡现象。

大湾区的文旅金融服务和资本市场有自己的特点。一是金融产品创新能力比较强，主要表现在银行服务、债券市场及知识产权证券化等领域。二是直接融资市场比较活跃，文化产业的上市公司，深圳有30多家，广州约有30家，整体上市公司比较多。三是大湾区的地方政府公共服务能力比较强。这三个特点是其他地区相对不足的地方（见表2）。

表2　2020年广东省大湾区城市文化产业投融资数据

单位：数量：起，金额：亿元

	深圳	广州	惠州	东莞	珠海	佛山	肇庆	中山
私募股权融资	16	23	0	0	2	0	0	0
	6.40	10.06	0.00	0.20	0.00	0.53	0.00	0.00
新三板投资	16	34	0	4	4	11	0	2
	1.74	4.46	0.00	0.30	0.24	0.77	0.00	0.01
新三板融资	1	7	0	1	0	1	0	0
	0.50	1.18	0.00	0.10	0.00	0.03	0.00	0.00
上市首次募资	5	2	0	3	0	0	0	0
	21.57	2.57	0.00	25.00	0.00	0.00	0.00	0.00
上市后投资	25	128	8	9	3	0	0	1
	38.76	363.07	341.24	1.16	3.82	0.00	0.00	0.25
上市再融资	3	12	4	0	1	0	0	0
	10.30	503.10	62.00	0.00	3.42	0.00	0.00	0.00
债券	3	17	3	0	0	0	0	0
	13.50	639.48	42.00	0.00	0.00	0.00	0.00	0.00

续表

	深圳	广州	惠州	东莞	珠海	佛山	肇庆	中山
信托	4 1.99	0 0.00	0 0.00	0 0.00	0 0.00	0 0.00	0 0.00	0 0.00
众筹	47 0.05	121 0.22	0 0.00	13 0.01	4 0.00	4 0.00	3 0.01	4 0.00
并购	4 312.18	8 37.38	0 0.00	0 0.00	3 3.81	0 0.00	0 0.00	1 0.01

三 建立蓝色文旅产业金融服务新体系

当前我们面临的挑战主要包括三个方面。一是越来越显性化的国际冲突和逆全球化。二是新冠肺炎疫情的持续和不确定性。疫情对文旅产业冲击很大，我们还要通过文旅产业刺激消费，疫情一直处于不确定的预期中，将是一个很大的挑战。三是经济发展面临的挑战。2021 年的中央经济工作会议提出我国面临需求收缩、供给冲击和预期转弱三重压力，已经说明我们所处的经济环境正在恶化。当然，文旅产业的机遇同样存在，主要为以下几个方面：第一是我国大力推动的双循环新发展格局；第二是文化强国的战略目标；第三是数字经济战略；第四是金融改革与开放。与大湾区有直接相关的，还有大湾区战略规划。

从金融视角上看，大湾区发展蓝色文旅产业的建议，可以概括为三个方面。

第一，提升三种能力，推动蓝色文旅产业高质量发展。三种能力包括文化创新能力、科技创新能力和资本市场能力。提高文化创新能力，要强化海洋文化/蓝色文化资源挖掘（历史、民俗、宗教、商业文化等），还要推动传统文化与现代时尚表现的结合。提升科技创新能力，在当前主要关注点是数字技术在文旅产业的应用，促进数字化生产与消费。提升资本市场能力，主要方面是振兴文化和旅游产业股权投资市场，提升文旅企业公司金融能力，以及完善风险管理体系，应对资本市场风险。

第二，完善三大要素，建立海洋文旅金融服务新体系。三大要素则构成蓝色文旅金融服务体系的主要部分。一是机构。原来我们一直都建议或是期望在华南地区推动此类专营机构的专业化和专营化，因为此类业务需要牌照，而我国目前在文化银行和艺术品保险领域仍是空白。二是推动蓝色文旅金融产品创新。三是基础设施建设。当前，文旅金融基础设施建设主要包括三块：其一是构建新的信用管理体系，其二是建立新的文化资产评估体系，其三是建立全国性的数字文化数据资产交易市场。

第三，推动三个领域的政策设计，提供坚强保障。大湾区是最具改革精神、开放精神和创新精神的地区之一，对大湾区尤其是横琴来说，发展蓝色文化产业，为蓝色经济提供更好的金融服务有很大的发展空间。建立蓝色文旅金融服务体系，还需要在政策设计上有较大的突破，在政策设计上有三个方面的建议。

一是推动文旅金融服务政策科学化与法治化。我国文化产业促进法即将出台，其中关于文化金融的内容很多，能够推动文化金融和旅游金融政策科学化及法治化。这个机遇需要好好利用，有了这个法律支撑，应该进行一些地方层面的文化金融法规建设。

二是建议将文旅产业金融支持纳入区域金融改革。我们知道，当前区域金融改革主要集中在科技金融、普惠金融、绿色金融和自贸区金融，还未包括文化金融、数字金融和海洋金融，上述方面值得纳入粤港澳大湾区的区域金融改革范围之内。

三是应推动湾区文旅和金融人才的培育和互通互认。当前，一些职业如律师已经开始在港澳地区互通互认，我们建议在文旅和金融人才培育和互通互认上也尽快形成一套机制，为文旅经济发展和文旅产业金融服务提供有力的支撑。

我国影视旅游的发展路径与青岛实践[*]

吕绍勋^{**}

摘 要： 影视旅游对于促进旅游业转型升级、完善影视业产业链、产生经济效益等具有重要作用。我国发展影视旅游的主要路径包括自发成为热门旅游目的地、打造特色影视旅游路线、发展影视基地旅游、发展影视主题乐园旅游、探索影视节会旅游等。青岛是知名的影视外景拍摄地，拥有各类先进的影视产业园区，举办过众多影视节会活动，具有发展影视旅游的良好基础。但由于缺乏顶层设计、支撑影视旅游的重要支点存在不足、没有成熟的影视旅游路线等原因，青岛的影视旅游发展还比较落后，亟须针对这些问题，找到切实可行的发展对策。

关键词： 影视旅游 旅游业 青岛实践

"影视旅游，是以影视拍摄、制作的全过程及与影视相关的事物为吸引物的旅游活动。"① 影视旅游作为影视业与旅游业融合发展的产物，是一种新兴的旅游形式。成熟的影视旅游，对于促进旅游业的转型升

---

* 基金项目："青岛市城市发展研究中心科研平台项目"（编号：QDCFY210302）。

** 吕绍勋，哲学博士，青岛市社会科学院文化与历史研究所副研究员，主要研究方向为大众文化与区域文化。

① 刘滨谊、刘琴：《中国影视旅游发展的现状及趋势》，《旅游学刊》2004 年第 6 期，第 77~81 页。

级、完善影视业的产业链条、带动城市诸多经济效益等，都具有重要作用。我国各地依靠当地资源发展影视旅游的过程中，既有成功经验，也有失败教训。青岛拥有丰富的影视资源和旅游资源，但是影视旅游起步较晚，与国内先进地区相比发展水平较低，这和青岛旅游城市的地位和"电影之都"的称号极不匹配。找到适合青岛的影视旅游发展路径，已经显得十分必要和迫切。

一　影视旅游在产业升级与城市发展中具有独特意义

影视旅游在西方被称为"Movie and TV Induced Tourism"（影视引致旅游），"他们把它的范畴界定为'所有因影视活动的开展而引致的旅游成果'，包括影视拍摄地旅游、影视节事活动地旅游、影视文化演绎出的旅游等，统称为影视旅游。"[1] 1963 年好莱坞影城的建成，标志着影视旅游的正式开端；1987 年无锡影视基地的建立，则意味着中国影视旅游的正式兴起。影视旅游是影视和旅游两个产业融合发展的产物，其基础在于两者共同的文化产业本质。发展影视旅游，无论是对于旅游产业，还是对于影视产业，都具有重要的意义。

（一）影视旅游对于旅游业的转型升级具有重要促进作用

"影视对旅游目的地热度的拉动效应显而易见。有研究显示，流行影视可以提升取景地 25% 至 300% 的游客数量，平均可以达到 31%。根据中国旅游研究院数据，24.5% 的游客表示，会在观看某部影视综艺后对一个从未关注过的目的地动心。"[2] 相对于传统的观光旅游，影视旅游属于深度旅游，发展影视旅游可以克服传统观光旅游存在的各种问

---

① 王玉玲、冯学钢、王晓：《论影视旅游及其"资源-产品"转化》，《华东经济管理》2006年第 7 期，第 23~26 页。
② 潘福达：《影视旅游如何避免"昙花一现"》，《北京日报》2021 年 3 月 3 日。

题，如旅游活动实现形式单一、季节性差异大、旅游消费水平低等。"影视与旅游的结合，使旅游具有了时空差异最大化、变动发展实时化、活动内容浓缩化、体验主题鲜明化的特征。"① 影视旅游能够更好地适应体验经济时代游客追求多样化、个性化、动态化和沉浸化的需求。

（二）影视旅游是完善影视产业链的关键一环

对影视产业来说，影视旅游是一种"后影视产品"开发的产物。不论是影视外景拍摄地、影视基地、影视主题乐园，还是影视节会、影视文化交流活动等引发的旅游活动，都可以归为后影视产品开发的领域。现代影视业越来越重视完整的产业链条的打造，后影视产品在影视产业链中的重要性也越来越凸显，所创造的收入，甚至超过了票房收入。例如，在美国好莱坞的收入中，影院的票房收入只占20%，而包括影视旅游在内的后影视产品开发以及附带产品则占了80%。

（三）影视旅游将给一座城市带来各类直接效益和联动效益

影视旅游产业主要是"'以影视基地为依托、以影视文化为内涵、以旅游观光为业态、以休闲娱乐为目的'的具有独特运营模式、完整上下游产业链的跨行业、复合型的新型产业"②。对于一座城市而言，"影视旅游可以形成产业链，获得多方面的效益，包括直接效益和联动效益。直接效益是影视旅游本身产生的效益。联动效益是影视旅游带动其他产业而获得的效益"③。其中，直接效益主要由旅游消费构成，包括多个环节，如门票、餐饮、住宿，以及购买相关纪念品等。联动效益

---

① 王红芳：《影视旅游多维价值及发展研究》，《经济问题》2008 年第 3 期，第 127~129 页。
② 胡丹：《影视旅游发展研究：基于文化创意的视角》，扬州大学硕士学位论文，2009，第 1~48 页。
③ 刘滨谊、刘琴：《中国影视旅游发展的现状及趋势》，《旅游学刊》2004 年第 6 期，第 77~81 页。

则体现为可以提高第三产业的比重，促进一大批与影视旅游相关的产业互利共生、多赢发展，增加当地就业机会，提升经济多样性，促进地方公共服务事业发展，促进文化交流等。

二　我国发展影视旅游的主要路径分析

影视旅游虽然是影视业和旅游业融合发展的产物，但按照事实发生来看，是影视在前，旅游在后，影视"引致"旅游。没有一个旅游目的地是完全依靠影视实现长期发展的，随着影视热度的降低，目的地的热度也会下降，后期经营惨淡，入不敷出。但有些地方，却能够抓住影视热度，积极整合资源，及时改善当地的旅游生态，谋求长期发展。作为发展影视旅游主要载体的影视基地和影视产业园区，也在不断寻求特色化建设和转型升级，不断汇聚各种影视产业要素，向着作为复合型旅游目的地的主题乐园转型。

（一）随着影视的放映和热播，某些地方自发成为热门旅游目的地

原本某些不为人知的地方，因为特殊的机缘，而得以在影视作品中出现，从而借助影视的传播功能，广为人知，成为热门的旅游目的地，吸引大量游客的到来。这些地方有两种，一是影视故事发生地，即影视中事件的发生地点，但不一定是影视的取景地。如电影《勇敢的心》，故事的发生地是苏格兰，一度给苏格兰带来了旅游热潮，但是影片的取景地更多是在爱尔兰。二是影视取景地，指影视拍摄的地方，可能是故事的发生地，也可能不是。如随着电视剧《山海情》的热映，宁夏永宁县的闽宁镇一度成为热门的旅游目的地。"近年来，因热门影视剧使得取景地变成热门打卡点的现象十分常见。2020 年夏天，《隐秘的角落》走红带火了广东湛江。2019 年开播的《陈情令》带动'十一'贵

州打卡热；同年热播的《长安十二时辰》让游客竞相来到西安打卡同款'盛世大唐'"。①

影视故事的发生地和取景地，可以促进人们对于一个地方的认知和认同，并引发旅游行为。但是，这类旅游热度往往持续性不强；如果目的地自身缺乏吃、住、行、游、购、娱等旅游要素的话，难以满足游客需求，热度就会不断下降。如因影视作品《白鹿原》而打造的白鹿原民俗文化村，开张仅四年就被拆除；因为影视作品《大红灯笼高高挂》《乔家大院》而一度红火的乔家大院，也因为旅游项目单一、缺乏旅游要素，于 2019 年被取消 5A 级景区资质。

（二）抓住热度，整合资源，打造特色影视旅游路线

影视带动某地旅游热的现象，往往是一种"自下而上"的自发行为，难以长久。如果当地政府反应迅速的话，这种自发的影视旅游现象，便可以成为一种"自上而下"的行为。政府借助影视热度，整合当地旅游资源，合理规划、开发旅游路线，不但可以扩大影视旅游效应，而且可以在更加深远的层面上，改善当地的旅游生态，促进旅游业发展。

随着 2021 年初《你好，李焕英》的热映，湖北襄阳迅速"出圈"，以网红的姿态进入公众视野，襄阳旅游产品搜索和预订热度蹿升，不少游客前去打卡留念。"马蜂窝旅游大数据显示，电影上映后的 15 天内，襄阳旅游搜索热度环比上涨 39%，卫东机械厂成为年轻游客打卡热门，交通信息、厂区开放情况等旅游攻略备受关注。"② 越来越多的人自发来到卫东机械厂等影片拍摄地打卡，给当地造成了严重的拥堵现象，影响了正常的交通通行和生产经营。"除了卫东厂，电影的其他取景地如

---

① 潘福达：《影视旅游如何避免"昙花一现"》，《北京日报》2021 年 3 月 3 日。
② 潘福达：《影视旅游如何避免"昙花一现"》，《北京日报》2021 年 3 月 3 日。

六〇三文创园、湖北化纤厂、东方化工厂等地也同样受到游客欢迎。"① 随后襄阳市政府方面的反应，具有相当典型意义："在组织相关景区和旅行社研判、考察后，襄阳市文化和旅游局推出了 8 条包含电影打卡点的旅游线路，这些线路既涵盖电影的主要取景地，也结合了襄阳主要的旅游景区。"② 这一措施，使得影视旅游热度得以持续，同时也大大改善了当地的旅游生态，提升了知名度。

（三）依托影视产业园区，积极发展影视基地旅游

"我国影视基地最早起源于 20 世纪 20 年代各大影业公司的片场、摄影棚和外景地，20 世纪三四十年代在上海、长春等地已见雏形。1987 年无锡中视影视基地建立，成为我国最早规划建设的影视拍摄基地。"③ 随后，各地纷纷效仿，兴起了建设影视基地的高潮，但大多数影视基地的发展现状不容乐观。

以影视基地为依托，通过引进剧组、打造影视作品等手段，吸引大量游客到来，带动旅游业发展，是我国目前影视旅游最成熟、影响力最大的一种模式。这种模式按照侧重点不同，可以分为"前期拍摄＋观光型"、"后期制作＋体验式"和混合型三类。"前期拍摄＋观光型"属于观光旅游范畴，是影视基地早期常见的做法，游客主要是作为旁观者参观影视的拍摄过程，如无锡影视基地等。"后期制作＋体验式"属于深度旅游范畴，游客的参与度较高，可以亲身体验影视的后期制作过程，如中国（怀柔）影视基地等。混合型则包含了前两种类型，是探索影视文化和旅游体验融合发展的结果，集影视创意、拍摄、制作、体验等于一体，游客既可以作为旁观者，也可以亲身参与影视的拍摄和制作等

---

① 吴丽蓉：《影视旅游如何放大"烟花效应"？》，《工人日报》2021 年 3 月 14 日。
② 吴丽蓉：《影视旅游如何放大"烟花效应"？》，《工人日报》2021 年 3 月 14 日。
③ 杨力：《以影视基地建设带动云南少数民族影视资源开发》，《民族艺术研究》2014 年第 5 期，第 151～156 页。

各环节。比较成功的有浙江横店影视城，其以综合业务为背景和支撑，以影视核心产业（投资、制作、发行和放映）为战略，以发展影视旅游为辅助，已经发展出新的聚集型影视基地模式。目前，影视旅游是横店影视城最主要的盈利来源，约占整个基地收入的80%。

发展影视基地旅游也有其缺点，如资金需求大、转换成本高、可替代性强等，存在重复建设、恶性竞争等问题，如果自身的吸引力不足、管理不善，会导致经营惨淡、前景堪忧。我国影视基地和影视城众多，根据影视基地工作委员会专家团队的调研数据，全国影视基地（园区）有313家，其中专注发展影视产业的有221家。但是多数影视基地处在亏损状态，甚至面临倒闭。影视基地的特色化建设和转型升级显得格外重要。目前，把各种影视产业要素聚集到影视基地，将原来的拍摄基地转型升级为集投资、拍摄、制作、发行、旅游、相关服务于一体的产业聚集区，是我国影视基地寻求发展的全新探索。

（四）及时转型升级，发展影视主题乐园旅游

近年来，我国影视基地纷纷向影视主题公园转型，影视拍摄不再是园区的唯一功能，而是充分利用拍摄场地、服饰、道具、情节等资源，打造影视文化娱乐区。如长影世纪城，在借鉴美国好莱坞环球影城和迪士尼模式的基础上，依靠高科技手段，突出民族特质，为我国影视旅游的发展开拓了新的路径，经济效益和社会效益都相当可观。

作为全国最大的影视主题旅游景区，横店影视城也进入了一个新的发展阶段，正在从影视城向着复合型旅游目的地转型升级，努力打造"影视体验度假区"。"影视体验度假区"与之前不同的是，更加重视影视城的旅游功能，更加注重满足游客的深度体验和休闲度假等需求，真正让游客吃在电影里、住在电影里、玩在电影里、购在电影里。"影视主题公园的发展，主要依赖娱乐要素的丰富、影视知识产权的拥有以及旅游消费者的数量和消费能力。其发展也受到影视内容的知识产权的支

配和娱乐技术项目的制约。一般来说，主题公园优质的知识产权和游客的海量流量息息相关。"①

（五）拓展影视旅游概念，探索影视节会旅游等新形态

影视外景地旅游、影视基地旅游和影视主题乐园旅游，均属于影视旅游的"空间形态"，即主要依据某一空间聚集的影视元素而引发旅游行为。还有一种影视旅游的"时间形态"，即通过举办影视文化节、首映式、博览会，以及与影视有关的其他文娱活动，而引发旅游行为。如欧洲三大国际电影节（威尼斯电影节、戛纳电影节和柏林电影节）和国内著名电影节（中国金鸡百花电影节、上海国际电影节、北京国际电影节）等引发的旅游行为。一方面，影视节会是影视行业的盛会；另一方面，电影节的开幕、新片的展映、国际巨星的到场，也会吸引大量游客前往举办地，对当地旅游业起到极大的拉动作用。

近年来，通过举办电影节促进当地旅游业发展的典型代表是厦门。中国金鸡百花电影节（金鸡奖年份）2019～2029 年连续五届十年都在厦门举办，为厦门的影视业和旅游业带来了新的发展契机。《厦门影视产业发展规划（2019 年～2025 年）》提到，厦门要"借助金鸡百花电影节的成功举办，创造性地使用城市的空间，开发海上明星大道、海滩电影展映、海滨电影人影迷见面会等活动……着眼于提升中国金鸡百花电影节品牌影响力，培植具有国际知名度和影响力的影视节展品牌，力争成为上海、香港、台北三大知名电影节的主要分会场，快速集聚各类影视产业资源，构建全球知名的影视节展中心，塑造城市国际化新名片。"②

此外，还有一种以当地的山水实景等自然、人文资源为依托，以当

---

① 詹成大：《影视基地的集聚效应及模式探析》，《中国广播电视学刊》2011 年第 7 期，第 68～70 页。
② 厦门市人民政府：《厦门影视产业发展规划（2019 年～2025 年）》，2019 年 8 月 9 日。

地的民俗风情展示、文艺遗产演艺为手段的演艺旅游。这是一种摆脱了传统演艺以明星为主，而以当地群众为主要表演者的舞台演艺形式，主要通过实地观看和影像传播等方式，吸引游客的到来。如以"印象·刘三姐""印象·丽江"等为代表的"印象"系列演艺作品，以"又见·平遥""又见·敦煌"为代表的"又见"系列演艺作品等。

三　青岛影视旅游发展的现状与问题

无论是自然资源、历史文化资源，还是各类影视拍摄基地和产业园区，以及举办的各类影视节会活动等，青岛都独具特色和优势，具有发展影视旅游的良好基础。但是，因为前期对影视旅游的认识不足、重视度不够等原因，青岛影视旅游缺乏顶层设计，支撑影视旅游发展的影视基地和节会活动等存在不足，全市的影视旅游资源没有得到统筹整合，尚未形成成熟的影视旅游路线。

（一）青岛拥有发展影视旅游的良好基础

1. 青岛是知名的外景拍摄地，具有发展影视外景地旅游的独特优势

青岛与电影的渊源甚深，是我国近代电影史的见证者，也是电影发展史上重要的外景拍摄地。青岛拥有山、海、城一体的自然、人文景观，素有"万国建筑博物馆""天然摄影棚"的美誉；既有丰富多元的年代景观，也有时尚现代的都市风格，还有正在建设规划的各类影视外景地等；可以拍摄古装、民国、欧美、现代等各种不同风情面貌的影视作品，广受各类影视公司的青睐，在青岛取景拍摄的影视作品众多。越来越多的青岛元素被搬上各类影视和短视频作品，独具特色的青岛风光，吸引着越来越多的游客前来打卡，催生了一大批网红打卡地。随着2017年青岛成功加入联合国教科文组织创意城市网络，成为中国首个"电影之都"，青岛的影视业发展更是被推上了全球舞台。

2.青岛拥有世界先进的影视拍摄基地和各类影视园区，为发展影视基地旅游打下了基础

青岛东方影都建有 40 个国际化标准影棚，拥有 1 万平方米摄影棚，以及亚洲最大的室内外合一的水下影棚、双白金认证数字影音中心，是国内唯一通过英国松林认证的拍摄基地，代表了目前国内工业化影视生产的最高水平，已成为全球知名、国内领先的影视工业生产基地。已有近百个精品项目入驻园区拍摄，产生了《流浪地球》《刺杀小说家》《封神》等代表中国电影工业最高水平的作品。2019 年和 2020 年均有 50 余个影视剧组来东方影都拍摄，2021 年园区承接爱奇艺《为爱尖叫》、浙江卫视春晚等节目录制，园区摄影棚出租率达 93%，取得新年开门红。规划占地 1500 亩的藏马山外景地也正在逐步建成和运营，二期将打造以影视文化制作为龙头，集主题沉浸式场景娱乐、主题餐饮、文化度假等于一体的多元影视特色旅游小镇，形成具有国际一流水平的影视之城。青岛西海岸新区逐渐形成了"东有灵山湾、西有藏马山"的全产业链大影视生态格局，"电影之都"的新区名片越发彰显影响力和吸引力。

2019 年，全国唯一的中国广电 5G 高新视频实验园区落户西海岸新区，目前已招引企业 70 余家，涵盖高新视频生产、传播和服务的端到端产业链逐渐形成。2019 年中传星文化产业园落户高新区，园区致力于构建制片公司总部基地、影视后期制作基地、编剧导演演员工作室、影视广告代理机构聚集地、文创投融资基地等完整产业链，是新一代专业功能聚合性影视产业基地，现已招引企业 110 余家。2020 年中宣部中国电影科学技术研究所发起的"中国电影云基地"项目落户即墨，该项目是集中国电影云研发中心、互动空间、高科技体验馆、电影元素商业街区、电影上下游产业办公用房、众创空间、孵化器、邻里关系于一体的产业园区。莱西南墅镇也正在积极推进青山湖影视基地建设，其核心景区占地 600 亩，外景地占地 50 平方公里，是独具 20 世纪 50~80

年代特色的影视拍摄外景地。

3.青岛举办过影响广泛的影视节会活动，具有发展影视节会旅游的潜力

青岛已先后成功举办了上合组织国家电影节、国际戏剧学院奖、中国电影表演艺术学会"金凤凰奖"颁奖典礼、全国院线国产影片推介会、青岛影视博览会等重要影视节会，策划举办了全球第一个国际 VR 影像周，举办了独具特色的俄罗斯电影周、法国电影周、意大利电影周等活动。影视节会活动吸引了大量的外地游客，拉动了文化交流和文化消费，扩大了青岛的城市影响力。

以影视博览会为例，2019~2021 年已经连续举办三年。2020 青岛影视博览会共邀请了 89 名影视名家，5G 行业大咖齐聚，与会行业嘉宾人数达 700 余人，华为、爱奇艺、芒果 TV 等 40 余家头部企业参会，约 30 万人线上互动，30 个影视剧组签约落地，为国内影视企业、影视人才、行业专家搭建起了影视资源集聚、行业交流合作、中外影视互鉴的平台。2021 青岛影视博览会以"致敬红色经典·奋进伟大时代"为主题，设置了"致敬百年"主题，并举办了 5G 高新视频、市场交易、交流传播、"金海鸥"系列成果发布等 5 个单元 19 项活动，持续放大和提升青岛影视博览会的影响力、组织力和公信力，搭建以影视文化交流合作为纽带的对外开放平台、国际传播平台、"双招双引"平台。

（二）青岛发展影视旅游存在的主要问题

1.对影视旅游的重视度不够，缺乏顶层设计，远远落后于先进地区

虽然影视旅游对经济的拉动力强，发展潜力大，但是因为在影视产业链条中属于"后影视产品"，是影视和旅游两个产业融合发展的新兴业态，所以还没有引起足够的重视。青岛影视旅游起步较晚，缺乏顶层设计，资源有待进一步整合和开发，战略上的布局、政策上的突破和措施上的加力都还不够。目前，青岛除了 2 处电影博物馆外，其他成熟的

影视旅游产品较少；众多的外景拍摄地，尚未被充分开发利用；影视拍摄基地和产业园区的影视旅游产品相对比较单一，需要开发更加成熟、更具广泛吸引力的多元化休闲体验式旅游产品；影视外景基地建设缓慢，影视旅游功能尚未彰显。青岛影视旅游还没有形成规模效应，缺乏品牌建设，无论是游客人数，还是旅游收入，都无法和国内领先的横店影视城、无锡影视基地等相比，甚至无法和宁波象山影视城、上海车墩影视基地、佛山西樵山国艺影视城等相比，差距较大，短板非常明显。

2. 支撑影视旅游发展的产业园区、节会活动等重要支点存在不足

作为青岛发展影视旅游重要支点的影视基地和产业园区，在规划之初，往往缺少对发展影视旅游的考虑，前期顶层设计缺位，后期规划建设和投资很难跟上。东方影都在整个影视产业链中，主要集中在产业链前端，中后端的美工、置景、道具、群演、后期特效、衍生产品开发等明显不足。具体到影视旅游，则缺乏能够吸引游客的成熟产品，目前主要局限在影视工业观光、影视道具制作体验和影视研学等方面，尤其缺乏休闲体验和沉浸式旅游产品，游客没有和影视演员接触、互动的机会，也没有体验影视拍摄的可能。藏马山外景基地虽然致力于打造集主题沉浸式场景娱乐、主题餐饮、文化度假等于一体的多元影视特色旅游小镇，但建设速度缓慢，运营效果尚未显现。

青岛虽然先后举办了国产影片推介会、上合组织国家电影节、中国电影表演艺术学会"金凤凰奖"颁奖典礼、青岛影视博览会等节会活动，但与中国金鸡百花电影节、上海国际电影节、北京国际电影节等相比，青海举办的活动影响力不大，旅游拉动效应不足，青岛甚至缺乏佛山功夫电影周这样彰显地方文化特色的影视节会活动，还没有找准培育青岛影视节会品牌的最佳切入点。在争取国家支持、统筹省市资源、提高市场化运作水平，以及具体板块内容设计等方面，还有待进一步探索。

3. 全市影视旅游资源缺乏整合，没有成熟的影视旅游路线

青岛拥有众多的、形态丰富的外景拍摄资源，拥有灿烂的影视历史

文化，目前也正在形成"1+N"影视基地（园区）的布局，即以西海岸灵山湾影视文化产业区为龙头，以城阳中传星影视产业园、即墨中国电影云基地、莱西青山湖影视基地等一批主业明显、特色鲜明的影视产业园区为支点，在全市范围内形成一核引领、多点发力、融合发展的影视产业发展新格局。但是，在这个影视产业新格局下，还没有一条成熟的影视旅游路线，可以将以老城区为代表的影视外景地资源、以影视博物馆为代表的历史文化资源、以灵山湾影视文化产业区为代表的影视工业资源，以及以城阳、即墨、莱西等为代表的特色影视资源串联起来，更是缺乏从旅游的角度，对这些影视旅游资源进行宣传和推介。

四　青岛进一步促进影视旅游发展的对策建议

青岛发展影视旅游，一方面要借鉴先进地区的经验，另一方面则要结合自身特点，实现错位发展。青岛要充分认识到影视旅游的重要性和广阔的发展前景，做好顶层设计；重点依靠各类影视产业园区，探索影视和旅游融合发展的多种可能性；统合全市影视旅游资源，打造特色旅游路线，形成合力；同时拓宽视野，积极发展影视节会旅游等新形态。

（一）加强组织领导，做好顶层设计，扶持"青岛出品"

青岛要充分认识发展影视旅游的重要性和必要性，加强组织领导和顶层设计，建立影视旅游发展协调推进机制，成立青岛市影视旅游发展促进委员会，积极统筹全市影视旅游资源，解决好发展过程中遇到的重大问题。尽快出台"关于促进青岛市影视旅游发展的意见"，聚焦重点环节、薄弱链条和瓶颈问题，整合市、区两级现有政策，做优政策配套，形成各有侧重、较为完备的政策体系。

梳理全市取景资源，建立拍摄素材资源库，鼓励、引导影视作品对青岛城市标志性景观及城市文化要素等进行反复呈现，打造一批影视取景地旅游目的地。规范影视拍摄取景地管理，提升配套服务和基础设施的完善度，加大承接和消化海量游客流量的能力。重点扶持青岛本地的影视企业，发掘青岛题材，讲述青岛故事，打造一批主题鲜明、极具青岛特色的影视作品，做优做好"青岛出品"。针对能够体现青岛元素的影视作品，探索灵活多样的融投资方式，做好前期宣传、推介和营销等工作，适时制造热点，为后期开展影视旅游活动做好准备，形成以发展影视旅游提升城市形象与促进经济发展的新道路。

（二）依靠影视产业园区，促进影视与旅游深度融合发展

影视基地旅游的市场基础，是人们对于影视拍摄制作过程的陌生和认知欲望，以及体验性和互动性旅游需求的增加。影视基地的影视产业要素越集中、聚集效应越明显，发展影视旅游的可能性就越大。所以在支持以东方影都为代表的影视基地引入大制作项目、打造中国电影工业化生产高地的同时，要积极搭建影视产业要素的集聚平台，加强影视产业链条的延伸，重视影视拍摄、影视策划制作、影视展示平台、后影视产品等四大产业体系的开发，形成产业聚落。积极开发影视工业游、影视揭秘游、影视研学等影视旅游产品，延伸发展影视拍摄、影视特效等体验性旅游产品。借鉴美国好莱坞环球影城和迪士尼模式，学习横店影视城、长影世纪城、北京环球影城等先进经验，促进影视文化与旅游体验的深度融合，尝试影视拍摄和制作过程向游客逐步开放，探索影视基地向主题乐园转型升级的可能性，拓展影视基地的旅游功能，为影视工业和休闲旅游的多元融合打造平台。

推动藏马山外景地旅游设施建设，将影视旅游产业融合提升到产业发展与经济增长的高度，使其成为一种具备特定创新空间和品牌效应的竞争力，超越仅仅发展影视工业的单一思路。围绕全市各类外景拍摄地、影视产业园区、电影博物馆等资源，打造集影视体验、休闲度假、

研学科普、购物娱乐等于一体的、各具特色的影视旅游沉浸式体验区和影视文化消费先行区。

（三）打造特色影视旅游路线，加强宣传推介

以西海岸灵山湾影视文化产业区为龙头，以城阳中传星影视产业园、即墨中国电影云基地、莱西青山湖影视基地、电影博物馆等为主要支点，充分挖掘老城区影视旅游的自然资源和文化资源，在全市范围内形成一核引领、多点发力、融合发展的"1+N"影视旅游发展新版图和新格局，实现差异化发展，推出一批精品影视旅游产品和路线。

编印青岛市影视旅游指南，拍摄青岛影视旅游宣传片，新旧媒体双管齐下，注重以抖音、微信、快手为代表的直播、短视频等流行传播方式，加强宣传推介，介绍青岛的影视旅游资源和旅游路线，吸引更多游客来青岛旅游。开设线上云服务平台，方便游客通过扫描二维码等方式解决常见问题。结合各区城市地标性建筑，鼓励各区划定具有城市特色、符合影视拍摄和旅游需求的区域，打造一批影视旅游示范区。

（四）重视影视节会活动，发展影视节会旅游

要重视影视文化节展、电影首映式等引发的旅游行为，打造新型影视旅游模式。利用东方影都举办影视节会活动的良好条件，进一步争取在青岛举办国际性电影节和国际性电影展。依托联合国创意城市网络，积极申办世界"电影之都"青岛国际青年电影节展，打造国际化、专业性和面向青年的影视节展平台，为打造青岛本土影视节展品牌奠定基础。

深入挖掘与累积"电影之都"的城市 IP 价值，支持多种类型的影视文化交流活动，借助产业优惠政策，吸引更多世界高水平影视文化交流活动落户青岛；积极举办承载国家重大战略、展现国家形象的影视文化活动；举办城市特色鲜明、促进文化交流和深化产业合作的影视经贸

活动。邀请国内外著名影视机构、导演和演员来青岛开展交流合作，吸引全球优秀影视作品来青岛首映首发，带动"粉丝"经济，打造影视文化国际客厅和影视文化消费先行区。

参考文献

刘滨谊、刘琴：《中国影视旅游发展的现状及趋势》，《旅游学刊》2004 年第 6 期。

王玉玲、冯学钢、王晓：《论影视旅游及其"资源-产品"转化》，《华东经济管理》2006 年第 7 期。

潘福达：《影视旅游如何避免"昙花一现"》，《北京日报》2021 年 3 月 3 日。

王红芳：《影视旅游多维价值及发展研究》，《经济问题》2008 年第 3 期。

胡丹：《影视旅游发展研究：基于文化创意的视角》，扬州大学硕士学位论文，2009。

吴丽蓉：《影视旅游如何放大"烟花效应"?》，《工人日报》2021 年 3 月 14 日。

杨力：《以影视基地建设带动云南少数民族影视资源开发》，《民族艺术研究》2014 年第 5 期。

詹成大：《影视基地的集聚效应及模式探析》，《中国广播电视学刊》2011 年第 7 期。

厦门市人民政府：《厦门影视产业发展规划（2019 年~2025 年）》，2019 年 8 月 9 日。

场景理论视角下城市滨水区
夜间文旅发展经验与启示

陆梓欣*

摘　要： 近年来，夜间文旅作为夜间经济的重要组成部分在促进城市消费、彰显城市活力、满足人们美好文化生活需求方面的作用日益彰显，并在各大城市兴起。作为众多城市活动空间的核心，不少滨水区也正致力于推动夜间文旅的发展，以推动城市转型升级，激活区域活力。为探讨城市滨水区夜间文旅的发展方向及具体路径，本文将以研究城市发展动力的场景理论为支撑，深入剖析发展夜间文旅对城市尤其是滨水区的意义，借鉴国外滨水区发展夜间文旅的经验，进而对发展城市滨水区夜间文旅给出相关建议。

关键词： 场景理论　城市滨水区　夜间经济　文化旅游

　　作为夜间经济的重要组成部分，夜间文旅是当下文化与旅游深度融合的产物。区别于一般的夜间旅游形式，夜间文旅从开发资源到内容业态再到消费体验均渗透显著的文化属性。具体而言，夜间文旅指的是以

---

*　陆梓欣，中国传媒大学文化产业管理学院博士研究生，主要研究方向为场景理论、公共艺术、文化空间。

当日下午 6 点到次日凌晨 6 点为时间区间，以文化旅游深度融合的产品活动项目为内容，能使旅游者获得文化精神满足，推动旅游业升级发展，增添城市魅力活力的新型产业发展模式。

在中国经济高速增长转向高质量发展的新时代背景下，发展夜间文旅的重要性日益凸显。中央及地方各级政府均持续出台支持鼓励夜间文旅发展的政策。2019 年 8 月，国务院办公厅发布《关于进一步激发文化和旅游消费潜力的意见》，明确提出要发展假日和夜间经济，建设一批国家级夜间文旅消费集聚区。2021 年 7 月，文化和旅游部办公厅发布相关文件，开展第一批国家级夜间文化和旅游消费集聚区建设工作。北京、上海、广州、江苏、浙江等多省市出台发展夜间文旅、建设夜间文旅集聚区的政策文件。夜间文旅成为中国新时代背景下重要的产业发展领域。

滨水区，即与河流、湖泊、海洋毗邻的土地或建筑，作为城市独特资源和展现形象活力的代表性区域，是发展夜间文旅的重要场景。根据相关调查统计，80% 以上的一线和新一线城市于滨水区域建设夜间文旅消费集聚区。在区位景观优越、交通条件良好、城市功能集约的滨水区发展夜间文旅，有利于充分盘活该区域独特而优越的滨水自然资源和工业遗存、历史人文、红色文化、传统手艺等丰富的文化资源，构建跨越时间的综合的服务设施系统，创造出联结江湖多岸多地的魅力城市夜间场景，激活滨水区域繁荣城市经济、传承特色文化和满足人民美好生活需求的功能。但是，由于全国多地建设夜间文旅集聚区时间较短，相关研究尚少，关于城市滨水区夜间文旅的发展方向及具体路径，仍有待进一步理论指导和探讨规划。故本文以场景理论为支撑，深入探讨滨水区发展夜间文旅对城市发展的意义，借鉴国外滨水区发展夜间文旅的经验，对我国城市滨水区夜间文旅规划及未来发展给出相关建议。

一 研究视角：场景理论的相关概述

场景理论是以芝加哥大学终身教授克拉克（Terry Clark）为首的新芝加哥学派提出的城市研究新范式，其核心在于探讨当代城市持续发展的动力问题。20 世纪 40 年代，西方社会逐渐步入后工业化时期，以大工业生产为基础的传统制造业逐步退场，而以知识科技、创意、服务为基础的当代产业——例如休闲娱乐、科技教育、咨询设计、传媒金融等——则日益占据了城市舞台的中心位置。① 后工业时代的城市已从以制造生产为导向的"增长机器"转变为以消费和审美为导向的"娱乐机器"。因此，以往仅仅强调土地、劳动力、资本和管理等生产经典元素的传统模型已无法完全解释城市发展的动力问题。

在城市发展不断嬗变的背景下，克拉克及其研究团队通过对美国、加拿大、法国等 700 多个城市近十年的深入探索，发现在后工业城市，发展的内生动力在于高素质人群及其所具备的创新创意能力，但这种吸引人才的元素已不是传统理论强调的经济性因素，而是城市所能提供的文化与生活方式。由生活服务设施与活动有机组合形成场景中蕴含的文化价值观与生活方式，正是吸引聚集高素质人力资源，促进区域经济社会发展的关键所在。

场景理论进一步指出，"场景"是一个系统的概念，由邻里社区、城市服务设施、多样性人群、前三个要素与活动的组合以及从中孕育的文化价值观五大基本要素构成。不同生活服务设施等要素所组合的场景不仅蕴含不同的功能，还通过形成抽象的符号感和信息传递不一样的文化和价值观，从而吸引不同人群前来居住、生活和工作，最终推动城市的更新与区域的发展。

---

① 盖琪：《场景理论视角下的城市青年公共文化空间建构——以北京 706 青年空间为例》，《东岳论丛》2017 年第 7 期，第 72~80 页。

　　另外，为了更为科学地对具体场景中蕴含的文化价值倾向加以叙述，深入测量场景及其精神文化意蕴对经济发展、人才吸引等领域的重要作用，场景理论提出了其独特的研究方法——"文化元素周期表"，从诗歌、小说、宗教信仰、审美与文化理念等文化范畴中寻找关键性要素，构建文化价值观场景的 3 个主维度和 15 个次维度（见图 1）。①

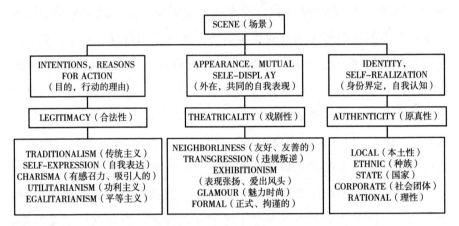

图 1　场景的 3 个主维度和 15 个次维度

　　正是通过场景相关框架体系的分析，政府可以对单个或区位的消费场景进行测量和评价，深入挖掘不同场景的文化特征，并找出其与人才吸引、大众消费、经济发展的内在关联，从而为构建及升级城市消费空间提供有力理论支撑。目前，场景理论凭借其强大的解释力和日渐完善的城市"场景"数据库，正被广泛运用在国内外的城市更新改造、区域发展、政府管理以及相关公共政策的制定等领域，日渐受到多国政府和学界关注。

二　理论启示：城市滨水区发展夜间文旅的意义所在

　　2020 年，中国已成为 GDP 超 100 万亿元，拥有 24 座 GDP 万亿元、

---

①　〔美〕特里·N. 克拉克：《场景理论的概念与分析：多国研究对中国的启示》，李鹭译，《东岳论丛》2017 年第 1 期，第 16~24 页。

准万亿元城市的经济大国。在此背景下，城市经济持续向高质量发展迈进，第三产业增加值占比持续攀升，以夜间文旅为代表的发展类消费呈快速增长态势，助力国内市场快速成长，提升内需消费对经济增长的贡献度。国内城市尤其是一线、新一线城市逐步从"生产社会"向"消费社会"转型，致力于推动以国内大循环为主体、国内国际双循环相互促进新发展格局的形成。受自然历史因素的影响，滨水区往往是城市空间结构的重要组成部分，如黄浦江之于上海、珠江之于广州、西湖之于杭州，承载着促进经济繁荣、塑造城市品牌、创造美好生活空间的重要功能，占据着城市重要发展战略地位。在场景理论的启示下，城市滨水区发展夜间文旅至少具有以下三点价值。

（一）搭建夜间消费场景，繁荣都市经济

在工业化时期，滨水区作为产业空间，是城市生产和交通的核心，集聚着推动城市工业发展的交通港和产业区。而自 2012 年第三产业增加值首次超越第二产业起，我国城市日渐从工业化时代向后工业化时代迈进。在消费对经济增长的贡献度日渐提高的同时，大批传统工业退出一线、新一线城市，尤其是这些城市的中心城区。原本围绕着生产需要组织起来的厂房、仓库、港口等城市滨水空间也渐趋衰败，特色滨水空间价值有待重新赋予。

在这种发展背景下，场景理论认为构建以消费为导向，以生活娱乐设施为载体，以文化实践为表现形式的场景将是推动经济增长、重塑后工业城市更新与发展路径的关键。在这种理论逻辑支持下，在城市核心滨水区发展包括文化演艺、展览、创意体验、休闲娱乐等诸多新型业态的夜间文旅，将有利于构建起具有独特魅力的城市新兴夜间滨水消费场景，创新性地将产品和服务的供给时间由白天延长至黑夜，将供给内容从传统的夜宵餐饮、夜市购物以及夜总会演艺扩大至夜演、夜娱、夜购、夜读、夜宵、夜健、夜游等方方面面，激发出巨

大的消费需求，充分盘活滨水沿岸空间的经济价值，进一步繁荣扩大城市夜间市场。

（二）营造夜间文化场景，彰显城市气质

场景理论认为，由电影院、餐馆、博物馆等生活服务设施及活动组合构成的场景除了能满足大众浅层次的目的性消费需求外，还潜移默化地传递着丰富的文化内涵，从而在大众中构建出独特的城市文化形象，其中蕴含于场景之中的文化及价值观念甚至影响大众行为。同样，法国社会学家莫里斯·哈布瓦赫也从社会心理学的角度出发，指明记忆是场景化的，人对城市的记忆往往通过对于特定事件或场景的回忆与想象，从而使它与其他城市区别开来，论证强调场景对于塑造城市形象的作用。[1]

如上海黄浦江、重庆嘉陵江等核心滨水区作为展现区域形象的城市客厅和地标，具有对内凝聚市民城市文化认同感，对外展现城市特色文化、彰显都市气质的使命与职责。发展夜间滨水经济将有利于凭借江河湖泊将城市夜间的多重文化和多样精彩——串联，通过对夜间传统文化场景、河港工业文化场景、现代都市文化场景的——塑造，向市民、游客、创客等构建起全天候立体化的魅力城市形象。

（三）创造夜间生活场景，吸引创新人才

在我国城市全面转型升级的过程中，人才对城市发展起着至关重要的作用。场景理论指出"后工业城市优势体现为吸引高素质人群的能力"，人才的集聚不但能为城市带来发展所需的创意与技术，还会激发区域活力，为城市商业增长、多元氛围的营造创造可能，从而又构建出高吸引力的城市磁场。当下，不少城市日渐意识到人才对其持续发展的

---

[1] 〔法〕莫里斯·哈布瓦赫：《论集体记忆》，毕然、郭金华译，上海人民出版社，2002。

重要性，纷纷发起包括放宽落户限制、提供住房补贴等政策在内的"抢人大战"。但城市要持续保持甚至提升人才吸引能力，除了传统的提高工资水平、提供人才补助等硬性经济手段外，更应从综合的角度出发，为人才提供高质量的软性生活文化环境。

丰富精彩的夜间生活场景正是吸引高质量创新人才的重要条件。学者佛罗里达在《创意阶层的崛起》一书中指出夜间经济的繁荣日渐成为城市活力的体现，反映城市夜生活丰富程度的"酷指数"成为衡量城市吸引创意人才和高科技产业能力的指标之一。[①] 在新时代，城市核心滨水区将成为集商业、金融、文化、娱乐、办公、居住等于一体的综合功能区域，成为人才的重要集聚地。发展夜间文旅，构建高吸引力的夜间生活场景，将有利于满足高素质创意人才对美好生活的需求，筑巢引凤，推动城市转型升级、持续高质量发展。

三　他山之石：场景要素如何推动夜间滨水文旅

目前不少城市意识到在滨水区发展夜间文旅的可行性和重要性，纷纷提出在各自河岸湖边建立夜间文旅集聚区，但大多仍处于起步规划和初步实践阶段，具体如何发展仍有待探索。面对在滨水区发展夜间文旅的问题，英国伦敦、法国巴黎、韩国首尔等国际大都市更早地意识到发展的必要性，并积累了相当的先进经验。

（一）伦敦泰晤士河：以不断升级完善的服务设施夯实夜间文旅发展基础

20世纪90年代，英国伦敦夜间经济日益兴起。经过近30年的发展，夜间经济已成为英国伦敦发展的重要组成部分。官方报告显示，

---

① 〔美〕理查德·佛罗里达：《创意阶层的崛起》，司徒爱勤译，中信出版社，2010。

2017年伦敦夜间经济收入达263亿英镑，为伦敦人创造了160万个工作岗位，占伦敦总工作岗位量的33%。① 而在伦敦夜间经济发展蓝图中，伦敦的心脏——泰晤士河正通过全方位升级夜间服务设施为伦敦夜间经济突破性发展打下坚实基础。

推出"河光闪耀"计划（The Illuminated River），用艺术点亮两岸。为了解决文化遗产景观在过度照明中失色和旧照明设施耗能过大的问题，创造魅力河流夜间艺术场景，鼓励市民和游客于沿岸展开丰富的夜间文化生活，伦敦市于2016年推出点亮泰晤士河上14座桥梁的"河光闪耀"计划。区别于以往侧重于照明功能的亮化工程，伦敦将"河光闪耀"计划定义为公共艺术项目，一众艺术家及创意团队在深入了解每座泰晤士河大桥的建筑文化内涵和河流自然特征的基础上，通过使用高端的LED技术和定制软件对桥梁的灯光色彩、明暗以及线条等进行全方位设计，创造出既能充分彰显河流桥梁以及周围历史建筑夜间魅影，又节能环保、保护生态的艺术照明系统。2021年"河光闪耀"计划已成功完成了14座大桥的艺术灯光改造。接下来的每年，"河光闪耀"计划中的桥梁将举行超过1.3亿次的艺术亮化展出。

完善夜间交通系统，提供多样化的出行方式。早在1996年，泰晤士河沿线步行道（The Thames Path）便开通了。经过20多年的不断完善建设，形成了连接河流与公园、博物馆、剧场、名胜古迹等场景的294公里的国家级步行道。每夜华灯初上，这条步道便成为欣赏泰晤士河沿线夜色美景，当地居民和游客散步骑行、休憩游玩的重要场所。此外，泰晤士河还致力于发展夜间河上交通。除了夜间游船等世界各地均有推出的经典项目外，在2018年艺术之夜，泰晤士河还尝试性地推出快艇特别服务，挖掘河流夜间运输功能。泰晤士河还具备良好的夜间公共交通条件。在伦敦周末（周五~周六）开放的六条夜间通宵地铁中，

---

① "Greater London Authority: London at Night," *GLA Economics*, 2018 (11).

有四条途经泰晤士河沿岸。另外，伦敦地铁还明确标记夜间地铁线路上的出租车站点，在方便游客出行的同时，打通夜间出行"最后一公里"。

（二）巴黎塞纳河：以丰富多样化人群及其创造力激活夜间文旅发展动能

浪漫的法国巴黎同样也是夜间文旅极为发达的城市。政府维护文化艺术多样性的政策和艺术赞助抵税制度激发了文化消费市场的活力，在下班后看电影、听音乐会、到博物馆听艺术讲座成为巴黎人的日常夜生活。其中，被一众艺术馆、博物馆、国家图书馆、巴黎圣母院、埃菲尔铁塔等文化消费场所簇拥的塞纳河更是成为巴黎夜生活的核心区域。而支撑塞纳河乃至整个巴黎城市夜间经济繁荣的，除了政府的鼓励政策和财政支持外，更有巴黎多样化的专业创意人才。

成立专业人才管理团队，助力夜间市场有序运行。为了促进夜间文旅发展，解决夜间市场所伴随的噪声、安全与犯罪、夜间交通等问题，巴黎成立了专门的夜生活委员会。该委员会由专门负责夜生活和文化经济的副市长领导，并吸纳市政府、警察局、旅游局以及一系列当地组织的专业精英加入其中，为进一步制定发展政策、提高夜间治理效率提供保障。

与广泛创意人才合作，为全民提供高品质精神食粮。除了有多部门的专业管理人才为巴黎夜间文旅发展提供支撑外，还有音乐、表演、视觉设计、舞蹈等多领域的创意人才为夜间文化市场和大众提供源源不断的夜间创新文化产品。以主要沿着巴黎塞纳河举办的一年一度的巴黎白昼之夜活动（La Nuit Blanche）为例，自 2002 年起，每年 10 月的第一个周六，巴黎塞纳河沿岸便会举办盛大的全民夜间艺术狂欢。音乐、舞蹈、马戏、新媒体艺术等不同类型艺术家依托博物馆、艺术馆、剧场、古迹乃至巴黎街头的场景，结合不同领域、元素、题材和主题进行创意性的跨界合作，为全体市民提供免费但又丰富高品质的夜间文化艺术体验。

（三）首尔汉江：以多元多感的特色文化活动创造夜间文旅发展场景

为了给当地市民和外来游客构建高品质的文化夜生活场景，韩国首尔创造性地糅合了多元特色文化、景观、美食、工艺商品等元素，在传统夜市的基础上全面升级，推出受到国内外游客喜爱追捧的季节性夜间文化活动——首尔夜猫子夜市。夜猫子夜市于 2015 年开始举办，活动运营地点包括汝矣岛汉江公园、盘浦汉江公园、东大门设计广场（DDP）、清溪川、清溪广场、文化储备基地等地，其中位于汉江江边的地点占 50%，汝矣岛汉江公园则是最早运营且最受欢迎的夜猫子夜市。

创新多元化活动主题，展现城市多面文化特色。夜猫子夜市举办地点虽有六个，但是这些夜市并不是千篇一律的。首尔结合不同地区的文化特征与多样化人群的需求设计了不同主题的夜市，如汝矣岛汉江公园致力于打造环球之夜市场，以营造跨文化体验为主题；盘浦汉江公园被定位为"浪漫月光夜市"，是适合情侣约会的充满浪漫艺术气息的夜市；沿着汉江靠近自然的文化储备基地丛林则以环保再生为主题，鼓励游客参与"环境友好型"市场建设。

充分调动游客多觉多感，创造丰富的多重体验。相关研究发现，不单视觉会影响游客对夜生活的体验，听觉、味觉对其影响效果也相当显著[1]。首尔的夜猫子夜市并非提供单一的赏景、餐饮或购物服务，而是将它们充分综合起来，营造丰富感官体验的活动场景。以汝矣岛环球之夜市场为例，当游客还没走进夜市，便闻到弥漫在空气中的美食气息。

---

[1] Bình Nghiêm-Phu, Bình, "Sensory Inputs in Tourists' Nightlife Experiences-a Study of Bangkok, Kuala Lumpur and Singapore," *International Journal of Culture*, 2020 (14): 259-272.

走进餐车区，则能品尝韩食、中餐、日料、西餐乃至南美洲国家的风味美食。在品尝美食中，世界多地特色音乐声声入耳，跟着美妙的音乐走到活动区，世界各国丰富多彩的传统文艺演出、现代艺术表演、街头演出正在举行，另外游客还可以参与官方精心准备的全球各地的服饰与民俗游戏体验。而在手工艺品区，则可触摸到众多独具匠心的创意工艺品，也能买上一些当作出游礼物。逛夜市逛累了，还可静静地来到汉江边上，欣赏首尔汉江夜市风光。这样丰富的感官体验明显比单纯餐饮或购物更让游客感到满足。

四 发展建议：场景理论视阈下滨水区夜间文旅发展策略

（一）把握区域功能定位，进行系统全域规划

场景理论认为场景如同电影，是由对白、场地、道具、音乐、服装、演员以及影片希望传递给观众的信息和感觉所构成的，生活消费场景亦是由多种相关联的要素所组成的，这些要素主要包括五个方面：一是社区；二是基础设施（咖啡馆、酒吧、书店、博物馆和音乐会等）；三是种族、阶层、性别和教育程度等标签化的多样化人群；四是前三者和音乐会等类似活动的结合；五是人们在某个场景中追寻的价值观。[①] 只有相互作用的各个要素共同联结，才能构建出具有丰富文化意味的场景。对此，在对城市滨水区进行夜间文旅发展规划时，应从系统的视角出发，不应局限于建筑、设施等物质结构层面上的功能设计，还应充分考虑到现存或未来周围社区及其人群特征乃至该区域有待挖掘的文化内涵，在充分考虑中把握滨水区沿岸不同区域的夜间功能

---

① 参见〔美〕特里·N. 克拉克《场景理论的概念与分析：多国研究对中国的启示》，李鹭译，《东岳论丛》2017 年第 1 期，第 16～24 页。

定位。

除了结合自身内在要素系统外，滨水沿岸各区域的夜间文旅发展定位还应充分考虑外部环境和要素。在河流湖泊等沿岸创造各具特色的差异化夜间场景，使它们在区别于彼此的同时，也与同城乃至城市群中的其他夜间文旅集聚区形成对比，解决当下夜间经济日趋同质化的问题。在实现区域差异化定位方面，则须加强各区域的全域统筹，构建夜间文旅集聚区网络联盟，纳入各夜间集聚点，联合市内乃至更广范围内的夜间文旅集聚区、示范点，促进全域彼此合作，共享各区夜间文旅资源。依据各区特色功能及地理位置设置相应夜间文旅游览路线，定期联合举办主题性夜间文旅活动等，从而使其发展能突破自身资源、管理、人才等多方面的局限，获得更大更广的发展空间。

（二）完善保护基础设施，创造持续发展可能

场景理论中的生活服务设施（Amenities）也可译为"舒适物"，即各种使人感到舒适、愉悦并提高人们生活质量的事物。场景理论认为舒适物是场景的物质基础，能为社区提供丰富的具有便利性、愉悦性的商品和服务，激发社区活力，吸引更多多样化的创意人才，承载极具本地特色的文化活动，实现当地特色文化和价值观念的构建和传播，从而为地方场景创造更好的主题。关于舒适物类型，可以分为自然物理设施（如气候、温度、可接触水资源等）和人工建构的设施（如图书馆、博物馆等公共文化设施，公交车、地铁等公共交通设施，咖啡厅、电影院等商业性设施）两大主要部分。

因此，在滨水区发展夜间文旅的过程中，应注意相关夜间文旅舒适物及其组合的建设、升级和保护。除了通过招商引资和优惠政策吸引更多商家入驻，建设餐厅、特色书店、电影院、甜品店等夜间商业性舒适物外，还应该加快建设完善沿岸游船、公交车、地铁等夜间公共交通设施和图书馆、博物馆、艺术馆、剧院等夜间公共文化设施。另外，须重

视滨水区的水质保护和提升，采取生态友好型夜间文旅发展模式，保证滨水质量这一最为基础而独特的自然舒适物。

（三）坚持以人为本原则，激励人才广泛参与

正如理查德·佛罗里达所说："只有以人为本，基于地点的新兴经济才能不断繁荣。"城市场景构建的目的在于吸引人，在于汇聚更多的人才建设城市，为城市带来更多发展活力和可能。为此，发展滨水夜间文旅，更应该从人本身出发，在充分考虑夜间消费人群特征的基础上构建夜间魅力场景。与以往媒体展现的夜间经济主体以游客及青年人为主的刻板印象不同，中国旅游研究院通过具体调查发现，本地居民占到夜间经济受众整体的43%。从年龄划分上看，除了"90后""80后"的青年人喜爱夜间出行；"70后"的中年群体同样占据夜间游客较高的比重，约占23.75%；50岁以上的老年群体也占到夜间总游客的21%。除了消费主体年龄结构呈现多样化，夜间出行的游客组合模式同样具有多样化的趋势。其中，情侣出游占32%，家庭亲子出游占31%，朋友出游占17%，个人单独出游占12%。[①]针对游客年龄结构以及出游模式的多样化趋势，滨水夜间消费场景的功能也应该更加综合多元，配合不同人群特征及喜好，搭建出儿童夜读空间、青年创意体验空间、老年人休闲养生空间等场所，满足多样化人群夜间活动需求。

另外，可实行"人才吸引人才"策略。充分发挥在地艺术家、策展人、非遗传承人乃至广大群众的创意与智慧，鼓励他们广泛参与到滨水夜间文旅的建设中来。通过策划举办夜间创意活动、开发特色夜间艺术品、建设夜间文化创意设施乃至提供夜间创新发展点等方式，群策群力，共同营造魅力夜间滨水场景，并由此进一步吸引更多创意型人才加入其中，形成更多大范围的人才集聚区，推动整个区域良性循环、持续发展。

[①] 马仪亮：《2019年中国夜间游客流大数据报告》，http：//www.ctaweb.org/html/2019-3/ 2019-3-15-11-17-65000.html。

（四）举办多样文化活动，发挥创意激活夜间

场景内独特的文化活动是把社区、城市服务设施、多样化人群与城市精神和价值观念联结起来的黏合剂。一方面，独特的文化活动能将原本静态夜间功能空间转变为动态夜间文化场景，将抽象的城市精神内涵凝聚成大众更加可知可感的立体化形象。另一方面，作为汇聚大量资源、事件和人流的场景元素，特色文化活动的举办有利于产生激励人与人交流、促进群体创新、启发社群活力的"蜂鸣效应"（即"热议点"）。通过媒体宣传的扩大，"热议点"将进一步吸引来自城市乃至都市圈等更大范围内的社会、经济与政治的诸多资源，使得空间的"热议点"放大为区域"热议点"，产生更为强势的文化资本价值。①

首先，在发展滨水夜间文旅的过程中，积极举办丰富的系列文化活动是重要环节。高质量的夜间文化活动首先需要有主题性。无论是巴黎的白昼之夜还是首尔的夜猫子夜市活动，均具有明确而突出的主题，首尔夜猫子夜市为了构建更为立体鲜明的品牌印象，更是专门为其夜间活动设计了特定的主题色和文化卡通形象。有效的夜间活动主题设计不但有利于提高自身的识别度和吸引力，更有利于媒体精准报道，塑造城市夜品牌。其次，夜间文化活动应具备时空上的连续性。在时间上，配合不同季节的自然条件和大众出行特点设计涵盖一年四季的夜间活动计划表，如在夏秋季节，可策划江河游船、夜间沿河马拉松等夜间户外活动，在春冬季节，则适合安排剧场夜演季、商场夜购节等室内夜间活动。最后，在空间上，活动举办不应拘泥于各夜间集聚区的空间范围，应对滨水沿岸乃至更大范围内的夜间集聚区系列活动进行更为系统的规划，在统一设计和主题下，突出各个区域的夜间活动特色。

---

① 参见齐骥、亓冉《蜂鸣理论视角下的城市文化创新》，《理论月刊》2020年第10期，第89~98页。

（五）塑造突出价值观念，彰显城市精神气质

价值观念是场景的核心灵魂，是彰显地方吸引力和魅力的关键，影响着区域的长远发展。场景理论认为，特定地区的文化价值观念蕴藏在社区、建筑、人口、风俗和群体性活动中，并外化为舒适物的功能、种类、布局的总和。[①] 而不同组合的舒适物中蕴含和传递着独特的符号意义和价值，能吸引聚集有对应文化价值和生活方式诉求的人群，影响和塑造个体行为。同时，场景理论通过构建其"文化元素周期表"，创新性地提出了通过舒适物测量场景内在文化特征的量化测量方法。

场景理论关于城市价值的观念及测量方法为滨水夜间文旅未来发展带来的启示有两点。首先，为满足精神文化需求而存在的城市夜间文旅离不开城市本身的核心精神与文化内涵。当下，与大众所向往的嵌入日常生活、还原文化本色、创造未来空间的夜间场景不同，中国城市发展中"千城一面"、缺乏识别性的问题也体现在夜间文旅中，雷同且平庸的夜间消费产品和服务正阻碍夜间文旅进一步发展。为此，滨水区要发展出能真正发挥作用的夜间文旅，就要重视其城市文化的深挖。其次，关于如何找准城市价值观念、彰显城市气质的问题，场景理论同样也给出了极具创新性的可操作的量化测量方法。相关规划者可以尝试性地使用该测量方法，通过对沿岸多地夜间集聚区相关夜间舒适物的测量及其文化内涵的精准赋分，明确不同区域的内在文化特征，从而更为有效地展开规划和调整。

参考文献

〔加〕丹尼尔·亚伦·西尔、〔美〕特里·尼科尔斯·克拉克：《场景：空间品质

[①] 参见吴军《文化动力：一种解释城市发展与转型的新思维》，《北京行政学院学报》2016年第 2 期。

如何塑造社会生活》，祁述裕、吴军等译，社会科学文献出版社，2019。

〔美〕理查德·佛罗里达：《创意阶层的崛起》，司徒爱勤译，中信出版社，2010。

〔美〕爱德华·格莱泽：《城市的胜利》，刘润泉译，上海社会科学院出版社，2012。

〔美〕安德鲁·塔隆：《英国城市更新》，杨帆译，同济大学出版社，2017。

吴军：《文化舒适物：地方质量如何影响城市发展》，人民出版社，2019。

吴军：《城市社会学研究前沿：场景理论述评》，《社会学评论》2014 年第 2 期。

徐晓林、赵铁、〔美〕特里·克拉克：《场景理论：区域发展文化动力的探索及启示》，《国外社会科学》2012 年第 3 期。

吴军、夏建中、〔美〕特里·克拉克：《场景理论与城市发展——芝加哥学派城市研究新理论范式》，《中国名城》2013 年第 12 期。

吴军、〔美〕特里·N. 克拉克：《场景理论与城市公共政策——芝加哥学派城市研究最新动态》，《社会科学战线》2014 年第 1 期。

〔美〕特里·N. 克拉克：《场景理论的概念与分析：多国研究对中国的启示》，李鹭译，《东岳论丛》2017 年第 1 期。

盖琪：《场景理论视角下的城市青年公共文化空间建构——以北京 706 青年空间为例》，《东岳论丛》2017 年第 7 期。

祁述裕：《建设文化场景　培育城市发展内生动力——以生活文化设施为视角》，《东岳论丛》2017 年第 1 期。

吴军：《文化动力：一种解释城市发展与转型的新思维》，《北京行政学院学报》2015 年第 4 期。

李林、李舒薇、燕宜芳：《场景理论视阈下城市历史文化街区的保护与更新》，《上海城市管理》2019 年第 1 期。

齐骥、亓冉：《蜂鸣理论视角下的城市文化创新》，《理论月刊》2020 年第 10 期。

"超级明星"艺术机构营造范式刍论

张笑天[*]

摘　要：本文主要探讨"超级明星"艺术机构的概念、特点及其与艺术市场的关系。在此基础上学习和借鉴西方理论经验，通过对布鲁诺·弗雷与德里克·张两位学者观点的比较，分析两种现行营造范式的优势、效能与适用范围。进而扎根中国土地，尝试归纳出符合我国实际国情、政策环境与艺术市场发展现状的人本逻辑营造范式，为我国艺术机构营造实践提供理论基础。

关键词：艺术市场　艺术机构　营造范式　艺术管理

一　"超级明星"与艺术市场

（一）"超级明星"的定义

布鲁诺·弗雷在《艺术与经济学》一书中将"超级明星博物馆"定义为"人所共知、世界闻名的博物馆，它们所具有的特殊地位使之

---

* 张笑天，中国传媒大学文化产业管理学院博士研究生，主要研究方向为艺术生产、演艺产业、文化旅游。

有别于其他博物馆"①。本文沿用"超级明星"这一说法，参考布鲁诺总结的"超级明星博物馆"五点特质，将"超级明星"艺术机构定义为"消费者必访的、拥有庞大消费群体和优质艺术产品与服务的艺术机构，同时作为机构载体的建筑本身必须具备代表性，且对周边地区的文化、经济发展具有巨大的促进作用"。

首先，消费者必访意味着艺术机构自身必须具备较高的知名度。这种知名度主要体现为消费者获取机构相关信息的难易程度，以及他们对此类机构的评价。一方面，消费者获取某机构信息的渠道越多、信息量越大，说明该机构的知名度就越高；另一方面，消费者对机构的评价，也即满意度与认同程度的高低，也是机构知名度的一种表现。一般情况下，知名度高的机构，能够更为轻松地与地方政府、旅游企业、其他艺术机构以及艺术家群体建立合作关系，前者通过后者进一步提高自身的知名度，而后者则借此获取一定的经济、社会效益，实现互补互促、合作共赢。

其次，拥有庞大的消费群体和优质艺术产品。这要求机构能提供优于同类机构的产品与服务。该特质与后文中的消费者必访互为补充，共同服务于机构知名度，它遵循这样一条基本逻辑，即用优质的产品与服务吸引消费者，进而提高知名度。而比同类机构更好的产品与服务则是吸引消费者的原动力。总的来说，产品的质量决定着艺术机构的核心竞争力，及其在艺术品市场中的位置，拥有更高质量产品与服务的机构未必是"超级明星"，但"超级明星"的产品与服务必定是优质的。

再次，建筑作为机构的载体，其本身的代表性是区分一个艺术机构能否成为"超级明星"的硬性标准。按照布鲁诺·弗雷的观点，"超级明星"的建筑本身就应该是世界闻名的艺术品。但这对当代艺术机构

---

① 〔瑞士〕布鲁诺·S. 弗雷：《艺术与经济学：分析与文化政策》，易晔、郝青青译，商务印书馆，2017，第50页。

营造而言显然有些苛刻，并且世界闻名建筑与"超级明星"机构之间的因果关系也颇具争议。考虑到现实因素，笔者以为只要艺术机构的建筑本身具有一定代表性、典型性、符号性，能被称作某地区的地标性建筑，就可以认定该机构符合"超级明星"的标准。

最后，对周边地区的经济具有巨大促进作用。这一特质主要指艺术机构的商业化运营，体现在两个方面：一是通过商业化运营带动机构相关设施的经济发展，并且相关设施收益在机构整体收益中占据一定份额，比如艺术机构内部的餐饮、商场、衍生纪念品售卖等；二是能够为非机构相关设施注入活力，带动地区整体经济、文化的协调发展，比如为旅游景区、购物商场、住宿酒店引流等。

上述四点是"超级明星"艺术机构的必备特质。像卢浮宫、故宫博物院、高古轩画廊等位于第一梯队的超级明星们往往能做到四个特质全面发展。但鉴于机构自身资源禀赋的制约，若只有部分特质突出，而其他特质在一般水准之上，仍能在艺术市场中占据有利位置。

（二）艺术机构与市场的关系

吴颖等人在《艺术管理与市场》一书中对艺术市场做如下定义："规范的艺术市场一般由一级市场、二级市场和艺术博览会组成。一级市场包括画廊、画店、艺术经纪人等，它是艺术品走向市场的第一个渠道……拍卖公司向藏家征集艺术品，通过拍卖授予其他藏家，便是艺术品的二次流通。"[1] 黄隽在《中国艺术品市场的理论体系研究》一文中认为："艺术品市场按照艺术品的供给渠道，可以分为艺术家、收藏家、收藏机构、工艺品、设计品和衍生品生产企业、艺术品经营机构等。"[2] 余丁在《回顾与反思——中国艺术品市场二十年启示》中点明

---

① 吴颖、舒怡、叶建新：《艺术管理与市场》，中国传媒大学出版社，2017，第48页。
② 黄隽：《中国艺术品市场的理论体系研究》，《美术研究》2021年第2期，第82页。

"画廊、拍卖行、艺术博览会是艺术品市场的主体"。①

无论依据何种定义，画廊、博物馆等艺术机构，普遍被认为是一级艺术市场的重要组成部分。而拍卖行和艺术博览会等机构则是二级艺术市场的主体，承担着促进艺术品二次流通的任务。那些主营艺术品交易的拍卖机构，在某种程度上也可以视作艺术机构，同样被纳入本文的研究范畴中。因此可以认定，艺术机构是艺术市场的重要环节。在此基础上，一个地区的艺术机构发展水平，往往代表着其在整体艺术市场中的话语权。而一个国家所拥有的"超级明星"艺术机构的数量与质量，则是国家文化软实力的重要体现。比如美国的高古轩画廊，法国的贝浩登画廊，英国的苏富比、佳士得拍卖行，我国的荣宝斋、朵云轩，还有嘉德和保利等，都可被称为"超级明星"艺术机构。这些艺术机构中的佼佼者，决定着一个国家在世界艺术市场中的生态位与影响力。

除此之外，还有一种特殊的"艺术机构集群"，即一种将中小型机构聚集起来，共享资源、互通有无的艺术机构集群发展模式。该模式可以在一定程度上同"超级明星"艺术机构相抗衡，也能在艺术市场中占据举足轻重的位置。比如美国 SOHO 街区、英国伦敦南岸艺术区、日本立川艺术区，还有我国的北京 798 艺术区、上海 M50 艺术区等。这些艺术机构集群也属于"超级明星"之列，本文所要讨论的营造范式同样适用于此类集群的营造。

二　营造"超级明星"的必要性与现实阻碍

"超级明星"艺术机构的数量与质量已经成为衡量国家文化软实力的重要标志，科学营造"超级明星"是彰显我国文化艺术发展水平、

---

① 余丁：《回顾与反思——中国艺术品市场二十年启示》，《美术观察》2010 年第 12 期，第 10 页。

助力中国优秀文化出海以及建成文化强国的有效途径。因此，无论是在宏观国家战略层面，还是在地区发展的微观层面，营造"超级明星"艺术机构，发挥其高效益、强影响力以及其对周边地区发展的带动作用都是必要的。

（一）营造"超级明星"艺术机构的必要性

首先，"超级明星"艺术机构的高效益是其受重视的主要原因。这种高效益主要体现在两个方面。一方面在于"超级明星"作为其所在地的标志性文化符号，既代表着地区艺术发展的水平，又能提升周边居民艺术素养、满足其精神需求。另一方面，"超级明星"能为庞大消费者群体提供优质产品与服务，其商业化运营模式也能为机构自身及周边地区带来丰厚经济收益。这些收益又能用来强化产品与服务，实现机构可持续发展的良性循环。

其次，"超级明星"对当地艺术市场与业界发展有较强影响力。一方面在于，"超级明星"一般都是业界和艺术市场中的引领型、龙头型机构，对其他艺术机构有较强的示范、引领作用，它们的成功也为其他机构提供了可借鉴的经验。另一方面在于，"超级明星"一般都能够在一定程度上影响机构所在地艺术市场的走向，而拥有"超级明星"的地区在国家、世界层面的艺术市场中具有更强的竞争力。

最后，对周边地区文化经济发展的促进作用，是人们普遍追求"超级明星"的核心动力。第一，"超级明星"自身丰厚的经济与社会效益，为机构所在地提供了大量的税收，繁荣了周边产业链，如住宿餐饮行业、旅游业等。第二，优质的产品与服务在满足居民精神需求的同时，也能够潜移默化地提升他们的文化素质与艺术素养，营造和谐的社会氛围。第三，"超级明星"是推动艺术发展的不竭动力，任何一个能够被称为"超级明星"的艺术机构，都能担当起促进艺术生产、艺术消费、艺术参与等实践活动发生的责任，并能以地方特色文化符号的身份，参与到地方及周边地区的文化、经济发展中。

综上所述，无论是就机构自身的高效益、影响力，还是就其对地区发展的作用而言，营造具有地方特色的"超级明星"对任何有资源、有需求的地区都是必要的。诸多成功案例告诉我们，在艺术机构之间良性竞争、互补互促的过程中，可以诞生出能真正代表国家形象的、在世界艺术市场中脱颖而出的"超级明星"。实现这一目的的前提是拥有科学合理的营造范式与理论，然而现行范式在实际操作上还存在营造门槛过高、与我国实际国情不协调等问题。

（二）营造"超级明星"艺术机构的现实阻碍

在明确营造"超级明星"必要性的基础上，认知影响营造的现实阻碍与准入门槛是十分必要的。布鲁诺和德里克都认同的一点是，并非所有机构都有成为"超级明星"的潜质。因此，当自身资源禀赋不足以支撑营造需求时，退而求其次，将发展重心放在机构产品与服务的优化升级上，或是与其他机构合作是理智的选择。

综合布鲁诺与德里克的观点，当下"超级明星"机构营造的主要障碍在于过高的准入门槛。首先是对机构及其所在地资源禀赋的要求，这是营造"超级明星"的先决条件，也是不能打折扣的刚性需求。比如机构的空间利用、区位优势、消费者群体、文化艺术氛围、经济发展状况等因素，都决定这个机构是否具备成为"超级明星"的潜质。

其次是对作为机构载体的建筑的要求。布鲁诺认为"超级明星"的建筑本身必须是世界闻名的艺术品。但本文认为该要求可以适当放低，一方面是因为世界闻名的建筑是有限的，而且其各自都有本身的职能和任务。并且此类建筑本就是属于全人类的共同遗产，是否将其开发为艺术机构，远不是个人、企业或地方政府能够决定的。另一方面，世界闻名的建筑与"超级明星"艺术机构存在一个"何者为先"的因果问题。高古轩画廊最初时也只是一个废弃仓库，798 艺术园区则是改造后的工业厂房,仓库和厂房显然不符合布鲁诺的要求,但得益于高古轩与798的成功,如今高古轩的"白盒子"和798的老厂房都可以称为"超级明星"。

再次是对艺术机构产品与服务的要求。艺术机构应该保证自身产品与服务的卓越与真诚。一方面,机构应保证提供的实物产品是优秀的,保证产品本身有较高的艺术性和美学价值,同时对消费者而言又是可接近、可消费的。另一方面,机构应为不同类型的消费者提供对应的服务,既要有利于消费群体拓展,又要保证机构的成本效益,保证服务的卓越与真诚。

又次是对艺术机构运营模式的要求。由于"超级明星"具有高效益的特征,因此机构在运营层面最应该考虑的是如何把潜在效益最大限度地开发出来。比如明确机构定位、择定消费者群体、优化和开辟营收模式等。艺术机构在艺术市场中的定位是联通艺术家与消费者的媒介,效益问题不是艺术家与消费者的问题,而是机构出于自身发展不得不考虑的问题。因此,如何采取适当且高效的运营模式,将艺术机构的效益最大化,也是当下"超级明星"营造所要面临的问题之一。

最后是对政策的要求。几乎所有"超级明星"艺术机构都有地方或国家的扶持。比如为机构注资或官方入股等直接支持,提供税收减免政策、公众消费补贴等间接支持,或者优化艺术市场、加大知识产权保护力度等。在营造前期能享受到政策红利的机构显然成为"超级明星"的概率更大。因此,政策支持也是"超级明星"营造的关键要素之一。

三 "超级明星"艺术机构的营造范式

目前对艺术机构的相关研究众多,但多是从机构运营、机构管理层面入手。在这些研究中,全面而系统地归纳出"超级明星"艺术机构营造方法,且能被大多数人认可的理论成果并不多见。布鲁诺·弗雷在《艺术与经济学》中提及的"超级明星"博物馆营造可算一例，德里克·张在《艺术管理》一书中谈论的"品牌营造与创意体验"可算一例。约瑟夫·派恩在《体验经济》中也提出过类似观点。

（一）布鲁诺式"超级明星"营造

布鲁诺·弗雷围绕"超级明星"博物馆，讨论了成功的艺术机构（无论营利或非营利）的共同特点，并总结出营造"超级明星"博物馆的具体方法，对艺术机构的当代营造实践有巨大的借鉴意义。

首先，在艺术机构及其所在地资源达标基础上，进一步需要考虑的就是机构主题的确立。布鲁诺认为"艺术必须与历史、科技以及政治和动作片等娱乐节目中的著名事件相连"[①]。主题是艺术机构所能提供的一切产品与服务的核心，"超级明星"区别于其他艺术机构的观念、灵感、创意、认知等一系列要素，都应围绕主题、服务主题、凸显主题。一方面，这种主题是无形的、独特的，是艺术机构核心竞争力的决定因素。另一方面，主题也是相对灵活的，在核心观念不变的情况下，根据市场情况、消费者需求的变化，对主题做出适当调整是被允许的。此外，机构的主题虽然潜在价值巨大，能带来高额附加价值，但机构自身的资源、产品及服务与主题相契合，才是决定"超级明星"为"超级明星"的关键。

其次，"超级明星"应能够满足消费者的多种需求。不仅是在艺术消费和参与的层面，消费者的食宿、娱乐、休闲需求，包括购物欲以及对自身能力增长的渴望、对自我改变的需求等，都应该被妥善地对待和满足。布鲁诺认为"超级明星"艺术机构"必须提供一系列娱乐活动，不限于咖啡馆、餐馆或纪念品商店……包括各种形式的教育活动（不

---

① 〔瑞士〕布鲁诺·S. 弗雷：《艺术与经济学：分析与文化政策》，易晔、郝青青译，商务印书馆，2017，第59页。

限于孩子，也针对成人），更重要的是，也包括纯粹的娱乐活动。"①
《体验经济》中也提出类似观点，书中提到"尽管体验不像服务那样转
瞬即逝，但参与体验的个体往往希望得到比记忆持续更久的产出，一种
能够超越任何产品、服务或体验本身的产出。"② 这种个体所期望的
"超出产品、服务与体验的产出"，指的正是消费者通过消费实现自身
的成长，与布鲁诺所说满足多种需求最后所要达成的目的是一致的，是
每一个"超级明星"所必须具备的能力。

再次，"超级明星"应围绕机构核心竞争力确立战略定位。一个机
构如果不明确自身的核心竞争力，就无法强优势、补短板，而不清楚自
身的战略定位，就无法制定长远的发展规划。因此"超级明星"艺术
机构"必须利用他们所继承的核心竞争力以求得生存。他们必须思考
自己所承载的独特之处是什么"③。明确和强化自身的核心竞争力，并
借此认清自己在艺术市场中的战略定位，是未来的"超级明星"们必
须解决的问题。

最后，营造"超级明星"的关键在于避免高度中心化的运营。这
意味着机构负责人应适当放权给基层环节负责人，在一个统一的目标下
允许各级负责人发挥自身的主观能动性解决实际问题。即用过程导向型
组织形式取代"一言堂"，将专业问题交由专业人士解决。这一做法能
够帮助"超级明星"的领导者们把精力用在自己最擅长的方面，比如
通过提升机构的产品与服务质量、制定战略规划等多元途径来稳固机构
在艺术市场中的地位。

---

① 〔瑞士〕布鲁诺·S. 弗雷：《艺术与经济学：分析与文化政策》，易晔、郝青青译，商务
印书馆，2017，第59~60页。

② 〔美〕B. 约瑟夫·派恩、詹姆斯·H. 吉尔摩：《体验经济》，毕崇毅译，机械工业出版
社，2008，第194~195页。

③ 〔瑞士〕布鲁诺·弗雷：《艺术与经济学：分析与文化政策》，易晔、郝青青译，商务印
书馆，2017，第61页。

（二）德里克式“超级明星”营造

德里克·张在讨论艺术、文化机构的管理与营造时，提出追求艺术的卓越与真诚、保证产品的可及性与观众的拓展、对公众负责并保证机构成本效益是机构管理的主要目标，而一个机构成功的关键在于品牌的塑造。机构品牌等同于机构的声誉，品牌塑造的过程就是机构积累声誉的过程，品牌塑造的成功与否，决定着消费者是否知道它并且信任它。结合前文对“超级明星”的定义不难发现，德里克·张笔下的“品牌”与布鲁诺所言“超级明星”在内涵上极为相似。

首先，“艺术机构需要考虑三个相互支持的承诺：追求卓越与艺术的真诚、可及性以及观众的拓展、对公众的责任以及成本效益”①。卓越与真诚是对产品与服务本身质量的要求；可及性指消费者接触到产品的难易程度，是对产品与消费者之间关系的要求，即产品应能够实现帮助机构拓展消费者群体的目的；对公众的责任则意味着艺术机构提供的产品和服务，要能帮助消费者形成良好的艺术品位或获取知识，这要求机构要适当地对消费者的行为做出引导，而非简单地回应。这体现出德里克和布鲁诺均同意产品与服务的质量是营造“超级明星”的基础与前提。

其次，与布鲁诺的艺术经济学视角不同，从艺术管理学出发的德里克更重视机构是否采用了恰当的营销手段。这是因为“超级明星”需要庞大的消费者群体作为支撑，而营销是机构吸引消费者的有效途径之一。德里克认为，在采用某种营销手段之前就应该认识到，任何营销手段对消费者结构的影响，都是缓慢而受到抵制的。因此一般机构会将有限的精力放在“能够获得相同观众”的营销上。而“超级明星”则更关注“如何获得新观众”。比如举办巡回活动、在线项目、促销推广等手段。一方面，这些营销手段可以协调产品与服务在“卓越”与“可

---

① 〔加〕德里克·张：《艺术管理》，方华译，上海书店，2017，第33页。

接近"之间的平衡,为那些本不感兴趣的消费者提供获取信息的渠道,从而优化消费者结构。另一方面这些手段也能为机构带来名望和经济收益。因此,采用恰当的营销手段,既能拓宽消费者群体,又能保证机构本身的成本效益,是机构在管理层面追求卓越与真诚的表现。

最后,则是为消费者营造积极的体验。这与布鲁诺笔下"满足消费者的多种需求"的观念类似。德里克认为,一般机构提供的产品与服务对消费者而言是外部的,机构与消费者进行直接的钱货交易。而"超级明星"所提供的产品与服务,是伴随着体验的,体验所引动的心理活动是源自消费者内部的,存在于每个消费者的精神观念中。越是优秀的体验,越是能引动消费者的积极性,其对消费者所能造成的影响也就越持久、越强效,比如难忘的回忆、知识的获取、自身的成长等。这些其他机构无法提供的体验,正是"超级明星"在艺术市场保持活跃的重要因素之一。

综上所述,两种营造范式各有侧重,实施起来也各有难点。布鲁诺式遵循通过壮大机构自身而影响艺术市场的逻辑理路,因此更重视机构的产品、服务、体验与资源禀赋。虽然准入门槛较高,但以该范式营造的"超级明星"在艺术市场中同样享有更多的话语权。德里克式则更重视艺术机构与艺术市场的优势互补。因此他将机构自身的硬实力视为与营销手段、艺术市场以及消费者同等重要的因素。该营造范式投入相对较低,适用性更强,但其营造的"超级明星"受外部因素影响较大,在艺术市场中的影响力往往低于布鲁诺式"超级明星"。总之,此两种范式在具体应用时,需考虑到机构及其所在地的资源条件、艺术市场环境与政策导向等因素进行取舍。

四 结语

前述两种"超级明星"艺术机构营造范式,对当代艺术机构营造实践而言都有极为重要的借鉴意义。但理论本身仍存在如历史、视野、环境等方面的局限：此两种范式是建立在西方资本主义思维基础上的"资本逻辑"范式，二者的核心共同点在于强调"超级明星"艺术机构的经济效益，根本目的是提升机构对艺术市场的占有率，保证机构的发展以及实现资本与剩余价值的生产和再生产，然而这种观点难以适应我国的实际国情。一方面，它强调经济效益，与我国追求"双效统一"发展的指导意见不符。另一方面，这种观点也呈现一种追求精准、实用的智化思维倾向，偏离了我国建设以人为本、以意识形态为先的艺术市场的初衷。

这些问题导致布鲁诺与德里克的营造范式难以直接应用在我国艺术机构的营造中，因此，我们更加迫切地需要一套以习近平新时代中国特色社会主义思想为基础的"人本逻辑"营造范式。在综合借鉴此两种范式的基础上，结合我国文化艺术产业与艺术市场的发展现状，我国的"超级明星"艺术机构的营造应做到以下六点：第一，以服务人民群众为根本；第二，以机构资源禀赋为基础；第三，以提高产品质量为优先；第四，以"双效统一"发展为目的；第五，以营造创新体验为方法；第六，以活用营销手段为辅助。这种扎根于中国本土的人本逻辑营造范式，较前述两种范式而言，更为适应我国的实际国情与政策环境。一方面，该范式降低了对机构建筑、消费者基数等要素的硬性要求；另一方面，该范式强化了机构的社会效益和意识形态建设职能，强调了艺术机构与消费者的联系。毕竟无论是艺术机构还是艺术市场，都是为广大人民群众服务的，而艺术机构能否成为"超级明星"归根结底掌握在消费者的手中。

在人民精神文化需求日益旺盛的今天，在艺术机构被赋予了更多责任和期待的当下，那些"超级明星"们经过历史的沉淀仍能引领世界艺术发展的方向。因此，我们更应以辩证的思维与包容的心胸，学习、研究那些在世界艺术发展史上具有重要意义的"超级明星"的普遍规律与特质。通过对布鲁诺和德里克两种范式的研究，我们不仅能加深对艺术机构营造方法与规律的了解与认知，更要从中学到对我国艺术机构营造有借鉴意义的经验与教训，以期培育更多能够承载我们中华优秀传统文化与艺术精华的"超级明星"，为国家文化软实力的提升和建成文化强国贡献力量。

参考文献

黄隽：《中国艺术品市场的理论体系研究》，《美术研究》2021 年第 2 期。

岳晓英、冯涛：《公众接触度与艺术卓越性——美国艺术资助的两个维度》，《艺术设计研究》2018 年第 2 期。

施源：《关于艺术品大众消费的几点思考》，《消费经济》2017 年第 6 期。

〔瑞士〕布鲁诺·S. 弗雷：《艺术与经济学：分析与文化政策》，易晔、郝青青译，商务印书馆，2017。

〔加〕德里克·张：《艺术管理》，方华译，上海书店，2017。

黄隽、唐善才：《艺术品金融市场：文献综述》，《国际金融研究》2014 年第 2 期。

董峰：《艺术品拍卖公司经营策略探究——基于客户管理的视角》，《艺术百家》2013 年第 6 期。

张会宽：《艺术品市场转型期的"中国式结构"》，《美术观察》2013 年第 1 期。

周正兵：《英国非营利艺术机构管理经验及其启示——以经常性资助机构为例》，《戏剧》（中央戏剧学院学报）2012 年第 3 期。

余丁：《回顾与反思　中国艺术品市场二十年启示》，《美术观察》2010 年第 12 期。

〔美〕B. 约瑟夫·派恩、詹姆斯·H. 吉尔摩：《体验经济》，毕崇毅译，机械工业出版社，2008。

文化传播

文化，城市之魂

李建臣*

摘　要： 城市的魅力就在于它的文化味道。它是一种情趣、一种品位、一种境界；也是一种价值认同、生活方式和行为遵循。城市的兴盛在于核心竞争力，竞争力的核心则在于文化，在于思想创新。城市的升级，从本质上说，是一种文化的需求、文化的衍变和文化的进步。城市文化建设必须以人为本，鼓励思想创新、文化创造。一个城市的创新能力，在很大程度上取决于这个城市的开放水平，取决于这个城市对人的创造力的激发和保护。文化就是人，城市现代化的根本是人的现代化，法治是社会健康发展的基本保障。

关键词： 城市　文化　现代化　法治

说到城市，我们脑海中浮现的是高楼大厦、立体交通、霓虹闪烁、高等学府、高端医疗、优质教育、图书馆、博物馆、公园、剧院、银行、咖啡厅……

毫无疑问，在人类的各种生存形态中，城市生活是一种高级形式。它伴随着人类社会的进步而产生和发展，是人类走向成熟和文明的

* 李建臣，中共中央宣传部文化体制改革办公室副主任，一级巡视员，主要研究方向为文化产业、新闻传播。

标志。

英国人 1/8 生活在伦敦，法国人 1/6 生活在巴黎，日本人 1/10 生活在东京，美国人口密度较大的区域则是纽约、洛杉矶、芝加哥、休斯敦等一批大型城市。法国目前的城市化率是 80%，美国 82%，加拿大 82%，英国 83%，日本 94%。

我国城市化率提高有一些曲折：1949 年是 10.6%，1958 年达到 18.4%。经过 20 年的风风雨雨，到 1978 年又下降到了 17.9%。改革开放之后有了较快发展，到 2018 年达到了 59.6%。城市化道路虽然走得曲折，但大方向是前进的。

关于城市，人们从地理学、经济学、政治学、社会学等各个不同角度做出的阐述不尽相同。粗略理解，城市就是非农产业和非农人口集聚形成的大型居民区。它是由众多来自五湖四海的陌生人组成的群落。而农村则基本上是一个相对封闭、相对稳定的熟人社会。

城市是商业活动的产物，发轫于商品交换，成长于工业发展，成熟于法治文明。在农耕条件下，人类总体上处于自然经济自给自足状态，产品交换规模较小，方式也比较简单和初级。所以那时候城市规模也很小。文艺复兴之后，资本主义逐渐发展，特别是工业革命后，人类创造财富的能力急剧增强，商品交换方式越来越高级、越来越复杂，规模也越来越大，股票、期货、版权、保险……数以亿计的交易瞬间即可完成，客观上推动了城市发展。如果说郡县制代表了封建制度的体制架构，那么城市化的助推器就是工业文明。随着法治的逐步健全，城市越来越走向健康和繁荣。

城市的功能属性，决定了城市拥有这样一些基本特点。

（1）流动性。为什么大都市人口高度密集？条件好，机会多，来去自由。我国改革开放序幕一经拉开，便有千千万万农民涌进城市。直到今天仍有 2 亿农民工进城谋生。其中有些人像候鸟，有规律地在城市和农村之间流动；还有不少人在不同城市间流动，寻找发展机会。当然，人的流动是形式，背后是生产、资源、资本等各种要素及思想文化的流动。

（2）开放性。城市向一切有能力、想奋斗的人敞开胸怀。人们可以自主选择，不断调整自己所从事的工作或行业，去适应环境、适应社会，尝试着使自己的才能或禀赋得到更充分的发挥，使个性得以彰显，价值得以体现。农村则不然，人们被牢牢束缚在土地上，春种秋收，年复一年。

（3）包容性。城市人口具有多样性和差异性特点。只要你有一技之长，为城市所需要，便可在城市生存下来。城市对不同的文化背景、文化印记，不会过于苛求，阳春白雪与下里巴人共存。目前中国有大约94%的人口生活在胡焕庸线东侧36%的土地上。如果把全国城市面积拼在一起，则有近60%的中国人生活在0.7%的土地上。近年来，涌入国门的外国人数以百万计，他们几乎全部生活在城市里。

（4）竞争性。对于一个开放的大市场而言，竞争是常态，是基本规则，也是进步的动力。1980年，义乌农民冯爱倩取得了政府颁发的摆地摊许可证，成为义乌小商品市场的发端。至2013年，义乌已成为全球最大的小商品集散中心，位列福布斯排行榜中国最富县级市第一，被联合国及世界银行确定为世界第一大市场。

（5）创新性。创新是公平竞争的必然产物，也是发展的驱动力。在一个竞争激烈的大市场里，只有通过技术创新、产品创新、营销创新、理念创新、服务创新，才能求得生存和发展。城市发展动力主要源自创新，特别是城市建设和管理的创新。

（6）规则性。在农村，你的土地在这里，你的根就在这里，甚至祖祖辈辈在这里，所以道德具有很强的约束力。城市不一样。陌生人的世界，必须要有明确的游戏规则，要有法律约束，法律面前人人平等。什么叫市场？两个独立的、平等的、拥有产权的主体进行商品交换。交易双方必须平等，按照规则来交换。所以商品交换必然要求法制健全。

特别是在一个流动性强、开放性强的陌生人世界里，如果法治缺位，或者有法不依、执法不严，那市场秩序一定会出现混乱，甚至突破底线。这个时候道德力量将显得软弱无力。换句话说，没有强有力的法治作保障的市场，不是真正的市场。所以法治是维护社会公平正义的基础。

人是万物之灵，既有躯体又有思想。思想是人类的本质特征和标志。法国哲学家帕斯卡说，人是一棵会思想的芦苇。思想形成人的伟大。人全部的尊严就在于思想。笛卡尔说，我思故我在。

文化是人类思想的成果。文化一词已经存在了两千多年。古罗马执政官、哲学家西塞罗就曾对文化这个词下过定义。但是最早把文化当作一门学问来进行系统研究的，是英国人类学家、文化人类学的奠基人泰勒。1871年，39岁的泰勒出版了一本书叫《原始文化》。在书中泰勒对文化的一些性质、特点和规律进行了系统阐述。后来，人们又从哲学、社会学、人类学、历史学、语言学等各种角度对文化问题展开了全面研究，最终殊途同归，聚焦到文化的本质上，概括成了这样一句话：文化即人化。意思是说，文化本质上就是人。谈文化就意味着在世界万物中，我们永远要以人为本，面向人、理解人、尊重人、为了人，而不是以人之外或人之上的任何什么其他东西为本。体现在具体工作中，就是看你能不能以人的生存发展为尺度，去衡量和选择。正如恩格斯所说，"文化上的每一个进步，都是人类迈向自由的一步"。我们今天要建设文化强国，增强文化自信，首先要做的，或者从根本上说，就是要按照文化的本性、要求和规律去做。新时代的奋斗目标，是要从站起来、富起来到强起来。什么叫强起来？体现在哪？靠什么强？关键在文化，在全民的综合素质、道德水准、思想境界、思考能力和创新力创造力的提升。用习总书记的话说，叫作"促进人的全面发展"。如果不构建一个鼓励和保护思想文化创新的导向机制，创新时瞻前顾后缩手缩脚，创新思想刚一露头，便招来周围无数红眼病的诋毁和打击，顷刻间被淹没在一片妒忌的口水中，这个民族就没有希望。一个民族如果只会因循守旧、山寨、克隆，没有思想家、哲学家、文化大师，没有可以贡献给全人类的思想文化成果，只是兜里有钱，它伟大不起来，而且永远不会得到人家的尊重。

1651 年，英国哲学家霍布斯出版了一本书叫《利维坦》。在书中，霍布斯把国家进行了人格化，对国家和政府的本质做了深刻阐述。

实际上城市也是如此。城市文化也是城市人格的一种表现。它包括物质文化和精神文化两个层面。物质文化是指形而下的文化成果，摸得着看得见，如城市建筑、园林、娱乐设施、交通工具等；精神文化是指形而上的文化成果，如社会心理、价值观念、道德、艺术、宗教、法律、制度、习俗等。

城市的魅力就在于它的文化味道。它是一种情趣、一种品位、一种境界，也是一种价值认同、生活方式和行为遵循。

城市文化的形成，需要一个长期积淀的过程。用习总书记的话说，"历史文化是城市魅力之关键"。城市建设不仅要望得见山、看得见水、记得住乡愁，还要保护好文化遗产和历史文脉。

此外，城市文化也与这个城市的人口结构、社会形态、组织制度以及市民素质等诸多现实因素密切相关。文化一旦形成，就具有了惯性，深入了骨髓，形成了基因，像压舱石，对城市的长久发展起到稳定促进作用。

城市文化既是城市的灵魂，又体现在城市生活的每一个细枝末节中；其影响无时不在无处不在，潜移默化润物无声。比如一个城市的建筑风格、服饰潮流、语言特点、思维模式、文化创造、饮食习惯等。它们在各个层次、各个方面、各个角度体现着城市文化特点，并满足人们的文化需求。

一个民族需要有民族精神，一个城市同样需要有城市精神。城市精神彰显着一个城市的特色风貌。特色即文化。它是城市的名片标识，就像每个人都不一样。提到世界浪漫之都，我们马上就会想到巴黎；提到世界音乐之都，马上会想到维也纳、金色大厅；提到世界娱乐之都，就会想到洛杉矶、好莱坞；提到世界科技创新高地，就会想到旧金山、硅谷。到了雅典，我们就仿佛触摸到了古希腊文明史，就会想起苏格拉底、柏拉图、亚里士多德，想起"吾爱吾师，吾更爱真理""人不能两次踏入同一条河""人生最大的智慧就是认识到自己的无知"等无数的古希腊名言；到了罗马，我们就感受到了浓郁的宗教气氛，天主教在这里统治欧洲思想一千多年；到了开罗，就会想到金字塔、狮身人面像、木乃伊、亚历山大图书馆……

国内也一样。提到哈尔滨，我们就会想到那里的俄罗斯风情，"小伙子背上六弦琴，姑娘们换好了游泳装"，哈尔滨也是音乐之都，我国第一家音乐学院、第一支交响乐队都诞生在那里；提到西安，就会想到方正的城市布局、一千多年的古都，传统文化底蕴深厚；提到苏州，就会想到江南水乡园林独有的风韵，吴语侬侬曲径通幽；提到澳门，就会想到那里的博彩业；提到拉萨，就会想到藏传佛教的圣地……

什么样的特色，就昭示了什么样的品质，决定了什么样的发展方向。腾讯诞生在深圳不奇怪，因为那是一座创新城市，外来人口占到96%；阿里诞生在杭州也不奇怪。这便是城市文化的巨大差异使然。贵阳建大数据中心，真是神来之笔。有了大数据中心，便招来了千万亿元的数字企业投资，招来了数不胜数的高端人才，便驶入了建设智慧城市的快车道。

我国城市建设的主要问题是同质化，千城一面，缺少文化内涵，缺乏辨识度，缺少个性，缺少文化地标。主要原因是缺乏想象力、创造力和文化追求。

近年来，数字文明席卷全球，深刻改变世界。数字文明的外在表现，是数字技术成果对工业文明的颠覆；本质上看，则是在更大范围内、更深层次上，强化了对人的服务，提升了对人的尊重，促进了人的思想大解放和创造力大释放，亦即促进了文化的飞跃。

在这种文明形态大迁徙的过程中，首先接受洗礼的便是城市。可以说每座城市都面临着如何转型升级、迈向新文明的问题。这个过程既对城市传统文化提出了挑战，又对城市塑造新文化提出了考验。城市的兴盛在于核心竞争力，竞争力的核心则在于文化，在于思想创新。城市的升级，从本质上说，是一种文化的需求、文化的衍变和文化的进步。因此，发展文化产业提升文化质量，必然成为城市转型升级的首选。

我国文化产业近年来有了长足发展，涌现了一大批优质文化企业和品牌，如腾讯、百度、今日头条、掌阅、博纳影业、安乐影业、印象系列、猪八戒网、中文在线、宋城、开心麻花、喜羊羊与灰太狼……有的文化企业在独角兽排行榜中名列前茅。你可能不了解东阳市，甚至不熟悉金华市，却知道横店影视城，因为许多大片诞生在那里。2017 年，其营收是 680 亿元。华强方特在全国开设 25 家游乐园，仅泰安一处年收入便超过泰山景区。2017 年，武汉、青岛、长沙、澳门四座城市被联合国教科文组织授予了创意城市称号。2018 年腾讯研究院发布了首个"中国城市新文创活力指数排行"，成都因在产业活力、政策活力、人才活力、资本活力、平台活力和传播活力等指标上表现优秀，在全国100 个城市样本中脱颖而出，排名第一，显示出数字文化时代，成都城市文化的优势、发展活力和增长潜力。

文化不仅自身创造财富，而且可以从里到外、从软件到硬件、从精神到物质全面助推实体经济发展。有些物质产品，一旦注入文化内涵，便身价倍增。比如山里一个树根，可能一文不值，一旦做成根雕，则身价剧增千百倍。江西鹰潭生产的樟木箱，涂上油漆画上图案，价格就翻了好多倍。成都的竹节杯，就是在瓷杯外面编上竹节，价格就上涨十多倍。为什么升值？物质载体被赋予了精神内涵，产品的价值从物质层面上升到了精神层面。环顾我们周围各种器具，如果精心设计，注入文化内涵，都会令人眼前一亮，给人带来更高层次的感受，有时甚至可以化腐朽为神奇，点石成金。

2018 年我国数字经济总量超过 31 万亿元，占 GDP 的 35%，成为经济高质量发展的重要支撑。数字经济的本质特征就是智能化，既包括生产流通过程的智能化，也包括服务用户的智能化。智能化的终极目标便是人性化，促进人的解放。所以说文化内涵和文化意义贯穿了智能化的始终。可以说，文化含量的多少，不仅是实体经济转型升级程度的标志，也是现代城市转型升级程度的标志。特别是在开拓"一带一路"、构建人类命运共同体的征程中，打造出的中国模式、中国样本，如果没有文化内涵，特别是缺少深厚的有利于促进人的思想解放和全面发展的文化理念作为支撑，那不仅是苍白的，而且行之不远。

近些年来，随着数字技术及互联网传播能力的裂变，传统文化产业一方面被技术深度改造，另一方面直接迈向数字化。特别是随着《超人》《蝙蝠侠》《蜘蛛侠》《钢铁侠》《X 战警》等一批老牌漫画产品走上大银幕，成功跨界喜获丰收，很快引爆了 IP 授权、跨界开发的潮流，并且在不同文化土壤上绽放出了不同的花朵。迪士尼 IP 的生命力已接近百年；肯德基、麦当劳的 IP 几乎卖到了地球每一个角落；苹果手机在中国生产，物质资源、劳动力都消耗在中国，但它的利润 5%在中国、55%在美国，你还得想方设法留下它不要撤走。这就是 IP 的力量和价值。

随着近年来数字经济的迅速发展，IP 很快从其原始意义演化为知识产权的范畴，并进一步被人格化，拥有了文化属性，突出了强大品牌基因、可以跨媒介蜕变更新、重新焕发青春的生命价值。而且随着平台经济、生态经济的逐步成熟，IP 也在朝两个方向迅速发展：一是走向纵深，形成复杂的 IP 系统或体系，为消费者提供更深、更细、更智能化的服务；二是横向浸润，从文化领域漫溢到文明生态的各个领域，成为一种新的社会化生存方式，或曰 IP 2.0。这种漫溢之所以能够完成，是因为文化属性越来越成为人类文明生态各领域普遍拥有的价值追求，而网络为之插上了翅膀。

从本质上看，城市就是一个超级大 IP，具有人格属性，也是"利维坦"。因而城市之转型，从工业文明走向数字文明，从以传统制造业为主，逐步迈向以思想创新、文化创造和知识产权为主的新生态，从某个角度看，就是一种 IP 的开放及运营。

人是文化创造的主体。离开了人，这个世界就失去了意义。习总书记说，发展是第一要务，创新是第一动力，人才是第一资源。所以人的问题是根本问题。

城市文化建设必须以人为本，鼓励思想创新、文化创造。一个城市的创新能力，在很大程度上取决于这个城市的开放水平，取决于这个城市对人的创造力的激发和保护。所谓大力发展文化产业，就是因为它是一种思想创新的产业。新的思想成果会带来巨大红利。

1989 年，24 岁的罗琳坐火车去伦敦。途中，一个瘦弱、戴着眼镜、打扮成小巫师模样的小男孩，在车窗外盯着她微笑。这个画面触发了罗琳的创作灵感。由此，红遍全球的"哈利波特"诞生了，一个靠政府救济过活的单身母亲，很快创造出了数千亿美元产值的超级 IP。而爱丁堡的一间小小的、很不起眼的咖啡馆也因此名扬天下。因为《哈利波特》前两部都诞生在这里。可见，人的思维能力没有边际，创造力不可估量。

近年来，我国文化产业蓬勃发展，产生了一大批具有广泛社会影响的文化产品。特别是随着网络技术日新月异的发展，文化创造主体、文化创造方式、文化传播渠道以及文化消费方式都发生了革命性变化。整个文化生态正在从工业文明形态向数字文明形态演进，数字文化新生态已初步形成。以网络文学为例，目前我国网络文学作者已经达到 1400万人，其中签约作者达到 70 多万人；网络文学作品达到 1600 多万部，其中有 8000 余部作品又以纸质出版物形态呈现，有 3000 多部被改编成电影或电视剧，800 多部被改编成游戏，900 多部被改编成动漫。草根民众的文化创造能力被充分激发出来。

重视城市文化就是要重视人。近两年许多城市出台新政，开始了一场旋风式的"抢人大战"。应该说这些城市是有长远眼光的。它们抢的是人才，是创造力，更是未来。海绵城市不应仅仅是生态的需求，更应该是人文的追求。

习近平总书记指出，思想文化是一个国家、一个民族的灵魂，要健全现代文化产业体系和市场体系，推动各类文化市场主体发展壮大，不断激发文化创新创造活力，建设创新驱动国家，为我们指明了方向。

城市文化是一种客观存在，就像一个人从小到大，无论成为好人坏人，总要成长。人的成长不能放任自流，建设健康的、优秀的城市文化，也必须以法治为基础。有了法治，不仅公平可以得到保障，正义可以得到伸张，社会才会真正稳定发展，人们才能有预期，知道我该做什么、不能做什么，朝哪个方向努力，最终会达到什么目标。否则，这个社会就会摇摆不定，甚至出现颠覆性的变化。所以健全的法制是一个社会最大的导向，也是一个城市走向成熟的标志。

如果用一句话来结束今天的演讲，我想说：文化就是人，城市现代化的根本是人的现代化，法治是社会健康发展的基本保障。

智能时代新闻传播主体的伦理责任探析

潘　璐[*]

摘　要：传播主体是智能时代的新闻活动中，承担行为最多也最为重要的伦理责任主体。在传播主体内部，伦理关系的核心是责任的判定，责任判定不清导致了不少伦理问题。作为智能时代新闻传播活动中最重要的伦理责任主体，传播主体应在坚持责任品质的基础上明确内部责任的划分。但"平台+X"模式造成的责任推诿，以及免责声明导致的责任逃避都使得传播主体内部责任判定困难。因此，想要明确传播主体的伦理责任，就需要遵照责任判定的原则，并充分考虑个体的生存与职业伦理发生冲突的情况，在此基础上由高位主体统筹管理，从而实现传播主体内部的责任明晰。

关键词：智能时代　传播主体　伦理责任

人工智能技术飞速发展并在新闻领域应用，将新闻业快速带入了智能时代。人工智能技术对原有的新闻生产和传播模式产生了巨大的冲击，一方面进入智能时代的新闻业，让新闻生产和传播的效率大为提升；另一方面技术改变了新闻活动的主体结构，这也让新闻领域产生了

＊　潘璐，博士，清华大学社会学系博士后，清华大学社会治理与发展研究院助理研究员，主要研究方向为媒介伦理、媒介技术与社会、新闻理论等。

许多伦理争议。其中传播主体是智能时代新闻活动中发生结构性改变最大的主体，也是智能时代的新闻活动中，参与环节最多的主体，同样也是承担伦理责任最多的主体。因此明确智能时代新闻传播主体的伦理责任，是讨论智能时代的新闻伦理重要的话题。

一　智能时代新闻传播主体的结构

人工智能技术的发展，在不同的生产生活领域产生了结构性的影响，人工智能推动新闻生产主体的科技化，引发了新闻领域的各种伦理挑战。其中作为高位主体的专业媒体和新闻平台，以及作为实现主体的工程师，都作为伦理行动者进入了智能时代新闻传播主体的框架。作为技术在新闻传播领域的应用，智能时代的新闻传播主体结构可以分为三个层面来看：非职业传播个体、职业传播个体和实现主体、高位主体。

（一）非职业传播个体

非职业传播个体，指专业自媒体和在平台发布新闻的个体，其中包含记者和编辑，以及个人作者、互联网新闻平台运营岗位人员。记者和编辑是传统新闻时代新闻伦理的主要责任主体，他们直接采写、发布新闻，并且作为智能时代新闻最主要的生产者，撰写发布权威新闻的直接行为人，理应承担最主要的伦理责任。无论时代怎样发展，无论什么样的技术以什么样的形式应用于新闻传播领域，记者和编辑在新闻生产中的职业地位都是毋庸置疑的。

个人作者与记者、编辑一样，同样是智能时代新闻伦理的直接责任人，虽然个人作者并非专业人员，生产出的新闻也不具有权威性，但责任与知识产权并存，著作权依附于所产出的新闻产品，因此个人作者同样需要承担直接伦理责任。

互联网新闻平台运营人员，作为个人作者与受众之间的中转处理人员，并不直接生产新闻。但运营人员负责个人作者所生产新闻产品的整合分发，他们也是将责任和权利整合分发的具体负责人；平台将个人新闻的知识产权整合为平台所有或平台和个人共同所有，同时也将伦理责任全部或大部分转移至平台承担。在这个过程中，平台运营承担了具体的工作，因此平台运营虽不直接生产新闻，却需要承担新闻传播主体中的部分伦理责任。

（二）职业传播个体和实现主体

职业传播个体，指在计算机辅助下从业的专业媒体、媒体平台等公司机构中，参与新闻生产，但并非职业传播主体的专业从业人员。实现主体①则指智能时代的新闻生产中编写程序代码的计算机工程师。智能时代的新闻传播活动并没有脱离新闻传播的职业本质，因此职业传播个体作为专业的从业人员，也应当遵守职业伦理。无论是职业传播者、非职业传播者、平台运营还是工程师，一旦参与新闻生产，行业之内所有的职业伦理都应该无条件地遵守。

智能时代的新闻在生产与传播过程中，要得到工程师的帮助，需要他们完成代码编写这项任务。工程师团体所承担的伦理责任，要求他们必须保证代码结构的合理性。在人工智能背景之中，科学家与工程师数量越来越多，而且要积极参与社会决策，要承担管理责任，他们的行为会对整个社会产生影响，这种影响要远远超出其他职业的人，所以，需要他们承担的伦理责任也更重。

（三）高位主体

高位主体指新闻活动中企业的经营管理者。智能时代大部分新闻都依赖于互联网新闻平台，因此这里的高位主体主要指的就是互联网新闻

---

① 杨保军、潘璐：《论人机交互新闻中的主体构成及其相互关系》，《山西大学学报》（哲学社会科学版）2021年第2期，第76~82页。

平台的经营管理者。智能时代，新闻的发布不再局限于新闻媒体，更多的是发布在各个互联网新闻平台上。与传统新闻媒体相比，平台企业不直接生产制作新闻内容，而是着眼于通过算法将新闻分发出去，获取更大的利益。

现阶段，技术本身的伦理地位也引起了人们的关注，一方面，智能系统在充分体现出其智能化的过程中需要拥有较大的自由，智能系统要想充分体现自主学习能力，就要承受着来自伦理、技术两方面的风险；另一方面，在智能系统中如果引入伦理规则，这种方式又难以体现灵活性，导致智能化水平较低。

但不管是在司法实践中，还是在伦理问责之中，互联网新闻平台是算法开发者，拥有相应的版权，在设计智能系统时要将其确定为道德智能体，要在平台系统中体现出伦理价值方面的内容。

二　传播主体的伦理责任品质

"一般意义上的伦理学是以理论伦理学为基础，以规范伦理学为核心，以应用伦理学为目标的特殊价值科学或实践理性学科。"[①] 而在规范伦理中，责任的概念毫无疑问是其核心，责任和伦理密不可分，离开责任，伦理研究无从谈起。由于智能时代的传播主体由多个细分的主体构成，因此在传播主体内部极易因责权不清而产生责任的逃避和推诿，这种情况会导致恶性循环，使得传播主体活动时不能出于责任考虑，导致伦理问题越发严重。

"责任"一词是一个社会伦理概念，更是一个具有普遍性的人性概念，责任可以看作最为抽象也最为普遍的媒介伦理概念，更是新闻活动中责任伦理体系的逻辑起点。康德认为，责任就是善良意志的表

---

① 唐凯麟：《伦理大思路》，湖南人民出版社，2000，第278页。

现形式，道德行为的发生，建立在责任的基础之上，而不是一种兴趣①。

（一）社会责任意识

传播主体的社会责任源于对正义的追求，其责任意识则是对自己应该承担的责任产生的态度。传播主体所有责任品质都是以此为基础建立的，也可以将其当成智能时代新闻活动过程中的心理能力②。无论是传统时代还是智能时代，其传播主体的社会责任内涵都是不变的，都是要对民众负责、为社会服务。传播主体的社会责任可以分为政治责任、道德责任、文化责任三个方面。

第一，政治责任是传播主体最为重要的社会责任。传播主体在新闻工作中，必须坚持党性原则，要自觉学习马克思主义新闻观并接受其指导。要积极宣传正面新闻，坚持正确的舆论导向，确保社会秩序的稳定。传播主体要有大局意识和政治意识，坚持把引导正确的舆论导向放在工作的首位，保持较强的政治鉴别力和政治敏锐性，营造良好的舆论氛围。

第二，道德责任是传播主体健康发展的保证。智能时代的新闻活动从一定程度上来说，与市场活动关系更为密切，不同于传统的电视台、报社，大多数智能新闻的高位主体是需要盈利的商业公司。在盈利压力下，功利主义屡见不鲜。道德责任要求传播主体加强道德素质修养，从业个体树立正确的道德观、人生观、利益观，承担好作为媒体和从业者的职责，对社会发展起到积极的推动作用。

第三，文化责任是传播主体营造媒介文化的需要。满足社会与收受主体对信息的需求，是传播主体最主要的社会责任。在构建社会过程中，传播主体的文化责任体现在两个方面：其一是对社会舆论进行引

---

① 庄晓平：《康德的自主理论：能否成为生命伦理学的自主原则》，《学术研究》2011 年第 8 期，第 26~30、159 页。

② 杨保军：《新闻道德论》，中国人民大学出版社，2010，第 212 页。

导，根据社会现实制作新闻，对不实新闻予以抵制；其二是增强媒体公信力，抵制不良风气，营造良好的媒介文化环境。

（二）传播主体的核心责任品质

坚守真实是传播主体恪守品质的目的。真实是新闻的生命，而生命是有情感的。新闻真实是对客观存在的反映，是新闻存在最为重要的性质。传播主体应确保发布的所有信息都真实无误，这不仅是职业素养的体现，也是承担责任的最好方式。对于真实的坚守主要表现在客观性、全面性和公正性三方面。技术形式并不改变其对新闻真实的追求，将新闻事实的真实情况揭示、呈现出来，仍然是第一要义。客观性是指对自身以外的内容进行报道时，不能凭自己的好恶、情感等对其本真面目进行调整①。全面性指的是传播主体要向大众展现全面的而不是片面的、歪曲的事实，不仅在个体事件上报道全面，还要在时空和类型上报道全面。公正性则指传播主体应承担起守望社会的责任，不因权利和资本而倾斜立场。

为实现这一目的，传播主体应拥有以下责任品质。

首先，传播主体应恪守诚实的首要品质。计算机的智能是服从人的意志的，如若传播主体不能恪守诚实，那么智能时代的新闻真实性将无从谈起，传播主体必须摒弃个人好恶，主观世界只能服务于客观世界，尽其所能以中立的角度表达事实，依照事实生产新闻。"力争以最充分的事实展现客观世界的完整面貌。"② 在诚实的基础上，计算机的加入实际上是有利于客观报道的，更大量的数据、更多角度的分析，让事实有机会以更接近全貌的状态呈现在新闻中。

其次，传播主体应具备正直的品质。正直是支撑客观报道、公正报

---

① 杨保军：《新闻真实论》，中国人民大学出版社，2006，第 168 页。
② 〔美〕迈克尔·埃默里、埃德温·埃默里、南希·L. 罗伯茨：《美国新闻史：大众传播媒介解释史》，展江译，中国人民大学出版社，2004，第 190 页。

道的最为重要的主体品质①。正直要求传播主体在职业活动中，始终能够站在公正的立场上面对事实，以公正的原则指导新闻工作。要对各种社会现象进行深入观察，更要构建良好的社会景象，在宣扬道德文明、弘扬社会正义方面要满足全社会的诉求，要维护公平正义，要对社会正义形成真切的感受，把其当成智能时代传播主体最重要的道德理念。面对资本的诱惑和权力的压力，传播主体都应尊重事实，不为个人感情或资本和权力所左右。

最后，传播主体要坚守无私的品质。无私是指传播主体不因自私而损害新闻价值，或背弃传播主体的责任。计算机的参与是一把双刃剑，一方面更快更多的信息收集，让新闻生产更加容易；另一方面，如果传播主体在程序设计时被自私所扭曲，那么自动化后只会让新闻在错误的方向上越走越远。从个体角度来看，无私要求个体不因维护个人利益而推诿责任。只有构成传播主体的每一个个体都能拥有无私的品质，勇于承担起个体的责任，在责任不明确时，不单纯为了维护自己的利益而逃避和推诿责任，其构成的整体才能更好地承担起传播主体的责任。

三　传播主体内部责任划定不清的主要表现

责任判定不清是传播主体发生伦理问题的主要原因，无论是社会责任还是核心品质，在传播主体内部具体执行时，都依赖于责任的划分。责任划分不清，传播主体的主体行为，乃至智能时代的新闻活动都极易出现伦理问题。

（一）"平台+X"模式导致的责任推诿

智能时代的新闻生产方式中，"平台+X"的模式可算作最为重要的

---

①　杨保军：《新闻道德论》，中国人民大学出版社，2010，第244页。

方式之一。这里的平台指的是互联网新闻平台，X 指的是个人生产者及新闻媒体，个人作者将新闻消息发布在平台，再由平台分发给收受主体，或是平台转载专业新闻媒体的新闻后再进行分发。新闻平台的存在为新闻量的增加、话语权的获得以及自由的表达营造了良好的发展环境，但开放的环境中，人人都是记者，平台更要负责大量的新闻内容，平台从业人员不是训练有素的供职于专业化媒体的职业从业者，传统媒体的"把关人"角色在平台环境下相对"缺位"。

新闻领域中存在大量的非理性言论，也不乏虚假信息，出现这种现象的主要原因包括责任感缺失、道德判断力水平低、诚信危机、自我中心化等。这些不良信息的出现，无疑给社会的稳定发展带来了严重的不良影响。新闻平台侵权责任一直是法律界的研究热点之一，但法律问题毕竟是少数，更多的问题则涉及伦理失范。

从传播的信息上可以看出，目前仍然存在网络媒体"把关人"缺失的问题，个人的信息发布权相对较大。在"平台+X"的模式中，虽人人都是把关人，但由于伦理追责不明，并且平台上大多是数字化的信息，信息的存在形式多为动画、文字、声音、图像等，不同的信息单元需要借助超级链接的形式聚集在一起，存在的形式多为超媒体或超文本，把关人的职责若由个人行使，过于困难。

面对伦理风险，大部分国家通过利用现有的法律法规来缓解各种网络伦理问题。例如，英国发布了五条信息伦理法则；美国提出了十条计算机戒律等。在国内，我国出台的与网络相关的法律法规有多种，包括《中华人民共和国网络安全法》《计算机软件保护条例》等①。但现有的法律法规只能在管理手段上加以规范，却没有对主体责任进行划分，导致虽有规范，伦理失范依然层出不穷。

"平台+X"模式的伦理责任推诿的主要表现是著作权的转移和共

---

① 黎秋玲：《论自媒体平台的网络伦理操守》，http：//www.cac.gov.cn/2018-09/10/c_1123406641.htm。

有。著作权虽是法律层面的概念，但在自律之外的伦理追责时，由于新闻作品属于著作权作品，权力与责任共享，因此在"平台+X"的传播主体模式中，要判断伦理责任，确定著作权的归属，是十分重要的。一般来说，著作权归属于创作者，但是在很多时候，著作权并非从始至终伴随创作者，而是会因为管理权的改变出现著作权的转移和共有。

（二）免责声明导致责任逃避

因个人作者众多，程序抓取量巨大，且目前程序只能对新闻内容进行简单的筛选，并不能进行伦理价值判断，从实际角度来看，实现对互联网新闻平台全面的监管，对新闻内容进行伦理价值把关，是不现实的。因此，为避免承担大量的新闻可能带来的伦理责任，互联网新闻平台会制定"免责声明"，免责声明可以是平台正常运营的保障，但不应成为平台逃避道德责任的手段。

首先，免责声明不是护身符。互联网新闻平台作为高位主体的一种具体表现形式，也是智能新闻的经营者，应当对包括传播主体和收受主体在内的一切与平台相关联的主体相关权利有保障义务，该义务不能通过签订免责协议的形式免除。

其次，免责声明不能免除伦理责任。互联网新闻平台作为智能时代新闻领域各项技术与主体的重要聚合平台，其管理的伦理责任是天然存在的，不因任何签署的协议而消失。

最后，提供外部举报入口并不等同于平台的责任转移。在不少免责条款中，均明文表示平台提供外部举报入口，欢迎举报不良内容。将不良内容举报至相关管理部门，作为一种伦理管理手段是合理有效的，但不能混淆外部管理和内部责任，并不是将问题举报至相关部门就意味着同时把平台伦理责任转移出去。

四　传播主体内部明确责任的实现

对新闻传播主体内部责任情况的分析，其最终目的是在传播主体内部实现明确的责任划分。但只从责任品质、问题表现等方面阐释是不能解决这个问题的。还需要明确传播主体内部责任的判定原则，并全面考虑传播个体的生存与职业伦理发生冲突时如何处理，以及从高位主体角度如何统筹管理。

（一）责任判定原则

"制度之善优于、先于也重要于个体之善。"① 智能时代的新闻发展伴随着不少伦理问题，国家对于这些伦理失范问题的解决始终在努力，却无法得到有效的进展。究其原因，无外乎利益的诱惑超过了惩罚的力度，并且伦理规范不同于法律的强制执行，伦理责任往往划分不明，让责任人有了"钻空子"的想法。长此以往，智能时代的新闻发展会始终受到伦理失范的困扰。对于这一问题的讨论，一直以来都集中在具体几个问题，如信息茧房、被遗忘权、隐私权的侵犯等，对于解决方案的讨论往往归结于自律和规范的制定。诚然，自律在伦理问题的探讨中十分重要，也是问题解决的根本办法之一，但伦理失范往往是行业飞速发展、利益快速膨胀的副产品。因此，在这一阶段，制定伦理规范的重要程度远超自律对于智能时代新闻发展的意义。

想要制定一套合理可行有约束力的伦理规范，首先要确保规范具有约束力，而责任的判定是约束力的关键所在。一般来说，责任判定一词通常应用于法律领域，但伦理是法律之上的行为规范，并不能套用法律的责任判定原则。此外，由于责任主体的扩展，以及技术的应用，伦理

---

① 甘绍平：《人权伦理学》，中国发展出版社，2009，序言第6页。

责任判定原则有一定的特殊之处。笔者认为智能时代的新闻传播主体内部伦理责任的判定，应遵守行为责任、因果责任、高位负责、责任共担四项原则。

第一，行为责任原则。行为责任指的是在伦理责任的判定中，除结果之外，还要考虑伦理主体是否在行为前可以预见伦理失范结果，却仍然出于利益原因做出继续新闻生产的决策。根据行为责任原则，在传播主体的伦理责任判定中，只有主体出于利益主动选择造成伦理问题，才应承担伦理责任。

行为责任原则在具体执行中，又可以分为两种情况：部分行为部分责任和部分行为全部责任。部分行为部分责任相对好理解，正如其字面意思，传播主体在造成伦理失范问题的新闻活动中，参与了什么部分，这些部分占总活动的比例是多少，其参与部分对于所造成的伦理问题的责任有多大，根据这些来确定个体或组织应当承担多大比例的责任。而部分行为全部责任则不同，在智能时代中，由于计算机的参与，很多时候各个主体与计算机的交流是相对独立的，并且在主体与计算机的独立交互中，其行为是不会造成伦理失范问题的，但这些独立的交互过程被联系在一起，成为一个完整的新闻生产活动，就造成了伦理问题。在这种情况下，虽然各个主体的活动都是造成伦理失范结果的部分原因，但其伦理责任仍应由将各个主体独立的活动集合为新闻生产活动的主体承担。

第二，因果责任原则。因果责任是责任划分中最为常见的判定原则，一般认为，只要主体行为产生的结果造成了不良影响，其责任应由行为主体承担。法律如此，传统新闻业也是如此。但在智能时代，由于新闻业发展背景产生了变化，无论是新闻平台还是新闻媒体，大量新闻的生产是众多个体共同工作的结果。对于伦理责任的承担，笔者认为这里的因果关系与一般理解中的有所不同。通常说的因果关系，是直接行为人承担全部伦理责任或直接行为人承担大部分伦理责任。但在智能时代，因果责任原则指的是在多元主体共同生产的新闻中，伦理责任应由主要利益获得人承担，或主要利益获得人与能够判断并决定行为的直接传播主体共同承担。不具有价值判断能力或不能决定行为与否的传播主体，不应承担伦理责任。

目前谈及智能时代的新闻伦理失范问题，往往过分强调了编辑、记者、平台运营人员和工程师个体的责任，在类似问题的处理过程中，最常见的是对个人的处理，用处理个体来平息问题。并且对于类似算法推荐这类涉及核心利益的问题，一直无法推进解决，使其成为老生常谈的问题。不能否认新闻生产主体中个体生产者与伦理失范问题之间的联系，但在伦理责任划定中，个体生产者不应与失范问题的结果直接联系成为"因果"。伦理的核心是"善"，对于"善"的实践不应建立在牺牲个体从业者的基础上。每一个个体从业者同时也是一个社会单元，在"内卷"化的市场中，社会单元的生存建立在现实的基础上，智能时代的新闻传播主体，从现实维度来看，也是社会个体赖以生存的工作。伦理学认为"如果有确定原因，则必有结果相随，反之，如果无确定原因，则无结果相随"。[①] 智能时代的新闻会出现伦理失范问题，究其根本原因，是利益的诱惑，而决策行为的主体同样是利益主要获得者。智能时代新闻伦理的失范问题应从根本上联系因果、划分责任，而不能要求个体生产者牺牲个人利益拒绝上级的决策。并且，个人利益的牺牲并不能从根本上解决伦理失范的"因"，"果"也会继续存在[②]。

第三，高位负责原则。在传播主体内部，高位主体对于传播主体的行为有决定的权力，同时也对传播主体的行为负责。高位负责原则的依据也取决于这一管理模式，无论是媒体还是公司制的互联网新闻平台，

① 〔荷〕斯宾诺莎：《伦理学》，贺麟译，商务印书馆，2013，第2页。
② 诚然，智能时代的新闻伦理的因果责任原则认为，个体从业者不应承担责任，但这并不是绝对的。在一些情况下仍要结合新闻职业伦理和工程师伦理具体考量。若从业人员和工程师明知自己的生产活动将会造成伦理失范，虽不能左右决策，但有提出异议的义务，否则，仍需承担一定的伦理责任。

当出现伦理失范问题时，不论高位主体是否为利益获得者，都应承担责任，若为利益获得者则承担全部责任，反之则承担部分责任。不同于因果责任原则，高位主体只有在享受利益并决策传播主体行为时承担全部责任，高位负责原则强调的是无论高位主体是否为利益获得者，因其承担管理责任，所以高位主体始终在智能时代的新闻伦理失范中承担一定责任。

在传统新闻时代，高位主体对于传播主体的管理基本局限于编辑、记者，且高位主体的管理人员也大多是经过相关系统培训的职业从业人员，对于传播主体行为的把控相对全面统一。但在智能时代，高位主体需要管理的并非只有编辑、记者，还包含平台运营和工程师。生产主体的扩展和多元化，让高位主体的管理难度大幅提升，高位主体很难全面专业化地了解所有生产主体的行为正确性。但如果由于某一主体或某几个主体违背伦理规则进行生产而造成伦理失范问题，即使高位主体不知情，在伦理责任判定时，也应判定为传播主体承担主要伦理责任，高位主体承担次要责任。

第四，责任共担原则。除高位负责原则外，智能时代的新闻伦理责任还应遵守责任共担原则。责任共担原则指的是在新闻活动中，若各主体参与环节相互有所联系，不论伦理失范问题的主要责任出现在哪一主体所参与的环节，其他共同参与新闻生产的主体都应承担一部分伦理责任。高位负责原则强调管理，而责任共担原则强调的是各传播主体在共同进行新闻生产活动时，坚守自己的职业伦理，对新闻活动整体进行监督，在各自环节监督其他部分，避免因为责任自负而造成"明知其他主体的行为可预料出现伦理失范问题，却因不需承担责任，而不进行监督"的情况。

（二）传播个体的生存与职业伦理

传播主体中的人作为独立的个体，在新闻活动中，同属于三个关系：社会生存关系、雇佣关系、职业关系。三种关系对于个体的要求是不同的。社会生存关系中，对于个体的要求是对其社会角色负责，这里的社会角色包括公民角色和家庭角色，这部分责任体现为公民道德，每个人都归属于国家，也属于自己的家庭①，需要履行公民义务。在雇佣关系中，对于个体的规范是雇佣合同和契约伦理，个体需要遵守合同规定，服从雇主安排。在职业关系中，规范个体行为的是职业伦理，要求从业者在工作时，遵守职业规范。

从单个角度来看，无论个体扮演什么角色，其规范都是应然的。但事实上，当几种角色同时加诸具体的个体时，几种伦理规范会出现冲突。个体以传播主体的身份受雇于平台运营公司，当其经手的业务存在伦理风险时，我们往往要求从业人员规范自己的行为，避免伦理失范问题，却没有提出有效的解决方案。从业人员作为雇员，按照雇主要求工作，当工作内容出现伦理风险，我们不应要求从业人员牺牲个体利益来尝试阻止问题的发生。若从业人员意识到问题，由于其家庭责任、雇佣关系而不能阻止该问题的发生，这样的情况下，亦不应要求作为雇员的从业人员承担全部责任。而目前对于此类问题的处理，往往都是以处理一线从业人员的方式解决。

正如前文所说，高位主体作为管理者、决策制定者和利益获得者，主要责任应始终由高位主体承担，否则伦理的约束将只能停留在纸面，不能从根本上有所约束。但这并不意味着从业个体没有责任，无论是职业新闻从业人员、专业运营人员还是计算机工程师，都应遵守其职业伦理，这里的遵守表现为，有义务有责任运用自己的专业知识，判断自己经手的工作是否存在伦理风险，若存在风险，有责任提示管理者。

---

① 〔法〕爱弥尔·涂尔干：《职业伦理与公民道德》，渠东、付德根译，上海人民出版社，2001，第 13 页。

（三）高位主体的统筹管理

在传播主体内部，无论是平台的责任推诿，还是免责协议的责任逃避，其核心都是高位主体没有承担起主要的责任。作为传播主体内部的管理者，高位主体对于责任的统筹管理是十分必要的，应承担好主要责任，明确平台具有提醒的义务，并采取多种模式协同管理。

首先，平台具有提醒义务。互联网新闻平台一直以来都标榜自己只是新闻的中介，本身并不生产新闻，使其在伦理责任的承担中，常常将责任归于个人生产者。虽然平台受相关部门管理，但对于平台的处罚情况往往只发生在触及法律问题，或是极其严重的伦理问题时。对于常见的"不够严重"的伦理问题，平台在大多数情况下并不承担责任，只是单纯对个人作者进行处理，加之在"平台＋个人作者发布"模式下，大量的新闻伦理责任主体只是个人作者，这都让互联网新闻平台产生了"平台无伦理责任"的错觉。但事实并非如此，互联网新闻平台作为新闻活动的重要中介，承担着收集新闻和分发新闻的重要职责。

无论展示在互联网新闻平台上的新闻是个人作者主动发布，还是平台通过系统自动抓取，平台都有着不可推卸的管理责任。这里所说的管理责任，并非只是简单意义上的对于个人作者或新闻内容的"滞后处理"①，而是平台有义务在个人作者发布新闻前和抓取媒体新闻时，提醒个人作者和新闻媒体避免伦理失范，并明确告知其可能的处罚方式。

其次，确定多种管理模式共存的形式。无论平台采取哪种形式获取新闻，其管理责任都是不可逃避的，即使是在由个人作者或新闻媒体承担伦理责任的情况中，互联网新闻平台仍然需要对新闻生产者进行管

---

① 目前绝大多数互联网新闻平台的管理都是滞后的，所谓滞后管理，是指平台并不能在问题发生前有效避免，问题发生前只能依赖传播主体的自律，而平台监管责任的体现往往是在发生问题后，对相关生产主体或生产内容进行处理。当然，"管理"一词的概念并非如此，这里的讨论仅针对于现实情况而言。

理。内部来说，互联网新闻平台在公司内部对于在其平台上发布新闻的个人作者、签约的个人作者，以及发布于这一平台上的新闻内容有管理责任。外部来看，互联网新闻平台本身不制定规范，对于传播主体和新闻内容的规范依赖国家制定的行业规范。在外部管理模式中，平台虽不制定规范，但仍旧负有管理的责任。需要声明，传播主体需要遵守国家相关部门制定的行业规范，呼吁传播主体自觉遵守，并提供相关部门的举报链接。值得注意的是，虽然有的平台独立使用内部管理或外部管理，但目前对于大多数规模较大的互联网新闻平台来说，内外结合的管理方式更安全。

传播主体是由众多从业个体集合而成的整体，高位主体的经营需要实现利益，更要承担责任；实现主体要替所有人用程序与计算机交流，却没有更多的自主权；职业传播主体知晓责任，却无法时刻获得一手信息；非职业传播个体数量多、范围广，却缺乏专业观念。他们交错在一起，共同生产、共同传播、共同编织了新闻世界广泛且密集的信息网，让人们可以随时随地获得最新生产的新闻，了解或许发生在几千公里之外某一个角落的新鲜事。但各主体都不可避免更多地站在自己的角度思考问题，导致责任的划分无法一清二楚。明确传播主体的伦理责任，是智能时代新闻生产、传播有序发展的前提，也是技术在新闻领域持续高效应用具有合理性的基础。

技术与媒介仪式的交融：北京冬奥构筑国家形象与对外传播研究

王袁欣　车梓晗[*]

摘　要： 逆全球化浪潮与新冠肺炎疫情下国际局势波谲云诡，国家形象与对外传播研究的重要性得到凸显。2022 年北京冬奥会的传播作为科学技术与媒介仪式融合的实践，获得全球关注与盛赞，为我国国家形象与对外传播树立了学习典范。本研究以北京冬奥会作为研究对象，分析在冬奥会的媒介空间中如何借助科学技术与媒介仪式构筑国家形象与对外传播体系。研究认为树立新时期国家形象不仅需要科学技术提供基础驱动和支撑，媒介仪式展示现代性唤起情感共鸣，在技术与仪式的共融中传递文化自信，还需要善于整合资源，通过深化媒体体系建构奏响多声部共鸣的和谐之声。

关键词： 科技文化　媒介仪式　国家形象　冬奥会

改革开放后，尤其是 2001 年加入世界贸易组织以来，中国始终坚定不移地推动经济全球化向前发展。在新的全球化国际形势下，习总书

* 王袁欣，博士，中央民族大学新闻与传播学院讲师，主要研究方向为智能传播、市场与媒介分析；车梓晗，中央民族大学新闻与传播学院广告系本科生，主要研究方向为市场与媒介分析、网络与新媒体研究。

记多次强调"经济全球化是时代潮流，尽管出现了很多逆流、险滩，但经济全球化的方向从未改变，也不会改变"。在坚持对外开放和经济全球化的过程中，"如何塑造国家形象、塑造什么样的国家形象、如何打造国家对外传播的名片"成为大国对外交往的重要研究议题。

时值百年未有之大变局，我国国家形象传播也努力谋求新时代的转变，而不再局限于用西方的媒介话语体系作为评判标准，力图从被西方世界垄断的媒介话语权中夺取主动权，积极建构话语体系的自主性和独立性，在传播模式上也从单向度政治宣传转向全方位国家品牌建设与传播。

在全球疫情持续蔓延的大环境下，中国成功举办 2022 年冬季奥林匹克运动会（以下简称"北京冬奥会"）有着更加深远的意义和影响。作为一场由高科技打造的全球盛会——北京冬奥会构建了一个完整的媒介仪式空间，通过传统媒体和新媒体双渠道、全流程、全球性的直播和转播，打造了一场具有时空压缩特点的大型体育竞赛。同时"竞赛、加冕"作为媒介仪式中的主要核心脚本，[1] 也为维系社会团结提供了必要的支持。由此，本文提出将北京冬奥会作为研究的重要抓手，通过分析其科学技术和媒介仪式的融合方式和过程来剖析北京冬奥会构筑国家形象的方式，基于此进一步提出做好国家品牌传播的经验策略。

一　媒介仪式建构国家形象

新媒体打破了人们传统的时空概念。吉登斯认为电子机械化以前的时代，时间和空间都与人当时所处的位置相关联，但是机械时钟的发明使时间的含义普遍化，[2] 电视与互联网的出现打破了空间的自在性，使

---

① 〔英〕尼克·库尔德里：《媒介仪式：一种批判的视角》，崔玺译，中国人民大学出版社，2016，第 71 页。
② 〔英〕特希·兰塔能：《媒介与全球化》，章宏译，中国传媒大学出版社，2016，第 57 页。

时间和空间出现了如哈维所述的"时空压缩"的结果。电子媒介呈现的社会空间正在逐渐成为个体认知他者和外部环境的主要场域。与此同时，伴随着媒介的变迁，我国对外传播也经历了三个阶段，分别是构建恢宏壮阔的对外形象、以宣传为手段的国家品牌打造，以及进入微观层面研究如何在国际上讲好中国品牌故事。这三个阶段由浅入深、由宏观到微观，步步深入，层层递进。在这一过程中，我国的国家形象也处于变迁时期，现阶段的对外传播策略旨在展示我国丰富多彩、生动立体的新面貌。

（一）媒介事件与媒介仪式

戴扬与卡茨对"媒介事件"的定义是"大规模的公共事件，把存在于多个位置的行为统合于一个总体的行动框架之中，这一框架就是对中心性的直播事件的关注。"[①] 戴扬和卡茨在研究中将具有电视直播形式的一些重要媒介事件称为"节庆式收看"（Festive viewing），[②] "节庆式收看"这一概念在超级碗橄榄球赛、奥林匹克运动会等媒介盛事中常被提及。[③] 北京冬奥会就是一场具有历史意义的媒介事件，而新冠肺炎疫情使得媒介事件的"媒介属性"更加凸显。

媒介仪式与媒介事件在范畴上有所差异，"'媒介仪式'指任何围绕关键的、与媒介有关的类别和边界组织起来的行为"。[④] 这些媒介形式不仅指向盛大的活动事件，还包括与之相关的事物和环境，因而强调其空间感和空间属性，这种媒介仪式有助于在潜移默化中强化参与者的

---

① 〔英〕尼克·库尔德里：《媒介仪式：一种批判的视角》，崔玺译，中国人民大学出版社，2016，第 65 页。

② Dayan D., Katz E., *Media events：The live broadcasting of history*, Harvard university press, 1992.

③ Real M. R., "Super bowl：Mythic spectacle," *Journal of Communication*, 1975, 25（1）：31-43.

④ 〔英〕尼克·库尔德里：《媒介意识：一种批判的视角》，崔玺译，中国人民大学出版社，2016，第 2 页。

价值观。媒介仪式有着充满高度异质性的内涵，既包含了高强度的个人或集体表演，也囊括了位于巨大媒介空间中的日常琐事，只要能与媒介中心相联系的行为，都被视为一种媒介仪式，因而媒介仪式是在精神内核下相对泛化的概念。

迪尔凯姆从社会学的视角提出仪式会制造和维系社会整合（Social Integration），仪式是一种有助于凝聚社会成员和社会共识的重要途径。除此之外，仪式还具有确立社会秩序的作用。① 所以，从概念界定上来看，媒介仪式的范畴更大，不仅指向事件本身，还将其事件内在传递的价值观和空间属性进一步包括。Shils 和 Young② 研究了 1953 年伊丽莎白女王加冕的仪式，诠释了这种全国性仪式对国家团结行动的意义，由电视、收音机转播的仪式可以使观众有亲历现场的感受，这种人们成群观看电视中仪式的完整过程制造了一种所有家庭凝聚团结的形式。这种仪式更多地指向迪尔凯姆所说的仪式的本质，"是使某种集体性得以主张或确认，否则其社会存在感就会模糊不清"。③ 当下，媒介事件可以通过媒介议程设置、联动报道、5G 技术支撑实现"仪式化构建"，学者周怡帆认为，当媒介事件具有仪式构建的时空属性，情感唤起与符号化呈现的特性加持时，会在国家形象、社会价值、文化认同层面，起到凝聚情感认同、增强集体记忆的作用。④

（二）媒介仪式与讲好中国故事

习近平总书记在中国文联十一大、中国作协十大开幕式上的重要讲

---

① 〔英〕尼克·库尔德里：《媒介仪式：一种批判的视角》，崔玺译，中国人民大学出版社，2016，第 5 页。

② Shils E., Young M., "The meaning of the coronation," *The sociological review*, 1953, 1（2）：63–81.

③ 〔英〕尼克·库尔德里：《媒介仪式：一种批判的视角》，崔玺译，中国人民大学出版社，2016，第 64 页。

④ 周怡帆、徐若寒：《论 5G 时代媒介事件仪式化价值建构》，《中国出版》2022 年第 10 期，第 46~49 页。

话中提出："用情用力讲好中国故事，向世界展现可信、可爱、可敬的中国形象。"从 2008 年北京夏季奥运会、2010 年上海世博会以及 2022 年北京冬奥会的成功举办来看，我国运用国际事件讲好中国故事的能力在不断提升，使我国对外传播从对外宣传向公共外交转型，正在努力实现习总书记所强调的"以文化人，更能凝结心灵，努力展示一个生动立体的中国"。中国在国际瞩目的各项重大事件中所展示的"节庆式收看"媒介仪式，使我国利用媒体机构和传播手段，并运用巧妙的叙事手法展现的发展、包容、有实力的大国形象得到了充分体现。2022 年在疫情期间盛大举行的北京冬奥会在网络、电视媒体上直播、转播，各类新闻报道博得了国际媒体的盛赞。正如库尔德里书中所描述的那样，以国家名义为核心的公共仪式通过电视和网络使得大量不在仪式现场的人通过接收信息而参与其中，实现了对一个公共仪式原封不动的传输。这种模式下，媒介事件就起到了凝聚社会的作用。① 讲好中国故事的内核就是凝聚中华文化力量，借助媒介仪式能够更好地建立社会共识。

奥运会承载的意义早已不局限于体育赛事的范畴，作为全球政治、经济、文化交汇交流的焦点，在各方面都产生着深刻影响，是一个"具有多元价值、多重目的和多边外交的总体互动平台"，承载着主办国家对内强化认同、对外加强互动的期待。② 在全球疫情持续蔓延的大环境下，2022 年中国成功举办北京冬季奥运会，不仅对内有利于凝聚中华民族精神，也为国家形象的塑造搭建了全球聚焦的舞台，在对外传播仪式空间中传递大国自信和文化自信。

（三）文化精神与国家形象

国内学者主要从国际关系、公共外交、媒介传播策略三个角度展开

---

① 〔英〕尼克·库尔德里：《媒介仪式：一种批判的视角》，崔玺译，中国人民大学出版社，2016，第 65 页。
② 张桂珍：《对外宣传向公共外交的转型——从奥运会到世博》，《当代世界》2010 年第 9 期，第 39~42 页。

关于国家形象的研究，形成了较为完整的体系。对于国家形象定义的讨论主要形成了认识评价论、传播构建论和综合实力映射论三种主要观点。① 良好的国家形象有着双重作用，对外增强本国在国际上的影响力，对内增进民族凝聚力与认同感。从综合实力映射论的角度来看，国家形象属于意识形态范畴，国家的综合实力很大程度上决定了国家形象，但国家形象又具有可塑性，它与公众的主体感知、知识水平、情感归属等因素有着较强的联系。在国家形象的塑造与传播过程中，国家的客观实在是作为能动的被传播对象而存在的，它包含了物质要素、精神要素与制度要素。② 实施传播这一行为的主体是国家，通过国际新闻等媒介渠道来呈现。相对应的，本国与国际民众是传播的对象，他们做出的主观反应最终形成了差异化的国家形象。

国家客观实在的能动性寓于国家的物质、精神、制度三要素之中，会随着时代主动地、自觉地、有目的地发展。其中，首要的"科技"即物质要素的重要构成部分，张昆指出"只有迅速抢占科技的制高点，完成科学技术在生产领域的转化，才能增强国家综合实力"。③ 其次，国家形象的精神要素体现在国民的价值观、情感意向、审美态度、思想方式、行为准则和生活习性的基本取向之中，这些要素的差异性加上意识形态的不同，作用在接受国家形象的对象中，使得同一国家在不同的人群中所形成的国家形象具有鲜明的主观色彩。综上，重视科技在国家形象中发挥的作用以及在跨文化语境中消解由于精神要素的差异而形成的误读与扭曲显得尤为重要。

（四）国家品牌与国家形象

国家品牌这一概念衍生自营销学领域，由奥格威提出，后在 1996

---

① 刘辉、王耀辉：《国家形象的内涵、塑造与传播》，《领导科学》2021 年第 8 期，第 121~124 页。
② 张昆、徐琼：《国家形象刍议》，《国际新闻界》2007 年第 3 期，第 11~16 页。
③ 张昆、徐琼：《国家形象刍议》，《国际新闻界》2007 年第 3 期，第 11~16 页。

年由学者 Anholt 进行了集中讨论，他将国家品牌定义为用以建立国家形象和声誉的国家战略的一部分，[①] 并提出评定国家品牌的六个维度。在概念发展的初始阶段，Dinnie 认为国家品牌被用作国家识别，其核心功能是将国家与其他国家区分开来。[②]

国家品牌与国家形象密不可分，但这两个概念长期以来并未得到清晰的界定，二者均可以作为国家对外打造的结果，但又有所区别。Handayani 在综述性文章中将二者进行了区分，认为国家品牌是管理国家形象的过程，其目的是建立国家形象与声誉。[③] 舒永平认为国家形象有着正负优劣之分的中立性、凸显形象认知的表层性，而国家品牌则具有正向价值导向性，具有本质内涵与外在形象的统一性。[④] 国家形象是实际的形象（外界的感知），它来自国际受众所感知的陈规定型观念或声誉。而国家品牌不仅基于他人所感知的实际形象、声誉或刻板印象，还基于一个国家主动期望的形象，即国家的自我感知与认同。

二 技术与仪式共融：北京冬奥会的媒介仪式

传播具有传递观与仪式观两种文化研究取向，其中传递观是工业文化中最常用来定义传播的词条，这种传递观源于地理和运输方面的隐喻。[⑤] 因而传递观更强调跨越地理空间传递的信息，这天然与技术发展有着更密切的联系，注重技术在传播过程中的运用。而仪式观常常与共

---

① Anholt S. , "Beyond the nation brand: The role of image and identity in international relations," *Brands and branding geographies*, Edward Elgar Publishing, 2011.

② Dinnie K. , "Nation branding: Concepts, issues, practice," *Routledge*, 2015.

③ Handayani B. , Rashid B. , " Conceptualization of nation brand image," *International Journal of Management Studies*, 2013, 20 (1): 165-183.

④ 舒咏平、沈正赋：《论国家品牌传播——信息社会语境下价值导向的国家传播》，《学术界》2016 年第 9 期，第 76~86、324 页。

⑤ 〔美〕詹姆斯·凯瑞：《作为文化的传播》，丁未译，中国人民大学出版社，2019，第15 页。

享、参与、信仰等词汇相联系，在仪式观的指导下，传播的目标是建构并维系一个有秩序的文化世界，[①] 因而更注重互动仪式中参与者的共通情感对文化传递的作用。

奥运会作为国家科技的集中展现与全球参与的具有媒介仪式性质的体育盛事，正好对上述两个传播视角进行了诠释，同时也为技术与仪式相互融合提供了展示机会。本研究依循张昆对于国家形象的定义展开研究，以科学技术的运用与媒介仪式中的文化与情感为视角，探讨二者在国家形象塑造、理解与共识打造中的重要作用。

（一）科技驱动：聚焦技术实力与新时代理念

在人类传播发展的历史长河中，科学技术始终作为关键性影响因素发挥着至关重要的作用，每一次传播大变革的背后都是传播媒介与传播技术的迭代升级。由不同技术所构成的异质化媒介会传播不同类型的信息，由此所带来的传播效果的变化受到了传播介质的影响。在国家形象作为国家综合国力的映射视角下，科学技术水平更是国家"物质要素"的重要构成部分。

1. 以科技为展品，构建核心理念

科学技术不仅仅是传播的手段，提供与时俱进的传播媒介，也可以作为技术展品，成为鼓励创新的一面旗帜。即使各国民众拥有不同的文化及意识形态背景，但对于科技创新的欣赏与追求是全人类的共通情感。在对外传播中，当科学技术作为传播对象时，自然会激发起全世界民众的好奇与关注，技术背后所传递的"面向更美好的人类生活"理念被广泛接受，则传播主体会收获创新大国的声誉形象。当对外传播过程中科学技术作为传播媒介运用时，无论是直观提供创新的表现形式还是大数据所呈现的客观准确性，都能起到消解解码偏差、减少信息误

---

① 〔美〕詹姆斯·凯瑞：《作为文化的传播》，丁未译，中国人民大学出版社，2019，第18页。

读、降低传播成本、提高传播有效性的重要作用。

北京冬奥会对于科学技术恰如其分的运用与精彩呈现，引起了全球范围的广泛关注。观察国外围绕冬奥会的热点讨论可以看出，即使在政治、文化方面各国媒体有自己的解读，但聚焦到科技领域，海内外媒体对北京冬奥会的技术创新都具有很高的认可度。抛却政治因素影响下的内容取舍，开幕式中的科技元素运用、由科技所支持的绿色理念、传播媒体的技术升级等都赢得了海外媒体的高度赞赏。

北京冬奥会的宣传口号是"一起向未来"，如果说文化的落脚点在"一起"二字上体现，那么科技的运用则充分诠释了"未来"的图景。本届奥运会之所以在科技层面博得海内外聚焦与盛赞，与"黑科技""智能化""科技感"的标签形成强关联，主要得益于智能场馆、智能家居、无人智能餐厅、智能移动方舱等的共同构建。

除此之外，"绿色发展"一直是国际热议话题，它与国家经济发展水平、科学技术能力和国家对于世界的责任和担当直接关联，各国围绕本国经济发展与全球资源环境博弈不断。作为发展中国家和世界第二大经济体，我国无论是对《巴黎气候协定》的坚定支持，还是做出"二氧化碳排放力争于 2030 年前达到峰值，努力争取 2060 年前实现碳中和"的承诺，无疑在绿色发展方面为世界做出了巨大贡献，而这些努力则一直被西方媒体所弱化与回避。冬奥会期间，"绿色冬奥"这一办奥理念也成为对外传播的重点内容。其一，三大赛区 26 个场馆全部使用清洁能源；其二，电力供应的安全巡检引入了智能协作机器人对重点保障点位进行不间断巡视，保证可靠供电；其三，交通工具大多数采用低碳节能的清洁能源车辆，占比高达 84.9%，为历届冬奥会之最。由此，北京冬奥将"绿色"体现得淋漓尽致，充分展现了我国主动承担全球环境责任、全面推动绿色低碳转型的大国担当，是构建国家名片和大国形象有力的注脚。

2.以技术为渠道，提升对外传播效果

虽然说媒介技术是一个结构性的约束，在赋予人能力的同时也束缚人的行为。[①] 但从当前的传播实践中可以看出，技术加持后的传播渠道能够较有力地提升传播效果。北京冬奥会中所使用的"5G+4K/8K 超高清云转播""5G+超高清视听处理+AI+云大物+区块链技术""双中台+微服务"架构等，为海内外民众实时观看奥运转播提供渠道赋能。这不仅加快信息的传播速度，同时还提高传播质量，降低传输能量消耗，使我们重新思考"距离和空间"在传播中的意义。媒介技术对传播的重要影响在于对时间和空间的压缩，创造了一种新型的时间感和空间感，继而丰富观者的体验感受。此外，360°VR 沉浸体验等提供了强劲的技术支持，使得广阔的海外群体有丰富的可触达通路，可以直接享受没有删减的、不被解释的赛程和赛况，外国民众在社交媒体平台也对这些技术表示赞叹与好评。

可以说，我国将北京冬奥会这一全球盛事作为宣传窗口，呈现了"绿色未来与科技美学"的极致碰撞，向世界展示了中国科技实力与绿色科技理念，传递了一个现代化、智能化、科技实力强劲的大国形象。虽然上述技术的应用已经为观众提供较为完美的视听体验，但我们仍然需要精进 AR/VR 技术在传播实践中的运用，不仅在全景呈现方面满足需求，期待日后借助可穿戴设备等打破 AR 与直播的界限，真正实现"沉浸+互动"式传播，使得对外传播形式焕新升级，日臻完善。

（二）文化仪式：建构情感关联与跨文化符号

文化是新时代树立国家形象的润滑剂，精神文化产物不仅承载着中国新时代的特色，也是我国对外形象建设的主要依托物，是国际文化交往的重要构成。党的十九大报告中也强调道"推进对外传播能力建设，

---

① 〔美〕大卫·克罗图、威廉·霍伊尼斯：《媒介·社会：产业、形象与受众》（第三版），邱凌译，北京大学出版社，2009，第 351 页。

讲好中国故事，展现真实、立体、全面的中国，提高中国文化软实力"。我国综合国力的发展成就有目共睹，但文化传播并没能紧跟，文化软实力的建设与影响力相对较弱，无法与西方电子殖民主义的力量相抗衡，也难以与其他领域的建设相适配，甚至导致中国在世界文化格局中一直处于相对被动与边缘的地位。

1. 转型期：承袭古老文明，面向新时代文明

长期以来，在面对全球化语境时，我们都擅长传递以悠久历史、古老文明为主旨的宏大叙事，由此衍生出国际知名度较高的中国文化符号，如中国功夫、中国美食、汉字书法等。但这些符号共同描绘出的是一个相对古老的、传统的、缺少现代性的国家形象。为了消解这种"东方文化奇观"式的刻板印象①，我们应当迈进文化形象的转型期，重塑现代化、生动鲜活的中国文化形象。与 2008 年北京夏季奥运会开幕式相比，2022 年冬奥会开幕式的文化表达有了明显的转型倾向：不再以磅礴的气势、厚重的传统文化为底色，而是全方位凸显高科技，融入现代日常生活，在以二十四节气与中国结点缀中国元素的同时，更侧重对于现代化与展望未来的表达。其中以微火作为主火炬，更是对绿色环保理念的展现，也是对于古老中国历史文化元素予以取舍。

2. 建设期：借势共通情感，打造文化符号

为了降低接收者的情绪壁垒，实现最自然的、信息解码折损最低的文化传播，我们应当把文化理解而非文化认同作为对外传播的目标。文化仪式的建设期要善于利用符号化的形象构建，改变强硬的叙事方式，使宏大叙事、主观叙事中传播的控制性与政治性隐形，在潜移默化中传递中国特色理念，构建国家品牌，树立国家形象。在建设期，就要更讲究国家品牌传播的策略与方式。

打造文化符号，要充分了解海内外市场，使用具有情感亲近性的元

---

① 郭萌萌、王炎龙：《"转文化"：中国文化对外传播范式转换的逻辑与方向》，《现代出版》2019 年第 6 期，第 52~55 页。

素，改造旧的文化形象，赋予其新时代的价值与个性。本届冬季奥运会中，除了开幕式和体育赛事备受海内外关注之外，冰墩墩作为冬奥文化的传播者、中外对话的使者、国家形象的承载者，也受到海内外的热烈追捧，甚至出现了"一墩难求"的消费现象。"可爱"是当前全球审美的统一倾向，冰墩墩被塑造为一只拥有强壮体魄、性情敦厚和善的可爱熊猫，相较于2008年的熊猫欢欢，冰墩墩的形象不再只依附于中国传统文化，而是纳入了更多凸显科技感与未来感的元素，无论是冰晶外壳还是彩色光环，都能连接起各国人民对"一起向未来"的深刻认同。

注重个体叙事，以唤起个体的自我投射与情感联结。首先，相较于面向主流叙事的国家性、目的性表现出的明显回避情绪，个体叙事由于具有自主性、真实性、平等沟通性等特点而更具感染力，更易于激发人们的浏览交流意愿，可在传递情感共鸣、形成理解、塑造国家形象层面发挥独特的促进作用。其次，相较于被动接收信息，由兴趣引导的选择性接触所触发的主动搜索更能唤起人们的认知与理解。在北京冬奥会中，中国选手谷爱凌引起了极大的媒体关注，她以精湛的技术、自信洒脱的性格，以及对冰雪赛事的热爱收获了超高人气，促进她的支持者对于中国冰雪文化和中国全民冰雪运动的接触与了解，从而引申出他者对我国国家形象重新建立认知架构的契机。

三　文化自信与表达：建立对外传播体系

科技实力是基础性支撑，文化仪式的理解与共鸣是上层建筑，在二者共融共通的背景下，坚持以文化自信为导向构建对外传播体系有利于拓宽传播路径。长期以来，世界媒介话语体系以西方发达国家为主导，内容的筛选与生产、信息的解读与流动、形象的构建与传播都由西方少数媒介集团所把控，他们按照自身战略与利益来制造与设置传播热点，我国一直遭受着所谓"中国威胁论"等歪曲化解读。在这种以表达不同社会制度和理念而建立起来的不同话语体系中的对话和对抗，显示出国际传播话语体系构建和国际传播能力建设的极端重要性和紧迫性。习总书记强调文化自信是更基本、更深沉、更持久的力量，是凝聚民族精神和激发创造力的内驱力，因此，在建立对外传播体系时要时刻注重文化自信与表达，运用各种资源来丰富表达方式。

（一）助推奥运精神的情感延伸

受到疫情影响，北京冬奥会没有采用对外售票的方式，而是通过"5G+8K"、云转播平台、VR观赛、智能语音服务和航天通信技术，使全球观众可以"身临其境"地感受奥运现场。线上的共同聚焦，使得本届冬奥会的媒介仪式性极大地凸显。媒介仪式成为国家形象展现的重要场域，全球的观众、媒体由共同的盛事凝聚在同一语义空间中，奥运精神获得共享与增殖，其精神意涵被唤醒和加强。而在此过程中，主办方所构建的"一起向未来"的情感也成功引起海内外受众的强烈共鸣。在国外社交媒体平台，我们可以欣慰地发现，对于冬奥会的评价，外媒和民众传达着截然不同的声音。世界民众想要的是一场纯粹的关于运动的盛典，而不是国外媒体强加给开幕式的政治化解读。对于客观呈现的美好事物，无论是科技还是文化，或是体育精神，人们本能地倾向于毫无保留地赞美，这也正是奥林匹克精神作为全人类共通性情感，维系着四年一度盛会的联结所在。当人们从这场盛事中体会到了公平公正、热情友善，自然会将情绪移植到对于主办国家的评价中，将奥运期间的短暂群体情绪，延伸为对于主办国家的潜意识中的理解与赞美。

兰德尔·柯林斯认为互动仪式是由集合的群体共同聚焦在同一空间，通过群体间的情感联结与强化反馈共享情感，形成群集性沸腾，以达到加强群体团结、强化个体情感能量、规范道德标准的一个过程。[1]

---

① 〔美〕兰德尔·柯林斯：《互动仪式链》，林聚任、王鹏、宋丽君译，商务印书馆，2012。

而媒介仪式则是以媒介作为共同集聚空间的中心，通过各种符号呈现出来。奥运会不是单纯的体育竞技活动，从其开幕到闭幕都贯穿着包含体育又超越体育的价值与意义，它的参与主体是世界民众，而且是以奥林匹克精神这一超国界、超民族、超意识形态的共通性情感凝聚而组成的庞大群体。奥运会可以被视为全球性的媒介仪式，在奥运期间各国民众将充分参与赛事并释放其情感能量，这是激发个体情感能量从低落到高涨的重要媒介事件，这种情感能量与特定情境、特定身份是相互联系的。因此，北京冬奥会在激发海内外受众情感能量释放的同时，还要借助奥运精神持续维持互动流以增强和延伸情感力量，释放属于中国的文化自信的情感力量。

（二）借势"他者"进行自发性传播

善用"他山之石"也是北京冬奥会传播中可以借鉴的成功经验。北京冬奥会期间，除了国家官方媒体对国家主体本身及赛事报道的主动呈现，非国家主体也是展示国家形象的巨大资源库：一个庞大的对外形象展示的窗口。运动员、教练员、运动场馆设施、体育行业从业者、赞助企业、普通市民等，每一个个体都有可能成为社交传播中的重要节点，他们与承办冬奥会的城市直接接触，在外网发起话题，吸引他们分享冬奥所见所闻。各国运动员通过 vlog 沉浸式记录北京冬奥会他们对于智能家居、无人餐厅的赞叹，对于冰墩墩和中国美食的喜爱，对赛场环境的描述，以及与志愿者的互动片段，直接向世界展现了冬奥会的科技水平、和平友善的冬奥氛围与热情好客的国民群体画像。这些社交媒体自主传播的内容都成为破除西方媒体选择性解读的最客观、最真实的"利器"。

因此，从多维视角阐述非国家主体对外传播的信息，由他者见证盛大媒介仪式，叙述最直观、最真实的"亲身体验"，有利于传递更加客观的国家形象。正如李普曼曾指出，新闻媒介可能无法成功地告诉人们要怎么想，但能告诉人们要想什么。这些借势他者的形象和论述来传递的信息，会破除人们对"宣传"行为的抵制，从而扩大传播范围和影响力。

（三）整合资源：协同但不同质化地深化媒体体系构建

我国媒体不断提高整合发声意识，减少资源分散重复建设的问题，在对外传播中，初步形成了一家旗舰媒体（CGTN）、六家央媒和其他功能部门协同发声的媒体格局。[①] 在北京冬奥会对外传播中，CGTN 发挥平台优势、专业强项，创新方式，相继推出了高端访谈、人物对话、大型活动、冬奥国际主题曲等题材多元、内容丰富、形式新颖的冬奥主题内容，回击国际舆论，讲述真实的奥运故事，传递奥运精神。中央媒体和商业媒体在传播工作中应该协同合作，通过不同层次、站位和媒介渠道对新时期文化自信的内核进行阐释，但是在内容塑造中要避免同质化。传递多声部共鸣的和谐之声，而非同一种声部声音的单调之音。以整合资源、多元打造、齐头并进的思路深化媒体体系构建。

由此，我们应当以奥运盛会的情感理解为契机，以媒体矩阵为中心，通过社交媒体互动搭建媒介仪式空间，促进仪式、盛会等团体行为中的"临时群体性沸腾"向"长久情感能量"转化，借助奥运会期间世界民众的情感交融，更新他们对中国国家形象的认识，促成对中国文化的理解与包容，从而实现国家形象的构建。

四 结语

北京冬奥会成功地向全世界展现出一个创新、生动、可亲近的中国形象，成为讲好中国故事、树立中国形象和国家品牌的成功案例。本研

---

① 程曼丽、赵晓航：《数据时代的国家品牌传播》，《南京社会科学》2018 年第 1 期，第 105~110 页。

究以北京冬奥会为例证，总结出对外国家形象建设与国家品牌打造的三方面经验。其一，重视科学技术，将其作为传播的重点对象与提升传播能力的技术支持来展现"现代、高科技"的中国形象。其二，逐渐加强文化形象的现代化转向构建，打造海内外受众喜闻乐见的文化符号与个体叙事风格；重视媒介仪式中唤起的共通性情感，以此扩散对中华文化的理解。其三，不断深化对外媒介体系的建构，使得对外发声更有力量，同时善于借用"他者化"的传播窗口，使对外形象构建更有效。研究者期待通过上述策略的提出与运用，促进我国在未来国际传播中，构建出善于展示的、乐于沟通的、有实力纠正误解的、包容且自信的中国国际传播形象。

城市形象传播中的文化影响因素模型

——以广州市为例

周　倜[*]

摘　要： 随着我国城市化进程的加快，城市形象逐渐在国际交流、经济发展、社会动员等方面发挥重要作用。本研究梳理出影响城市形象传播的主要因素可归类为传播主体、传播客体、传播内容、传播媒介、宏观环境等维度，发现新媒体舆论与城市形象两者之间具有较强的互动性与能动性，通过深度访谈法和问卷调查法构建并修正了新媒体舆论中城市形象传播的影响因素模型，并以广州为案例进行了模型分析。研究认为，传播的主客体要善于释放新媒体舆论中的正面能量、消解负面信息，传播积极向善的城市形象；随着"智慧城市"的建设，传播主体可更充裕地整合传播要素，提升新媒体舆论中的城市形象。

关键词： 新媒体　舆论　城市形象　传播模型

随着新媒体技术日新月异地发展，世界各城市的样貌和时事都能极其便捷、快速地推送至广大受众面前。现如今，一座城市的形象构建不止可以通过语言文字或文学作品的描绘，还可以是各类有形与无形、历

---

* 周倜，博士，北京市社会科学院传媒与舆情研究所助理研究员，主要研究方向为新媒体传播、舆论传播等。

史与现实的整合，尤其是在当下网络时代，一座城市不仅外在样貌可以通过视频、图片等多维度地呈现在亿万观众面前，它的内在气质和故事也能够借助各种媒介渠道和信息符号广泛地传播给屏幕前的隐藏受众。这些经过再加工的形象特质通过舆论的传播与反复建构，影响着人们对这个城市的发展前景、宜居环境、治理模式等多重角度的判断和考量，而这些反馈也会进一步深刻地影响城市的持续性发展，包括人才引进、经济发展、社会进步甚至思想交融等。

因此，探究城市形象在新媒体舆论中的传播要素，关注城市形象与新媒体舆论互交互融的建构关系，对日后城市形象传播和应对新媒体舆论都具有重要意义。

一　新媒体舆论中的城市形象传播现状

随着技术阵地的转移和使用场景的变迁，舆论的传播阵地已经从传统媒体蔓延至新媒体场域。第 48 次《中国互联网络发展状况统计报告》显示，截至 2021 年 6 月，我国网民总体规模达 10.11 亿，即时通信用户规模达 9.83 亿，短视频用户规模也已高达 8.88 亿。[①] 庞大的网民规模和新媒体用户让网络舆论场充满了风险和机遇，为我国城市的媒体化发展和城市形象传播提供了强大的内生动力。城市形象在新媒体舆论中的传播现状主要呈现以下几个特点。

一是传播城市形象的新媒体舆论平台和途径众多，从微博、微信的诞生到如今抖音、快手等短视频媒体的兴起，网络舆论形成了分众集合，城市名片的分发由过去的报纸新闻、电视广告、杂志插页等传统媒体途径逐渐转向微博记录、微信公众号发布、短视频播放等新媒体路径。这些平台和路径有一个共同的特点，即都可以利用碎片时间在智能

---

① 中国互联网络信息中心（CNNIC）发布数据，http：//www.cnnic.net.cn/hlwfzyj/hlwxzbg/hlwtjbg/202109/P020210915523670981527.pdf。

手机上完成阅读、转发和评论，使得与该城市有关的舆论可以在更短时间内聚合发酵，城市形象传播的受众群体也变得更加广泛。

二是传播内容更加丰富多彩，触发的舆论点也更加多样化。以往的城市形象传播大多以本地的风景名胜为主要宣传对象，现如今受众自发形成的"网红打卡地"正占据城市形象传播的主阵地。突发性的舆论热点仍以微博热搜榜最受关注，短期集聚效应最强。此外，城市形象传播内容的形式越发多样化，正从以图片、文字为主的传播方式向视频、图像、声音、文字多元融合化的趋势发展。

三是传播主体从以政府为主导发展为如今新媒体受众自发参与，官方话语与民间话语交相叠织，声量大幅提升。不同平台中的意见领袖在传播城市舆论时仍发挥着重要作用。

新媒体舆论和城市形象传播虽然都是当下学术研究的热点话题，但已有研究多为简单的城市案例描述，相关学理研究较少，新媒体舆论与城市形象传播时常出现"两张皮"的现象，鲜有从新媒体舆论的角度对城市形象传播的影响因素进行实证分析并构建相应的理论模型。

因此，本文试图通过定性与定量的方法从新媒体舆论的视角对影响城市形象传播的因素进行测定——在现有文献研究的基础上，结合深度访谈初步构建影响因素理论模型，再结合问卷调查对新媒体舆论中城市形象传播的传播主体、传播客体、传播本体、传播媒介等影响因素进行测定，最终修正并形成完整的新媒体舆论中城市形象传播的影响因素模型。

二　研究综述：新媒体舆论与城市形象传播

（一）城市形象传播

在文献检索时笔者发现，因为城镇化发展较早，国外对城市形象的研究开始得也较早。"城市形象"作为学术理论名词最早是美国学者凯文·林奇 20 世纪 60 年代在《城市意象》这一研究中指出来的，研究主要针对城市意象中物质形态的内容展开。90 年代之后，城市形象的相关研究开始逐渐跳出建筑规划领域，从多学科多角度反思城市形象的影响因素。1991 年，Espuche 等学者率先意识到大型活动赛事对城市形象的影响意义，认为 1888 年在巴塞罗那举行的世界博览会就是一个很好的向世界展示巴塞罗那城市结构、城市规划的机会。随着互联网的快速发展，有学者发现不同新媒体会在城市形象传播中产生不同的效果。Won 等在使用 Instagram 和 Twitter 的韩国消费者中开展了调研，发现音乐产业在塑造城市品牌形象中起到重要作用，但 Instagram 上的传播对用户产生了积极吸引访问纽约的作用，但 Twitter 用户却产生了负向远离的心态。

相比国外，无论是新媒体舆论研究还是城市形象传播研究，国内研究近年来逐渐开始发力。从被研究的城市分布来看，研究对象以北京、上海、广州、深圳等一线城市为主，同时在抖音、小红书等新媒体平台火爆起来的新一线城市——西安、重庆、成都、长沙、武汉等地也成为关注的热点。例如，北京作为中国首都，海外影响力不言而喻，特别是 2008 年奥运会以后更加受到世界的关注，各媒体平台新闻报道数量和内容都大幅增加。学者通过对 Twitter、Facebook、YouTube 等海外媒体上的数据抓取和分析探讨了北京的城市形象在国际传播中的特点，发现文化艺术类成为北京城市形象构成元素的首要类别。从研究内容来看，一部分是将城市形象传播与与品牌营销相结合，借用营销中的 SWOT 分析法和 CIS 分析法等，认为"传播人、接收者、传播内容、传播渠道这四个方面，是一个城市关于品牌传播的四个重点策略"，也发现整个城市形象传播生态发生改变——"由原来的设置状态改为现在的协调状态，而这个改变主体是由传播内容的发布者、点读者及转发者所决定的，因此对内容把控度越强，对内容发布后的影响度也越强"。另一部分围绕不同的新媒体平台对传播内容、传播形式和传播策略进行针对性阐述，指出新媒体带来了城市与人崭新的互动模式，例如李静宇认为新媒体环境中的城市形象传播，政府起主导作用，大众媒体起推进作用，市民在最后一个环节进行补充。

简言之，现有文献大致可以分为三类。第一类是将城市形象建构纳入品牌营销的话语体系中，试图将城市做成品牌，从营销模式和品牌创建维护的角度进行创设。第二类是选定某一城市或舆情作为案例，借助舆论热点或大型媒介事件观察分析不同媒体平台中的舆论文本走向和对该城市的影响。第三类是试图从议程设置、框架理论等学术理论中为城市传播寻找和提出理论依据，尝试分析城市传播的动力发展机制等。但这些研究中鲜有将城市形象传播和新媒体舆论传播结合起来进行探究的，更是几乎没有文献从社会学、心理学等跨学科角度出发反思两者的关系和规律或是试图构建传播模型，为接下来的研究提供宏观上的支撑。因此，这也是本文希望能够达成的目标之一。

（二）舆论要素说

关于舆论的要素，学界比较流行的观点是学者陈力丹提出的七要素说，即舆论的主体、客体、本体、数量、可持续性、功能表现与质量。但学者郭小安对新媒体环境中的这七个要素都进行了重新补充，认为舆论的主体包括公众、政府、媒体、意见领袖等多元主体；舆论客体呈现泛公共化特征，意味着一切可以引起公众讨论的事务；舆论的本体丰富多样，只要能被察觉或被测量，都可以纳入舆论研究范畴。新媒体作为舆论传播新的承载方式，其本质没有发生变化，因此，可将舆论的要素说作为城市形象在舆论中传播的影响因素的参考。

三　理论模型的构建与修正

基于以上梳理和思考，本研究提出两个主要研究问题：

（1）新媒体舆论对城市形象传播是否具有积极作用？

（2）新媒体舆论中影响城市形象传播的因素有哪些？

根据以上问题，为了更全面地把握新媒体舆论与城市形象传播之间的关系以及新媒体舆论中影响城市形象传播的主要因素，本文借鉴舆论要素的有关讨论，利用深度访谈法对新媒体舆论中城市形象传播的影响因素模型进行了初步构建。

在 2021 年 7 月 1 日～15 日期间，本研究随机选取了 10 位新媒体用户，采用半结构式访谈方式，对研究对象分别进行了 20 分钟左右的一对一深度访谈，对其新媒体的使用情况、在新媒体中发表言论和追踪舆情热点的情况、关注的热点城市及城市热点情况等进行了交流。通过访谈，本研究初步提炼出传播主体、传播客体、传播信息与传播平台、宏观环境等几个维度作为影响城市形象在新媒体舆论中传播的关键性因素，也发现了影响因素的复杂性——不仅涉及人、信息、传播渠道和传播环境，更涉及城市建设、经济发展、社会定位等方方面面。以此为基础，本研究初步构建了新媒体舆论中城市形象传播的影响因素模型。访谈对象的回答要点在下节的分析中将详细展示。

随后，在 2021 年 7 月 16 日～23 日，本研究又以网络问卷调查的方式扩大了采访群体，通过"问卷星"共收集了 681 份有效答卷，样本覆盖全国 32 个省份和海外，以广州为城市样本调研、检验了城市形象在新媒体舆论中的传播情况，较为完整地呈现了影响广州城市形象传播的因素。问卷调查有效地支持了上述构建的新媒体舆论中城市形象传播的影响因素模型，并在宏观环境和传播客体两方面进行了细节性的补充。问卷调查的具体内容也将在下文进行具体说明。

四 新媒体舆论中城市形象传播的影响因素模型的阐述与实证检验

新媒体中的舆论从不停下更迭变换的脚步，城市形象的定位和口碑却在舆论中日复一日的积累。下面，文章将从传播的主体、平台、受众、内容等维度详细阐述构建起的理论模型，并将以广州市这一城市形象传播案例为实证检验样本，分析该城市在新媒体舆论中的形象传播来源、传播方式、传播声量及带来的影响等，并通过案例进一步分析修订上一节中构建的模型，也从这些传播的舆论中获取城市形象建设的经验与教训。

（一）新媒体舆论中影响城市形象传播的主要因素

新媒体舆论中城市形象传播的影响因素模型主要包括四大部分，其核心是城市形象，其他三大部分均围绕城市形象展开。

第一部分也是最重要的一部分，是城市形象传播和生产的主体。传播和影响城市形象的主体主要包括政府、普通市民、媒体组织三大类，但归根结底，都是要以人为本组织传播。只有三者齐心合力、自觉主动地进行城市形象的相关传播，才能使得城市形象越来越丰富多彩。

第二部分是对城市形象进行传播的传播平台和传播信息。传播平台和途径主要包括口头传播、电视媒体、广播媒体、纸媒、网络社区平台、政府官方平台和新闻发布会、微博等公共舆论场、微信、短视频平台等。这里要着重强调一下，在问卷调查和深度访谈的过程中，笔者发现，口口相传在今日依然十分具有传播效力，因为不少人觉得亲朋好友的推荐更为真实可靠。这就说明社交关系和可信度也在城市形象的传播链中发挥了作用，传播中的心理机制也值得进一步研究。因此，像微信这种具有强社交关系的新媒体在城市形象宣传时也会比其他传播平台更有力度，并且在行动力的转化成功率上会更高一些。就像 2 号受访者说的那样："我起初想去日本、海南等地旅行，就是因为看到了微信朋友圈中朋友晒的照片，觉得实在是太美好了所以一直蠢蠢欲动。"

第三部分是影响城市形象在新媒体舆情环境中传播的主要客体因

素，包括新媒体用户、物质性城市要素、舆论、管理等四个层面。由于新媒体的交互性质，新媒体用户既是城市形象相关信息的传播者，又是创造和生产者，新媒体用户个体情绪的吐露极容易成为城市形象的曝光点，而个体情绪的煽动则极容易为群体行为埋下伏笔。此外，由于推荐算法的不断改进，个人兴趣已经成为新媒体用户在信息获得上的隐形条件，这就要求我们在生产与城市形象相关的信息时，要尽量从多角度考量用户的感受和兴趣，尽量开发多主题的相关内容，以满足不同用户的喜好，这样也更容易被更多用户所接收。同时，由于社会竞争越发激烈，群体压力和同侪压力增大，新媒体的匿名化等特点使得它极容易成为人们的情绪宣泄口。如何正确引导新媒体用户合理地宣泄情绪而不是对这个城市心灰意冷，如何让城市再多一些温度，也是城市建设和城市形象建设可考量的方向之一。所谓物质性城市要素，就是指文化场馆、标志性建筑、科技化设施、城市识别标志、饮食、景观景色、城市音乐等具有可传递性的城市特色符号。打通这些符号之间的关联，让城市的印象点串联起来，不仅可以增添外地游客对这座城市的综合体验乐趣，也可以全方位提升城市生活品质。舆论这一层次主要是想强调舆论生成和传播几个必不可少的步骤。意见领袖的存在是传播者和受众之间重要的连接枢纽，通过意见领袖对城市形象进一步宣传，可以充分扩大号召力，尤其是在海外传播希冀提升城市的国际形象时，可以适当增加与YouTube、Instagram 等社交媒体上的意见领袖的合作，这样也能够更有针对性地发放相应兴趣的内容。此外，可在进行城市形象传播时做好议程设置，将本城市的优势扩大突出强调。由于当下各级各类城市都意识到了城市形象的维护对于本城市的重要意义，因此不免存在区域竞争的问题。但竞争的目的不是内讧，而是倒逼自己寻找更适合、更有代表性的城市特色和宣传路径。另外，只有做好舆情预案，落实完善舆情监测与反馈机制，加强相应工作人员的日常培训，才能在面对突发负面舆情时不至于手足无措，面对正面的舆情时能迅速引导其成为城市发展的动力，如理塘与丁真。

第四部分主要是强调宏观环境对新媒体舆论及城市形象的重要影响意义。在考量城市形象传播的影响因素时，不能只局限于微小的细节，也要综合考量城市发展的外部环境，包括自然环境、政治管理和政治制度、社会发展风险、经济投资建设、文化习俗和社会公众心理等。一个城市若想长远发展下去，离不开经济文化环境与政府政策的利好支持。只有当环境与政策能与时代潮流相顺应，及时解决城市的转型危机，一座城市才能在风险社会中立足。如后来居上的安徽省合肥市，政府在投资新能源产业的过程中找准了城市定位和发展目标，才逐渐摆脱了城市经济发展的困境，进而意识到对环境保护的重要性，下大力气恢复巢湖生态，为招商引才提供了更加便捷的发展背景。

舆情事件的分类方法多种多样，与城市形象相关的舆情主要有四种类型——突发事件的舆情、议程式事件的舆情、公共政策的舆情及其他。这些舆情通过传播平台和新媒体用户传播，被再度编码和解码，若能正确化解危机或者顺势而为，能为城市形象传播带来意想不到的红利。

新媒体环境下，城市形象与传播主体、传播客体、宏观背景和传播平台之间都是双向甚至多向的互动关系，找到这些核心影响因素之后，需要进一步深思如何调动起来城市形象的动员力量，以此为杠杆，促进城市生产力的发展和进步。

（二）以广州市为例探讨新媒体舆论中城市形象传播的影响因素

"网红"近年来成为社交媒体中的流量密码，从网红奶茶到网红打卡点，为城市带来了新的生机和可观的经济效益。京沪穗深等一线城市依然是近年来最受关注且发展最为强劲的国内城市。在 2020 年 21 世纪经济报道、21 财经客户端联合知乎和《快公司》共同发布的"中国潮经济·2020 网红城市百强榜单"中，广州排名仅次于北京、上海，当选"最硬核网红城市"。选择广州为案例样本，当然不只是因为其"网红"经济的发展，而是这些年来其经济持续发展，政府管理也饱受好评。无论是疫情期间的精准防控措施、瞄准互联网机遇取得傲人成绩的眼光，还是在各类大型国际会议、比赛中政府和市民的出色表现，都使广州成为粤港澳大湾区发展中的领头羊。本研究希望通过深度访谈和问卷调查，更加深入地了解城市形象在新媒体舆论中的传播情况及其影响因素，以期对上文中的模型有所回应。

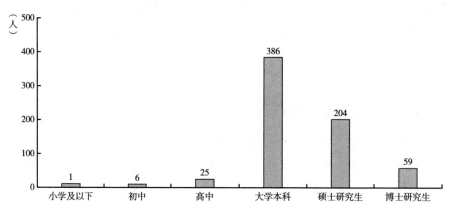

图1　问卷填写人员的学历

1.数据基本情况

首先来看一下问卷回收的基本情况。问卷设计完成后首先进行了两轮试测，对个别题目进行了删减和增添。后又使用问卷星面向全国发放网络调查问卷，经过一周的填写、发放，最后回收681份有效问卷。其中共有389名女性和292名男性回答了此次问卷，所占比例为57.12%和42.88%，比例接近。样本覆盖我国32个省份以及海外地区，由于是针对广州展开的问卷调查，因此着重对现居地为广州的人员进行了问卷发放，最终有44位广州居民参与了问卷调查。从填写成员的年龄来看，以18岁到50岁年龄段的人居多。回答问卷的681人中有431人表示去过广州，了解广州的基本面貌；还有250人未曾去过广州，根据自身了解的广州和有关广州的舆情完成了问卷。"虽然人没去过广州，但有关广州的事迹可一点没少听说。朋友从广州回来都说这个城市很干净、很文明"，7号受访者如是说。

其次，问卷的内容主要分为三大部分，分别是对广州市城市形象的认知、新媒体舆情中的广州城市形象和个人信息部分。需要补充说明的一点是，问卷在设置时为了防止无效问答，许多题目设计了跳跃逻辑，比如在回答"您是否接触过广州城市宣传的信息"这一问题时，若回答"接触过"则会按序继续回答有关媒体使用和接触的相关问题，若回答"没接触过"，问题则会跳至新媒体舆情中广州城市形象的那一部分去。再如回答"您如何评价传播广州城市形象的信息"时，回答"好"或者"不好"会跳转至不同的问题。也就是说，去过广州和没有去过广州的答题人将会回答不同的问卷。

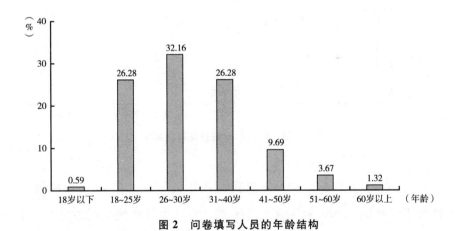

图2　问卷填写人员的年龄结构

2.广州城市形象的基本认知与影响因素

在前文的模型分析中，我们提到，城市形象的影响因素主要包括传播主体、传播客体、传播信息和传播平台以及宏观环境等四个方面。本文把它们还原成具体化的信息，放置在以广州市为背景的问卷调查中，希望验证这些影响因素是否也对广州市的城市形象产生了一定的影响。

在问卷中我们设计了以下三个问题，希望了解问卷回答者对广州的基本认知和印象。在回答"您对广州的整体印象如何"时，超过一半（54.92%）的回答者都对广州的印象非常好，有40.23%的人对广州的城市印象比较好，只有4.85%的人评价为一般，没有人觉得对广州的城市印象不满意（见图3）。可见，尽管有一部分人从未去过广州，但无论是在实践体验中形成的真实印象还是呈现在拟态环境中的虚拟印象，广州在大众中的形象口碑还是非常好的，完全没有差评，这点还是非常难得的。说明广州市政府的用心经营取得了实实在在的成效，广州市的口碑传播效应非常显著，形成了良性循环。

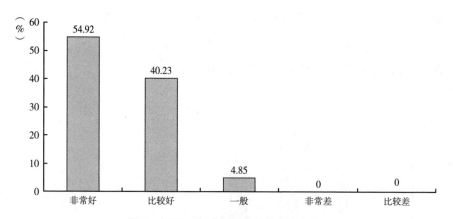

图3　问题：您对广州的整体印象如何

在问到"提及广州，您首先想到的是什么"时，有93.22%的回答者选择了"粤语"，90.34%的人选择了"喝早茶等传统生活方式"，可见广州的传统文化氛围和独特生活范式是这个城市最大的吸引力之一，甚至在国际交流中都成为独树一帜的特色资源。有85.71%的受访者选择了广州塔等景点，这也凸显了广州作为一个旅游城市所具备的丰富旅游资源和它背后的巨大潜力（见图4）。有规划地、充分地、科学地利用这些旅游资源，可以为整个城市的发展提供助力。12号被采访者说道："我认为广州作为一个南方城市，整体环境都挺优美的，即使冬天

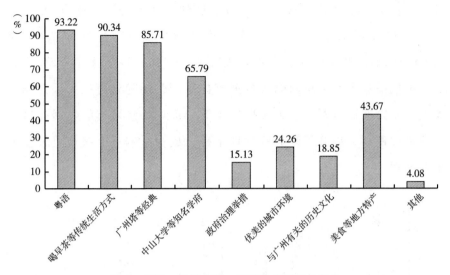

图 4　问题：提及广州，您首先想到的是什么

道路两旁也是连片的阔叶林，这对我这个北方人来说挺有吸引力的。并且广州市围绕广州塔这一城市地标对吃喝玩乐各方面都加强了城市建设，完善了配套设施，带来了更大规模的人流量。在今天人流量就是极其宝贵的财富。这些流量可以转化成当地吃喝住购的各类消费，拉动当地的消费增长，也可以转化成线上的良好口碑，从而带动更多人来这里参观游览，最终形成线上线下的互动良性循环。"此外，"现在在广州有越来越多的旅行景点、博物馆、特色书店等都免费向公众开放，小红书、豆瓣中都有好多攻略讲述'如何可以在广州不花钱玩儿三天'（诸如此类的题目还有很多）。不仅着眼于眼前的小收益，而是深层次地思考旅游资源给这个城市带来怎样巨大的潜力，才是一个城市真正的发展智慧。"10 号被访者如是说。值得一提的是，还有 65.79% 的人选择了会想到中山大学等知名学府，可见，教育资源也是这座城市的突出优势。

关于被访者对广州市的印象，需要关注的是有 55.34% 的人认为广州是"美食之都"，超过半数的受访者都认可广州美食的吸引力，

可见美食文化也可作为接下来城市发展的一大着力点。还有 40.38%
和 39.47% 的人选择了"电商城市"和"智慧城市"这两个选项（见
图 5），例如近期完成的北京路升级改造，使其成为全国首条 5G 步行
街，不仅搭建了北京路商圈大数据监控平台，还随处可见无人清扫机
器人、安防巡逻机器人、无人售货车等。可见智慧城市的发展让城市
治理更加便利，提升了政府的管理水平，成为影响一个城市美誉度的
重要因素。

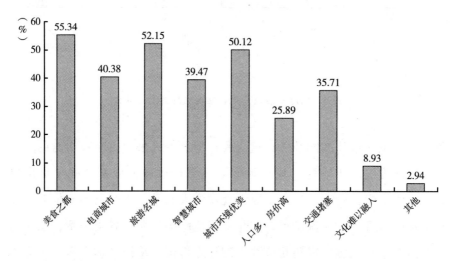

图 5　问题：您对广州市的印象是

广州高校众多，近年来大学城的建设也彰显了这座城市对于高等教
育的整合力度。在问及 44 名定居广州的回答者时，他们选择定居广州
的原因排名第一的是在广州高校就读，毕业后选择留在当地。可见，发
展当地的高等教育，培养熟悉和了解当地文化、看重本城市发展前景的
学子，是为本地吸引优质人才的重要途径。排名第二的原因是广州生
活环境优美，这环境之美既包括山水相间的自然环境，也包括温润大
度的人文环境，两者互相浸润，更显芳华。此外，优惠的人才吸引政
策、较多的工作就业机会、便捷先进的城市服务都是高素质人才选择

定居城市的重要考量因素（见图6）。从中也就可以得出，为吸引更多优质人才来广州建设，政府该采取什么样的措施——比起临时性的人才吸引措施，长期的居住、工作环境的维护与建设以及高等院校等教育水平的提升更能从根本上吸引优质人才。

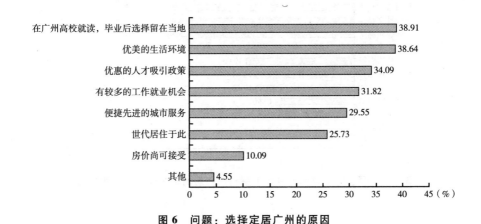

图6 问题：选择定居广州的原因

3. 广州城市形象的传播途径

在被问及"是否接触过广州城市宣传的有关信息"时，有332人回答了"是"，还有349人表示没有接触过，两方基本持平。在被问及"接触了何类内容"时，选择"旅游宣传"的占90.96%，最多，再次印证了广州作为旅游城市在旅游方面的巨大投入。其次，有44.58%的人选择了接触过城市建设相关的内容。当被问及"您通过何种方式了解到广州城市形象传播的相关信息"时，如图7所示，答案就比较分散了，可见当下各类媒体分别征战，在吸引受众目光上使出浑身解数。意外的是，44.41%的人选择了通过电视媒体了解到广州城市形象传播的有关内容。可见，尽管当下网络视频媒体火爆异常，但电视媒体这些年来积累的用户、实力和影响力在当前形势下依然不可小觑。仅次于电视媒体的是短视频App，有38.37%的人通过短视频了解了广州更多样的面貌。所以，当下在进行城市形象宣传时，视觉传播依然是首选。视频的展览和播放可以拉近城市与人之间的距离，用视觉冲击让外地游客对该城市心生向往。

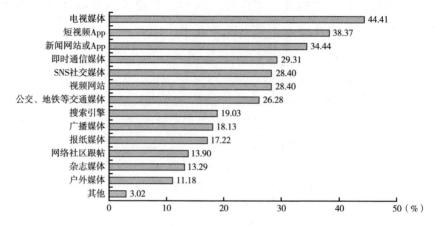

图7　问题：您通过何种方式了解到广州城市形象传播的相关信息

在 332 个接触过广州城市形象传播信息的回答者中，有 89.76% 的人都认为这些信息不错，没有人对这些信息有负面评价。信息内容丰富生动、富有创意、形式有趣成为信息最吸引人的三个标准。并且有 96.09% 的人认为，媒介所传递的广州城市形象的信息与所期待或印象中的广州城市形象是基本符合的。虚拟环境中的呈现与现实生活中的广州形象一致，市民才不至于失望和失落。当被问及"您愿意选择何种途径获取广州的相关信息"时，微博、微信、与朋友等口头交流三种方式排名前三，分别有 56.68%、53.64%、52.57% 的人选择了这三种途径（见图8）。可见口头交流一直是人们获取信息的重要渠道，城市形象要打造良好口碑，任何其他途径都无法替代。

（三）新媒体舆情中的广州城市形象及其传播分析

问卷的第三部分，重点就新媒体舆情中广州城市形象的传播展开。681份问卷中有475人表示接触过新媒体中与广州相关的舆情信息，并且有453

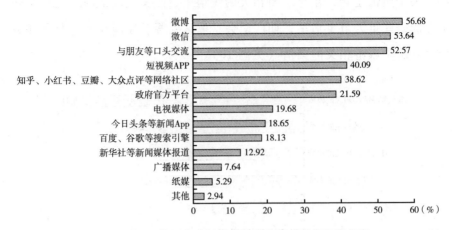

图 8　问题：您愿意选择何种途径获取广州的相关信息

人表示每年会接触 1~5 条与广州有关的热点舆情和新闻（见图 9）。说明广州虽然发生热点舆情的情况不算太多，但是热门舆情的到达率和接触率不容小觑。

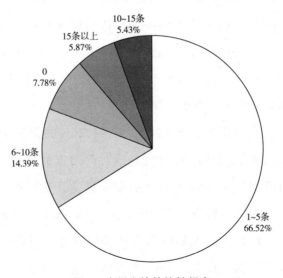

图 9　广州舆情的接触频率

关于舆情主题，在与广州相关的舆情中，受关注度最高的是在广州举办的一些重大节事活动，如广交会、亚运会等，原因在下一节具体分析；其次是旅游相关的舆情（见图10）。

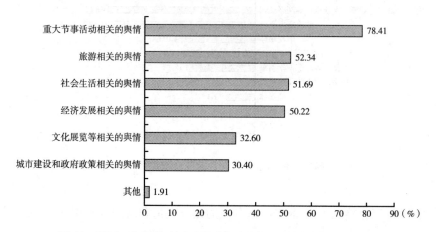

重大节事活动相关的舆情 78.41
旅游相关的舆情 52.34
社会生活相关的舆情 51.69
经济发展相关的舆情 50.22
文化展览等相关的舆情 32.60
城市建设和政府政策相关的舆情 30.40
其他 1.91

图10　问题：您更关注以下哪类与广州相关的舆情事件和信息

提及与广州相关的新媒体舆情的情感类型，有519位回答者认为自己接触到的广州的正面舆情更多一些，认为接触负面舆情更多的仅占1.76%（见图11）。其原因，一是广州发生的负面舆情相对较少；二是负面舆情处理及时、持续时间短、所占版面较少，而正面舆情则正好相反，持续时间长，给人留下更深刻的印象。

在讨论这些舆情带来的影响时，有41.26%的回答者认为新媒体中与广州有关的舆情几乎没有影响到他对广州市的评价，有120人认为这些舆情对其对广州的认知和评价很有影响，还有5人认为影响巨大。我们对这125人进行进一步询问，希望了解这些影响是正面影响还是负面影响，结果112人都认为这些舆情热点"让我对广州市的认知和评价更加正面和积极"，只有13人认为这些舆情对其认知广州产生了负面影响（见图12）。结合上文分析，之所以能产生更多累积的积极效应，多半是由于回答者们本身接收到的正面舆情就更多一些。

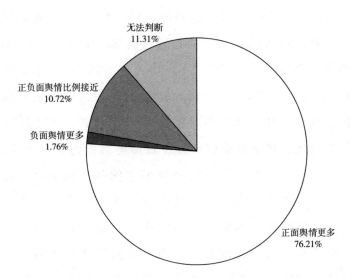

图 11 问题：与广州相关的舆情中，正负面舆情的接触比？

不过不可否认的是，新媒体中的城市舆情确实影响到了一部分人对该城市的形象认知。

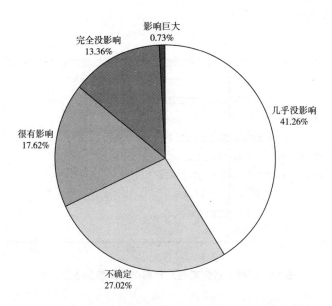

图 12 问题：这些舆情是否对您认知和评价广州产生影响

在问及舆情的传播和获取途径时，83.55%的人回答是通过微信平台了解到的，56.53%的人回答是通过微博，还有43.91%的人是通过电视媒体了解到的（见图13），如关于G20峰会的系列报道等（注：追问问卷回答者获知）。可见微信的舆情传播力最为强大，主要因为相比其他媒体，微信每日的使用频率最高，而且具有"同圈层传播"的特点，传播时被信任程度最高。微博则是由于其用户多、传播及时，几乎"零时差"的传播效率也使其在城市形象的舆情传播中占尽先机。而电视媒体由于其强大的展示和调动能力，以及可以持续性、长篇幅报道的能力，为它在展示城市形象的大型媒介事件中争取到了独一无二的优势。但舆情传播速度快并不意味着受信任程度就高，在问及"您更愿意信任哪种媒体发布的广州相关的舆情"时，微博跌落至第四，新华社、《人民日报》等专业新闻媒体在突发舆情时受信任程度最高，达到了80.76%；政府官方发布平台和新闻发布会受政府治理能力和发言人水平所限，受信任程度为46.84%（见图14）。

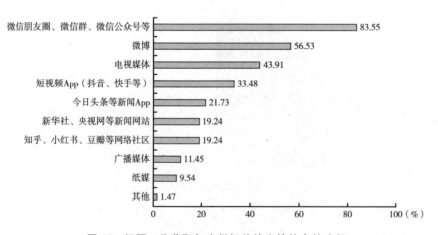

图13 问题：您获取与广州相关的舆情热点的途径

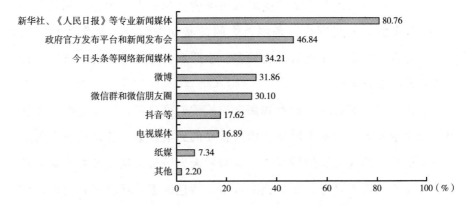

图 14　问题：您更愿意信任哪种媒体发布的广州相关的舆情信息

回答者在填写问卷时还填写了他们认为的城市形象的主要受影响因素，排名靠前的分别是环境、美食、生活、文化、发展、经济、宜居，这也为城市形象的进一步创新提供了有数据支持的发展思路。广州作为老牌一线城市，还在源源不断地吸引着人们前往建设或者参观，需要抓住时机，充分发挥优势，科学实施，大胆创新，在生活环境建设、文化经济发展、基础设施建设等方面持续为城市发展注入动力。

　　除了统计以上问卷调查的结果，研究也将深入访谈结果简单呈现。被访者 3 号表示，她作为广州本地居民，最关心的舆情议题是广州的房价。"广州的房价这两年水涨船高，虽然广州的城市号召力和影响力变强了，但生活成本尤其是房屋成本大幅上升。但是为了孩子将来的教育，还是希望自己能有机会再换套学区好的房子。"关于城市形象在新媒体中的传播，她表示本地居民会通过"广州发布"这些官方媒体平台了解和跟进与广州相关的新闻和舆情。"社会新闻推陈出新快，热度消退也快，但是关乎百姓长期生活幸福指数的内容和舆情，一旦处理不好容易引起舆情风暴。"

　　4 号受访者说他最关心的与广州有关的舆情主题是旅游方面的内容："我们住在佛山，广佛两市联动发展，隔得很近而且地铁、高铁等交通出行方便，因此在疫情之前隔段时间就会和家人一同去广州玩儿一趟。这跟上海、杭州等长三角城市之间的联动类似。广州作为超大城市，旅游资源丰富，文化活动也较多，小朋友也能像大城市的孩子一样在周末多些文化体验。"

总的来说，通过问卷调查和深度访谈我们可以发现，文化要素在新媒体舆论中成为广州城市形象传播最重要的影响因素，这既包括先天的岭南文化独特的人文和地理气质，也与后天大城市快速发展凝聚起来的人才文化氛围密不可分。作为旅游城市，特色的旅游环境本就为广州的城市形象传播提供了各种物质可能性。由于政府服务理念和传播理念先进，广州市出现负面舆情的次数较少，正面舆情又能在有效宣传中给人留下深刻印象，因此新媒体中的舆论为广州市带来非常正面的宣传效应。微信、微博等新兴媒体手段在传播时起到了重要作用，但也不容忽视电视媒体等传统媒体和口头交流在传播中的号召力。

五　结论

从理论出发，落于实践，再回归理论，是学术研究的常用路径和旨趣之一。通过上述对新媒体舆论中城市形象传播的典型案例的剖析，可以对理论模型的应用窥探一二。新媒体舆论中影响城市形象传播的因素纷繁复杂，只有理论结合实际，从实践中总结经验教训，才能进一步对理论模型进行修订和完善，也更有利于更大范围地指导城市实践。

（一）善于利用新媒体舆论，为扩散城市影响力添砖加瓦

新媒体舆论具有丰富性与多元性、开放互动性、速成性、匿名性、非理性与理性并存及难控性等特点，这些舆论常常因为某些意想不到的突发情况激发了强烈的群体共鸣和社会情绪。当下，由于新媒体平台多样、用户众多，很容易便将与该城市相关的内容信息和舆论态度在多平

台内迅速集结、广泛传播甚至互相补充，引发大规模关注。舆论场的激荡常与现实中常规构建的城市形象产生矛盾与冲突，甚至容易被简单地"地域标签化"。因此，如何积累正向舆论，及时化解负面舆论，是每座城市都应面对和思考的课题。

具有重大影响力的大型会议或体育赛事等活动的举办常常会在一段时间内为该城市带来众多正向舆论，也会放大新媒体和舆论对该城市的关注度，更会在一定程度上提升该城市的国际传播力。此时政府应当抓住契机，充分调动市民的积极性，借机改善城市环境，提高城市治理水平，赢得良好的城市口碑。例如在问卷调查时，不少受访者认为亚运会的举办对广州市的发展来说是一个转折点——城市规划因场馆的建设更加明确，地铁、高铁等公共交通系统更加完善，城市环境美化到新高度。作为"海上丝绸之路"的重要枢纽，广州自古以来就在国际商贸领域具有重要地位。第130届广交会的举办再次让这座商贸城市受到世界关注，吸引了国内外约7800家企业参加线下展览、2.6万家企业和全球采购商线上参展。此时，政府就应抓住时机，设定宣传议程，利用微信公众号、微博等新媒体平台，分阶段、分层次、分领域地增大城市宣传力度，营造正向的舆论氛围，带动市民也加入推广城市形象的队伍。民众的话语往往更加朴素、真实，说服力强，通过新媒体平台的扩散形成集聚效应，有利于城市形象的传播。

突发舆情往往具有不可预测性，即使舆情的生命周期和传播周期较短，但舆论的消解却并非易事，一旦引发次生舆情，则会将长尾效应拉长。面对突发性的舆情热点，政府需要提前做好应急预案，尽可能快地交代清楚事实原委，以便准确、有针对性地解决舆情痛点，缩短舆情传播时间，尽量从中挖掘正能量的角度进行引导，一旦处理失当，则容易对城市形象导致二次伤害。例如，2021年五六月广州再迎疫情考验，广州市人民政府及时部署疫情防控，主责部门加强网络舆情的监测与响应，第一时间通过权威媒体向社会发布信息，使得整座城市有条不紊地度过了疫情恐慌期并有效遏制住了疫情的蔓延。尽管这是对政府治理水平的考验和挑战，但及时快速地解决问题的能力也为城市形象再赢口碑。

（二）充分利用地域优势，整合地域特色，构建智慧和谐的城市生活

新媒体逐渐渗透至生活的角角落落，扩大了城市形象的传播生态圈，也让传播要素变得纵横交织、更为复杂。无论是传播主体的扩大——上至政府下至普通市民和各类媒体组织，还是传播方式的多变——从文字图片至短视频甚至二维码等各类新媒体技术的渗透和融入，都使得新媒体中对城市形象的讨论极为热烈。不容置疑的是，各类新媒体平台的发展都极大地推动了城市形象的传播，特别是以微信和微博为代表的社交媒体和以抖音、快手为代表的新兴短视频平台，都为用户带来了更多展示身边城市样貌、生活方式的便捷机会。新媒体舆论波动形成的热搜榜中有关城市的讨论在定位功能的加持下也使得城市舆情在短时间内就会被广泛传播，形成社会热点或时事新闻。新媒体舆论的喧嚣极大地提高了城市的曝光率，但如何将曝光率和舆论变为城市形象宣传的积极要素，在重复、变异、放大与策划中促进城市形象的传播，确实需要在熟知城市情况的基础上狠下一番功夫。

首先，特色化的物质文化符号诸如北京的宫殿、广州的美食、成都的熊猫、敦煌的飞天等都应被及时提炼出来，成为让该城市有别于其他城市的特殊舆论符号并加以宣扬。以访谈中提到最多的广州美食为例，做大做强"味觉体验"也是近年来"网红城市"的重点发展策略，将社交媒体中图片和视频展示的诱人食欲化为城市到访的具身体验，不仅赢得了口碑，提供了独特的文化体验，而且带动了城市的经济发展，实现了文化与经济的"双赢"。

其次，抓准城市中民众生活的基本需求，有针对性地加以改造。比

如通过问卷调查我们可以发现，教育水平和生活质量是影响居民选择定居地点的重要考量因素，因此，提升城市生活品质有助于提升城市形象，进而在舆论中形成良性循环。

最后，既要关注新媒体舆论的线上动员能力，也不应忽视口口相传的线下传播途径。优质的城市形象打造并非一朝一夕之功，长期实践中的"可沟通"能力是促进城市建设、营造良好舆论氛围的重要因素。

当下，智慧城市的建设目标被广泛认可。打造智慧城市，不仅是建构物理上的智能智联，也需要把舆论建设和城市形象传播的通路打开。比如，广州智慧城市的建设伴随着各项硬件系统的升级，市民只需通过App便可操作完成大部分生活中的琐碎事务。先进、智能的城市生活也成为舆论素材，为广州的城市形象再度加分，也吸引了更多人才前来定居并为城市建设继续努力。智慧城市和数字治理是城市建设的底层建筑，只有底层建筑打扎实、扎稳当，上层设计才能够实现，城市形象才能更加美好。当然也只有更高瞻远瞩的眼界和对城市形象的长远要求才能指挥底层建筑朝什么方向努力，做成什么样子。

城市形象的传播过程是复杂多变的，甚至很多时候都是隐蔽而不得知的。但是细致梳理清楚城市形象传播的影响因素，了解清楚其发生机制，对接下来在一定程度上为政府、媒体组织、市民等有意识地进行城市形象传播活动提供指导和帮助，还是非常有意义、有必要的。尽管任何模型都无法做到尽善尽美，但至少为优化城市形象传播提供了可行性的思路，也明确了影响城市形象传播最为核心的要素——人的能动力始终是建设和谐城市的最关键性要素。虽然面对的是层出不穷的舆论舆情和不断推陈出新的媒体平台，但万变不离其宗，抓准要义，便可有的放矢地利用这些影响城市形象传播的主要因素构建城市更美好的未来！

参考文献

陈力丹：《舆论学：舆论导向研究》，中国广播电视出版社，1999。

李静宇：《新媒体环境下城市形象塑造中的人·媒·城互动研究——以重庆为例》，重庆大学硕士学位论文，2015。

匡文波：《新媒体舆论：模型、实证、热点及展望》，中国人民大学出版社，2014。

赵心树、陆宏驰、敖颂：《城市品牌对选择螺旋首轮的影响：理论、数据与方法的对话》，《国际新闻界》2019年第9期。

范红：《城市品牌化及其传播策略》，《国际公关》2011年第3期。

郭小安：《新媒体环境下对舆论核心要素的再思考》，《南京社会科学》2021年第6期。

高金萍、王纪澎：《奥运光环下北京的嬗变——2009~2016年国外主流媒体关于北京报道的分析报告》，《现代传播》（中国传媒大学学报）2017年第6期。

〔美〕凯文·林奇：《城市意象》，方益萍、何晓军译，华夏出版社，2001。

融媒体时代北京冬奥会
国际传播效果分析

赵玉宏*

摘　要： 在融媒体时代的语境下，2022 年北京冬奥会以"精准滴灌"的方式全面多角度阐释了奥运传播新内容、探索了讲好中国故事的新路径、打造了数字化国际传播新模式。北京应该抓住作为冬奥会主办城市的良好契机，全面总结 2022 年冬奥会国际传播的成功经验，继续探索讲好中国故事的新路径，进一步提升我国"可信、可爱、可敬"的国家形象。

关键词： 融媒体　冬奥会　国际传播

融媒体时代，因信息技术的快速发展而导致信息传播数据流量大、开放性越来越强。2022 年冬奥会在传统媒体和新媒体的矩阵传播下，在传播内容、传播方式及传播技术三个方面取得了创新突破。

* 赵玉宏，博士，北京市社会科学院传媒与舆情研究所副研究员，主要研究方向为跨文化传播、影视传媒产业。

一　在传播内容上，北京冬奥会创新阐释了
奥林匹克精神与中国文化

（一）奥林匹克文化与中华传统文化融合理念的完美阐释

首先，北京冬奥会开闭幕式更是以"文化自信"的方式完美展现了传统的中国文化与现代的奥林匹克文化的交汇。开幕式之前二十四节气倒计时、"中国门"、"中国窗"、中国结、虎头帽等一些观念文化元素的展示，以及闭幕式上四面八方飞入的红丝带凝结成的中国结阐释了各美其美、美美与共的人类命运共同体理念，都集中国传统文化与科技美学于一体，为全世界奉献了一次文明互鉴、文化交融的全新体验。

其次，北京冬奥会场馆建设中文化元素也随处可见，国家跳台中心雪道依托着山体地形自然落差而建设，其中设计的 S 形跳台剖面，恰似中国传统吉祥物如意的造型，故又名"雪如意"；首钢滑雪大跳台的设计，融入了世界文化遗产敦煌壁画中飞天飘带的元素，呈现出大跳台向空中腾跃的形象，首钢大跳台也有一个充满中国古典美的名字"雪飞天"。北京冬奥会场馆设计不仅符合城市总体规划的要求，体现大国风范和魅力，同时也实现了建筑设计与中国传统文化相结合，体现出中国元素。

最后，2022 年北京冬奥会会徽、吉祥物、图标、火炬等一系列重要的有节点意义的视觉元素平衡了体育元素、冬奥元素、中国元素的文化特色与诉求。从冬奥会吉祥物设计到发布后冰墩墩"一墩难求"，从开闭幕式的精彩呈现到冬奥会歌曲的普及，从奖牌设计到火炬传递，无一不集中体现了奥运文化与中国文化、京味儿文化的独特融合。这些文化元素作为冬奥会国际传播的核心内容，在国内外媒体的宣传和传播助力下，引发国际范围内的一致好评并对中国文化的传播和国家形象塑造产生了非凡的影响力。

（二）办奥与城市更新结合本土理念的成功展示

2022 北京冬奥组委会一直秉持并践行融入城市更新、可持续发展的办奥理念。一方面最大限度地使用了北京夏季奥运会遗留场馆，并运用科技手段对水立方等场馆进行改造升级再利用；另一方面，依托首钢工业遗产新建的首钢大跳台更是成功体现了北京冬奥会践行可持续发展的办奥理念。首钢大跳台是北京城市再发展项目的一部分，被冬奥组委官员称为全世界首座永久保留使用的滑雪大跳台，也是冬奥历史上第一座与工业遗产再利用直接结合的竞赛场馆。

首钢工业园区已停用的烟囱和冷却塔在冬奥赛事转播画面中十分醒目。国外媒体纷纷盛赞首钢大跳台是冬奥赛场的建筑典范，将废弃的工业园区整合重塑成新的经营业态，堪比"工业迪士尼乐园"。首钢滑雪大跳台将会永久地记录奥林匹克是如何融入城市更新当中的。筹办和举办冬奥会的过程，正是北京在原先基础上进一步优化城市功能定位、实现城市高质量发展的过程。

（三）传播绿色办奥中国范本的理念

北京冬奥会在往届冬奥会的基础上，坚持生态优先理念，采取一系列创新举措推动绿色科技创新，"绿色办奥"理念贯穿了北京冬奥会申办、筹办和举办阶段。全部使用绿色清洁电力、规模化应用清洁能源车辆、点火仪式以"微火"取代熊熊燃烧的大火等都为北京冬奥首创。北京冬奥会延庆赛区高山滑雪赛场最大限度减少冬奥会活动对生态系统的影响，守护了赛区的青山绿水，实现了"山林场馆、生态冬奥"的目标。

实现碳中和则是"绿色办奥"的重要内容之一。作为此次冬奥会的主办城市和全国碳市场首批试点城市之一，北京在碳排放总量和强度"双控"机制、碳市场运行机制等多方面进行创新探索。在奥运历史上首次实现所有场馆赛时常规电力需求 100% 由可再生能源供应。

北京坚持走绿色、低碳、可持续发展的办奥之路，为冬奥会低碳城市建设贡献了北京经验，向世界展示应对气候变化的"中国方案"，体现了中国负责任大国的担当，也在冬季奥林匹克运动史上创造了绿色办奥的中国范本。

（四）科技赋能冬奥的北京模式的成功书写

北京冬奥会从筹办伊始就确定了"科技冬奥"的思路。围绕科学办赛、运动科技、智慧观赛、安全保障、绿色智慧、综合示范五个方面，将科技创新成果深度融入，让"科技冬奥"成了本届冬奥会的最大亮点。

从冬奥场馆建设到赛事服务再到赛事传播处处都体现了新科技的"加持"。国家速滑馆是冬奥历史上第一个采用二氧化碳跨临界制冷技术的速滑馆，具有冰面温度恒定、冰面质量更好的特点。冬奥会主媒体中心自动智能餐厅吸引国内外食客纷纷拍照发文。赛事转播也因为新技术的应用而加强了传播效果。超高速 4K 轨道摄像机系统不仅能实时跟踪运动员的位置，还可以根据转播需求，实现加速、减速、超越等动作，灵活捕捉比赛画面，让国内外观众充分感受北京冬奥会的无穷魅力。冬奥会采用的我国自主研发的新技术和新设备，将助推北京国际科技创新中心建设，助力首都经济社会高质量发展。

二 在传播方式上，北京冬奥会多维、
全面、立体、精准传播

国之交在于民相亲，民相亲在于心相通，而心相通需要语言铺路。本次北京冬奥会提供 21 种语言服务，充分说明了国家外语能力正以润物细无声的方式参与各种国际传播活动，助推真实、立体、全面的中国

国家形象构建与传播。

在冬奥会国际传播效能方面，按照习近平总书记强调的那样："要采用贴近不同区域、不同国家、不同群体受众的精准传播方式，推进中国故事和中国声音的全球化表达、区域化表达、分众化表达，增强国际传播的亲和力和实效性。"尤其是在媒体融合发展的背景下，2022年北京冬奥会着力推动了对外传播内容和形式双重创新，面对不同舆情局势采取不同的传播策略与传播方式，逐渐从"大水漫灌"转变为"精准滴灌"，探索了讲好中国故事的新理念、新方法、新手段，把握时机和契机，化被动为主动。

2022年冬奥会的举办面临着日趋复杂的国际环境。一方面，尽管和平与发展仍然是当今时代的主题，但同时世界正处于大发展大变革时期，世界局势的不稳定性不确定性更加突出。复杂的国际环境是北京冬奥会对外传播面临的新挑战，因此，为了多维、全面、立体、精准地表达和传播冬奥会赛事及中国文化，讲好中国故事，北京冬奥会组委会充分认识国际传播的复杂形势和充分利用融媒体技术，有效地把握了国际舆论的传播规律。

在如何提高国际传播效能方面，北京冬奥会充分应用各类新媒体技术，全平台、多角度地进行赛事直/转播、赛前赛后采访、赛事内容介绍等，实现了内容轻量化、题材多样化、形式创意化、传播范围扩大化的传播目标。同时，本届冬奥会的国际传播不断克服全球新冠肺炎疫情尚未结束、西方舆论干扰等不利影响，展现出了内容丰富、多元立体、自信平和、包容大气的传播格局。

社交媒体传播在本次冬奥会传播中起到了至关重要的作用。从新晋"顶流"苏翊鸣、武大靖，到冬奥会吉祥物冰墩墩、雪容融，再到防疫闭环管理政策、运动员"吃播"和基层志愿者互动，北京冬奥借助社交媒体从多维、立体、全面的角度为世界呈现了"动感中国""萌感中国""乐感中国"的景象，成功塑造了"可信、可爱、可敬"的国家形象。

三　在传播技术上，北京冬奥会借力数字融媒体
打造国际传播新模式

2022 年北京冬奥会区别于以往任何国际传播实践的根本之处，在于全球正在经历一场前所未有的数字传播技术转型。从首都形象国际传播的角度来说，北京冬奥会为北京提供了在全球范围内营造树立新时代大国首都新城市形象的绝好时机。从首都发展的角度来看，北京作为举办城市，冬奥会无疑将助力北京体育业、服务业和文化旅游业等相关产业快速发展，提升北京及京津冀城市群的海内外影响力。北京冬奥会在奥林匹克社交媒体平台上吸引了很多关注，据统计，截至冬奥会结束之际已经有 25 亿次浏览量。5700 万人访问了奥林匹克官方网站和 App，这也打破了冬奥会历史上的纪录，北京冬奥会已经成为迄今为止收视率最高的一届冬奥会。

随着全球数字信息技术的发展，数字信息技术所折射出的人性化、数字化、信息化服务已经成为衡量一届奥运会是否成功的新指标之一。综观近几届举办的奥运会，从里约奥运会应用了 AR、VR 技术，平昌冬奥会尝试了无人机技术、人脸识别技术，再到东京奥运会使用了比赛图像实时解析技术等，无不体现了数字信息技术对奥运赛事的重要性。在 2016 年里约奥运会闭幕式"东京 8 分钟"的展示、2018 年平昌冬奥会开幕式以及闭幕式中，都能够看到由新媒介技术构筑的如梦似幻、以假乱真的审美场景。新的数字媒介技术结合其他技术手段，构筑新的数字化、信息化、高科技含量的沉浸式的场景体验，如交通场景、观光场景、奥运比赛场景等，使奥运传播更加灵活和直观。

2022 年北京冬奥会以"专业服务奥运选手""带动民众参与冬奥""优化民众冬奥体验"为三个新媒介传播的具体目标。一方面，北京冬奥会充分应用了各类新媒体技术，全平台、多角度地进行赛事直/转播、

赛前赛后采访、赛事内容介绍等，媒体传播做到了内容轻量化、题材多样化、形式创意化、传播范围扩大化等。创新运用分别以运动辅助功能、社交互动功能、观赏审美功能、通信与其他社会服务为主的不同类型的新媒介，真正利用新媒介技术实现了"智慧奥运"。

另一方面，随着新媒介技术的快速发展，将信息精准投送至目标受众已不是难题。由于当下国际形势纷繁复杂，北京冬奥会通过新媒介技术对奥运期间的国际舆情进行统计和研判，关注大众热点舆情，扩大正面舆情的引导力，及时回馈和处理负面舆情，为首都形象塑造保驾护航。

北京冬奥会国际传播的数字化转型，不仅为全球民众带来了更为真实可感的视听体验和即时互动基础，更为社交媒体时代的媒体国际传播话语重构带来了机遇和挑战，提供了"全球媒体向东看"的国际传播历史机遇。因此以北京冬奥会为契机，建构数字化国际传播新模式，是增进首都形象国际传播跨区域、跨体系、跨主体交往的可行路径。

四　结语

2022 年北京冬奥会为世界文化交流传播搭建了一个华丽的舞台。冬奥会后，北京的冬季运动项目和设施在量与质上都会有所提升，应通过积极举办国际冰雪运动大赛、冰雪运动青少年联谊赛、冬季运动文化交流论坛等活动，通过开发冬奥会冰雪文化主题系列文化产品，使这些备受关注的国际赛事和文化艺术交流活动、文化产品持续发展下去，借助冬奥会举办后的热度为二次传播助力。

总而言之，奥运传播是涉及传播内容、传播途径、传播主客体等因素的一套长期的、多载体的、系统的、完整的、全方位的传播体系。北京冬奥会将"人类命运共同体"的价值理念与奥林匹克精神有机融合，全面展现中国优秀传统文化，精准传递中国声音，塑造"可信、可爱、可敬"的中国形象。

参考文献

郑贵兰：《2008 北京奥运会与中国国家形象塑造》，《理论观察》2006 年第 2 期。

朱倩倩、曾一果：《文化挖掘与国家形象塑造——里约奥运会开幕式的国家形象传播》，《电视研究》2016 年第 11 期。

范红、周鑫慈：《奥运会对国家形象的建构逻辑与整合策略——对北京 2022 年冬奥会国际传播的新思考》，《对外传播》2021 年第 11 期。

胡建秋、雷晓艳：《日本国家形象战略传播对 2022 年北京冬奥会的经验与启示》，《山东体育学院学报》2020 年第 3 期。

郑珊珊：《北京冬奥：讲好中国体育故事》，《人民论坛》2021 年第 33 期。

魏伟：《提升中国体育国际传播"五力"的路径》，《成都体育学院学报》2022 年第 2 期。

李皓诺：《2022 年冬奥会对中国体育赛事转播的影响》，《冰雪运动》2020 年第 5 期。

钟新、尹倩芸：《可信、可爱、可敬：北京冬奥会中国体育形象的多维建构》，《对外传播》2021 年第 11 期。

潘磊：《新冠肺炎疫情对 2022 北京冬奥会的影响研究》，《科技智囊》2020 年第 4 期。

融媒体转型发展面向"三个转变"

——以北京市东城区融媒体中心发展为例

王继志　郭　佳　郑娜娜*

摘　要： 随着数字技术的飞速发展，我国融媒体发展在政策、技术、环境等多重因素的影响下，正经历着多方位的全面变革。作为新时代首都功能核心区的官方媒体，东城区融媒体中心转型发展面向从重视"内容策划力"向重视"内容+传播策划力"转变，从聚焦"媒介融合"向聚焦"媒介+功能融合"转变，从聚焦"融媒"向聚焦"融媒+智媒"转变，并展现出融媒功能从时代记录者向社会治理参与者转变的创新发展理念。

关键词： 融媒体时代　三个转变　融媒转型

推动媒体融合发展，是巩固宣传思想文化阵地、壮大主流思想舆论的战略举措。习近平总书记强调："推动媒体融合发展，要统筹处理好传统媒体和新兴媒体、中央媒体和地方媒体、主流媒体和商业平台、大众化媒体和专业性媒体的关系，形成资源集约、结构合理、差异发展、

---

* 王继志，东城区融媒体中心党组书记、主任，主要研究方向为融媒体发展、新媒体；郭佳，东城区融媒体中心党组成员、副主任，主要研究方向为融媒体发展、新媒体；郑娜娜，东城区融媒体中心总编室主任，主要研究方向为融媒体发展、新媒体。

协同高效的全媒体传播体系。"①

近年来,为进一步凝聚共识,充分发挥舆论阵地作用,参与打造共建共治共享的社会治理格局,东城区融媒体中心坚持"以人民为中心"的发展思想,坚决贯彻"崇文争先"理念,紧抓"三个转变",积极构建全媒体汇聚、共平台生产、多渠道分发的新型媒体融合生产格局,因地制宜地探索出符合东城实际的建设路径,不断彰显自身在社会治理中的积极作用。

一　从重视"内容策划力"向重视"内容+传播策划力"转变

媒体融合时代,受众从过去单一的信息内容"接收者"变成了信息内容的"消费者"和"生产者"。受众发表创意、制造话题、参与活动、表达观点、实现互动。在此背景下,媒体不仅需要考虑受众的接触面广度,还要考虑加强受众的参与深度,双管齐下,才能取得较好的传播效果。② 因此,从受众角度进行的媒体融合新动能研究简单来说就是从传者为中心到受者为中心的跨越转变。

为适应时代需求,东城区融媒体中心着力从重视"内容策划力"向重视"内容+传播策划力"转变。一方面以群众为核心,大力推进优质内容生产,将传统力量投到策划作品"内容"上。另一方面,以特色文化为承载,紧扣"文"与"先",鼓励采编力量加入传播工作的策划中,通过"内容+传播"一体增强传播效应。从可读到可听再到可视,力图打造沉浸式的内容体验,实现质量与流量的双向赋能,充分发挥其在基层社会治理中的信息传播、价值引领和组织动员等功能。

---

① 习近平总书记在十九届中央政治局第十二次集体学习时的讲话,2019年1月25日。
② 刘寅、刘子豪:《融合力赋能媒体转型的逻辑构建》,《传媒》2022年第8期。

（一）以丰富厚重的红色文化内容策划赋能传播力

丰富厚重的红色文化，构筑了东城区丰厚的红色底蕴。围绕庆祝中国共产党成立一百周年，东城区融媒体中心以东城区丰富的红色文化资源为载体，通过开展各类形式的内容设计和系统推送，实现内容策划与传播策划同步开展、相互配合、互为支撑，把红色文化资源整合为现实传播力，让红色文化资源绽放出"网红魅力"。

例如，通过一系列短视频、微电影、微宣传片、动画、H5、音乐、漫画等载体，充分释放出东城区红色主旋律传播效能的生机活力。策划《电视剧〈觉醒年代〉主演带您打卡北京东城"觉醒年代"线路》等探访红色教育基地系列微视频。研发"党史 e 起学"微信小程序，操作简单、界面清晰的交互设计备受市民好评，半年时间点击量突破1000 万人次，极大地方便了群众将党史学习从"指尖"留到"心间"。围绕北大二院、新青年编辑部旧址两大红色主题展览搭建线上云展厅，在线观看人数共计 10 余万人次，受众覆盖率显著提升，极大地提高了东城区党史学习教育基地的知名度，进一步使党史学习教育飞入"寻常百姓家"。

（二）以特色鲜明的京味儿文化内容策划赋能传播力

结合特有的京味儿胡同文化资源，东城区跟踪报道胡同居民生活环境的变化，推出优秀短视频作品《古都胡同里的小康生活》《胡同新生》，引起热烈反响，让一种"自下而上"的宣传变得自然、透彻、真实。为让内容更接地气、更受欢迎，相关平台通过设置抽奖赢奖品的活动规则、可发送图文的线上打卡留言墙等，不断提高群众的关注度和参与度，在互动中参与，在参与中传播。

2021 年借《小康中国·千城早餐》大型视频展映活动之机，东城区推出《炒肝，老北京的味道》《起大早来东城胡同小店排长队，就为这两样?!》《清真老号里的北京味儿》《东四的变迁，卤煮店里的人情味儿》"东城味道"系列短视频，仅《炒肝，老北京的味道》在新华社客户端上浏览量就突破 95 万次。

（三）以源远流长的古都文化内容策划赋能传播力

东城区作为首都功能核心区，文化魅力在于传统与现代交织、历史传承与文化创意相辅相成。以中轴线申遗为契机，推出"坐地铁打卡最美地下中轴线"系列微视频节目；拍摄制作"中轴治愈系——游走中轴，感受历史"系列短视频、"中轴花语"系列微视频。"中轴线"系列视频在学习强国、新华社、央视频等客户端同步播出，累计浏览量 400 多万次。在北京文化论坛举办期间，向中央、市属媒体推送宣传稿件 60 余篇，推送"文化东城十二时辰""东城文化故事""爱上北京需要理由吗?"等融媒体产品，短视频观看量超 225 万次。两天的盛会，让世界看到了北京这座历史文化名城所焕发的新时代光彩，也让东城借势展现了源远流长的古都文化底蕴和多元的城市意象。

（四）以蓬勃兴起的创新文化内容策划赋能传播力

发展为本，创新为魂。北京具有得天独厚的创新资源优势，东城区融媒体中心提高政治站位，借助数字创新技术的力量，熟练运用微视频、视频混剪、长图、H5、海报等多种融媒体报道形式，讲好东城创新文化的故事，带给群众实实在在的获得感。围绕喜迎冬奥、冬残奥会主题，东城区融媒体中心策划先行，精心打造一系列多元多彩的"微聚焦"融媒产品。《喜迎冬奥　有你有我》新闻短片全平台浏览量达 300 多万次。集纳冬奥热点，力推二次传播，制作发布"摩纳哥亲王想要的面人冰墩墩"等原创推文。

二 从聚焦"媒介融合"向聚焦"媒介+ 功能融合"转变

融媒体时代，无论是从媒体融合发展的实践来看，还是从加强和改进新闻宣传工作、壮大主流思想舆论的现实需要来看，加强新型媒体平台建设，无疑是媒体深度融合转型发展最核心、最关键、最迫切的问题。

媒体融合功能的转变意味着媒体的用户影响力覆盖必须以精准化为方向，基于受众规模、认知建构和行为改变三个维度，构建立体化传播矩阵；进行流程再造和内容生产规划，细分用户，加强用户体验，打造全新平台和渠道；以满足用户需求为导向，构建信息传播和生活服务全新网络，深度推动媒体融合发展的各个要素、各个环节"以用户为中心"，从聚焦"媒介融合"向聚焦"媒介+功能融合"转变，最终实现影响力变现。

（一）围绕"整"字抓改革，拓宽业务渠道

媒体融合千帆竞，理论为桅唤东风。在当前媒体融合新征途上，各省市县融媒体中心有效、有用、有力的理论探索和传播实践意义非凡。关注发展趋势，研究发展规律，探索方法路径，加快媒体融合步伐，推动媒体融合向纵深发展，拓宽业务渠道，是融媒体中心的时代使命和职责所在。北京东城融媒体中心围绕"整""融""优"，推进从简单的媒介融合向功能融合发展，通过业务平台的整合，完成流程再造重塑，做到人员快速转型、优质线索共享、传播效果最大、社会参与加深。

目前东城区融媒体中心具有《新东城报》、"都市阳光"新闻栏目、"美丽东城"网络电视、"北京东城"官方微信微博、"北京东城"App、抖音快手等多种平台，形成"1+18+N"的融媒体矩阵。打造

"新闻+政务+服务+监督+商务"模式,打通媒体融合、宣传触角、服务群众三个"最后一公里"。"北京东城"App是依托"新闻+"新生态东城融媒发布厅自主建设的综合性新闻客户端,涵盖新闻服务、智慧服务、社区服务等功能,App目前下载量达26万次,日均访问量2.8万次。疫情期间,"北京东城"App在首页上线"接种预约"板块,接入"声智健康"小程序,方便居民预约接种新冠疫苗;与东四邮局合作,"网上商城"上线"邮乐优鲜",做好疫情期间保供工作;设计上线"周边疫情 一查便知""东城区常态化核酸检测地图"H5,方便用户查询周边疫情和核酸采样点。

各融媒平台主动聚焦社会热点难点问题及人民群众的诉求和意见,积极发挥监督作用,加大对东城区市民热线"接诉即办"工作的宣传力度,通过开设栏目、打通出口,让群众的关注和诉求有地方去说、有人来受理、有渠道反馈。《新东城报》持续开设"接诉即办""居民议事厅"专栏,宣传报道社区内的大事小情;推出"一把手进社区""局科长走流程"专题报道,并开设"曝光台"栏目。"北京东城"微博坚持依托区城指中心诉求平台受理反馈微博上的网民诉求,已办结的诉求反馈结果均及时通过官微"吹哨报到""接诉即办"专栏向网民公开回应,实现"媒体功能+政务服务功能"的下沉化和通达化。

(二)围绕"融"字强矩阵,做强舆论阵地

数字技术的变革、传媒实践发展以及政策的导向都要求媒体融合必须持续向深里走、往实里走,从而进一步增强主流媒体的传播力、引导力、影响力、公信力,做大做强主流舆论,让正能量更强劲、主旋律更高昂。

"新闻+"新生态东城融媒发布厅依托现有"1+18+N"内容生产传播平台,以及街道、委办局新媒体矩阵,建立集主流舆论引导、党务政务公开、智慧民生服务、社会综合治理、文明实践于一体的智慧融合发

布平台，充分实现"策、采、编、审、发、评"一体，积极发挥统一管理、集中指挥、高效协调、采编调度等功效。以疫情宣传为例，因"BBC记者疫情后街头采访"视频及商户霸气回应引发关注，东城区融媒体中心迅速通过融媒发布厅进行平台联动，快速前端策划，深入被采访店铺，探访新闻"背后的故事"，并第一时间在"北京东城"微信公众号推出"笑怼BBC的东城硬核店主又出金句……这就叫大国自信！"原创视频图文内容，相关短视频在东城融媒平台"北京东城"App，"北京东城"抖音、快手、微信视频号等同步推出。"东城硬核店主"正能量网络传播案例，是"新闻+"新生态东城融媒发布厅的成功试水，是主流舆论阵地功能和党媒引导力、公信力的充分彰显。通过对话、互动和共鸣，更多的人文符号汇集，"崇文争先"背后的文化自信于多元舆论场中被印证、被发现，通过线下联动传播实现提升，最终以凝聚共识和深化信任之态助力社会共建共治共享。

（三）围绕"优"字促提升，赋能高质量发展

从传媒经济视角出发，近年来蓬勃发展的公众号内容变现、短视频带货、"直播+电商"等各种媒体和生产、流通、消费相融相促的现象说明，融媒体呈现赋能经济高质量发展的特殊优势。北京东城区融媒体中心充分发挥各平台优势，兼顾"新""快""亮"，以当下社会关注的热点话题以及东城比较"热"、火、流行且富有地域特色的非遗作品（传人）、文化景点、艺术空间、传统美食等为内容，不断以实事求是、细腻入微的报道手法向外界（群众）深入浅出地推介东城形象，宣传东城经济社会各领域高质量发展的新变化、新亮点和东城区委、区政府扎实的为民举措。

全力打造的《都市阳光》栏目"都市现场""都视窗"短视频专栏和东城网络电视《美丽东城》"东城探秘""爱我东城"等品牌栏目，注重突出纪实性和现场感，以百姓的视角把东城优质的古都文化、

红色文化、京味文化、创新文化资源要素转化为群众可接受、易接受、爱接受的新闻形式。融媒摄影记者积极转型，用光影讲述东城故事，用笔墨记录时代步伐，推出"光影的故事"系列作品，让感人的好故事、滚烫的真情感、持久的正能量直抵群众内心。

除了恢宏的成就式报道，"新闻+"新生态东城融媒发布厅借助多个小切口，围绕簋街、隆福寺等重点商圈街区更新、经济恢复、环境提升等建设成果，策划推出系列原创作品《反正，一提起"簋街"，我就饿了!》《北京稻香村哪家强？这家真的不一样!》《探访：600岁隆福寺变身网红打卡地》等原创内容，充分展示东城区风范风貌。紧抓东城区老字号品牌特色，"北京东城"App上线"老字号"网上商城，精心策划推出系列老字号"云直播"活动，多平台同步直播，通过"云购物"新方式，助推老字号企业线上带货量持续增长。

三　从聚焦"融媒"向聚焦"融媒+智媒"转变

随着互联网时代的到来，媒体打破自身边界，实现与各行各业的信息共享，推动媒体融合向纵深发展。同时，大数据、人工智能技术也被广泛应用，在信息采集过程中通过对用户搜索频率、喜爱程度等数据进行分析，实现信息的精准投放，让受众能够在海量信息中迅速捕捉到想要获取的信息，满足心理预期，强化传播效果。

作为新时代首都功能核心区的官方媒体，东城区融媒体中心除了充分宣传党的政策主张、理论方针，做优做精产品，反映群众意愿呼声，提供便民利民的综合服务外，还主动"破圈"，充分运用大数据思维，深度挖掘数据潜力，利用大数据对当前舆论形势进行预判，做好正面宣传，化解负面舆情。除了媒体技术的创新应用，融媒体中心定期制作完成的《媒体舆情快报》《舆情快报》，通过全平台新闻稿件发稿统计，根据大数据总结规律，展开舆情监测、收集、研判和预警，以第三方视角来发现问题，并提出有关建议，为政府决策提供参考。例如，每月向街道工委书记点评会提供相关单位新闻报道情况，用数据来记载群众的关切点和工作的发力点。同时，加强"学习强国"等平台内容供给，通过东城区供稿链路在"学习强国""新华号""北京号""央视频"等重点主渠道平台刊发稿件，发稿量及推荐量变化也为东城区的建设发展提供了一定的参考。

东城区融媒体中心从"纸媒"到"融媒"再到"融媒+智媒"的发展过程，体现的是从时代记录者向社会治理参与者的更新迭代。面对社会治理能力新的挑战，东城区融媒体中心作为党和政府与基层群众的信息交流渠道和情绪沟通桥梁，针对互联网发展所带来的治理变化，充分认识传播力尤其是文化传播力在参与社会治理中的重要意义，通过拓宽信息传递和展示平台，加强文化连接用户黏性的能力，不断丰富融入基层舆论生态的传播路径。

区域文产

2021景德镇国家陶瓷文化传承创新试验区发展报告*

景德镇国家陶瓷文化传承创新试验区发展智库**

摘　要： 景德镇市全方位全领域加快推动试验区建设。陶瓷文化传承创新取得新成效，陶瓷产业创新发展迈出新步伐，科技创新显现新活力，陶瓷文化旅游目的地建设凸显新亮点，陶瓷人才队伍建设再上新台阶，陶瓷文化交流交易合作形成新格局，新型人文城市建设焕发新魅力，形成了一批具有重要示范意义的发展经验。展望未来，国家试验区将在文化引领高质量发展进一步走向深入、新型人文城市建设形成一系列重要示范、各类项目和各项工作取得重大进展、多方位融合战略将创造更多新亮点、更多的"政策效应"转化为更强大的"动力效应"等方面持续发力，推动中国新型人文城市建设和世界陶瓷文化中心城市取得重大进展。

关键词： 景德镇　陶瓷文化　国家试验区　新型人文城市

*　基金项目：景德镇国家陶瓷文化传承创新试验区发展智库2021年度重点项目"2021景德镇国家陶瓷文化传承创新试验区发展报告"。

**　执笔人：刘士林、张纯、王晓静、苏晓静、张克林、刘涛、解敦亮、段金华、韩静、彭文冶、姜薇、何睿敏。

自 2019 年 8 月 26 日《景德镇国家陶瓷文化传承创新试验区实施方案》获国务院批复以来，景德镇市认真贯彻落实习近平总书记"要建好景德镇国家陶瓷文化传承创新试验区，打造对外文化交流新平台"殷殷嘱托，全方位全领域加快推动试验区建设。在国家各部门和江西省委、省政府的大力支持下，试点试验扎实推进，政策红利日益显现，创新活力持续迸发，发展后劲不断增强，取得了阶段性明显成效。

一　国家试验区建设取得重要成果

（一）陶瓷文化传承创新取得新成效

1. 陶瓷考古全面落实

景德镇区域内现有陶瓷遗址 150 余处。其中御窑厂遗址、湖田窑遗址、高岭瓷土矿遗址的保护利用获国家文物局重点支持，御窑厂遗址、南窑遗址入选当年全国十大考古新发现，御窑厂遗址还成功获批第二批国家考古遗址公园。考古出土瓷片近千万片，修复器物近 4000 件、三级以上文物 700 余件，其中 300 余件为孤品。一年来，在试验区范围内启动建设陶瓷科技检测室、陶瓷考古整理室、陶瓷文物修复室、陶瓷修复化学室、陶瓷文物标本室等，申报文旅部重点实验室，打造国家级研究平台，推动中国古陶瓷鉴定交易集散中心和中国仿古陶瓷标准体系建设。覆盖全市的考古 GIS 系统正在建设中，将对全市地下文物埋藏情况进行全面梳理，《景德镇市基本建设考古工作管理办法》也已颁布实施。

2. 文物保护全速推进

目前，景德镇市共有不可移动文物 625 处，其中国保 12 处、省保 29 处、市县保 206 处、文物点 378 处。全市共有在册博物馆 21 家，其中国有博物馆 6 家、行业博物馆 1 家、非国有博物馆 14 家，全市可移动文物总数达 19603 件（套）。御窑遗址保护工作进展迅速，颁布了

《御窑厂遗址保护管理条例》，制定了《景德镇御窑厂遗址保护规划》。御窑厂周边环境整治工程全面展开，环境整治面积达 45 公顷，投资达 100 亿元，杜绝了文物盗挖和火灾隐患。陶溪川工业遗产保护项目、景德镇中国陶瓷博物馆提升项目、御窑博物馆建设项目等一大批重大文物保护项目陆续实施。国家非遗馆筹建工作、景德镇陶瓷文化生态保护实验区创建工作取得阶段性成果。2020 年底《国家级景德镇陶瓷文化生态保护实验区管理办法》（试行）颁布实施，强调坚持"保护为主、抢救第一、合理利用、传承发展"的保护方针、"见人见物见生活"的保护理念，既保护非物质文化遗产，也保护孕育发展非物质文化遗产的人文环境和自然环境。御窑博物院在全市事业机构缩减的背景下挂牌组建，并增加编制 22 个。

3. 文物利用极大活化

陶阳里御窑历史街区保护更新项目成为全国首个文物保护利用 PPP 模式项目，御窑遗址申报世界文化遗产和创建陶阳里御窑 5A 级景区同时进行，真正把文化遗产保护与合理利用结合起来。引进民间资本打造的古窑民俗博览区获批国家 5A 级景区；全市 21 家博物馆中有 10 家博物馆成为"全市十大陶瓷文化景观"组成景点；陶溪川工业遗产保护项目融产业发展升级与新型城镇化为一体，是陶瓷工业遗产活化利用的典范；进坑宋代瓷业遗址群形成了集历史文化、自然生态保护与文化研究、修学、娱乐于一体的特色文化景区。一年来，围绕"一带一路"，景德镇市还先后在台湾地区、香港特区、澳门特区、内地其他城市及欧洲举办各类陶瓷文物展览 60 余次。

4. 陶瓷文化研究与阐释有力推进

景德镇中国陶瓷博物馆成功创建国家一级博物馆，基本陈列"瓷业高峰是此都——景德镇瓷器、瓷业和城市发展史陈列"荣获第 17 届（2019 年度）全国博物馆十大陈列展览精品奖。组建景德镇博物馆联盟，并完成理事会制度改革，正在起草《支持景德镇非国有博物馆发展的指导意见》。出版了《陶瓷文物故事》《灯耀瓷都》，启动《中国大百科全书陶瓷文化卷》编纂。赣剧《瓷·心》签订导演合同，入选文旅部 2020 年度剧本扶持工程。2020 年以景德镇陶瓷为关键词发表的学术论文共计 651 篇，比 2019 年增加了 54 篇。

（二）陶瓷产业创新发展迈出新步伐

1. 产业规模持续扩大

2012 年以来，景德镇陶瓷产业保持良好发展态势。2020 年，景德镇陶瓷克服新冠肺炎疫情带来的不利影响，积极复工复产，陶瓷工业实现总产值 432 亿元，同比增长 2.13%；特别是规模以上企业数量由 2019 年的 103 家增加至 121 家，增长 17.48%（见表 1）。

表 1　2020 年景德镇市陶瓷产业主要经济指标

指标名称		2020 年	2019 年	同比增速（%）
陶瓷产业总产值（亿元）		432	423	2.13
按产品种类结构分类	日用瓷（亿元）	120.18	114.23	5.21
	工艺美术陈设瓷（亿元）	173.26	173.2	0.03
	建筑卫生瓷（亿元）	61.91	60.18	2.87
	先进陶瓷（亿元）	45.46	45.03	0.95
	陶瓷辅助材料（亿元）	31.19	30.36	2.73
规上陶瓷	企业数（家）	121	103	17.48
	总产值（亿元）	129.52	127.38	1.68
	营业收入（亿元）	117.1132	115.3825	1.5
	利润总额（亿元）	7.8874	8.6715	-9.04
陶瓷产业税收（万元）		28666	44544	-35.65
陶瓷产业用电量（万千瓦时）		53229.03	41793.11	27.36
陶瓷产业用气量（万方）		32266.62	22532.84	43.30
陶瓷快递（万件）		4876.38	3975.85	22.65
陶瓷海关出口（万元）		24525.45	46174.33	-46.89
陶瓷电商（亿元）		78.42	71.10	10.30

注：①数据来源统计、工信、海关、税务等单位；
　　②总产值、陶瓷快递、陶瓷电商为测算值，总产值按窑炉进行测算。

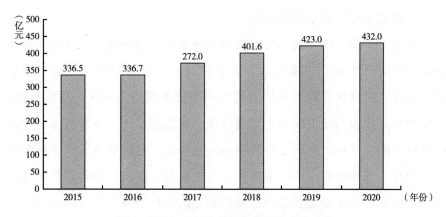

图1 2015~2020年景德镇陶瓷产业总产值

2.多瓷种多业态融合格局基本形成

当前，景德镇陶瓷产业处于结构优化阶段，工艺美术陈设瓷、日用陶瓷、建筑卫生陶瓷、先进陶瓷、陶瓷辅助材料竞相发展，陶瓷电商已达到总营业收入的18%，多瓷种多业态融合发展的"大陶瓷"格局基本形成（见图2）。

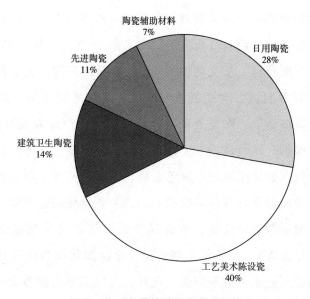

图2 2020年景德镇陶瓷产业结构

3.陶瓷创业平台功能不断提升

陶瓷工业园区已经成为以景德镇陶瓷集团、陶瓷智造工坊为代表的传统日用陶瓷产业升级聚集区，以名坊园为代表的高端手工制瓷聚集区，以晶达新材料、和川粉体为代表的高技术陶瓷集聚区，以欧神诺、乐华洁具为代表的建卫陶瓷创意设计中心和总部基地。高新技术开发区已经成为陶瓷机械、窑炉、中高档陶瓷泥釉料、色料等陶瓷产业链配套的专业化生产和销售中心。陶溪川、三宝瓷谷、皇窑、雕塑创意园等陶瓷文化创意产业平台粗具规模，呈现良好的发展态势。浮梁产业园区获批江西省级产业园，产业园区首位产业定位新材料，主攻产业电子信息、金属制品和建筑卫生陶瓷，产业园规划建设用地面积为6519.45亩。

4.产业发展顶层设计持续优化

为构建陶瓷产业"从无序到有序、从低端到高端、从分散到集中"的发展格局，进一步强化顶层设计和政策引导，推动陶瓷产业不断优化升级，景德镇根据国家试验区实施方案和三年行动计划主要内容，组织编制了《景德镇陶瓷产业发展规划（2020~2035年）》，从景德镇陶瓷产业发展基础条件的调查分析入手，为未来15年的发展统筹谋划布局。设定了产业发展目标，从文化创意陶瓷、高技术陶瓷、传统陶瓷、陶瓷材料与陶瓷装备制造、陶瓷创意与设计、陶瓷博览交易、陶瓷文化旅游、陶瓷产业链金融、陶瓷教育等九个方面明确产业发展重点与任务，提出了文化保护、平台建设、主体培育、品牌建设、人才引育、科技创新、知识产权、数字化应用、绿色发展、招商引资等十项重点工程，以及确保产业高质量发展的保障措施。为进一步延伸陶瓷产业链、提升陶瓷价值链、融通陶瓷供应链，市瓷局牵头起草了《景德镇市陶瓷产业链链长制工作方案》，围绕加工制造链、全面深化品牌链等八个方面展开，实现陶瓷产业上下游全覆盖。此外，为切实做大做强龙头企业，做优规模以上企业，做活小微企业，培育一批"中华老字号"手工制瓷企业，制定了《推动景德镇陶瓷产业高质量发展工作方案》《关于推动陶瓷企业"个转企、小升规"工作实施方案》等文件。

5.陶瓷品牌影响力进一步扩大

为了让"景德镇"这块金字招牌在新时代绽放更加璀璨的光彩，景德镇市持续加强陶瓷品牌建设，积极组织陶瓷品牌企业参加"中国陶瓷品牌集群联盟"，依托这一国家级平台推动全市陶瓷品牌在"引进来""走出去"中创新发展；鼓励、支持市内陶瓷企业参加各类高端展会、亮相各大平台，提升景德镇市陶瓷品牌的美誉度和影响力；利用陶瓷发展基金对全市陶瓷品牌企业在国内一二线城市开设陶瓷品牌店，入驻国内标志性建筑、场所，研发国礼、国宾用瓷等项目予以重点支持。制定了《景德镇国家用瓷奖励办法》和《景德镇市陶瓷品牌和文化走出去扶持项目方案》等政策文件，以引导、促进陶瓷企业主动作为，塑造提升产品品牌形象。目前，全市拥有陶瓷品牌类中国驰名商标 5 件、江西省著名商标 56 件、景德镇市知名商标 64 件。景德镇陶瓷企业或个人在国家商标局注册陶瓷类商标达到 2449 件。投入大量人力、物力和精力，起草并进一步修改完善《景德镇市国家用瓷奖励方案》，鼓励陶瓷研发机构、陶瓷企业和个人参与国瓷的研发、设计、生产、销售，塑造良好品牌形象，讲好当代中国陶瓷故事。在第二届中国国际进口博览会上，景德镇选送的陶瓷礼品瓷窑变三色瓷瓶、窑变花釉陶艺碗、生机盎然青花瓷和阳春三月青花瓷瓶被选定为国礼；鱼藻乐安粉彩堆雕宋玉茶具套组被选定为副总统、副总理礼；青韵系列产品咖啡具被选定为部级礼品。

（三）科技创新显现新活力

1.企业创新主体地位进一步强化

加强与税务、统计等有关部门的协同配合，举办系列专题培训班，加强政策宣传和引导，鼓励和督促企业加大研发投入，支持条件好、有潜力的科技型陶瓷企业申报高新技术企业、科技型中小企业，进一步优化培育陶瓷科技型企业（三年一评）。全市陶瓷高新技术企业由 2015 年的 4 家增长到 2020 年的 60 家。2020 年度科技型中小企业入库编号的企业达 181 家，其中陶瓷企业 76 家。

2. 陶瓷产业创新平台功能有效提升

一是打造众创空间和科技孵化器。截至 2019 年底，全市共有 4 家省级以上陶瓷众创空间，哇陶众创空间、陶瓷梦工场和翰林陶瓷众创空间已经升级为国家备案众创空间。2019 年 10 月，相关部门又推荐了"景德镇伊人如瓷众创空间"申报省级众创空间。二是工程技术研究中心（重点实验室），目前省级的拥有 5 个，涉及日用及建筑陶瓷、陶瓷材料、陶瓷设计和陶瓷企业信息化、燃料电池材料等方面；市级的截至 2020 年有 12 家，通过培育，提升创新能力，争取上升为省级创新平台。三是组建了高档卫生陶瓷洁具数字化车间技术联盟，自 2018 年底组建以来，已完成上线 ERP、CRM 及 SCM 智能化管理系统，机械手喷釉系统生产线、智能化运坯输送线以及高压注浆生产线系统方面的技术攻关。结合工业云平台，已实现高度集成协同信息管控系统的搭建，现已进入试生产阶段，月产 6 万件产品。

3. 陶瓷科技资金支持日益多元

借助各级财政科技资金，组织实施各类科技项目，支持陶瓷企业进行创新研发，促进陶瓷技术提升、陶瓷文化传承、陶瓷产业发展。一是争取省级以上科技资金支持。2020 年组织推荐"陶瓷固体废弃物资源化综合利用"项目，获得立项及 539 万元资助。"陶瓷固废资源化利用关键技术研究与示范"项目获得江西省科技厅 2019 年度重点研发计划重点项目立项及 100 万元资金。高技术陶瓷方面，景德镇华迅特种陶瓷有限公司承担的创新项目——轻质高性能承载结构一体化陶瓷装甲研发，获得江西省科技厅 2020 年度重大科技研发专项立项，项目支持强度 1000 万元，其中，省财政经费出资 500 万元、景德镇昌南新区出资 500 万元。二是有效发挥省财政厅下达的陶瓷产业技术创新和研发补助专项资金作用，支持陶瓷产业创新创意发展，重点支持陶瓷创新创意及文化传承方面研究开发成果的中试及产业化，促进科技与陶瓷文化的紧密融合，推动陶瓷经济发展。2018 年立项 32 个，下达资金 900 万元；2019 年立项 30 个，下达资金 600 万元；2020 年立项 20 个，下达资金 500 万元。

4. 科技成果转化持续推进

充分利用在景高校院所优质科技创新资源，促进校（所）地、校（所）企合作。创新协同方式，不同于以往单纯的难题征集或已有成果转化的被动对接，而是采取"企业定制"的模式，通过企业"点单"，由景德镇陶瓷大学、景德镇学院、中国轻工陶研所的各类专业技术人才"做单"，沉浸式深入企业兼职（半年），带领团队一同攻克技术难题、搭建企业研发平台、帮助企业培育技术骨干、带动创新成果本地转化等，为企业技术攻关、产品结构调整和优化升级提供技术和人才支持。2020 年，通过前期调研、供需对接沟通等，已有 51 家企业提出了 140 项技术需求，高校、院所共有 101 位专家（团队）提出对接需求，经筛选已选派 23 位帮扶专家（与团队）入驻 22 家企业。

5. 知识产权保护与利用成效明显

知识产权保护是维护景德镇陶瓷品牌合法权益的有效途径，景德镇市结合当前实际，对《景德镇陶瓷知识产权保护管理规定》进行修改，切实为陶瓷企业实施品牌战略撑起法律保护伞；在净化陶瓷市场方面，组织开展了全国性"景德镇"商标维权打假，公证留存证据 1044 家，进入一审立案及诉讼程序 602 家，结案 36 家。为更好地保护陶瓷知识产权，制定《景德镇瓷器地理标志产品试点工作方案》，拟选择 3~5 家知名品牌企业开展试点。2020 年全市陶瓷专利授权量总计 1140 件，同比增长 1.8%（见表 2）；景德镇市陶瓷版权快速维权中心完成版权登记 6500 余件。

表 2　2018 年以来景德镇市陶瓷行业专利获得数

单位：件

类型	2018 年	2019 年	2020 年
发明	77	78	72
实用新型	192	242	257
外观	732	799	811
合计	1001	1119	1140

资料来源：景德镇市科技局。

（四）陶瓷文化旅游目的地建设凸显新亮点

1. 全域旅游方向进一步明确

以构建层级分明、功能互补的文化旅游体系为目标，依托丰富的陶瓷文化资源，大力发展"个性定制+参与体验+文化旅游"的陶瓷文化旅游新业态新模式；依托自然保护区、森林公园、湿地公园，大力发展康养体育游、健身休闲游、山地户外游；依托景德镇—瑶里、景德镇—蛟潭旅游带和乐平现代农业示范园等，大力发展乡村民宿游；依托浮梁县的历史文化，发展古城茶文化游；依托乐平戏曲文化创意产业园，发展古戏台文化游。通过精心培育文化旅游新业态，深入推进景德镇陶瓷文化旅游业协同发展。

2. 旅游产业链项目全面推进

有序推进 2021 年全省旅发大会筹备工作，全力调度 15 个板块 58 个重点文旅项目，促进陶阳里历史街区、陶溪川一二期、高岭·中国村等点位品质大幅提升。高端酒店、会场、美食街区、旅游演艺、智慧旅游、旅游公路等旅游产业链项目全面推进。

3. 旅游品牌创建工作成效显著

昌江区成功创建国家全域旅游示范区；浮梁县、珠山区通过省级验收，成为江西省全域旅游示范区；陶阳里御窑景区创建国家 5A 级景区总体规划通过专家评审，完成景观质量省级初评；三宝国际瓷谷、高岭·中国村创 4A 级旅游景区景观质量评审通过省级评定；新增 2 家江西省 4A 级乡村旅游点、3 家国家 3A 级旅游景区；"十五景、三宴、三剧"等一批有品质的旅游景点和旅游产品已面市并在旅发大会期间正式推出。

4. 旅游交通和旅游配套设施不断完善

构建立体交通网，开辟北京大兴机场、南京航线，景瑶公路、洪岩小镇樱花大道全线贯通，设计安装 187 块旅游交通指示牌，加强景德镇机场软硬件建设，提升服务保障能力。实施旅游基础设施提升工程，加强旅游服务设施网、"智慧智能"旅游互联网等配套建设；建设一批星级酒店、绿色旅游饭店项目，发展精品民宿和度假村；挖掘景派美食，打造美食文化街区；加强旅游机构的规范化管理和旅游从业人员的培养培训；建设一批全国中小学生研学实践教育基地，大力发展文化创意体验和研学实践。通过打造旅游新业态，推动文旅深度融合，促使景德镇市向世界著名旅游目的地迈进。

5. 旅游企业疫情防控和有序开放复工形成良性互动

发行"陶醉瓷旅卡"，通过携程线上平台发放景德镇旅游补贴优惠券共计 50 万元，完成旅行社质保金暂退工作，惠及旅行社 37 家，暂退质保金金额达 408 万元。2020 年旅游总人次、旅游总收入尽管较 2019 年有较大幅度下降，但开放复工有序、疫情防控有力（见表 3）。旅游业对住宿和餐饮业支撑比较明显（见表 4）。

表 3　2016~2020 年景德镇市旅游业发展情况

年份	旅游总收入（亿元）	同比增速（%）	旅游总人数（万人次）	同比增速（%）
2016	359.26	—	3981.37	—
2017	528.89	47.22	5454.87	37.01
2018	684.00	29.33	6735.00	23.47
2019	888.00	29.82	8506.00	26.29
2020	363.39	-59.08	2247.45	-73.58

资料来源：景德镇市相关年份统计年鉴。

表4 2016~2020年景德镇市住宿业、餐饮业发展情况

单位：万元，%

年份	住宿业	同比增速	餐饮业	同比增速
2016	23417	—	357161	—
2017	26168	11.75	399128	11.75
2018	26536	1.41	404740	1.41
2019	35546	33.95	568128	40.37
2020	87507	146.36	466162	-17.95

资料来源：景德镇市相关年份统计年鉴。

6."夜游经济"成为新增长点

"夜游经济"是文化、旅游、消费融合发展的新潜力、新动能。城市夜间经济是促进消费、扩大内需的重要驱动。为此，景德镇市委、市政府印发了《景德镇市筹备2021年江西省旅游产业发展大会工作方案》，提出全市将着力打造多台高端化、国际化的文旅演艺项目或夜游项目，大力培育夜游经济。陶文旅集团在陶阳里历史街区打造沉浸式旅游演艺，在陶溪川文创街区引入"陶乐"表演；黑猫集团在高岭·中国村建设文化旅游休闲商业演艺综合体；昌南新区培育《窑坞·印象》旅游演艺项目；市文旅局推动古窑景区打造"夜游古窑"项目。

（五）陶瓷人才队伍建设再上新台阶

1.吸引人才环境进一步提升

一是在创优政治环境上，景德镇市以"虚拟机构、实体运行"模式设立了市招才引智局、"景漂""景归"人才服务局，负责统筹全市人才职能、政策、资金、项目，实现人才政策"一个口子报、一个口子出"，已累计接待人才来访近3000人次，解决问题100多个。二是注重对人才的政治引领和政治吸纳，建立了市领导联系服务专家和"景

漂""景归"人才制度。三是创优发展环境，从开展城市环境综合整治、在全市范围内进行棚户区改造，到做好"治山理水、显山露水"文章、实施一批城市基础设施和公共建设项目，再到打造"双创双修"升级版、打出一套优化环境的"组合拳"，整个城市从建设到管理、从形象到功能、从面子到里子都发生了可喜的变化。四是创优社会环境，对外，积极推动新华社、《人民日报》、央视新闻联播等中央主要新闻媒体前来调研采访"景漂""景归"现象，宣传报道人才工作成效和创新举措；对内，组织市属媒体统一开设专题，推出了30多位"境外景漂"系列报道。

2. 留住人才政策进一步完善

政策，是留住人才的坚实基础。为留住人才，景德镇做了以下几方面工作。一是下大力气实施机制改革，制定出台了《中共景德镇市委关于深化人才发展体制机制改革的实施意见》及其分工方案，对人才使用管理体制、人才引进集聚战略、人才培养发展平台、人才评价激励机制、人才服务发展环境、人才优先发展格局等6个方面提出了重要改革意见，对编制、住房、医疗、税收、配偶安置、子女入学等方面开辟绿色通道列出了具体行动目标。二是出台"3+1+X"产业人才政策。从平台建设、金融扶持、财税奖励、生活保障等12个方面提出支持政策，在制定孵化载体、推动对外交流、落实养老保险等15个方面制定了实施细则，形成了"1+N"政策。根据"1+N"政策，"景漂"在子女就学等方面可以享受市民待遇以及一些优惠待遇。三是推出专项政策。根据人才群体结构多样性的特点，景德镇市出台了促进陶瓷科技成果转移转化、"景漂"贷、"人才"贷、职称申报条件放宽等若干专项配套政策，满足了不同人才的具体需求。以"景漂"群体为例，针对他们最为关注的职称评定问题，出台了只要是在景创新创业或者缴纳社保的"景漂"人才，在参加职称评审时可以不受户籍限制的宽松政策，使他们可以更安心地留在景德镇从事艺术创作。同时，针对人才群体贷款难、担保难的问题，推出了"景漂"贷、"人才"贷政策，给予免担保、贴息优惠政策，最高额度达到 50 万元。截至目前，已累计向 38 位人才发放贷款 1148 万元。

3. 聚集人才平台进一步夯实

试验区建设以来，景德镇市不断加强引才、育才、用才平台建设。围绕"3+1+X"重点产业，积极引进重要人才项目，依托驻外办事机构、商会等组织，在京沪穗深建立了 4 家招才引智联络站，促成了景德镇国际科创智谷项目的洽谈，以及洛客设计谷、猎豹移动猎户星空等重要人才项目的落地；加强了与艺术类、文化类、智库类机构的合作，与清华大学签署横向课题合作协议，开展国际合作办学，与央美、国美、中规院、故宫博物院等大院大所开展项目对接、人才交流，为打造国际范儿的品质城市提供人才专家和综合智库的支持；依托航空、陶瓷等优势产业，开展院士工作站建设，引进 9 名院士，建成 2 家"海智计划"工作站、2 家博士后科研工作站、3 家博士后创新实践基地，组建了 8 支市县两级招才引智小分队，构建起了较为完善的引才平台体系。此外，全市评选出 12 家首批市级人才创新创业示范基地；完善技能大师工作室、创业大学等育才载体；推动"八大美院"、清华美院及中国美协创作基地（暨"9+1"创作基地）项目，陶文旅中德工业 4.0 智能制造职业教育实训基地落户，有力提升了景德镇人才队伍的内生能力。围绕建设"对外交流新平台"的要求，不断加快以御窑厂遗址为核心的陶阳里历史街区、以陶溪川为代表的文创街区、以三宝国际瓷谷为载体的陶源谷艺术景区和以陶大小镇为主体的东市区"三陶一区"文创空间建设，为一大批创意创业人才提供了发展空间。其中，陶溪川积极贯彻国家"双创"战略，按照"国际范、强体验、混合业态、跨界经营"发展思路，将陶瓷工业遗存变成了年轻时尚的文创街区，为青年创客和创意企业搭建平台，目前集聚了 1.5 万名国内外双创青年，成功孵化创业实体 2356 家。

（六）陶瓷文化交流交易合作形成新格局

1.陶瓷文化交流交易合作活动丰富多彩

积极倡导并开展陶瓷"线上+线下""展会+电商"的新型经贸交流，景德镇陶瓷产业展现出强大而蓬勃的生命活力。多次组织陶瓷企业参加经贸会展，如江西·香港线上展览、第十七届上海国际茶业交易（春季）博览会、无锡找食材·2020第七届国际食材节等大型展览。特别是在北京国际精品陶瓷展上，景德镇市布置了近百个展位约1200平方米的陶瓷展区，集中展示近年来在艺术陶瓷、生活陶瓷、文创设计等领域取得的优秀成果。景德镇陶瓷影响力和美誉度得到进一步提升。

2.陶瓷产业"非接触性"经济呈井喷之势

适应国内国际双循环的新发展格局，尽快形成陶瓷市场需求牵引陶瓷企业供给、陶瓷企业供给创造陶瓷市场需求的更高水平动态平衡，2020年及时引导发展以直播、网红带货、电商为核心的陶瓷产业"非接触性"经济。一方面，着力拓宽陶瓷线上推广渠道，在江西移动电商中心"和我信"平台搭建"景德镇陶瓷频道"，推荐32家陶瓷品牌企业产品第一批上线运营。另一方面，积极与各大电商平台对接，以组团形式，让景德镇陶瓷在各大平台集中亮相，各显风采。如与淘宝平台对接，推荐诚德轩、真如堂、炼玉文化等37家陶瓷品牌企业参加"淘宝手艺人"专场活动；与抖音合作，组织景德镇陶东方、景岚大瓷馆、北鱼手作等14家陶瓷企业参加717"百城好物"活动，并携手开展"守护匠心"之"千年瓷文化'手'护赣技艺"项目直播，观看人数总计超过11万人；组织40余家非遗及文创企业参加江西省文旅厅组织的江西非遗购物节直播、淘宝匠心活动、东家匠人活动等。参加活动的陶瓷企业既涵盖了非遗品牌，也集中了众多特色手工艺商家，从传统到现代、从艺术到生活，产品类别齐全，丰富多彩。2020年，陶瓷快递达到4876.38万件，比2019年增长22.65%；陶瓷电商实现营业收入

78.42 亿元，比 2019 年增加 10.30%。

3.瓷博会平台作用进一步显现

中国景德镇国际陶瓷博览会是商务部主办的唯一的陶瓷类专业展会，是一个市场化、专业化的国际性陶瓷博览平台，已成功举办 17 届，已经成为国际陶瓷文化交流、世界陶瓷贸易发展、全球陶瓷产业招商的重要平台。2020 年第十七届瓷博会紧紧围绕"弘扬千年瓷都文明，博览世界陶瓷精品"的办会宗旨，以"招商引资的大会、贸易交流的大会"为主题，采取"线下+线上"的展会新模式，举办了贸易洽谈、研讨论坛、竞技评比、文化展示等 30 余项活动。本届瓷博会展览面积达 20000 平方米，共设 1500 个标准展位。展品涵盖了艺术陶瓷、日用陶瓷、高技术陶瓷、国内各大名窑代表传承精品、茶器、香器、文器等创意产品。在本届瓷博会上，直播带货的互联网营销模式显著提高了瓷博会的贸易成交率。首次与天猫 & 淘宝等直播合作打造的"云瓷博会"直播中心总销售额达 59.45 亿元，其中会场销售额 7.8 亿元、天猫平台销售额 20.98 亿元、抖音平台销售额 15.09 亿元、快手平台销售额 15.58 亿元。直播观看量达 623.2 万人次，其中天猫直播观看量 251 万人次、抖音直播观看量 197 万人次、快手直播观看量 175.2 万人次。

（七）新型人文城市建设焕发新魅力

1.创文创卫成果丰硕

以创建全国文明城市和国家卫生城市为抓手，大力开展城市功能与品质提升三年行动，扎实推进城市基础设施建设，不断强化城市精细化管理，广泛开展群众性创建活动和志愿服务活动，获评全国文明城市、国家卫生城市，被列为全国城市体检样本城市、全国无障碍环境示范市、全国禁毒示范城市，被授予全国未成年人思想道德建设工作先进城市、全国无偿献血先进市等称号。

2.名城保护走深走实

以御窑厂为核心，对周边 150 多处老窑址、108 条老街区、"十大瓷厂"老厂房等文化遗存实施系统性保护修缮，原汁原味地保护老城的风貌风格、文化肌理。比如交通畅通行动，建成旸府大桥、建设大桥两座跨江大桥，昌南大道、红塔路、新安路等 10 多条新改建道路竣工通车，"两横三纵五联"的城市骨架路网基本形成，优化改造了 43 条主次干道和 40 个主要路口，有效缓解了城市东西不畅、南北不通的问题。比如社区优化行动，中心城区完成了 24 个老旧小区、8000 户城市棚户区改造，建成了 8 个城区农贸市场、10 个城乡居家养老服务中心和 4 个智慧停车场，新建改建 160 座城乡公厕，升级改造了一批垃圾中转站，让群众切身感受到城市文明实力硬件、软件的明显提升。

3.城市功能品质进一步提升

2019 年以来，新建 120.15 公里污水管网，完成西城区瓷都大道、新风路、浮桥西路、金鱼山路及沿线毛细支路雨污分流改造工程，完成东城区湖田桥、下窑、何家桥片区道路雨污分流改造工程，市第二污水处理厂提标改造工程投入试运行，老南河黑臭水体完成销号，新增 4 个城市街心花园。2582 套城镇棚户区和 2 万户老旧小区改造完成。教育社会满意度调查全省第一，82 个城镇小区配套幼儿园专项治理完成，新建公办幼儿园 65 所，公办幼儿园在园幼儿比例达 52.4%，中心城区新增 3 所中小学投入使用，义务教育大班额比例降至 5%。

二 国家试验区发展经验

（一）统一领导，高位推动

在江西省成立国家试验区建设领导小组后，景德镇市对标对表，第一时间成立国家试验区建设领导小组，由市四套班子主要领导担任组长，确保国家试验区建设统一领导、高位推动。组建国家试验区管委会筹备组，积极谋划建立"管委会+平台"推进机制，确保国家试验区建设有机构、有人员、有保障。同步建立调度推进机制，建好工作台账，对 147 项重点任务事项进行每月常态化调度，确保任务推进有实效。抢抓部省恳谈会契机，就罗家机场迁建、六安景铁路建设、转设景德镇艺术职业大学、御窑遗址申报世界文化遗产、创建国家文物保护利用示范区、陶阳里御窑景区申报 5A 级景区、设立景德镇知识产权法庭等事项进行协商讨论，进一步赋能国家试验区发展。

（二）优化顶层设计，坚持规划引领

在科学规划空间布局上，突出"一轴一带一区多点"空间布局，即珠山大道陶瓷文化保护传承轴，昌江百里风光带，新平先行区以及高岭矿山公园、南窑遗址、瑶里古镇等 10 个能够集中体现景德镇陶瓷文化的典型点位，以重点突破带动全域发展。

在落实落细实施方案上，出台了《中共景德镇市委关于用心用情落实习近平总书记殷殷嘱托 全力推进景德镇国家陶瓷文化传承创新试验区建设的决定》《景德镇国家陶瓷文化传承创新试验区建设三年行动计划（2019~2021 年）》，印发了《景德镇市贯彻落实〈中共江西省委 江西省人民政府关于贯彻景德镇国家陶瓷文化传承创新试验区实施方案的意见〉的通知》，进一步细化工作措施，压实责任、合力推进。

在加快国家试验区规划编制上，联合上海交大刘士林专家团队，共同编制国家试验区发展规划，一体推进全域空间总体规划和基础设施、文化保护、产业布局、区块功能等规划，并坚持把国家试验区建设贯穿市"十四五"规划，作为市"十四五"规划的主线。

（三）凝聚全社会共识，形成强大内生动力

2019 年以来，继江西省召开国家试验区建设领导小组第一次会议、

国家试验区建设新闻发布会、国家试验区建设动员大会等一系列省级层面动员部署会议后，景德镇市广泛开展舆论宣传，坚持全城动员、全民参与、全域行动，在市属主要新闻媒体开辟专栏，推出国家试验区建设专题报道。新华社、国务院发展研究中心等媒体和智库机构推出 20 余篇分量重、篇幅大的系列报道。人民网、新华网等主流媒体推出相关报道 900 余篇，形成全方位、多层次、立体化的宣传氛围，全面提升国家试验区知晓率、参与度。

同时，通过召开市委理论学习中心组学习扩大会、市四套班子成员围绕"我的景德镇——试验区建设怎么看怎么干"主题进行研讨交流等方式，进一步统一思想、凝心聚力。各县（市、区）、市直各部门开展了为期两个月的建言献策大讨论，94 家单位、1000 多名副县级以上干部提出工作建议 3600 余条。

（四）聚焦战略目标，坚持项目化推进

国家试验区建设启动以来，景德镇市坚持项目化推进，着眼于建设标志性工程，谋划梳理了三年内启动实施的重点项目 152 个，总投资约 1035 亿元。2020 年度启动项目 50 个，计划投资 160.6 亿元，实际完成 195.05 亿元，超额完成 34.45 亿元。

在打造国家陶瓷文化保护传承创新基地方面，实施了御窑厂国家考古遗址公园整体提升等工程，异地迁建景德镇学院，加快建设江西省陶瓷工艺美院新校区，谋划新建景德镇艺术职业大学，引进落户"八大美院"、清华美院、中国美协创作基地和中德工业 4.0 智造实训基地等一批艺术类、文化类、产业类机构。同时，推进智造工坊、陶瓷原料及检测项目、国际陶瓷产业合作园等项目建设，培育壮大以陶瓷产业为首的"3+1+X"特色产业体系。

在打造世界著名陶瓷文化旅游目的地方面，推动陶溪川二期、高岭·中国村、获湾乡村振兴开发等一批标杆式旅游项目建设。加快建设

景德镇水利枢纽工程，谋划实施御窑码头、古县衙码头等 18 个古码头项目，彰显"一江两河出平湖，十八码头通古今；百里昌江风景美，千年瓷都展新颜"的独特魅力。

在打造国际陶瓷文化交流合作交易中心方面，规划建设了凤凰·世界传承文化中心、景德镇国际陶瓷博览交易中心等项目，加快建设紫晶国际会议中心、国际保税物流中心等项目，打造对外文化交流新平台。

（五）用好金字招牌，充分释放政策红利

在省直有关厅局大力支持下，景德镇市围绕"手工制瓷减按 3% 征收增值税"等 147 项政策和任务事项，持续开展汇报对接，成果颇丰。

一批财税政策顺利落地。财政部、国家税务总局印发了《关于景德镇传统手工技法制瓷产品有关增值税政策的通知》，自 2020 年 2 月 1 日起执行。专项资金支持力度加大，发放试验区公共文化专项补助资金和省级旅游发展专项资金（瓷博会项目）。

成功争取地方政府专项债限额 88.92 亿元，获得老旧小区改造专项中央预算内资金 4.18 亿元。同时，注册陶瓷文化产业引导基金，规模达 10 亿元；设立景德镇特陶股权产投基金，基金一期规模 1 亿元。

用地规模不断扩大。2019 年对 88 个项目用地进行了"两规"修改，土规调入建设用地规模达 7300 亩。2020 年土地调规 8000 亩。

先行先试创新发展。成功入选国家生态文明建设示范市，获批设立景德镇陶瓷文化生态保护实验区，创建全国版权示范城市、国家级外贸转型升级基地（陶瓷），入选全国首批城市体检评估试点城市、全国老厂区老厂房更新改造利用试点城市、国家产教融合试点城市、直饮水试点城市等一批国家级试点。

（六）寸积铢累，做实做细

在加强陶瓷文化保护传承创新上，形成了《景德镇市陶瓷文化创

新传承条例》草案初稿。加大陶瓷考古力度，御窑博物院挂牌组建，保护现代工业文化遗产，明清御窑厂遗址、国营为民瓷厂入选第三批国家工业遗产，景德镇成为全国拥有国家工业遗产数量仅次于北京的城市。扎实推进陶瓷文化进校园、进教材，全市各学校每周至少开设一节陶瓷文化课，69所中小学建成了陶艺操作室。

在创新发展陶瓷文化产业上，编制《景德镇陶瓷产业规划2030》，出台了《关于支持景德镇国家陶瓷文化传承创新试验区产业集聚发展的若干措施》，景德镇陶瓷制品产业示范基地（景德镇陶瓷工业园区）获评国家新型工业化产业示范基地五星级。筹建江西省艺术陶瓷标准化技术委员会，成立中国陶瓷数字经济（区块链）产业研究院，与阿里巴巴集团签订合作协议，探索中国艺术陶瓷评估标准，建立景德镇"陶瓷链"。3家企业获批省级技术创新中心（重点实验室），红叶陶瓷获批省级工业设计中心。

在推动陶瓷文化旅游业发展上，打造陶瓷文化旅游核心产品，承办2021年全省旅游产业发展大会，全力协调推进实施总投资达150亿元的38个市级调度的重点文旅项目，昌江区创建国家全域旅游示范区通过省级验收，御窑、浮梁古县衙创建5A级景区通过规划评审。

在加强陶瓷人才队伍建设上，承办了第五届全国陶瓷行业职业技能竞赛，省人社厅同意在工程技术职称系列下直接设置陶瓷工程专业。积极开展"海智计划"工作站建设，2019年以来，新增省级海智工作站1家，创新首建市级海智工作站1家。

在提升陶瓷文化交流合作水平上，打造陶瓷电商集聚区和电商孵化基地，启动建设了总投资3亿元的电商产业园项目和总投资2.6亿元的电商产业孵化基地项目。推动陶瓷文化走出去，在欧洲举办了"陶瓷传统成型技法现场展示活动"、"丝路瓷行"系列陶瓷展。市人民对外友好协会正式成立并召开第一届理事会。制定有关政策细则，畅通了外国人来景签证渠道，放宽了签证申请要求。2020中国景德镇国际陶瓷博览会首次采取"云模式"。

（七）加大金融支持，创新服务方式

金融是经济的血脉，国家试验区成立以来，中国人民银行景德镇市中心支行及全市主要商业银行主动扛起金融支持试验区建设责任，均成立工作领导小组，并成立金融服务专班，制定项目行动规划，以项目直销团队的形式，主动落实试验区方案要求，定期跟进金融服务效果；通过注重政策引导，推动金融创新，严防三个关键环节金融风险，为试验区建设不断注入活水。

一是为助力国家试验区建设，央行景德镇市中支牵头印发《关于金融支持景德镇国家陶瓷文化传承创新试验区建设举措的通知》，推出18条涵盖"项目+金融"在内的具体措施，助推金融资源不断向重点领域集聚；明确提升货币政策工具使用效率，创设"景瓷通""景航通""景微通""景绿通"四类票据融资通道，设立10亿元专项再贴现额度等，全方位、多角度落实金融扶持政策。

二是强化政银横向联动，积极发挥政银合力，先后召集政府职能部门、银行机构及融资平台召开金融支持试验区建设会议累计30余次，推动辖区内银行机构主动对接试验区152个重大项目，加大资金支持力度，确保项目顺利推进。试验区获批以来，贷款新增主要投向推进城镇化及国家陶瓷文化传承创新试验区建设，8家银行机构已对接并授信试验区项目34个，贷款余额57.37亿元。

三是立足陶瓷产业升级需求，从本地实际出发，景德镇当地金融机构因地制宜，针对性地推出了一系列便捷高效的金融产品，有效助推民营、小微陶瓷企业发展。如当地交行运用"燃气贷"及"景瓷贷"等产品，设立陶瓷金融服务中心，累计为62家陶瓷企业提供1.87亿元担保贷款；中行通过"陶瓷电商通宝"向12家陶瓷电商小微企业累计发放贷款2675万元；景德镇农商银行积极通过"科贷通"产品解决小微陶瓷企业缺少抵质押物的难题。据统计，2020年景德镇市金融系统用心用情、用足用好一系列金融支持政策举措，共发放各类贷款 73.4 亿元，其中陶瓷文化传承保护项目资金 10.6 亿元、陶瓷产业发展项目资金 18.2 亿元、陶瓷文化旅游及基础设施配套项目资金 28.6 亿元、陶瓷小微企业资金 16 亿元，陶瓷产业发展资金需求得到极大满足。

三 国家试验区发展展望

（一）文化引领高质量发展进一步走向深入

国家试验区建设以来，景德镇结合自身的城市发展定位，注重保护利用好自身所具备的独特的陶瓷文化资源，用生动鲜活的语言向国内外讲述中国陶瓷故事、传递中国陶瓷声音，打造彰显中国文化自信、展示中国形象的亮丽名片。文化之美，美在发展。景德镇牢牢抓住国家试验区建设的历史性机遇，开启了文化发展的主战略，并以此引领全市高质量发展。通过持续加强陶瓷文化遗产保护与利用，大力传承创新陶瓷非物质文化遗产，系统深入地阐发了景德镇陶瓷文化，获批设立了景德镇陶瓷文化生态保护实验区。从当前景德镇陶瓷文化传承创新取得的成效来看，一批批陶瓷文化工程落地开花，现存陶瓷文化遗址遗迹活态化发展，与世界对话的文化自信渐趋稳重成熟。完全可以肯定的是，陶瓷文化的丰富内涵所承载的内生动力托举了景德镇旅游名城建设，陶瓷文化主战略的实施极大地撬动了景德镇高质量发展。

（二）新型人文城市建设形成一系列重要示范

人文城市强调了城市的本质在于提供一种"有价值、有意义、有梦想"的理想生活方式，体现了"以人为核心的新型城镇化战略"和"人民城市为人民"的时代要求。景德镇是世界上唯一靠单一手工业维持了千年繁荣的城市，不仅是中国乃至世界上保留手工陶瓷技艺最完备的地区，还拥有完备的陶瓷产业链，具备建设新型人文城市示范样板的资源禀赋和优越条件。2019 年《国务院关于景德镇国家陶瓷文化传承创新试验区实施方案的批复》首次将新型人文城市建设任务赋予景德镇市。建设新型人文城市既是国家试验区的主要目标，也是建设世界陶瓷文化中心城市的基础支撑。国家试验区实施方案中明确了到 2035 年，使景德镇成为全国具有重要示范意义的"新型人文城市"，其核心区擘画了"一轴一带一区多点"的空间格局。未来，景德镇市将坚持"新型人文城市"的发展目标，并以此为突破口，大力推动陶瓷文化成为城市形态演进与经济社会发展的核心力量与主要机制，全力建设历史底蕴深厚，时代特色鲜明，陶瓷文化和旅游、产业、民生融合发展的人文魅力空间，为全国人文城市建设提供可复制可推广的经验。

（三）各类项目和各项工作取得重大进展

一是对陶瓷产业、陶瓷文化的多角度全方位研究，将形成陶瓷文化传承创新的理论研究高地。二是最完整的陶瓷教育体系、特色优势学科专业的建设、产教融合等将形成陶瓷人才教育的制高点。三是师授徒承机制、首席技师与首席设计师制度，加上为"景漂""景归"优秀人才提供住房优惠、配偶随迁安置、子女就近入学、创业帮扶贷款等配套政策与措施，将形成人才汇聚制高点。四是科研能力和水平的提高、先进陶瓷大力发展、"两化融合""两业融合"、各类标准的制定、科技成果有效转化将抢占科技创新的制高点。

（四）多方位融合战略将创造更多新亮点

一是"旅游+"。"旅游+瓷体验活动"吸引更多的游客参与到说瓷、做瓷、知瓷、赏瓷、购瓷等一系列活动中，将培养更多的陶瓷热爱者；"旅游+茶"文化节，让更多的人认知茶道，以器载道，使古老的浮梁茶更有韵味；"旅游+地方民俗风情"体验、"旅游+特色小吃节"、

"旅游+乐平戏曲文化"等使更多人体会到"美景厚德镇生活"。

二是"瓷博会+"。瓷博会迄今已举办17届，已成为景德镇一年一度的盛会。"瓷博会+陶瓷狂欢节"将制造无限的商机，"瓷博会+陶瓷核心市场"将培育"天下人到景德镇买天下瓷"的核心市场，"瓷博会+"各类发布会、各类评选将提升瓷博会能级和公信力。

三是"收藏+"。随着"收藏+考古""收藏+鉴瓷培训班""收藏+当代大师作品拍卖会""收藏+大型藏品展示交流会""收藏+陶瓷文化传承与创新现场研讨会"等活动的有序开展，不仅会吸引无数陶瓷收藏家和爱好者齐聚景德镇，更重要的是将传播陶瓷文化、弘扬陶瓷文明。

四是"直播+"。电商直播改变了景德镇陶瓷产业的生态，让整个景德镇在互联网数字化的浪潮下再现"器成天下走"的景象，全市陶瓷直播电商年交易额达70亿~75亿元，占全国陶瓷直播电商交易量的70%左右。"火热"的陶瓷直播带货不仅为陶瓷产业发展带来更大的促进提升作用，更为重要的是能够加速汇聚起景德镇陶瓷文化传承创新试验区建设所需要的社会资源。

五是"教育+"。景德镇现有与陶瓷有关的专科以上学校5所，5所院校在校生已经超过4万人，已超过城市人口总量的7%。这些学生来自全国各地，既是陶瓷文化学习者，更是陶瓷文化传播者，这种传播能量不可低估。此外，各类研学游也推动了陶瓷文化的交流与互鉴。

（五）更多的政策效应转化为更强大的动力效应

一是成功入选第六届全国文明城市，不仅用文明擦亮"与世界对话"的底色，更为重要的是全方位提升城市品质，让文明城市更有高度、厚度、深度和温度。随着常态长效创建全国文明城市和一系列文化铸魂行动的开展，崇德向善的荣耀感、文化厚重的获得感、和谐宜居的归属感、嘉言懿行的亲切感将进一步提升。

二是江西内陆开放型试验区建设，不仅为陶瓷文化走向世界提供更多便利性，更为重要的是将吸引全球资源、汇聚全球力量共同建设试验区。

三是国家级景德镇陶瓷文化生态保护实验区的建设，既保护了非物质文化遗产，也保护了孕育发展非物质文化遗产的人文环境和自然环境，实现了"遗产丰富、氛围浓厚、特色鲜明、民众受益"。

四是一系列先行先试将为试验区建设积累宝贵经验。2019 年，获批创建全国版权示范城市、国家级外贸转型升级基地（陶瓷）、全国首批城市体检评估试点城市、全国老厂区老厂房更新改造利用试点城市、直饮水试点城市等一批国家级试点。2020 年，获批设立景德镇陶瓷文化生态保护实验区。2021 年，景德镇成为江西省唯一首批国家产教融合型城市建设试点城市，获批第二批国家文化出口基地。

5G 背景下深圳文化产业价值链的现状分析与地位提升探讨[*]

陈能军　高洪波　周凯丽[**]

摘　要：5G 技术对文化产业影响深远。文化产业价值链以创意为源头，以文化产品为客体，使原创性的文化创意最大限度地衍生与发展，不断实现价值创新、传递和增值。本文以深圳市为切入点，在梳理数字文化产业价值链、分析 5G 背景下深圳文化产业现状的基础上，从环境、版权、金融、创意、科技等方面探索深圳文化产业价值链地位提升的方向。

关键词：文化产业　价值链　5G 技术　新基建

2021 年 1 月 15 日，全国第一张 5G 政务专网在深圳市坪山区正式运行。2021 年 1 月 28 日，深企 AutoX 在坪山设立了国内首个全无人驾

---

　*　本文为 2021 年度深圳市文化产业专项课题 "5G 背景下深圳文化产业价值链提升路径研究" 的阶段性成果。

**　陈能军，博士，南方科技大学人文社会科学学院副教授，深圳市文化金融服务中心理事，国家金融与发展实验室文化金融研究中心特聘研究员，主要研究方向为数字文化产业、文化金融；高洪波，宏略智博（深圳）经济咨询有限公司首席研究员，主要研究方向为数字文化产业、文化产业经营管理；周凯丽，深圳鹏城技师学院团委老师，主要研究方向为文化产业和艺术经济。

驶运营中心。回顾 5G 商用两年多的进程，除了政务和无人驾驶，深圳的"5G+"在文化娱乐生活领域得以持续发展。5G 时代下，5G 技术对文化产业的影响深远。因此，梳理好深圳文化产业的发展趋势，研究新发展格局下深圳文化产业价值链地位提升的路径，对深圳加快建设彰显国家文化软实力的现代文明之城，意义重大。

一　5G 下的文化产业价值链

文化产业价值链以创意为源头，以文化产品为客体，使原创性的文化创意最大限度地衍生与发展，不断实现价值创新、传递和增值。根据微笑曲线理论可知，这些传统行业因为实现了与创意产业的融合发展，能够在市场上获取更高的附加值。数字文化产业作为数字经济的重要组成部分，应该紧紧抓住和借力 5G "新基建" 的发展东风，实现数字文化产业创新基座的进一步夯实和创新环境的进一步优化，拓展产业发展新变革和新业态培育路径。5G 技术将进一步驱动文化消费升级，推动文化内容制作与分发模式创新，延长文化产业价值链，促进文化产业效率整体提升。

（一）价值链概述

迈克尔·波特于 1985 年首次在《竞争优势》一书中提出了企业内部价值链的概念：基于制造业，每一家企业都是在设计、生产、销售、发送和辅助其产品的流程中进行种种活动的集合体①。价值链被看作是一系列完成的活动，是把原材料变换成用户所需产品的一系列过程。迈克尔·波特认为，企业的价值创造主要由基本活动（含生产、销售、进料后勤、发货后勤、物流、售后服务等）和辅助性活动（含人事、

---

① 事实上，不仅仅是制造业，在服务业尤其是包括文化产业在内的现代服务业领域，价值链理论也有着极为重要的指导价值。

财务、计划、研究与开发、采购等）两部分来完成，而这些相互关联的价值活动便构成了价值链。

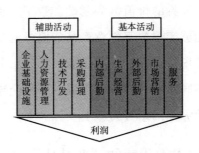

图1 波特价值链

根据企业价值链的多个价值创造环节，企业可以在特定价值链进行正确定位。然而，波特的价值链偏重于分析单家企业的价值活动、企业与顾客及供应商可能的联系，该理论建立在产品的生产基础之上，没有顾及顾客的利益及其在利润中所起的作用，也没有考虑同行业中企业间的联系。因此，一般认为，迈克尔·波特的价值链理论是面向传统产业进行分析的。

在借鉴迈克尔·波特的价值链理论的基础上，本文认为，文化产业全球价值链是指世界范围内为了能够实现数字文化产品或服务的价值，通过连接创意设计、产品制造、市场营销、传播与运输、售后服务及其他辅助性活动等不同经济活动和不同产业片段，而形成的一种全球性、跨企业的数字文化价值创造和分配网络（链条）。

（二）数字文化产业价值链

1985 年，迈克尔·波特在《竞争优势》一书中首次提出价值链这一观点，该概念是基于微观的垂直一体化企业主体的价值创造过程而提出的，认为价值链是生产、营销、运输、售后服务和支持性活动在公司价值创造过程中相互联系的行为链条。全球价值链跳出了微观企业的跨国别、跨地区的价值链形式，其本质一方面是价值创造活动的跨境分割与协同，另一方面也是价值分配的跨境治理。本文探讨的数字文化产业全球价值链，仍然以波特的价值链为基础。数字文化产业全球价值链是指世界范围内为了能够实现数字创意产品或服务的价值，通过连接创意设计、产品制造、市场营销、传播与运输、售后服务及其他辅助性活动等不同经济活动和不同产业片段，而形成的一种全球性、跨企业的数字文化创意价值创造和分配网络（链条）。

（三）以5G技术为代表的"新基建"

新冠肺炎疫情的持续迫使中国经济在原有的国际贸易摩擦、产业转型升级、深化体制改革等持续压力下，再次面临新的全球化金融风险和公共卫生应急危机的考验。2020年3月4日，中共中央政治局常务委员会召开，在巩固抗击疫情与稳定经济发展初步成果的基础上，会议提出要加快推进国家规划已明确的重大工程和基础设施建设，尤其是要加快5G、人工智能、工业互联网、物联网、数据中心等新型基础设施建设进度。新的发展阶段，"新基建"发展战略进一步得到党和国家的高度重视，也成为中国经济社会缓解压力和寻求新发展动能的重要出路。

本文认为，"新基建"是主要发端于科技领域特别是新一代信息技术领域的基础设施建设。其重心已经不是相对完善的铁路、公路、桥梁、机场等传统固定资产投资。"新基建"更多关注的是以5G技术、互联网、物联网、智能化、大数据等领域为代表的新的创新型经济基础设施，"新基建"兼具固定资产投资和创新驱动基础要素建设的双重属性，加快推进"新基建"必将成为新一轮稳增长、促改革、调结构、惠民生、防风险的重要抓手，同时也将为中国经济由工业经济时代向数字经济时代迈进打下坚实的基础。事实上，数字文化产业也分享"新基建"的红利实现自身的快速发展。

二 深圳市文化产业发展现状

（一）文化产业规模持续扩大

"十三五"期间，深圳市文化产业规模呈快速扩大态势。2015 年深圳市文化产业增加值为 1021 亿元，占全市 GDP 的比重为 5.8%；而到 2020 年，深圳市文化及相关产业从业人员超过 100 万人，产业法人单位超过 10 万家，文化产业增加值也增长到 2200 多亿元，占全市 GDP 的比重超过 8%。据深圳市统计局相关统计数据，2020 年深圳规上文化企业数量多达 2996 家，全年实现营业收入 8267 亿元，同比增长 5.40%，高出全国 3.20 个百分点，占全国规上文化企业营收比重达 8.39%。目前，就文化产业规模而言，深圳仅次于北京、上海两大直辖市，就规上文化企业法人单位数、从业人数、资产规模、营业收入等主要指标而言，深圳在这些指标上均位居国内 15 个副省级城市第一。

（二）文化产业业态结构不断优化

新型文化业态加快涌现，创意设计新媒体及文化信息服务、工艺美术、文化旅游、文化软件等业态结构不断优化，文化产业数字化不断推进，各类新型文化场景集成应用加速落地。创意设计、动漫游戏、网络文化等行业在全国的竞争优势明显提升，进一步巩固了深圳文化产业的支柱产业地位。

（三）文化产业特色逐渐形成

深圳文化产业发展形成了科技含量高、创意能力强、外向性突出、市场主体发达和集聚程度高等特点。利用高新科技发达的优势，积极推进"文化+科技"融合发展，以现代信息技术手段为支撑和应用助推新型文化企业快速发展。深圳也是国内第一个被授予"设计之都"称号的城市，在诸多设计领域占据国内较大市场份额，深圳设计周、"创意十二月"等在全国均有较大影响。

（四）重点文化企业不断成长

深圳 100 强文化企业中，文化服务业比重不断提升，文化服务业产值快速提升，龙头企业数量增多。2021 年深圳 100 强文化企业实现营业收入 2769 亿元、产业增加值 509 亿元。国家高新技术企业深圳占比超九成，境内外主板上市企业达 28 家，2 家深圳企业入选"全国文化企业 30 强"，充分显示了深圳重点文化企业不断创新发展的最新成果。

（五）文化产业数字化转型趋势明显

深圳市传统文化制造业与数字化技术融合，实现更大的优势叠加效应、价值增值效应，促进产业与技术共同发展。通过应用人工智能、云计算、大数据等创新工具，创新融合文化产业应用场景，促进文化产业创新业态、创新模式快速发展，涌现出"AI+文化"等新场景。深圳传统文化制造业在传统工艺的基础上，融合数字创意和文化科技进行产业数字化升级，给传统文化制造业带来新的经济增长。目前，深圳市的印刷、黄金珠宝两大传统优势产业积极谋划数字化转型，与环保科技、3D 打印、直播等新型数字科技融合发展，成功提升自身市场竞争力。

三　5G 背景下深圳文化产业价值链现状

（一）深圳文化产业门类齐全，拥有竞争力较强的龙头企业

深圳在发展文化产业过程中，充分尊重和发挥市场在产业资源配置

上的决定性作用，注重创意引领和科技支撑，逐步培育起创意设计、动漫游戏、文化旅游、高端印刷、黄金珠宝、文化会展等多个具有较强竞争优势的行业，初步构建了较为齐全的产业门类，形成了"文化+科技""文化+金融""文化+旅游""文化+贸易"等特色，现代产业体系基本形成。

作为国内第一个被联合国教科文组织认定的"设计之都"，深圳平面设计、工业设计、建筑设计、室内装饰设计、服装设计等行业在国内具有较大的竞争优势，占全国较大市场份额。动漫和游戏业起步早、发展快，涌现腾讯、华强动漫、环球数码、创梦天地等多家具有较强竞争力的龙头企业。文化旅游业引领国内潮流，华侨城、华强方特连续多年入选"全国文化企业 30 强"，二者的主题公园入园人数分别位居全球第四和第五。深圳印刷行业产值稳居全国首位，裕同、劲嘉、雅昌等多家企业入选"全国印刷企业百强"，其中裕同科技先后获得了 2016 年、2017 年中国印刷包装企业 100 强第一名。黄金珠宝业集聚效用强，深圳目前是国内最大的黄金珠宝生产基地，占据了国内 60% 以上的市场份额。

深圳与相关部门、机构联合搭建的中国国际文化产业博览交易会、深圳文化产权交易所、中国文化产业投资基金等多个国家级产业平台的影响力日益扩大。其中文博会成功举办了 16 届，是全国唯一国家级、国际化、综合性文化产业展会，成为引领中国文化产业发展的重要引擎和推动中华文化"走出去"的重要平台。

（二）文化服务业占比高于全国平均水平，产业价值链不断提升

深圳文化产业曾经在相当长一段时间里，较低端的文化制造业占比较大。第四次全国经济普查结果显示，这一结构发生了根本性的变化。2018 年深圳市文化及相关产业增加值为 1996.11 亿元，比

2013 年增长 144.9%，占全市 GDP 的比重为 7.90%，比 2013 年提高超过 2 个百分点。其中文化制造业增加值为 505.81 亿元，占文化及相关产业增加值的比重为 25.3%；文化批发零售业增加值为 152.79 亿元，占文化及相关产业增加值的比重为 7.7%；文化服务业增加值为 1337.51 亿元，占文化及相关产业增加值的比重为 67.0%。按领域分，2018 年文化核心领域①实现增加值 1433.36 亿元，占文化及相关产业增加值的比重为 71.8%；文化相关领域②实现增加值 562.75 亿元，占文化及相关产业增加值的比重为 28.2%。图 2 显示，深圳文化服务业占比为 67%，高于广东（55.57%）和全国（60.30%）的平均水平。同时，图 3 表明，深圳文化核心领域贡献较大，成为深圳市文化产业的主要组成部分。

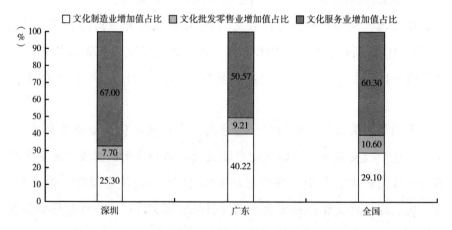

图 2　2018 年深圳、广东、全国文化产业增加值构成

数据来源：第四次全国经济普查。

---

① 文化核心领域包括新闻信息服务、内容创作生产、创意设计服务、文化传播渠道、文化投资运营、文化娱乐休闲服务。
② 文化相关领域包括文化辅助生产和中介服务、文化装备生产、文化消费终端生产。

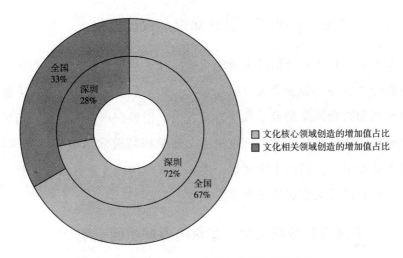

图例：
■ 文化核心领域创造的增加值占比
■ 文化相关领域创造的增加值占比

图 3   2018 年深圳、全国文化核心领域占比

数据来源：第四次全国经济普查。

四   深圳文化产业价值链地位提升的思路探讨

由于文化产业本身的特殊性，5G 背景下，数字技术助力推动文化产业发展、提升深圳文化产业价值链也是一个系统工程，需要方方面面形成合力。因此，要久久为功、持之以恒，共同推动实现深圳文化产业价值链地位提升的战略目标。

（一）营造政策环境，强化文化产业版权运营

要营造文化产业价值链攀升的良好环境，从营造政策环境发展路径、营造产业环境发展路径、营造文化产业人才环境发展路径等方面发力。与此同时，还要强化文化产业价值链版权的运营，从搭建深圳版权服务载体、完善版权配套保障体制、创新版权保护新思维、应用区块链保护技术和分类细化保护版权运营等方面发力。

（二）创新金融支持，推进知识产权证券化

要创新文化产业价值链金融的支持路径，从发挥财政税收作用、完善融资配套服务、加强金融交易与监管、拓宽股权融资渠道、完善融资定价规则和强化风险防控手段等方面发力。借鉴深圳罗湖经验，拓展文化产业价值链知识证券化路径①。从充分发挥政府政策引导支持作用、加强企业知识产权的内生性建设、发挥中介机构的专业性服务优势、降低知识产权证券融资交易成本等方面发力。

（三）搭乘科技顺风车，深耕内容创意的土壤

丰富文化产业价值链的科技创新路径，从坚持创新驱动强化科技支撑、利用科技赋能提高原创能力以及加大力度创新研发数字化应用等方面推进。构建文化产业内容创作的特色化路径，深耕内容创意的应用场景分析和促进更具有内容价值的创新。

（四）探索深圳样本，携手港澳打造湾区国际创意之都

探索文化产业价值链提升的深圳路径，通过挖掘与打造深圳特色文化、讲好深圳故事、探索深圳样本，利用文化数字化技术实现价值链提升。加强国际合作，为数字文化企业开展国际交流提供引导和帮助。加强深港澳在文化产业领域的合作，在影视产业、创意设计、文化旅游、音乐舞蹈等领域携手，从加大原创作品培育力度、加强文化基础设施建设、加强文化创意产业教育和加强统筹协调推进等方面发力，在建设人文湾区过程中打造国际创意之都。

---

① 陈能军、李硕、周玉兰：《新时代文化企业版权资产证券化——以国内首单版权资产证券化产品为例》，载杨涛、金巍主编《中国文化金融发展报告（2021）》，社会科学文献出版社，2021，第 205~217 页。

文化引领现代化活力新南海建设

殷秩松　田乐[*]

摘　要："城市是文化的容器，文化是城市的灵魂"。进入高质量发展新阶段，以文化为魂的城市软实力建设成为城市发展的重要议题。佛山市南海区围绕现代化活力新南海的目标主线，展开了文化引领、文创发展的创新探索：以西樵山书院为新型智库，全域统筹谋划顶层设计，聚焦空间提升、内容提升和体验提升实施文创提升计划，聚力平台发展、活动发展和社群发展营建文创发展生态。

关键词：文化引领　文创生态　文化软实力

一　引言

文化发展是人类现代化的目标之一，也是城市走向现代化的重要保障。将文化置于城市发展的战略核心地位，是一个世界性潮流。新中国成立70多年来尤其改革开放以来，中国快速的城市化进程，创造了人类城市文明的奇迹。进入高质量发展的新阶段，如何回归城市"以人

---

* 殷秩松，中国文化产业协会乡村文化创意分会秘书长、清华校友总会文创专委会秘书长、佛山市南海区西樵山书院执行院长，主要研究方向为文创、乡创、文旅文创融合；田乐，佛山市南海区西樵山书院文化研究专员，主要研究方向为文创战略、文化旅游。

为本"的理念，彰显城市作为"文化容器"的价值魅力，建设文化为魂的城市软实力，不仅是理论话题，更成为实践课题。

清华大学文化创意发展研究院（以下简称"清华文创院"）着眼于树立文化自信、建设文化强国的目标，旨在服务国家文化建设、引领文化创新发展，同时服务政府文化领域的政策制定，力争成为中国文化领域的决策智库与人才基地。近年来秉持全新的文创理念，以创意视角、科技视角、生活视角关照中华优秀传统文化的创造性转化和创新性发展，在参与地方文创赋能城市更新、乡村振兴、文旅融合的智库咨询中，积累了文创的前沿理念与创新实践。"奇妙城市"就是在我国城市进入人文转型的时代背景下提出的发展理念，强调文化引领、文创赋能，建设新时代城市的文化感、青春度、生活气和传播力，增强人的认同感、归属感、幸福感，为城市文创实践提供了一种崭新视角和发展路径。

佛山市南海区地处广佛都市圈、粤港澳大湾区腹地，是改革开放先行区，也是岭南文化发祥地之一，境内西樵山更享有"珠江文明的灯塔"之美誉。步入"十四五"高质量发展的新阶段，顺应融入粤港澳人文湾区建设、佛山文化导向型名城建设的发展方向，南海区提出围绕"现代化活力新南海"的目标和主线，在"城产人文"四领域促转型，以文化为支撑发展的"精神内核"，打造文化强区，提升城市形象。全区高度重视文化软实力提升，并积极谋求与高校展开合作探索。2021年3月，南海区委、区政府领导一行到访清华文创院，诚邀文创院做战略和学术指导，助力南海打造国内文化研究学术高地和文创产业实践前沿。由此，拉开了文化引领现代化活力新南海建设的序幕。

二　智库领衔与文化引领

（一）新型智库领衔创新发展

聚焦南海区文创发展，由南海区人民政府发起成立了新型智库机构——佛山市南海区西樵山书院，邀请清华文创院提供战略和学术指导。围绕西樵山书院的设立，2021 年 7 月 25 日，双方主办"新百年，新文创"——西樵山书院发展研讨会，围绕新时代南海文创发展新路径、文旅融合新方向等主题，政产学研各界代表建言献策，并表达了对西樵山书院创建的充分肯定和期望。

书院积极构建"智库共策、产业共创、人才共育、创意共享"的区域文创发展协同体，以探索中华优秀传统文化的创造性转化与创新性发展为使命，以区域文创发展及产业转换平台的最佳实践为目标，致力于以文化引领、文创赋能、文旅发展助力现代化活力新南海建设，推进南海文化顶层设计、展开文创文旅发展研究、吸纳培养中高端人才、营造文创发展生态，让南海更具文化使命感、国际传播力与时代引领性。

自 2021 年 7 月创建以来，西樵山书院积极链接国内外专家资源，参与文创赋能文旅融合、城乡融合、乡村振兴、城市形象、创意传播、产业创新等方面的研究，协助开展泛文旅项目前期总体策划和概念规划，提供了方向性、战略性、统筹性、实施性的策划内容。

（二）全域统筹谋划文化引领

西樵山书院领衔高位谋划南海区文化发展的顶层设计。基于对历史文脉的系统梳理、城市文化特质的提炼、文化发展格局的明晰，提出了全区文化引领、文创发展、文旅融合的顶层战略。

通过对南海历史文脉的梳理和研究发现，南海发展有"七开"：史前开蒙，西樵山新石器时代揭开文明曙光；秦汉开辟，纳入中华文化版图；隋朝置县，开启"首府首县"岭南（广府）文化发展史；明清开垦，桑园围垦拓、理学蔚然兴起、成就南海衣冠；近代"开眼看世界"、救国自强，以及开始一口通商及十三行对外贸易史；改革开放，开创产业之城、制造业强区、发展先锋地；新时代以来，开启现代化活力新南海建设，塑造"城产人文"新局面。在历史的演进中，南海文化发展呈现"三江五水脉①，共同筑起三条文化带"的特点，塑造了"海纳百川、心印天下、开拓有为、人文日新"的城市精神。

基于此，书院提出了全区文化发展的格局，即谋划打造"三带三区"，广府源流文化带、省佛通衢文化带、桑园围文化带和千灯湖中央活力区、大桃园产城活力区、环樵山水乡活力区。在此格局之下，推进文创提升和生态营造。

三　实施文创提升计划

全区文创提升计划的实施，重点涵盖空间提升、内容提升和体验提升。

（一）空间提升

1. 桑园围水脉文化引领及文旅发展策划

桑园围是世界灌溉工程遗产，基塘农业系统是中国重要农业文化遗产。南海区提出实施桑园围水脉复兴计划，以桑园围为起点，整合西部丹灶、西樵、九江三镇三大水系 12 条河涌，连接 8 个文旅景区、44 个乡村，覆盖全长 58 公里的主航道。桑园围水脉整体规划分城规、文旅、水利三个专题由三个团队联合完成，旨在挖掘水脉的历史价值和人文意涵，打造生态绿脉，传承创新文脉。

桑园围水脉文化引领和文旅发展的总体研究和策划工作由西樵山书院担纲展开，将西部三镇跨区域整体谋划，提出"一核引领、十大主题文旅场景、八个乡村生态博物馆"的发展策略。以被誉为"珠江文

---

① "三江"指西江、北江、珠江，是广府文化的天然源流，承载着广佛两城同根并蒂的发展脉络，勾勒了南海文化版图的空间框架。"五水脉"：西南水脉（涌）、里水水脉是广府源流的水脉节点，汾平水脉、东南沙水脉（涌）是省佛通衢的水脉节点，桑园围水脉是桑园围基塘农业文化的水脉节点，代表着南海水乡之不同的精神特质、文化禀赋。

明的灯塔"的西樵山为一核,山湖联动、山上保留文化根性、艺术介入、焕新表达;山下存量空间提升、增量空间补益,丰富文旅度假和文化体验业态。围绕基塘农业、织造文化、书院文化、家宴文化等在地文化,以及历史文化名村、圩市、景点等不同空间载体,策划了织造天下、渔耕粤韵、诗礼传家等十大主题文旅场景以及相应的新内容、新业态,旨在让世界遗产焕发时代生机,为城乡融合探索创新之路。策划跨区域串联南海区西部的重要线性文旅资产,指导后续的空间营造。

2022 年 3 月 29 日,"沧海桑田,生生不息"——桑园围水脉规划发布,南海区委书记顾耀辉接受采访时给予了这样的评价:桑园围水脉规划最大的亮点是突出文化引领、生态优先。两个突出的特点是跨区域、跨领域。跨区域打破以往按行政区域划分的限制,将西部三镇整体统筹谋划;跨领域突破以往以空间规划为主导,更有利于文化、生态等要素资源的整合。规划更有生命力,规划的实施也将发挥更好的示范作用。

2. 千灯湖活力提升及品牌更新计划

千灯湖是南海乃至佛山的城市客厅,是城市中轴线的标杆。千灯湖公园曾于 2015 年荣获全球城市开放空间大奖(中国首个荣获该奖项的项目),但当前公园文化氛围不足、青年活力缺乏、与周边 CBD 金融商务区互动性较弱,如何增强片区活力成为亟须破解的问题。

千灯湖活力提升及品牌更新计划,秉持"奇妙城市"发展理念,旨在为公园注入文化感、青春度、生活气、传播力,提升空间活力与人文活力。计划提出了营造五大国潮主场——国潮音乐、户外、休闲、艺术、文博场景;发展五大国潮品牌活动;展开精神性空间建设的四大升级——内容升级、活动升级、业态升级、社群升级;助推计划落地的一大举措"千灯点点计划"——面向主理人招募、社群培育、内容孵化和业态创新,推动文创人才生态和人才活力建设。

2022 年 6 月 6 日晚,"潮涌千灯 粤品粤 young"千灯湖中央活力区赏析会在千灯湖市民广场举办，现场发布了千灯湖中央活力区"千灯点点计划"。未来，将从活力文化、活力城央、活力产业、活力人才四个维度打造千灯湖中央活力区。千灯湖片区也将从 CBD 金融商务区跃升为 CAZ 中央活力区，发展成为"城产人文"融合发展的标杆区域、展示现代化活力新南海形象的最佳窗口。

（二）内容提升

平台驱动内容提升，创建"奇妙南海"城市 IP 实验室。秉持"奇妙城市"理念，立足"产业共创"和"人才共育"思路，聚合文创人才、创新业态，重点推进南海城市 IP 打造。梳理南海城市文脉并对本地的历史、文化、民俗、美食等相关要素进行建档；组织研发各类型、各层级的城市 IP，包括内容 IP、场景 IP、社群 IP 等，面向新人群，推进城市品牌营造与创意传播。

平台打造了首项创意内容"南海狮团"。"天下醒狮，皆出南海"，西樵镇素有"龙狮源地、飞鸿故里"美誉。醒狮之于南海，不仅是一项民俗活动、一种文化传承，更是一种城市精神，蕴藏着国人自立自强、生生不息的民族精神。新时代呼唤新担当，醒狮在当下更承载着醒国魂、振精神、塑自信、聚人心的新使命。为了展现醒狮文化的当代意涵、赓续传统、引领国潮，南海区与西樵山书院发起了"南海醒狮焕新计划"，先期重点打造了"南海狮团"，策划了"南海狮团诞"活动。

"南海狮团"从南海千狮（现存 2700 多支狮队）中挑选了具有代表性、传承性、创新性的 12 只狮子首批成团。狮团每只狮子背后都有感人的故事。例如，元气狮乐仔，来自西樵镇民乐小学，一朝春晚梦，十载少年功；老狮傅阿峰，来自狮山镇颜峰龙狮武术协会，是工匠精神的化身；爷青狮阿承，来自九江镇沙头武术协会，专注于年轻一代狮艺的培育；一代宗狮飞鸿，来自黄飞鸿狮艺馆，为中华传统醒狮文化发扬光大而来。狮团被赋予人格化与精气神，代表了一种融入南海人骨血的城市精神。

首届"南海狮团诞"节庆活动于壬寅虎年的正月（2022 年 2 月 26 日）在西樵山下听音湖畔举行。活动集巡游、团礼、祈福、春闱于一体，吸引了大批市民。舞台庆典融汇了南狮、武术、国乐、舞蹈；成团仪式延承了"新狮点睛"传统，由国家级非物质文化遗产广东醒狮传承人黎念忠领读祈福诵文，众狮团成员献瑞祈福。活动为观众呈现了一场跨界的国潮盛典，彰显了醒狮这一国家级非物质文化遗产的无限魅力。活动同时在央视网、文旅中国、微博、微信等多平台开设实况直播，赢得了海内外观众的广泛关注。

未来南海将继续深耕醒狮文化，带领醒狮破圈出圈。"南海狮团"作为城市一大 IP，将持续深化非遗的创新转化，引领国潮国风时尚，塑造城市文化形象；将化身城市文化传播大使，讲述文化故事，链接在地人群，成为与青年对话的窗口，增进文化认同、文化自信，甚至作为对外文化交流的代表走向世界。

（三）体验提升

随着文化创新与科技发展，体验式文化消费正在崛起，文化和旅游业态正向体验式、沉浸式、互动式转型升级。南海文创文旅体验提升的探索重在文旅数智化及沉浸式产品的打造上。

1. 南海文旅知识图谱

南海区携手清华大学启动了国内首个地方文旅知识图谱项目——南海文旅知识图谱联合研发项目。项目以服务本地文旅应用场景为主要目的，通过先进知识图谱技术对全区历史文化资源进行数字化、知识化、平台化加工，生成全新形态的文旅知识卡片，成为新型城市文旅知识工程。这项创新工程的落地，一方面将南海的历史文化工程从图书出版向数字应用延展，助力在地文化资源的深度整合、聚合再造、价值挖掘；为文旅发展开拓新形式、新空间，激发大众对南海文化的兴趣和对城市的探访；推动本地文旅品牌塑造、城市文化形象推广；另一方面也构建起南海城市数字底座的重要部分，助力数字经济时代文化科技深度融合新标杆的树立。

2.南海奇妙游

南海奇妙游，是顺应沉浸式文旅发展趋势，由西樵山书院与风雅六合联合策划的城市全程沙盒项目，旨在创新文旅打开方式。项目以南海文旅知识图谱为基础，构建起沙盒世界观的边界与基础，将文旅知识卡片、文化卡牌融入全程沙盒系统，成为游客探索南海的重要线索。沙盒以南海"奇妙空间"为剧情源点，以在地历史故事、人文风光、网红景点、年轻业态为基底，构建覆盖全域、兼顾轻度旅游打卡和区域解密的沉浸式体验。策划设计非线型剧情体验，构建路书形式的游览导引，以游戏化运营思路，联动网红打卡点，链接全球红人节，展开城市沙盒定向联动，引导游客探索南海的人文景象与现代气象，生成完整的南海奇妙游体验。

四 营建文创发展生态

城市文创发展的关键环节是营造文创发展生态。南海区文创生态的创新探索聚焦于平台发展、活动发展和社群发展。

（一）平台发展

1. AI 文创产业赋能中心

基于全球 AI 文创大赛运作成果，以及大赛总决赛落户南海，南海建立区"AI 文创产业赋能中心"。将清华大学在人工智能领域的最新成果以及 AI 文创大赛参赛机构的最新成果在南海进行产业转化，探索区域文旅知识图谱平台、AI 文创超大规模预训练模型服务中心等发展方向，发布《AI 创造力年度报告》，举办 AI TAIK 论坛等。

2.美食产业与文化研究中心

为了弘扬南海美食文化，助推美食产业发展，在中共佛山市南海区委宣传部和区文化广电旅游体育局的指导下，西樵山书院成立了美食产业与文化研究中心。

中心将建成一个专家智库平台和新的研创平台，邀请第五届、第六届中国烹饪协会副会长边疆作为名誉主任、主理人，链接更多行业资源，探索南海美食发展的新思路、新模式。中心将重点推动三方面工作。其一，美食产业智库。整合专家资源提供支持，制定美食产业与文化研究题目，调研设计促进美食产业和文化发展的项目。其二，美食品牌工作。开展美食文化史料挖掘、人物研究、资料整理工作，编辑出版有关年鉴、书籍，固化成果，推动南海与国内外相关各界联系沟通，引入或参与各种美食产业和文化活动。其三，美食产业发展。未来以传统粤菜为基点，链接农产品和食材产业、预制菜产业、生物科技大健康产业，链接南海文化、广府文化、岭南文化、中华文化，关注科技和文创对美食产业的赋能提升，让创意创新融入大食物、大美食领域，让未来城乡美好生活从吃开始，吃出美味、吃出健康、吃出文化。未来中心将立足南海，拓宽佛山、湾区、全国乃至世界华人华侨范围视野，以推广岭南美食文化为抓手为增强民族自信贡献力量。

3.新乐府大湾区粤语音乐创演中心

为了落实千灯湖活力提升计划，打造国潮音乐品牌活动，推动非遗的年轻化和国际化表达，音乐厂牌"新乐府"将与南海区合作创设"新乐府大湾区粤语音乐创演中心"。

中心将引入国内知名老牌音乐公司十三月文化创始人卢中强，以其作为千灯品牌主理人领衔发展。卢中强带领着一个专注于用世界音乐语言发扬中国文化的音乐厂牌、国乐潮牌——"新乐府"，多年来关注广东音乐文化生态，积极思考与南海的文化共振。自2021年来到南海考察交流，就围绕城市文化品牌打造与区领导进行过深入探讨。2021年末成功推出国潮节目《南海醒狮》，并推荐该节目成为 2022 年河南卫视小年夜晚会的开场秀。开场秀上新乐府团队与佛山南海比麟堂醒狮队、演员赵文卓一起，将跨界的南海醒狮表演搬上了舞台。伴随团队重新编曲的广东音乐"赛龙夺锦"，醒狮"打头阵"出场，瞬间点燃晚会气氛。与此同时，开启醒狮人设打造，联手 AR 刘夫阳创作了首支醒狮嘻哈《蓝狮阿明》，制作了第一支真人版"雄狮少年"MV。其中融入了南海本地"龙舟说唱"等传统岭南非遗元素，并加入了专门采录的南狮点睛老师傅的点睛口诀，赋予南狮人格。此外，在 6 月 6 日晚千灯湖中央活力区赏析会上，卢中强的作品《八面威风》还为南海狮团的精彩表演贡献了背景音乐。

中心旨在建设成为立足南海、面向湾区、辐射全国的粤剧国潮化创新、音乐内容及演出孵化的文化服务平台，成为一个具有专业录音和排练功能，配套日常版权孵化、专业活动，并集产学研于一体的国乐复兴基地。致力于将"新乐府"多年来在粤剧、粤语音乐、广东音乐、非遗音乐等方向的开发与研究落地南海，并持续为南海引入优质行业资源。利用"新乐府"在传统文化年轻化、国潮化领域的资源和专业优势，更好地整合流量、激活南海青年文化。

（二）活动发展

借力文创发展平台，南海引进落地了全球 AI 文创大赛、大地艺术节、全球红人节，以国际化、现象级活动的持续运营转化为平台价值，打造成为城市影响力的发声平台、城市新文化资产的转化和积累平台、人才生态营造平台、文创赋能产业升级平台。

1. 全球 AI 文创大赛

随着人工智能技术在全球迅速发展，为了更好地推动人工智能在文创、艺术领域的应用，清华大学文化创意发展研究院、清华大学人工智能研究院、清华大学艺术与科技创新基地、艺评网、英诺天使基金等共同发起了"全球 AI 文创大赛"（GAAC）。从 2018 年到 2020 年，全球 AI 文创大赛初步形成具备全球化视野的赛事，吸引了来自美国、法国、意大利、丹麦等国家的项目参与比赛。该赛事不仅为参赛项目提供了技术、人才等资源开放的交流平台，也发挥了成果转化及资本投资平台的作用。

2021 年，在南海区人民政府的大力支持下，全球 AI 大赛总决赛作为西樵山书院的工作重点永久落户南海区。结合中国 AI 学界超大规模预训练模型"悟道"，遴选全球优秀项目集结南海。2022 年 1 月 15 日，南海区举办了 2021 全球 AI 文创大赛系列活动——元宇宙主题沙龙，总决赛也于 7 月 22 日举办。为了更好地帮助南海文创产业发展与 AI 文创项目成长与落地，大赛通过对接地方产业政策和社会资本力量，鼓励参赛项目与地方产业发展需求相结合，以逆向创新的模式，助力参赛项目所持技术寻找更多的应用场景，为文创产业升级赋予新动力，为南海区域发展注入新活力。

2. "艺术在樵山——广东南海大地艺术节"

"大地艺术节"是地域型艺术节的代名词，是以艺术为坐标的乡土巡礼。由国际著名策展大师北川富朗创立的"越后妻有大地艺术节"作为"地域型艺术节"的代表，已成为"以艺术带动地域振兴"的成功模式，这一模式也被联合国世界旅游组织（UNWTO）列为"2017~2030 年世界旅游可持续发展全球示范项目"。

作为桑园围水脉规划的首开项目，2022 年 3 月 29 日，"艺术在樵山——广东南海大地艺术节"（以下简称"南海大地艺术节"）在"沧海桑田，生生不息"——桑园围水脉规划发布会上正式启动，也吹响了桑园围水脉的"进军号"。"南海大地艺术节"由南海区人民政府主办，大地艺术节中国执行团队参与，邀请北川富朗出任艺术顾问，通过组建执行架构推进持续运营。

"南海大地艺术节"以"艺术在樵山"为主线，深挖"珠江文明灯塔"的深厚底蕴与文化价值,邀请全球优秀艺术家展开在地创作,注重本土化创新,强调艺术项目的"在地性",包括讲述本地故事、使用本地材料、利用本地资源、带动本地人参与。艺术节以艺术为点睛之笔和破题之钥,大胆探索"巡礼南中国,源流在南海"的命题,激活乡村活力,链接全域旅游,彰显南海魅力;为艺术创生助力乡村振兴南海模式的探索、城乡融合发展改革创新试验区的建设,以及"大湾区文化新高地"的打造贡献力量。

3.全球红人节

红人经济是数字时代的新经济,是由虚向实的数字生态。中国短视频直播大会暨全球红人节(暂定名)由南海区人民政府发起,由西樵山书院、东方嘉禾联合承办,致力于升级成为国家乃至国际级网络经济生态大会,加快"两业"融合、"两化"转型,促进产业转型升级。全球红人节将与南海区泛家居产业推介会结合,邀请顶流网络红人沉浸式体验"南海好物",讲好"南海智造"的生动故事。未来,将通过持续举办大会,吸引国内外主播、MCN 公司等落户,将南海区泛家居线下场景打造成网红直播基地,为制造业数字化转型赋能。

未来,全球红人节拟设立日常运营中心。一方面通过定期输出专业内容,组织红人沙龙、考察、走访等整合国内外资源,持续运营全球网络红人节 IP。另一方面以红人为主体整合线上线下资源,共同发力,从城市形象、国际传播、营商环境等多角度助力南海区城市品牌影响力的提升。

(三)社群发展

清华校友三创大赛创意开放平台 C-LAB 落地南海,营造文创人才生态。"千灯点点计划"发起示范,聚合创意人才,培育主理人社群。

1.清华校友三创大赛创意开放平台 C-LAB(南海)

C-LAB 创意开放平台,倡导"学科交叉、开放协作、融合创新"

的发展理念，致力于围绕文创发展，搭建开放平台，发展社会化创意创新网络，造就新一代文创领军人才和培育新一代文创领军项目，以公益形式持续接收文创领域新项目，并提供学习、活动、社群等发展机会。

在 2021 年"新百年，新文创"——西樵山书院发展研讨会上，清华校友三创大赛创意开放平台 C-LAB（南海）正式揭牌。平台落户南海，致力于培育在地创意人才网络和文创服务体系，助力营造南海的文创人才生态，为南海的文创发展、文旅融合乃至区域高质量发展提供助力。

2. "千灯点点计划"

"千灯点点计划"是由南海区桂城街道与南海区西樵山书院联合打造的专项计划，是"活力人才"建设的重要举措。立足建设现代化活力新南海，致力于千灯湖活力提升和品牌发展，将在未来三年内投入资金支持主理人和社群培育。计划包含"千灯点点创意计划""千灯点点主理人计划"，以此营造千灯湖青年活力社群氛围，培养千灯湖国际青年友好社区发展的核心生态，点亮一千盏创新创意之灯、国潮活力之灯、美好生活之灯。

"千灯点点主理人计划"引入 10 位来自不同行业的千灯品牌主理人，立足他们的垂直领域专业能力、业界号召力、全球引领力、媒体影响力，带动、推荐、指导业内青年力量。从"千灯点点计划"出发，共同打造千灯湖活力社区，推动千灯湖及南海区的城市品牌传播，提升品牌价值。同时，招募评定 50 位青年社群主理人，会聚南海，共创城市街区活力发展的千灯湖名片。

2022 年 6 月 6 日晚，"千灯点点计划"在"潮涌千灯　粤品粤 young"千灯湖中央活力区赏析会上发布。创新人才相聚千灯湖畔，8 位千灯品牌主理人——雕塑大师吴信坤、国际著名建筑师马清运、金牌音乐制作人卢中强、潮流户外大咖王鑫、中国著名美食家庄臣、《雄狮少年》出品人和制片人程海明、原创设计国潮品牌 HEA 联合创始人马亮、佛山狮头传承人欧琦辉亮相，分享了他们的前沿文创实践。7位朝气蓬勃的青年社群主理人——街舞达人林兴禹、灵魂摄影师丰树、美食达人谭家良、社区营造达人李子浩、说唱达人杨君涛、户外达人陈杰辉、创意设计师苏敏也在活动中亮相，为千灯湖带来丰富的社群活动。

"千灯点点计划"作为专项计划未来将持续推动主理人和社群培育，鼓励社群活动、文创内容和业态创新。计划以形成全域涌动创意创新激情、全体参与创意创新行动、全业流动创意创新因子为目标，推动落实品牌性主题活动和青年社群工作，促进产业生态、人才生态有机融合，打造具有自生长内驱力的生态系统，开启现代化活力新南海的"人文城产"活力激发工作，全面促进南海对青年友好、促进青年可为。

冬奥会推动北京全国文化中心建设策略

摘 要：加快实现北京从"两个奥运"城市到全国文化中心建设的转型，是实现北京冬奥会提出的三大理念，进一步推动北京建设全国文化中心的必然选择。本文通过分析借鉴国外冬奥会举办城市推动城市文化建设经验，深入研究冬奥会推动北京建设全国文化中心的发展战略，从促进北京体育文化创意产业融合创新发展、激活冰雪文化旅游产业发展效应、科技创新驱动"新基建"快速发展、"融媒体"加大北京冬奥会传播力度四个方面，提出具有时代性、前瞻性和创新性的实现路径，对促进北京全国文化中心建设具有重要意义。

关键词：北京冬奥会 全国文化中心 新基建 融媒体

北京冬奥会的举办使北京成为全球唯一一个既举办过夏季奥运会，又举办过冬奥会的城市，凸显了北京作为全国文化中心和世界文化名城的深厚历史文化底蕴和现代意义。因此，加快实现北京从"双奥"城市到全国文化中心和世界文化名城建设的转型，是北京继承 2008 年夏季奥运会宝贵财富、巩固奥运辉煌成果，从"科技奥运、绿色奥运、

---

* 王丽，博士，北京市社会科学院助理研究员，美国杜克大学博士后及访问学者，主要研究方向为国家形象传播、文化传媒等。

人文奥运"转向"人文北京、科技北京、绿色北京"建设，再到实现北京冬奥会提出的"以运动员为中心、可持续发展、节俭办奥"三大理念，进一步推动北京建设全国文化中心的必然选择。因此，深入研究冬奥会推动北京建设全国文化中心的发展战略，提出具有时代性、前瞻性和创新性的实现路径，对加快北京实现全国文化中心和国际一流和谐宜居之都建设的发展目标具有重要意义。

冬奥会经历了98年的发展历程，世界各国充分利用这一国际冰雪赛事的重大舞台，展示举办国家和城市的社会、经济、文化和冰雪体育的综合实力。北京冬奥会的举办再一次给北京提供宣传机会，进一步促进和加速北京政治、文化、体育产业及城市生态环境的发展，提高城市的综合竞争力和国际影响力，是新时代促进北京文化中心建设的加速器。北京冬奥会的举办涉及社会、经济、文化和生态等多个领域，对推动北京文化中心建设潜力和作用巨大。冬奥会推动北京实现建设全国文化中心的最终发展目标，最重要的就是助推北京建成国际一流和谐宜居之都，为全面实现小康社会、建设新时代中国特色社会主义做出贡献。

一　他山之石：国外冬奥会举办城市推动城市文化建设经验

冬奥会是目前世界上除夏季奥运会之外的跨国、跨意识形态的和平与友谊的国际重大盛会，世界上许多国家和城市都为能举办一届冬奥会而感到自豪和幸福，各国也将能为本国的城市争得冬奥会举办权作为显示自身国际地位和国际形象的重要标志。冬奥会为举办国家和城市的社会和经济发展提供了动力，同时也为城市推动文化中心建设提供了新机遇。城市通过举办冬奥会给全世界留下深刻的印象，从而得到政府和社会多元化资金的支持，为建成文化中心提供了重要的物质保障。因此，冬奥会不仅是全球最具影响力和参与最广泛的冰雪体育盛会，也是举办国家和城市经济文化发展的助推器，给举办冬奥会的国家和城市发展带来重大机遇。

（一）冬奥会举办国家和城市的经济文化发展走向与白色经济息息相关

冬奥会是全球化的冰雪竞技体育盛会的典型代表。自 1924 年第一届法国夏蒙尼冬奥会至 2022 年第 24 届北京冬奥会，目前已经在 13 个国家的 20 个城市举行。中国北京是唯一一个既举办过夏季奥运会，又举办过冬季奥运会的城市。近 20 年来，夏奥会、冬奥会和足球世界杯三大赛事，15 大经济体共举办过 53 届，占 70.6%。其余为希腊、芬兰、瑞士、瑞典、挪威、奥地利、阿根廷等国，由此可见我国申办冬奥会的必要性和重要性。

冬奥会举办国家的经济发展水平，反映了冬奥会举办国家的综合经济资源动员能力与抵御经济风险的水平和能力，直接影响冬奥会能否成功举办以及冬奥会举办后促进经济文化持续发展的能力。冬奥会白色经济是指在一定时间和空间范围内围绕举办冬奥会所发生的一切直接或间接的白色经济活动，以及由冬奥会白色经济活动所产生的一切白色经济联系和白色经济效益的总称，是举办国家和城市在筹办、举办冬奥会期间及冬奥会后的一段时间内，充分利用冬奥会白色经济投资创造的商机，借势发展举办国家和城市经济文化的一系列活动。以俄罗斯索契冬奥会、韩国平昌冬奥会为例，2014 年俄罗斯索契投入近 510 亿美元投资举办冬奥会，总投入位居奥运史第一位。索契冬奥会盈利 2.61 亿美元，其直接收入源于电视转播权、赞助商（即奥林匹克 TOP 计划）、国际奥委会特许经营权和门票销售四大部分。其中，这届冬奥会以 12.6 亿美元转播权创下了历届冬奥会的最高纪录。本届冬奥会的营销收入也高达 13 亿美元，是 2010 年温哥华冬奥会的 1.5 倍，也成为冬奥会营销收入历史之最。冬奥会白色经济因其特有的聚合、裂变和辐射效应，蕴藏着巨大的白色经济发展潜力，成为推动国家和城市经济发展的重要载体。据韩国现代经济研究院报告，韩国平昌冬奥会的举办给韩国带来21.1万亿韩元（约合187亿美元）的收益，10年后续效益可达43.8万亿韩元（约合389亿美元）。

冬奥会不仅具有明显的周期性白色经济特征，也是冬奥会白色经济运行的核心资源，每4年举办一次，对举办国家的经济文化发展往往会产生阶段性作用。从成功申办到正式举办以至冬奥会后对经济、政治、文化等各种效应的延伸，形成一个完整的冬奥会白色经济周期。2014年俄罗斯索契冬奥会被认为是促进举办国家经济文化发展最成功的一届冬奥会。自2004年7月5日国际冬奥会第119次全会宣布俄罗斯索契获得2014年第22届冬奥会举办权后，俄罗斯索契冬奥会经过7年的筹办工作，不仅给来自87个国家的5000名运动员和数十万名体育爱好者提供舒适安全的比赛环境，更促进俄罗斯经济文化发展水平不断提升。可见，纵观93年来冬奥会的发展历程，冬奥会的规模、影响力和白色经济效应已经逐渐被全球认可，冬奥会白色经济已经成为促进举办国家和城市经济文化发展的助推器。

（二）冬奥会促进举办国家和城市经济文化可持续发展

可持续性发展（sustainable development）是指既满足当代人的需求，又不损害后代人满足需要的能力的发展。换句话说，就是指经济、社会、资源和环境保护协调发展，它们是一个密不可分的系统，既要达到发展经济的目的，又要保护好人类赖以生存的大气、淡水、海洋、土地和森林等自然资源和环境，使子孙后代能够永续发展和安居乐业。可持续发展的核心是发展，但要求在严格控制人口、提高人口素质和保护环境、永续利用资源的前提下实现经济和社会的发展。

文化是可持续性发展的关键，因为文化修复带动经济社会发展，文化是再次征服生活的力量，并且文化产业提升了城市文明水平。大力发展文化产业，必将为社会的和谐发展，为社会的可持续发展做出重要的贡献。自 1980 年美国普莱西德湖冬奥会以来，冬奥会开发与城市文化建设密切相关。冬奥会举办城市利用冬奥会投资进行旧城改造、文化建设在成熟的市场经济国家较为普遍。相关的典型例子是索契冬奥会。2014 年索契借冬奥会契机大规模进行交通设施建设，以通往山地滑雪场的道路为例，专门新修了 17 座桥梁、14 条隧道，最长的隧道有 4 千米，这也是俄罗斯最长的隧道；加强了社会性基础设施建设，新建了一批疗养院、医院、学校、图书馆、垃圾处理厂和热电厂；强化了冰雪旅游接待设施，建成了一批现代化的度假村、商店、餐馆和国际连锁酒店，极大地提高了接待能力，促进了旅游产业、文化产业和其他相关产业的融合发展，不仅提升了索契市经济文化发展水平，塑造了良好的城市形象和国家形象，还极大地提升了俄罗斯和索契城市的文化影响力和国际竞争力。

（三）冬奥会给举办国家和城市留下丰富的文化遗产

2017 年日本札幌亚冬会紧张激烈而秩序井然的比赛给人留下深刻印象。札幌是一个冬季运动大赛办赛经验丰富的城市，除在 1972 年举办过冬奥会之外，还举办过两届亚冬会和数量繁多的单项比赛。1972 年冬奥会札幌遗产为札幌开展冰雪运动和冰雪旅游带来发展的机遇，极大地推进了城市经济文化的发展。2014 年索契冬奥会也给俄罗斯和索契城市留下了宝贵的遗产，包括体育场馆、奥运村、冬奥会旅游目的地等，另外，环境保护、教育、公众健康、志愿者、社会包容、文化节等都给城市文化建设带来了前所未有的宝贵遗产。因此，冬奥会作为世界顶级体育赛事，不论是即时的经济效益和社会效益，还是长期的有形遗产和无形遗产，都对国家和城市的文化建设、民生改善、社会进步以及城市的全方位建设带来积极的促进作用。

二　冬奥会推动北京建设全国文化中心城市的重要影响

（一）冬奥会促进北京文化产业与体育产业融合发展

冬奥会的成功举办将推动北京文化产业与体育产业融合发展。文化产业是一种在经济全球化背景下产生的以创造力为核心的新兴产业，是一种主体文化或文化因素依靠个人（团队），通过技术、创意和产业化的方式开发、营销知识产权的行业。文化产业包括广播影视、动漫、音像、传媒、视觉艺术、表演艺术、工艺与设计、雕塑、环境艺术、广告装潢、服装设计、软件和计算机服务等方面。伴随着北京市供给侧结构性改革的不断深入、科技创新和体育产业结构升级的不断推进、全民健身和"健康中国"战略的逐步实施，北京体育产业发展的需求将从低水平、单一化向多层次、多元化升级，体育产业促进消费方式从实物型消费向参与型和观赏型消费转变，体育产业将从追求规模向提高质量和竞争力演进，文化产业与体育产业的深度融合必将迎来重大战略机遇。如北京的 798 艺术区和中关村的文化产业园与体育产业的融合创新推动文化产业发展，成为北京无污染、低能耗、高科技含量的新型产业。

北京文化产业与体育产业深度融合创新的定位和人民生活方式转型新趋势的到来，加上北京市奥运城市发展促进会、奥运城市发展促进中心和奥运城市发展基金会等多个公益性社团法人组织的建立，共同为冬奥会推动北京建设全国文化中心、促进文化产业与体育产业深度融合发展带来重大驱动力，使文化产业与体育产业深度融合发展的态势基本形成。文化产业与体育产业培训中介机构发展迅速，中介服务市场逐步形成。目前，北京市文化产业与体育产业深度融合创新产品销售模式；文化产业与体育产业深度融合的会展凸显首都优势；各类文化产业与体育产业深度融合的会展异彩纷呈，层次不断提升。文化、旅游、会展、互联网等文化产业与体育产业融合发展的模式不断丰富，体制机制不断完善和健全，参与全民健身活动的人数显著增多。近年来，北京市先后出台了多项赋能文化产业与体育产业融合发展的新政策和实施措施，有力推动了北京市文化产业与体育产业的深度融合发展。目前，北京市文化产业与体育产业已形成相互依存、相辅相成、共生共荣和互相促进的新局面，已经具备了文化产业和体育产业深度融合发展的机制。《北京市推进全国文化中心建设中长期规划（2019 年～2035 年）》《北京市深化首都文化体制改革的实施意见》《首都全国文化中心建设规划》《首都文化中心建设年度项目计划》等多项文件的出台，以及《北京市体育服务业发展规划》《北京市关于加快体育产业发展促进体育消费实施意见》的全面贯彻落实，必将构建起富有时代特征、中国特色和符合北京全国文化中心建设实际的文化产业与体育产业深度融合发展的新体系。

（二）冬奥会促进北京文化旅游产业的影响力显著提升

北京在成功申办冬奥会和筹备冬奥会的过程中，不仅推动了城市交通状况的改善、游客住宿条件的提升、体育场馆设施的完善和体育赛事的增加，还促进了旅游产业的发展，提升了北京文化的国际影响力。北京紧紧抓住筹备 2022 年冬奥会的重大机遇，出台了《北京城市总体规划（2016 年～2035 年）》，高度重视"一城三带"问题，从政府文件的角度明确了"三条文化带"的概念（即大运河文化带、长城文化带、西山永定河文化带），以"一城三带"为基石架构起新时代的首都风范、古都风韵、时代风貌。北京突破奥运场馆赛后利用单一功能，向奥运场馆旅游、承接体育赛事、举办演出休闲活动、市民娱乐健身等综合型转变，打造特色冰雪文化旅游产业项目，让北京特色冰雪文化旅游产业项目发挥出应有的服务功能和经济功能，实现冬奥会推动北京全国文化中心建设的新局面。如以水立方引领冬夏奥运场馆转型的体育旅游产业核心项目就给游客带来身心愉悦的体验，尤其是在水立方创造众多水上运动奇迹后，又推出大型水景声光音乐会《梦幻水立方》这一文化体育旅游新体验类型旅游特色项目，并通过深度挖掘奥运场馆等冰雪旅游目的地的冰雪运动旅游内涵，使北京旅游的客流量逐年增加。另外，冬奥会申办成功和筹办为北京奥林匹克公园多元产业融合发展提供了新的空间，在文化、体育、会展、旅游和商务服务等五大高端产业上获得了丰硕的成果。2008 年北京奥运会后，北京奥林匹克公园累计接待游客 4 亿人次，举办大型活动 7100 余场，北京奥林匹克公园的各项活动逐步形成品牌化、系列化态势。在 2022 年北京冬奥会筹办期间，奥林匹克公园园区内各大体育场馆抓住体育文化创意产业发展契机，国家体育场和国家游泳中心推进"互联网+体育"战略，联合阿里体育打造智慧场馆；鸟巢文化中心也在积极打造高端文化交流平台。各大体育场馆都积极发挥特色资源优势，力争实现经济效益和社会效益的同步提升，为北京文化产业发展和北京全国文化中心建设服务。

（三）冬奥会促进北京文化国际影响力和综合竞争力提升

北京市积极落实国家主席习近平提出的"把冬奥会和冬残奥会办成一届精彩、非凡、卓越的冬奥盛会"重要指示，在冬奥会的筹办过程中，将"绿色奥运、科技奥运、人文奥运"战略定位，升华为"人文北京、科技北京、绿色北京"，在北京建设全国文化中心目标定位的基础上，以可持续发展的理念做好各项冬奥会的筹备工作，全面提升副中心城市基础设施综合承载能力，实现带动中心城人口、功能疏解，打造宜居宜业生态新城。据世界经济论坛最新发布的《全球竞争力报告》，北京在人力资源竞争力、产业结构竞争力、硬件环境竞争力、全球联系竞争力、生活环境竞争力、软件环境竞争力、企业本体竞争力等方面排名显著提升。

北京建设全国文化中心和世界文化名城，需要借助冬奥会这一重要平台，增强体育和文化的融合发展，不断提升北京的文化国际影响力和竞争力。因此，努力创造良好的全国文化中心和世界文化名城发展软环境，深化全国文化中心建设需要的体育文化管理体制改革和创新发展，加强全国文化中心建设配套的体育文化法制建设，加大全社会的支持力度，是实现冬奥会推动北京建设全国文化中心和世界文化名城的重要基础。把北京建设成为在国内发挥示范带头作用、在国际上具有重大影响力的著名文化中心城市，成为全国文化精品创作中心、文化创意培育中心、文化人才集聚教育中心、文化要素配置中心、文化信息传播中心、文化交流展示中心等，是冬奥会推动北京建设全国文化中心城市的目标。随着北京成功申办冬奥会和筹办冬奥会促进北京世界文化名城建设效应的扩散，以及奥林匹克公园等奥运场馆长期开放效应的释放，加上以大型国际体育赛事与文化活动融合建设为平台战略的实施，冬奥会推动北京建设全国文化中心城市已扩展到了北京世界文化名城建设的各个板块，已经成为北京世界文化名城建设中不可缺少的重要内容。尤其是冬奥会推动北京建设全国文化中心的效应不断增强，为促进北京世界文化名城建设打下了稳定的社会基础，提供了重要的基础保证。

三　冬奥会推动北京建设全国文化中心的战略路径

以 2008 年北京奥运会圆满成功和北京冬奥会的成功申办为标志，北京建设全国文化中心进入了实质性的决战阶段，冬奥会推动北京建设世界文化名城，已经历史性地摆在了北京市政府和广大市民面前。以党的十九大提出的推动文化强国建设、推动体育强国建设为遵循，以京津冀协同发展战略为引领，把握北京冬奥会举办契机，推动北京建设全国文化中心和世界文化名城已经成为现实，加快冬奥会推动北京建成文化中心，不仅是北京市政府的任务，也是首都人民的新期盼。

（一）促进北京体育文化创意产业融合创新发展

为了做好 2008 年奥运文化遗产的保留和推广，北京专门成立了奥运城市发展促进中心，并通过五届北京奥运城市体育文化节的成功举办，掀起了后奥运时代北京全民健身的新热潮，同时推动了体育和文化创意产业的融合发展。随着 2022 年冬奥会的成功举办，北京市的体育赛事越来越多，体育服务和体育产品越来越多地促进了北京体育和文化产业融合。迄今为止，北京市充分把握了后奥运时代体育文化创意产业发展的机遇，初步确立了在全国的龙头地位，冬奥会成为推动北京文化产业发展的重要力量。

因此，冬奥会的成功举办将有力促进北京更好地发展体育文化创意产业。在发展过程中，我们要时刻注意以下几点。一是要着眼于北京体育产业的可持续发展，推动体育和文化产业融合发展，加快全国文化中心与国际体育中心城市融合创新，通过延续放大奥运效应，增强体育文化产业动力。二是注重挖掘多层次体育市场需求，激活体育文化市场消费，注重文化创意产业与体育文化产业的融合，壮大文化产业规模。三是注重体育文化产业区建设，打造文化创意产业与体育文化产业融合发展的空间，注重文化创意产业与体育文化产业融合创新的人才培养和引进，强化文化创意产业与体育文化产业融合的智力支撑，延伸体育文化产业链，提高附加值。四是在体育文化创新产业的定位上，北京应着力打造五个中心，即国际体育赛事中心、国际体育训练中心、体育营销会展中心、体育文化创意和传播中心、体育中介服务中心。着力构筑"一核两带多园区"的文化创新产业布局。充分发挥核心区的引领作用，两带的布局可以充分挖掘北京体育文化创意产业的特色、功能区域的自然禀赋，同时结合文化产业基础设施建设来满足不同层次的文化创意产业的需求。可以在重点区域建立体育文化创意产业商务中心区域和体育文化创意产业基地，推动北京文化产业与体育文化服务业、文化休闲业与相关产业的深度融合，加快体育文化产业融合发展的步伐，从而扩大内需、发展国民经济、促进北京全国文化中心和世界文化名城建设。

（二）激活冰雪文化旅游产业发展效应

一是制定因时而异的冬奥会促进冰雪文化旅游产业发展的周期定位开发策略。冬奥会举办后期，以冬奥会场馆遗产旅游与新开发的冬奥会旅游项目为主体，培育新的冬奥会文化旅游开发模式，激发群众参与后冬奥会文化旅游的热情、营造全社会积极参与北京后冬奥会旅游的浓厚氛围，坚持持续时间长、参与人数多、增长趋势稳健的可持续发展道路。

二是促进北京冰雪文化旅游与其他产业融合创新发展。促进文化部门、旅游部门、体育部门、高校和科研单位等部门的强强联合，加快冰雪文化旅游与其他产业的深度融合创新；建立冰雪旅游产业与其他产业融合相关组织，推动部门协作；推进现代化信息共享，加强冰雪文化旅游产业与其他旅游产业融合信息的传播；加强冰雪文化旅游产业与其他旅游产业融合投资者之间的联系，建立冰雪文化旅游组织，提高媒体、交通及赞助商等相关部门、行业在促进冰雪文化旅游产业与其他旅游产业融合创新中的运作水平；鼓励联合举办冰雪文化旅游产业与相关产业融合创新成果的文化交流活动，加强地区协作，减少相关设施的重复建设，避免产品的同一性[①]；充分调动广大人民群众参与积极性，认识到公众参与是提升冰雪文化旅游与其他产业融合创新的基础，了解不同人群的冰雪文化旅游产业与其他产业融合的需求，建立鼓励和支持志愿者参与的政策。

（三）科技创新驱动"新基建"快速发展

加强"新基建"，创新基础设施领域的建设，满足北京数量众多的

---

① 李建臣主编《冬奥会推动北京建设世界体育城市研究》，化学工业出版社，2019。

文化产业中小微企业的共性需求。文化产业与其他行业相比，小微企业占比更大，但小微企业对于文化多元化的保持、多样文化需求的满足、社会创新的实现、就业岗位的提供至关重要。大力推动依托文化园区的公共技术服务平台建设，满足文化企业，特别是数字文化企业的特效制作、动漫渲染、后期合成等共性需求。通过"新基建"中的创新基础设施的建设，改变以往公共技术服务平台通用性差、运维成本高、收益慢、融资租赁等金融杠杆效果不显著等不足，构筑起"准公共物品"形态的基础设施，采用共享经济的模式提供给更广泛的企业使用，带来更多的"社会企业"。

运用"新基建"优化要素市场化配置，将更多的中华优秀传统文化符号化、数字化、网络化，从而唤醒沉睡的文化资源或激活沉淀的文化资产，助力其演化为产业可以使用的要素，并在更快的通路、更大的平台上成为文化产业的符号资源。例如近年来风行的国潮、古风游戏，文博机构的云看展，可以预期"新基建"将为这些业态以及即将到来的新业态创造与传统文化融合发展的机会。

充分发挥"新基建"产业互联网、智能交通基础设施、物联网等作用，为文化产业向生活方式产业、幸福产业进步带来更细颗粒的技术解析度。运用"新基建"更好地对广大人民群众的文化新需求进行分析、萃取、提炼，更加精准地为供给侧提供需求侧的依据，从城乡、阶层、地域等角度提供数据依据，从而为北京特色文化产业发展、为公共文化服务体系的完善、为更好地保障人民的文化权益和实现个体的高质量发展提供数据决策依据，从而促使文化产业与文化事业更好地结合与协同发展。

发挥"新基建"为社会主义核心价值观引领文化建设提供技术保障的重要作用。《中共中央关于坚持和完善中国特色社会主义制度　推进国家治理体系和治理能力现代化若干重大问题的决定》中提出的"把社会主义核心价值观要求融入法治建设和社会治理，体现到国民教育、精神文明创建、文化产品创作生产全过程"、"覆盖全社会的征信体系"、"构建网上网下议题、内宣外宣联动的主流舆论格局，建设以内容建设为根本、先进技术为支撑、创新管理为保障的全媒体传播体系"、"建立健全网络综合治理体系，加强和创新互联网内容建设，落实互联网企业信息管理主体责任，全面提高网络治理能力，营造清朗的网络空间"等任务，都需要在"新基建"的新平台、新通道、新空间来实施和完成。这要求我们必须掌握"新基建"的话语权、辐射力和影响力，必须在技术迭代的基础上牢牢把握内容和意识形态的掌控权。

运用"新基建"有效地捍卫文化安全，维护文化主权。"新基建"中的很多领域，诸如卫星互联网，是全球技术竞争领域的核心尖端技术。毋庸置疑，这些技术的自主研发、自主生产，通过技术标准和专利等手段筑起护城河，将成为维护国家"非传统安全"至关重要的步骤。因此，"新基建"可以为我国的文化安全保驾护航，在公众越来越多的个人信息、企业的经营信息、政府的治理信息、文化内容资源与自然资源的标示信息等都在越来越快速、便捷、无边界的网络流通之时，我们更加迫切地需要我国在新技术、新空间、新战场拥有抵御外来攻击和侵害的能力。

（四）善用融媒体加强北京冬奥会传播力度

活化首都文化内容，增强文化故事化传播。传播能力决定着文化的话语权，文化传播力的核心是构建首都文化价值体系。北京在精心保护好"中华文明的金名片"方面已很明确，在如何保护利用、怎样更好传播上需要系统性思考和设计。首都文化发展要重视融合景观文本。积蓄和编辑北京传统历史文化资源，建立并有效利用北京文化档案的传播功能。文化遗产等景观的关联性和整体性呈现需要依靠故事化的文本，以文化故事传达古都文化记忆、老北京乡愁，传承京味文化，彰显古都风韵。提升故事传播的可视化、场景化水平，生动讲述北京故事。通过历史景观故事、文字标识、数字影像等多种手段传播历史地标的场所感，以故事化、场景化传播激活文物、历史建筑的公共文化属性及社会价值。通过历史寻踪、文化探访等特色文化体验，建立文物和历史建筑保护利用体制机制，创新文化资源创意产品开发机制，传播文化遗产背后的故事，让历史文化、非物质文化遗产活态传承。

参考文献

《习近平北京考察工作：在建设首善之区上不断取得新成绩》，《人民日报》2014年2月27日。

蔡奇：《做好首都文化这篇大文章　建设中国特色社会主义先进文化之都》，《北京日报》2017年8月19日。

北京市人民政府办公厅：《北京市"十三五"时期加强全国文化中心建设规划》，北京市人民政府网站，2016年6月3日。

中华人民共和国文化部编《文化发展统计分析报告2017》，中国统计出版社，2017。

文化自信视域下加快北京文化产业发展的研究

李嘉美*

摘　要： 文化自信是实现中华民族伟大复兴的精神内核，也是推动新时代文化产业发展繁荣的价值核心。北京市作为我国首都和历史文化名城，在文化产业发展中着眼人民文化需求、坚守中国精神内核、融入数字科技元素，以开放包容、客观理性的文化自信，引领文化产业创新、培育文化消费市场、支持文化产业繁荣、促进文化产业"走出去"，为中国文化软实力提升做出贡献。

关键词： 文化自信　文化产业

习近平总书记在中国文联十大、中国作协九大开幕式上的讲话指出，"文化自信，是更基础、更广泛、更深厚的自信，是更基本、更深沉、更持久的力量。坚定文化自信，是事关国运兴衰、事关文化安全、事关民族精神独立性的大问题。"[①] 文化自信是实现中华民族伟大复兴的精神内核，也是推动新时代文化产业发展繁荣的价值核心。北京市作

---

* 李嘉美，博士后，北京市社会科学院研究员，北京市习近平新时代中国特色社会主义思想研究中心特约研究员，主要研究方向为公共管理、文化产业。

① 习近平：《习近平谈治国理政（第二卷）》，外文出版社，2017，第349页。

为我国首都和历史文化名城，有着繁荣的现代文化产业，应加快现代文化产业发展，提升文化软实力，增强文化自信。

一 文化自信视域下北京文化产业的新内涵

文化自信既是文化产业发展动力之源，也是文化产业价值所在。新时代，北京繁荣的文化产业与文化自信具有双向促进的关系。

（一）北京厚重的文化底蕴是增强文化自信的基石

文化是人类历史发展的精神文明成果积淀。文化自信是一个国家和民族对自身文化价值充分的自我肯定，是对自身文化发展前景的坚定信念，是以文化建设为纽带、构建中华民族共同体意识的关键。[①] 中华文明是世界历史上最悠久的文明之一，在五千年的历史长河中，各民族勤劳勇敢、自强不息，创造了源远流长、博大精深、兼容并收的中国优秀传统文化，产生了众多惠泽人类的发展创造。中华文明展现的思想理念、道德规范、人文价值和审美取向等，都蕴藏在诗词歌赋、经史子集、文化习俗和历史建筑中，成为文化自信的历史之源。北京作为世界著名的古都，有着3000多年的建城史，延续辽、金、元、明、清五个朝代的都城文化和京味文化；作为新文化运动和"五四"爱国运动的发祥地，见证了中国革命和新中国成立的众多历史大事，积淀了厚重的红色革命文化；在社会主义建设时期和改革开放时期，形成当代先进文化。这些文化资源成为北京文化产业发展的重要底蕴，也成为增强文化自信最深厚、最坚实的历史文化内核。

（二）北京繁荣的文化产业是增强文化自信的载体

文化产品的生产和分配是创造文化、传播文化的重要载体，也是增

---

① 齐骥、张笑天：《文化自信视角下文化产业的思想理路与创新路径》，《理论月刊》2021年第 7 期。

强文化自信的重要途径。伴随着我国社会主义现代化建设的推进，我国文化产业也加快发展。特别是党的十八大以来，我国文化产业迎来了发展的重要机遇期，文化产业结构不断优化，文化产业质量齐增，《觉醒年代》《长津湖》等优秀影视作品、《只此青绿》等舞台艺术满足了人民对文化生活的新期待。北京作为我国的文化中心，有着繁荣的文化产业。北京市近年来出台实施了《关于新时代繁荣兴盛首都文化的意见》《北京市文化产业发展引领区建设中长期规划（2019 年 ~ 2035 年）》等政策文件，加快推动了文化产业繁荣发展。北京上市文化企业占全国三成，新三板挂牌文化企业占全国 1/3，文化领域独角兽企业占全国一半左右，入选"全国文化企业 30 强"及提名企业数量、国家文化出口重点企业数量和国家文化科技融合示范基地数量均居全国首位①。北京市文化产业的繁荣发展，极大地丰富了中国文化的产品和服务，加快推动了文化产品的创新和传播，让更多的外国消费者了解到、欣赏到中国文化，提升了中国文化的影响力。

（三）文化自信是推动北京文化产业发展的价值核心

文化是文化产品的精神内核，文化产品承载文化价值属性。文化自信决定了文化产品中价值观的呈现内容和产生的作用。从文化的消费者角度来看，对文化产品的消费最终体现的是对文化价值观的认可。文化潜移默化地影响着文化消费者的思想观念、理想追求、价值判断。美国、日本等国家的文化产业借助市场经济手段、数字技术和现代传播技术进行输出并传播着其自身的价值观②。北京作为我国的文化中心，具有丰富的文化资源和繁荣的文化产业，对我国文化强国建设具有重要引

---

① 《北京日报》：《〈北京文化产业发展白皮书（2021）〉发布》，https：//baijiahao. baidu. com/s? id = 1718650931185406746&wfr = spider&for = pc。

② 周见、朱巧怡：《文化自信视域下我国文化产业发展的实践路径》，《文化学刊》2020 年第 4 期。

领作用。坚持社会主义核心价值观，大力发展我国优秀文化，把握文化产业发展的正确方向，要以文化自信吸纳包容多元文化、展现中国文化特点。文化创造提供多样性素材，文化、科技与创意一旦融合，就会催生文化的强大生命力和吸引力，形成具有市场竞争力的文化产品。比如围绕建党百年、脱贫攻坚、抗击疫情等主题开展创作，涌现了一批优秀文化作品，有效引领了新发展格局下文化创作和文化消费的方向。

二　文化自信视域下北京文化产业发展的思想理路

（一）坚守中国文化的精神内核

中国悠久历史积淀的优秀传统文化传承的世界观、人生观和价值观等，成为中华民族最厚实的文化沃土，是我国文化产业发展的基础和底气。中国文化源自历史长河的传承，成于中国共产党领导中国人民进行的伟大革命和建设实践。在中国共产党成立 100 多年的奋斗历程中形成了以红色文化为核心的革命文化和以社会主义制度为根本的先进文化，形成了实现中华民族伟大复兴的中国梦的共同理想，承载着中国人民对美好生活的向往。北京文化产业可持续发展，必然要求要凝聚文化的精神核心，深刻认识到文化认知和认同是文化自信的前提，是文化产业发展繁荣的根本，用中国梦凝聚起文化产业发展的向心力和凝聚力。要以历史唯物主义的观点辩证地看待今天文化产业的发展，坚定不移地把握时代潮流、秉承正确价值，以世界的眼光构建全球文化产业发展的新秩序。

（二）融入时代文化的数字元素

当前，新一代信息技术快速发展，并深度融入社会生产生活的方方面面，也在深刻影响着文化产品的生产与传播方式，影响着人们的思维方式。通过科技和文化融合，实现基于数字科技的文化产品创新。影视传媒、数字创新、短视频社交、云直播等新的文化形式、载体和渠道不断涌现，推动了文化产品创作方式、表现形式和传播载体的革新，加快了文化产业的迭代和发展。北京正在加快建设全球数字经济标杆城市，在数字科技领域具有深厚的积累，要推动数字科技与北京的优秀文化融合，形成体现中国价值观念、北京文化特色、现代科技水平的数字文化精品，借助数字文化传播平台向国内外传播，在全球数字文化领域展现中国文化风采，为中国文化借助数字科技出海提供"北京方案"。

（三）满足人民群众的文化需求

"源于人民、为了人民、属于人民，是社会主义文艺的根本立场，也是社会主义文艺繁荣发展的动力所在。"[①] 坚持以人民为中心的文化产业发展方向，满足人民群众对美好文化生活的向往，是文化产业发展的根本出发点和立足点。改革开放以来，特别是党的十八大以来，我国综合国力和经济社会发展水平不断提高，人民群众生活持续改善，人民群众对文化生活的需求呈现更加多样化、多层次的需求。北京市文化产业的发展要坚持人民立场，从满足人民群众的文化精神需求出发，坚持以人民为中心，从人民的多样化生活、多彩的社会实践中汲取智慧，从民族优秀传统文化中汲取力量，创作出贴近人民群众生产生活实际、反映群众共同心声、满足群众文化需求、服务世界进步潮流的优秀文化作品，增强文化认同、文化自信。

三 文化自信视域下北京文化产业发展提升路径

文化自信是一种开放包容、豁达自信、客观理性的文化心态。北京

---

① 习近平：《增强文化自党坚定文化自信 展示中国文艺新气象铸就中华文化新辉煌》，《光明日报》2021年12月15日。

市要引领我国文化强国建设，就要增强文化自信，加快现代文化产业发展，推动文化创新和繁荣。

（一）以文化自信引领文化产业创新

新时代随着我国经济社会的发展和文化体制机制改革的不断深入，人民群众对文化产品的需求越来越强，期待越来越高。这种文化产品需求提升必然需要高标准高质量的文化产品供给，对文化产业的创新提出更高要求。北京的文化产业创新要立足文化自信的基点，将文化发掘、保护和创新有机融合，围绕建设全国文化中心，深化北京中轴线历史价值和文化内涵，推动北京中轴线申遗，统筹推进长城、大运河和西山永定河三条文化带保护传承利用。要挖掘北京丰厚的历史人文文化资源，以"文化+"方式不断推动文化创新，推动创意设计、影视书籍、文化艺术等领域的创新，形成具有北京文化特质、中国文化气派的文化产品，形成京剧《许云峰》、电影《革命者》、纪实文学《西海固笔记》等一批反映时代风貌的北京文化精品工程。要深入推进文化产业与科技的融合，北京正在加快打造国际科技创新中心，在量子计算、人工智能、云计算、物联网、区块链等领域占据科技创新和产业发展领先优势，也要充分利用北京的科技优势为文化产业赋能，用科技提升文化产业的发展质量和效益，以新科技、新技术、新手段激活文化产业资源，形成新业态、新模式的文化产品，产出具有国际竞争力的文化产品。

（二）以文化自信培育文化消费市场

当前的文化产业已成为消费驱动型的产业，电影《战狼2》的成功带动了《红海行动》《水门桥》等一批战争题材的精品影视。北京文化产业发展的动力来自文化消费市场，要科学引导、努力培育具有开放视野、中华文化情怀、京味文化品位的消费者市场，基于文化产品的个性化需求进行分层引导、分类推动。突出中华传统文化与北京区域文化在消费市场呈现，结合现代科技创新文化呈现方式、传播方式。要强化体现中国精神的文化作品引领，中国绵延五千年的文明史、近代以来历经磨难救国图存的革命史和新中国励精图治的发展史，体现了中华文明的独特文化价值、精神内核。要通过充分体现中国人民发展历史、奋斗历程和精神世界的作品，激发群众对中国文化的认同感。要加强文化消费的配套政策支持，后疫情时代人民对未来预期的不确定性增加，抑制了包括文化产品在内的消费需求，特别是今年以来我国多地散发疫情影响了消费市场，文化消费的信心亟须提振，要通过聚焦重点行业和经营主题，出台文化惠民消费券等激励机制和政策，充分发挥政府资金的杠杆撬动作用，激发市场主体和消费群众参与北京文化消费市场，加快文化消费市场的恢复发展。

（三）以文化自信支持文化产业繁荣

文化自信的底气来自文化产业繁荣，文化自信也必将推动产业繁荣，要出台一系列支持政策，推动北京文化产业高质量发展。要持续优化北京市营商环境，推动文化创意产业发展，在"文化+科技""文化+旅游"等重点领域，培育具有国际竞争力的市场主体。要深化国有文化企业改革，以市场化机制激活国有文化企业活力，使它们成为引领文化产业发展的中坚力量。要完善文化产业政策支持体系，引进一批领军型文化企业，提升北京文化产业的整体竞争力，大力培育本地文化产业市场主体。做优文化产业综合服务平台、文化产业园区和创意空间，孵化中小微文化企业和初创企业。大力推广北京老旧厂房改造文化产业园区的经验，结合老旧厂房空间推动各类文化产业集聚。形成主导产业特色鲜明、服务功能齐全、辐射带动力强的文化产业园区、文化产业街区和创意工作室，构建创新活跃、效益突出的多层次、立体化的文化产业发展空间布局①。要完善文化产业的投融资支持政策，文化企业多为轻资产的小微企业、初创企业，面临融资难、融资贵的问题。要探索文化企业的信用评价体系和无形资产评估体系，设立由政府、社会共同出资的风险补偿基金、文化发展基金和文创银行等，鼓励支持金融机构推出针对中小微文化企业的融资新产品和新服务，支持优秀文化企业上市融资。

（四）以文化自信推动文化产业"走出去"

习近平总书记在亚洲文明对话大会开幕式主旨演讲中指出，"交流互鉴是文明发展的本质要求。只有同其他文明交流互鉴、取长补短，才能保持旺盛生命活力。"② 北京文化产业的发展不仅要着眼于中国文化、中国市场，更要着眼于国际市场，与各国优秀文化企业同台竞技，在展现中国文化自信的同时，吸纳各国优秀文化成果。推动文化产业"走出去"，就要立足于中国优秀传统文化、民族文化、民间文化和北京区域文化，找到中国文化与国外受众的共情点，消除信息沟通障碍，形成跨文化传播的文化精品。以天竺综合保税区和东城区为核心，加快建设国家文化出口基地和国家对外文化贸易基地（北京），充分发挥文化出口的平台功能，加快打通文化产品出口上下游产业链，创新文化平台载体，大力发展数字文化贸易，支持企业拓展文化产业海外市场。要提升文化产品出口贸易便利化水品，简化文化产品出口的审批事项和通关流程，培育文化产品出口的高信用企业。建设全球文化产品展览展示交流和交易中心，为文化企业出口提供展示推介平台，支持文化企业借助国际知名文化展会，推介展现中国文化自信和北京文化特色的文化精品；鼓励竞争力强的龙头文化企业"走出去"，布局海外市场，提升中华文化的传播力、影响力和软实力。

---

① 刘绍坚：《北京文化产业高质量发展路径》，《前线》2020 年第 3 期。
② 习近平：《习近平谈治国理政（第三卷）》，外文出版社，2020，第 469 页。

文旅综合

国家新基建战略与文化
和旅游消费新旧动能转换研究报告

王晓静　　周枣*

摘　要： 新基建战略对文化和旅游主要消费领域的影响体现在：新基建除了有利于线上文化消费增长之外，还将带动传统的线下文化消费转型升级；为在线旅游的进一步发展奠定技术基础；为文旅产业注入新的动能。通过技术创新和数据平台构建，打通文化和旅游行业之间的壁垒，提升二者的融合程度和水平，让文化和旅游行业真正实现"理念融合、职能融合、产业融合、服务融合、交流融合"。新基建战略促进文化和旅游消费，需要结合国家新基建战略设计的总体安排，研究和编制"文旅消费新基建发展规划"；结合未来线上和线下文化旅游消费平衡发展的趋势，加强国家文化和旅游消费直播平台建设；完善数字经济的法律法规，提升对线上文化和旅游消费的治理能力等。

关键词： 新基建　文旅消费　新旧动能转换　科技创新　数字经济

党的十九大报告指出，我国经济已由高速增长阶段转向高质量发展阶

---

* 王晓静，上海交通大学城市科学研究院媒体与传播学院副研究员，主要研究方向为城市科学理论、文化政策、城市品牌；周枣，上海交通大学媒体与传播学院博士研究生，主要研究方向为文化传播、文化消费。

段，正处在转变发展方式、优化经济结构、转换增长动能的攻关期。文化和旅游消费同样面临培育壮大新的增长点增长极、牢牢把握发展主动权的重要任务。2020 年 4 月 8 日，习近平总书记在主持中央政治局常委会会议时指出："面对严峻复杂的国际疫情和世界经济形势，我们要坚持底线思维，做好较长时间应对外部环境变化的思想准备和工作准备。"把文化和旅游消费促进建设强大的国内市场提到更加紧迫和突出的位置，利用新基建，融入新基建，是实现文化和旅游消费实现发展方式转换、新旧动能转换和培育壮大新的增长点增长极的重要战略机遇，需要抓紧研究布局和推进。

近年来，我国信息技术和数字经济蓬勃发展，文化和旅游行业不断催生新业态、新模式，为整个行业的结构优化和转型升级提供了新动能。在文化产业方面，以动漫游戏、网络文学、网络音乐、网络视频等为代表的线上文化消费发展迅速，成为人们日常文化消费的重要组成部分。在旅游领域，也涌现了智慧旅游、智慧酒店、云旅游等新型业态，进一步促进了旅游业与数字经济的融合。可以说，在互联网经济和数字技术的推动下，文化和旅游产业在供给结构、消费模式、管理体制等方面都取得了突破性的发展，这对提升人们的精神文化生活水平、促进国民经济高质量发展具有重大意义。

新基建作为国家经济社会发展的战略设计，也是提升城镇化建设质量和服务水平的重大举措，给每个行业都带来了巨大的挑战和机遇。挑战是因为有可能被淘汰，机遇是实现新旧动能转换的巨大红利。因此，文化和旅游消费应该认真研究其挑战，把握其机遇，及时制定自身的发展计划，快速融入国家新基建战略。

一　国家新基建战略及实施的基本情况

（一）新基建的基本概念及涵盖范围

"新基建"即新型基础设施建设，2018 年 12 月中央经济工作会议明确提出"要加快 5G 商用步伐,加强人工智能、工业互联网、物联网等新型基础设施建设"①,这是新型基础设施建设作为一个新名词首次出现在国家层面的文件中。自此,中央政府多次在全国会议中强调加强新型基础设施建设的重要性,如 2019 年 7 月,中共中央政治局会议提出要"加快推进信息网络等新型基础设施建设"②;2020 年 1 月,国务院常务会议强调"大力发展先进制造业,出台信息网络等新型基础设施投资支持政策,推进智能、绿色制造"③;2020 年 3 月,中共中央政治局常务会议再次强调"加大公共卫生服务、应急物资保障领域投入,加快 5G 网络、数据中心等新型基础设施建设进度"④。2020 年 4 月 20 日,国家发展改革委首次明确了新基建的范围,认为新型基础设施是以新发展理念为引领,以技术创新为驱动,以信息网络为基础,面向高质量发展需要,提供数字转型、智能升级、融合创新等服务的基础设施体系,⑤ 主要包括以下三个方面。

一是信息基础设施。主要是指基于新一代信息技术演化生成的基础设施,比如,以 5G、物联网、工业互联网、卫星互联网为代表的通信网络基础设施,以人工智能、云计算、区块链等为代表的新技术基础设施,以数据中心、智能计算中心为代表的算力基础设施等。

二是融合基础设施。主要是指深度应用互联网、大数据、人工智能等技术,支撑传统基础设施转型升级,进而形成的融合基础设施,比如,智能交通基础设施、智慧能源基础设施等。

---

① 《中央经济工作会议:加强人工智能、工业互联网、物联网等新型基础设施建设》,搜狐网,2018 年 12 月 21 日,https://www.sohu.com/a/283709543_774700。
② 《中共中央政治局会议:稳定制造业投资 加快推进信息网络等新型基础设施建设》,搜狐网,2019 年 7 月 30 日,https://www.sohu.com/a/330347170_119666。
③ 《2020 年首次国常会:大力支持新型基础设施投资》,搜狐网,2020 年 1 月 8 日,https://m.sohu.com/a/365413910_120059916。
④ 《中共中央政治局:加快 5G 网络、数据中心等新型基础设施建设》,新浪财经,2020 年 3 月 4 日,http://finance.sina.com.cn/roll/2020-03-04/doc-iimxxstf6402147.shtml。
⑤ 《国家发改委首次明确"新基建"范围》,新浪财经,2020 年 4 月 20 日,http://finance.sina.com.cn/china/gncj/2020-04-20/doc-iirczymi7308325.shtml? cref=cj。

三是创新基础设施。主要是指支撑科学研究、技术开发、产品研制的具有公益属性的基础设施，比如，重大科技基础设施、科教基础设施、产业技术创新基础设施等。

可以看出，新基建在总体结构上偏向于科技创新和数字经济，与传统"铁公基"偏向于工业经济具有明显的不同。新基建战略既符合当前信息时代和数字经济的发展趋势，同时也能够通过数字技术和智能化带动传统产业结构升级，解决传统基础设施资源过剩、功能不足等问题，主要作用体现在"高科技"和"补短板"两方面。

新基建概念从 2018 年首次出现，到 2020 年写入政府工作报告，内涵从"5G、人工智能、工业互联网、物联网"提升到"新一代信息网络、5G 应用、充电桩、新能源汽车等"，强调了新基建在"激发新的消费需求、助力产业升级"方面的重要任务，也进一步明确了当前新基建的主要战略目标，即通过运用网络化、数字化、智能化技术来提升创新链、产业链、价值链水平，赋予农业、工业、交通、能源、文化、旅游、医疗等行业新的发展动力，催生新的产业形态，优化产业结构。

（二）新基建的未来发展趋势

人类社会正在进入以数字化生产力为主要标志的数字经济新阶段，必须有相应的基础设施作为基础和保障，纵观前三次工业革命，都是以符合时代特征的基础设施建设为标志，第一次工业革命以铁路建设为标志，第二次工业革命以公路和电网建设为标志，第三次工业革命以互联网建设为标志。[①] 如今，随着数字时代的到来，基础设施建设则以 5G、工业互联网、数据中心等新基建为标志，其特点是数字化、智能化、网络化、绿色化，有利于调结构、补短板，催生新的经济业态，符合我国经济的长远发展需求。

[①] 《新基建背景下制造业数字转型新图景》，新华网，2020 年 3 月 26 日，http://www.xinhuanet.com/tech/2020-03/26/c_1125772082.htm。

1. 经济发展绿色化

2015 年习近平在党的十八届五中全会第二次全体会议上的讲话鲜明提出了创新、协调、绿色、开放、共享等五大发展理念，强调了绿色发展和生态文明建设的重要性。党的十八大以来，围绕生态文明建设提出了一系列新理念新思想，开展了一系列根本性、开创性的工作，生态文明建设在思想和实践方面都取得一定的成效。但治理成效并不稳固，存在着一些现实和技术方面的困难，新基建能够在一定程度上解决这些困境，促进我国经济绿色化发展。首先，新基建强调对新能源的研发和使用，这有利于改善我国当前的能源结构，淘汰高污染能源，推动我国清洁能源的发展进程。其次，通过建设工业互联网，搭建产业数据平台，加强行业内部的交流合作，准确把握市场需求，可以避免因产能过剩、供需差异等造成的资源浪费，促进经济发展向高效化、绿色化、数字化转型。

2. 产业发展智能化

推动我国经济由高速度发展向高质量发展转变是新基建的重要作用之一，而产业智能化发展是实现高质量发展的重要一环。人工智能是新基建的重点领域之一，未来其研发力度和应用领域都将逐步扩大，将出现大规模的无人工厂、无人生产线，推动我国产业由机械化向智能化转型。产业智能化发展既能促进产品生产的精准化、规范化，同时能解放劳动力资源，降低企业生产成本，促进资源优化配置，为整个行业的转型升级提供发展动力。

3. 社会治理数字化

信息基础设施作为新基建的主要内容之一，将促进技术更深入地融入社会发展和治理体系。上海市在新基建建设方案中提出加快建设社会治理"一网统管"平台支撑体系，联通市级主要业务系统，通过广泛分布于城市方方面面的社会治理类传感设备，实现城市生命体征的全量、实时感知。现代社会分工日益细化，社会治理体系也应不断提高精细化水平，通过将社会活动数据化，实时关注城市生产生活，实现"一屏观天下，一网管全城"，切实提高我国现代化社会治理水平。

4.居民消费网络化

网络经济已经成为我国经济增长的新动能，扩大了我国零售业的市场规模，并带动了文化、物流、交通等相关行业的发展。以5G建设为重点的新基建将进一步促进居民日常消费的网络化，电子商务、在线教育、网络文娱等服务产业将迎来新一轮发展机遇。此外，数字技术的变革也将带动媒介的变革，未来网络经济将不断开发出新的消费场景，形成新的消费业态，促进网络经济与实体经济共融发展。

二　国家新基建战略与文化和旅游消费的主要关联

新基建的核心是推动产业的数字化、智能化，文化和旅游行业早已在"智慧旅游"、"智慧景区"、"智慧酒店"以及"数字文旅"等领域进行了探索，这些探索与新基建有许多共鸣之处，也体现出文化和旅游行业的数字化转型已有一定的基础。如今，随着各省市新基建投资和建设方案的逐步落地，二者之间融合的空间也会越来越大。将新基建战略与文化和旅游行业的细分领域结合起来，能更准确地分析新基建对文化和旅游行业的影响，为企业未来的战略布局提供参考。

（一）文化和旅游消费的分类

2019年上海交通大学城市科学研究院受文化和旅游部委托对我国文化和旅游消费市场进行研究和评估。课题组在开展文化和旅游消费理论研究的基础上，遵从分类完备性原则，从文化和旅游消费市场构成元素出发，结合国家战略需要研究建构了具有自主知识产权的"中国文化和旅游消费统计指标体系"。

该指标体系包括"直接文化和旅游消费""间接文化和旅游消费"两个一级指标，下设"文化消费""旅游消费""文化旅游消费""间接文化消费""间接旅游消费""间接文化旅游消费"6 个二级指标，以及 18 个三级指标。同时，为了更精准地开展相关统计工作，在条件比较成熟的文化旅游消费领域，研究确定了若干个四级指标。

直接文化和旅游消费是指消费者在购买文化和旅游产品或服务时产生的直接消费，主要包括文化消费、旅游消费和文化旅游消费。具体来说，文化消费是指对文化产品、文化服务及文化设备等的消费行为。其中，文化产品主要包括报纸、图书等内容产品，笔墨文具等辅助产品，古董、字画、瓷器、珠宝、玉器等艺术品和首饰。文化服务主要包括观看电影、话剧、歌舞剧等演出，参观博物馆、美术馆及各类展览，订阅电视节目、有线电视付费及网络付费，出于个人发展或兴趣参加的培训班、补习班、兴趣班及在游乐场、网吧、游戏厅、棋牌室、舞厅、卡拉OK 等的休闲娱乐服务。文化设备主要是指使用文化产品或体验文化服务需要的辅助设备，如电视机、照相机、摄像器、电子阅读器、乐器等。需要说明的是，虽然电脑、手机、iPad 等也是目前消费者休闲娱乐的重要媒介，但由于其用途过于宽泛，不属于专门的文化消费设备，因而不计入文化设备消费的范畴内。

旅游消费主要包括由旅游活动引发的景区门票消费、酒店住宿消费、购买旅游服务产品消费、其他旅游消费。

文化旅游消费是一种在文化和旅游相互渗透、深度融合的大背景下，以文化消费和旅游消费一体化发展的项目、载体、平台为基础，并以满足人的精神生活及文化和旅游需求为目的的消费经济行为。核心内容主要包括两类：一是旅游演艺类消费，即游客在景区游玩过程中因观看文艺演出而产生的消费；二是文化类景区旅游消费，即游客为了体验文化场景而在文化类景区产生的消费。

间接文化和旅游消费是指消费者在使用文化和旅游产品或体验文化

和旅游服务过程中产生的关联消费，如游客观看文艺演出或在景点附近商圈的餐饮和购物消费、外地人到演出地点观看文艺演出或过夜而产生的交通和住宿消费等。

（二）新基建战略对文化和旅游主要消费领域的影响

1. 新基建战略对文化消费的影响

根据上海交通大学城市科学研究院对于文化消费的定义，文化消费主要包括文化产品消费、文化设备消费以及文化服务消费。文化产品消费与文化设备消费主要是物质性消费，具有一定的实物形态，是传统文化消费的重要内容。文化产品和设备的市场供给需要依赖相关企业的生产活动，而国家关于新基建的布局能够显著加快文化产品和设备的智能化转型。人工智能作为新基建的重点布局之一，有助于提高文化产品和设备的生产效率，通过智能化的设备实现无人化生产，不仅能延伸产品的生产时间，还可以将劳动力解放出来，将更多的资源放在文化产品和设备的更新换代和质量提升上，更好地满足人们日益增长的精神文化需求。此外，工业物联网、大数据平台等基础设施的建设，将打通行业内部以及上下游行业之间的数据信息，有利于企业更好地研判市场形势，促进资源的优化配置。

新基建对文化服务消费的影响则更为显著。在互联网技术和数字经济的助推下，我国文化服务消费早已突破了传统的服务消费模式，形成了线上线下消费共融发展的产业格局。线上文化服务消费适应了当前数字时代的发展需求，对于扩大我国文化消费市场、优化我国服务产业结构意义重大。新基建的核心便是数字化转型，这将刺激网络经济的发展，网络教育、网络阅读、网络游戏、网络视频、网络音乐等线上文化服务消费的市场需求有望进一步扩大，新的线上文化服务业态也将不断涌现。新基建除了有利于线上文化消费增长之外，还将带动传统的线下文化消费转型升级。在此次疫情中，国内线下文化服务行业全面受损，更说明未来的文化服务行业需要主动与数字经济接轨，激发新的市场需求和新的经济增长点。

2020年5月，中宣部文改办下发了《关于做好国家文化大数据体系建设工作通知》，明确提出推进文化和科技的深度融合，依托现有工作基础建设中国文化遗产标本库、中华民族文化基因库、中华文化素材库、文化体验园、文化体验馆、国家文化专网、国家文化大数据云平台、数字化文化生产线等。建设国家文化大数据体系是新时代文化建设的工程，也是打通文化事业和文化产业、畅通文化生产和文化消费、融通文化和科技、贯通文化门类和业态，推动文化数字化成果走向网络化、智能化的重要举措。[①] 这是国家新基建战略在文化领域的落地，扩大了文化产业与新基建深度融合的潜力和空间，对于促进文化消费与数字技术融合，发挥数据作为重要生产要素的功能有重要意义。同时，国家文化大数据体系的建设将促进国家优质文化资源的整合和优化，有利于加强对文化产业发展的规范化管理，促进文化产业供给侧结构性改革，将中华文化元素和标识融入内容生产中，为国民提供更优质的文化服务和文化产品，在保证文化企业经济效益的同时，进一步凸显其社会效益，促进文化企业健康有序发展。

2.新基建战略对旅游消费的影响

传统的旅游消费以景区门票、酒店住宿、旅游产品等为主，其前提条件是游客必须在场，属于典型的体验经济。当代人工作压力越来越大，休闲娱乐的时间和精力受到挤压，最能带动消费的长途旅游只有在长假期间才能实现，日常旅游消费潜力未能释放出来。虽然智慧旅游的概念2010年便已提出，但数字技术仍主要应用在旅游信息资源的发布和查询上，未能与旅游产业深度融合。在此次疫情中，为了应对旅游行业的危机、满足人们的旅游需求，"云旅游"崭露头角，创新了旅游方

---

① 《重磅！国家文化大数据体系建设呼之欲出》，中国经济网，2020年5月26日，http：// www.ce.cn/2012sy/szzh/wh/202005/26/t20200526_ 34976567.shtml。

式，也为旅游行业的发展提供了新方向。

新基建将极大地促进信息技术和数字经济的发展，为在线旅游的进一步发展奠定技术基础，5G 网络、VR 技术、感知系统等的不断完善也将从消费端提升游客在线旅游的体验。在线旅游将会成为线下旅游的重要补充，满足非假期阶段人们旅游的需求，也将进一步提高旅游业防风险能力、优化旅游服务流程、创新旅游管理方式、提高旅游目的地管理水平，从而促进旅游产业结构升级和优质旅游发展。

3. 新基建战略对文化旅游消费的影响

文化旅游消费是一种在文化和旅游相互渗透、深度融合的大背景下，以文化消费和旅游消费一体化发展的项目、载体、平台为基础，并以满足人的精神生活及文化和旅游需求为目的的消费经济行为。当前，我国文化旅游消费模式还比较单一，以文化景区旅游、旅游演艺等消费模式为主，文化和旅游的深度融合任重道远。新基建将为文旅产业注入新的动能，通过技术创新和数据平台构建，打通文化和旅游行业之间的壁垒，提升二者的融合程度和水平，让文化和旅游行业真正实现理念融合、职能融合、产业融合、服务融合、交流融合。

（三）新基建战略背景下最具发展潜力的文旅行业

1. 游戏产业

2019 年我国游戏市场实际销售收入达 2308.8 亿元，其中移动游戏占整体销售收入近七成，处于主导地位，客户端和网页游戏占比分别降至 26.6% 和 4.3%。[①] 近年来，由于手机性能的逐步提高，手机游戏成为移动游戏中的主力军，增长迅速，但是由于网速、设备等条件的限制，移动游戏的体验感稍差。2019 年我国游戏产业市场收入同比增长 7.7%，但 AR 游戏和 VR 游戏的营业收入增长率分别达到 64.3% 和

---

① 《〈2019 年中国游戏产业报告〉内容下载》，游戏产业网，2019 年 12 月 20 日，http://www.cgigc.com.cn/gamedata/21649.html。

49.3%，反映出消费者重视游戏体验真实性的特点。未来随着 5G 商用步伐的加快，AR、VR 等技术的逐步推广，移动游戏的体验性将逐步加强，产业前景将更为广阔。

同时，以 5G 为代表的新基建将加速"云游戏"的商业化进程。"云游戏"打破了设备终端的限制，实现了设备自由和下载自由，在提升游戏体验和质量的同时大大降低了游戏的门槛。其实，我国已有部分游戏企业开始探索"云游戏"，但受限于目前的技术水平，还没有成功打开这一块市场。而如今以 5G 为代表的新基建将促进相关领域的技术创新，"云游戏"很可能会取代手机游戏，成为未来爆发最快、市场占有率最高的游戏类别。

2. 数字教育

2020 年国务院政府工作报告将"推动教育公平发展和质量提升"作为教育工作的主题，强调要优化投入结构，让教育资源惠及所有家庭和孩子，以新基建加速弥合数字鸿沟，补齐教育短板，将成为促进教育公平和提升教育质量的有力抓手。[①] 虽然，我国数字教育已有一定的市场规模，但数字教育主要是作为公共教育服务的辅助，以课外辅导、职业培训、兴趣培养等方式呈现，与义务教育和高等教育的融合程度不足。教育新基建有利于尽快确立"互联网+基础教育"的公共服务属性，促进数字技术与教育体系的全面融合，推动数字教育的正规化、合法化发展。

信息技术和数字教育的推进，有利于建设国家级及省市级的数字教育公共服务云平台，打破教育的年龄限制、地域限制、贫富限制，使优质教育资源惠及社会每一个群体，推动数字教育学分认可制度建设，促进教育公平发展。

---

① 《两会聚焦：新基建，以技术促进教育公平发展》，中国教育和科研计算机网，2020 年 5 月 28 日，http://www.cgigc.com.cn/gamedata/21649.html。

3. 云旅游

此次新冠肺炎疫情给旅游业敲响了警钟，暴露出旅游行业存在的问题和短板，旅游行业转型升级迫在眉睫。自从 2010 年"智慧旅游"概念提出以来，国内部分景区也在不断探索数字技术在旅游行业的应用，如语音导游、景区门票预约制度、无人化酒店、旅游数据平台建设等，但这些探索仍停留在旅游服务层，未深入核心层，"云旅游"便是要将整个旅游活动从线下转移到线上，真正实现旅游的数字化、智能化。

国内旅游向来受节假日影响较大，因时间和精力限制，工作日的旅游需求较少，不仅无法充分满足人们的旅游需求，也不利于旅游市场的进一步开发。"云旅游"出现后，将打破旅游消费的时间和地点限制，实现"随时随地"旅游。此外，旅游景区还可以和电商平台、直播平台等合作，在游客旅游过程中向其推荐当地特色产品，弥补线上旅游对零售业带动不足的缺点，促进旅游行业的供给侧改革，增强旅游业对相关行业的带动作用。

三　促进文化和旅游消费，抓住新基建战略
更好更快发展的对策建议

（一）结合国家新基建战略设计的总体安排，研究和编制"文旅消费新基建发展规划"

国家新基建主要包括三方面内容：一是以 5G 等为代表的通信网络基础设施、以人工智能等为代表的新技术基础设施、以智能计算中心为代表的算力基础设施等信息基础设施；二是指深度应用互联网、大数据、人工智能等技术，支撑传统基础设施转型升级形成的融合基础设施；三是指支撑科学研究、技术开发、产品研制的，具有公益属性的创新基础设施。这三个方面都涉及文化和旅游消费，既可以促进文化和旅

游消费基础设施升级，也有助于文化和旅游业的深度融合。因此，应尽快启动相关研究，编制发展规划，促进文化和旅游消费尽快融入国家未来最重要的国民经济建设主体工程中。

（二）结合未来线上和线下文化旅游消费平衡发展的趋势，大力加强国家文化和旅游消费直播平台建设

在此次疫情中，网络直播在促进文化和旅游消费中发挥了重大作用，但也存在着管理体制机制不健全、直播内容品质不高等问题，应建设国家网络直播平台，发挥引导和示范作用。完善相关管理治理机制，坚持完善法治、依法监管，坚持惩戒失信、激励诚信，构建全领域、全流程的文化安全防控机制。优化营商环境，最大限度稳定产业链、供应链，加强主播人员思想和业务素质建设，有效扩大国内需求，使直播内容更加符合实际、符合经济社会发展新要求、符合人民群众新期待。

（三）完善数字经济的法律法规，提升对线上文化和旅游消费的治理能力

随着中央和地方政府对新基建领域投资的逐步加大，线上文化和旅游行业将迎来巨大的发展机遇，但目前我国对数字经济的立法仍不够完善，各行业自身的治理能力还有较大不足，这不利于线上文化和旅游行业的健康发展。此外，文化和旅游消费直接关系到人们的精神文化生活，文化消费更是会直接影响到国民的基本文化素养和社会主义精神文明建设，必须加以正确地引导。因而，需要加快完善数字经济的法律法规，提前防范可能出现的危机，为未来线上文化和旅游行业的健康发展奠定坚实的法律基础。

媒介变迁中的文化生态[*]

杨　昆[**]

摘　要： 生产力的发展和科技的进步引起了媒介变迁，带来文化传播方式的创新，对人与人之间、人与世界之间交流所形成的文化生态产生了深远的影响。媒介的变迁引起了社会群体聚集的变化，使得文化圈突破了地域、地理环境、年龄性别等客观条件的限制，打破了文化生态原有的平衡，文化圈由传统的亲属性、区域性向流动性、虚拟性转变。网络媒介为文化传播带来了科技革命，改变了文化的内容生产、传播媒介和呈现方式，对文化生态的平衡构建以及文化业态的创新发展都产生了革命性的影响。

关键词： 媒介变迁　文化生态　文化业态

由科学技术和媒介发展融合引起的媒介变迁，不仅深刻影响着传统文化生产与传播的新时代发展，也拓展了文化生态发展空间与文化传承维度，引发了文化圈的聚集流动和文化生态再平衡，从而将新媒介拓展为文化生产的载体、文化传播的介质与文化创新的工具，促进了新媒介

* 基金项目：江苏省社会科学基金青年项目"新时代江苏文化业态创新机制与路径研究"（21YSC010）的阶段性成果。
** 杨昆，南京财经大学副教授，紫金文创研究院副研究员，主要研究方向为文化产业，艺术经济史。

时代文化生态和文化业态的创新发展。

人类的传播从最早的面对面口头传播，经过依靠印刷、纸张的文字传播时期和后来的依靠广播、电视的电子传播时期，发展到如今的互联网新媒介时期，媒介的形态随着技术的发展不断变化，经历了从物质到非物质的跨越。随着技术的发展，信息的传播不再受时间、空间、速度的限制。媒介作为人与人、人与世界交流的联结点，影响了文化传承和文明发展的进程。每个时代的传播媒介都有其特点，不同的传播媒介可以不同程度地发挥文化的特质，构建文化生态系统。正如麦克卢汉所说，人类的历史就是一部媒介变迁史。人类的活动都是在媒介中开展的，文化的传播需要媒介，传播与文化生态遵循着共同的变化过程，文化生态需要依靠媒介的传播带来创新，重新调整后的文化生态系统也需要媒介进行新的传播。文化要素的创新与媒介传播有规律地整合到文化生态系统中。媒介的变迁改变了人类与世界的交流方式，伴随社会群体的聚合，衍生出不同的文化圈。斯图尔特曾视媒介为社会控制的代理人和权力的工具。

一　媒介变迁与社会群体的聚集

媒介发展的传统时期，信息依靠口耳、体态、语言、文字等进行个体的物质性的单一传播，囿于有形实物的传播媒介，社会群体的聚集受限于地理范围和地域条件。人类早期部落、氏族的形成，均建立在劳动生产过程中交流协作的基础上，活动范围有限。从口语、体态到文字、印刷，人类的交流从面对面、近距离发展到需要物质介质作为传播媒介，文化传播开始具有空间性，增强了传播信息的传承性。同一区域的人群可以经常交流共享相似的信息，并且将此类信息进行时间上的延续和空间上的扩展。区域文化的形成是建立在社会群体对信息的共享基础之上的，"通过'传播'，风俗、知识、艺术等从一个社会向另一个社会扩散，

邻近的群体会共具许多文化要素"①,享有共同信息的群体具有生活习惯
和谋生方式的相似性。因此,传统媒介时代,文化带有浓重的地理特
性,往往因城市、地区等地理或行政范围区划而形成特有的地域文化。

媒介传播影响了社会群体的生活,长此以往,促使区域内人群的认
知意识、生活方式、风俗习惯逐渐趋同。威斯勒尔曾明确指出,某种程
度上,生存区和文化区是相互交叠的。文化生态是人类生存发展的文化
与自然环境和社会组织环境相融合、协同、平衡发展的一种关系②,是
动态的、富有创造力的。人类生存发展需要劳动和组织,借助媒介交流
信息是基础的沟通方式和必备的要素,信息是连通文化与自然、文化与
社会组织的重要因素之一,人们通过媒介进行沟通,通过信息进行联
系,因此,媒介是促进文化生态圈形成和生长的重要基础。

地理条件包含气候、地形地貌、降水等多种因素,是形成居民特有
的生活习惯和风俗文化的基础条件。相似的地理条件造就了相似的生存
方式,相近群体的生活习惯和风俗文化造就了共同的经济类型。在长江
中下游地区,从距今 7000 多年的跨湖桥文化、河姆渡文化、城头山文
化开始,到后来的马家浜文化、崧泽文化、凌家滩文化、薛家岗文化、
大溪文化,以及新石器晚期的良渚文化、屈家岭文化、石家河文化等考
古中都有发现稻作遗存③,说明从古至今,饭稻羹鱼的生活习惯在长江
文化中得以传承。由于传统传播媒介的限制,文化难以传播到更远的地
方,因此形成了具有地方特点的区域性文化圈。从巴蜀文化、荆楚文化
到吴越文化,虽有各自文化圈的特性,但都有着长江文化的共同特征。
位于长江上游的西藏,其代表性的民居建筑风格为平顶白墙黑窗。沿着

---

① 〔美〕罗伯特·F. 墨菲:《文化与社会人类学引论》,王卓君译,商务印书馆,2009,第
158 页。
② 李向民、杨昆:《新时代的文化生态与文化业态》,《深圳大学学报》(人文社会科学版)
2021 年第 2 期。
③ 王仁湘:《长江中下游地区饮食文化的史前传统》,《健康与文明——第三届亚洲食学论坛
(2013 绍兴) 论文集》,第 172~178 页。

318 国道下行，过了折多山，到了四川康定地区，民居风格变得混搭，既延续了藏式民居的外墙门窗，又出现了歇山顶和汉式青瓦。继续前行，进入雅安境内，藏式建筑完全消失。建筑风格转变是降水量等地理因素融入建筑文化的重要表现，也体现了民族习俗的差异。

正如麦克卢汉所说，媒介即信息。如今，媒介发展到互联网时代，打破了地域与空间的限制。信息的传播不再受地理区域、传播时间、气候条件等因素限制，只要受众愿意接受，互联网像"千里眼""顺风耳"，在几乎同一时间就将信息传播到"地球村"的任何一个角落。在此种媒介时代中，文化圈的形成是"无形的"，不再受地域空间限制，更依赖于共同的兴趣、话语体系、文化场域或阶层。在未来，文化圈地域特性将逐步削弱，文化场域特性将逐步增强。

二　社会群体与文化生态的形成

文化生态的实质是文化与环境之间的动态关系，是技术、资源和劳动共同协作的产物，具有不断发展的动态性和创造力。人们的生活和工作具有社会性和交往性，从群体中获取信息十分重要。信息的获取和解读影响了人们从环境中获取资源的能力，进而影响了群体的生活生产方式。媒介就是信息从传播者到受众的传输介质。"通过文化认识到资源，通过技术获取资源"[1]，信息作为一种重要的资源，需要通过媒介这一手段获取，媒介的发展离不开技术。文化圈的形成和信息资源的获取互为因果。由于信息资源的汇聚与解读，拥有同类信息资源的人逐渐聚集到一起，在媒介传播的初级阶段，也因为人的会聚而拥有同类型的信息资源，二者相互影响、共同作用，形成具有地域性的文化圈。在世界各大古老文明中，几乎都发展出早期的历法，这些历法都建立在对天

---

[1] 〔美〕罗伯特·F.墨菲：《文化与社会人类学引论》，王卓君译，商务印书馆，2009，第159 页。

文地理进行观察的基础上，并且在农耕生产中反复验证。以此为基础，同一地区和文化圈的人们，会形成相同的神祇信仰和节日，并且通过这些可辨识的神祇和特定节日，形成相互的文化认同。世界各民族神话中，都存在着不同版本的大洪水传说，一方面是人们对灭顶之灾刻骨铭心的记忆；另一方面又在提示人们，只有协作才有可能战胜自然，获得丰收。在协作的过程中，就产生了最初的组织，组织逐步演化成后来的国家。劳动很大程度上依赖技术和资源，是生产力的直接体现。劳动过程中建立生产关系所产生的信息交流，是人类最早对传播媒介的需要，继而也会对继嗣、乡村选址建设、社会道德规则等方面产生影响。于是，最早的文化圈和经济圈具有高度的重叠性。

文化生态系统对人们的文化生活及社会环境进行调整，并与之相适应。文化生态是在社会群体聚集基础上形成的，反过来说，社会群体的聚集又因为有共同的文化、生活需要而形成。在世界各地存在的中国城和唐人街，是早期在海外定居的华人因为相同的文化风俗和生活习惯聚集而形成的。中华文化慢慢融入所在国家的社会环境，形成了融合度较高的独特的文化生态。每年纽约唐人街的春节舞狮、花灯等风俗吸引了众多其他族裔居民的参与。文化生态和社会群体的形成相辅相成、互为因果。文化生态和社会关系间相互交换、相互影响的直接性，以及媒介在此过程中的显著作用，表明媒介是文化生态变迁和进化的重要因素。社会群体的聚集是一种自然发生的结果，群体内部相互间形成了一种相对固定的社会联系。在社会技术发展的初级阶段，即媒介的初级阶段，人与人之间的交流范围和速度受到物理限制，社会群体的聚集就显得十分具象化。墨菲在其论著里也有对社会关系与文化生态二者间关系的讨论，他提出了"世系形成过程也可以说明文化生态理论"① 的观点。社会群体或者组织的划分基本局限于某一地域范围内，中国原本的乡村都

---

① 〔美〕罗伯特·F. 墨菲：《文化与社会人类学引论》，王卓君译，商务印书馆，2009，第161页。

是以氏族为基础建立的，乡村内部多数是具有血缘亲属关系的人，拥有共同的祖先和类似的文化。外来人口（非本氏族）一旦进入，往往会遭到群体的排斥。文化圈固化，难以融入其他的文化。但随着科技的发展，媒介由有形发展到无形，拥有共同文化认同的社会关系也由"群体"扩展到基于网络节点相互连接而形成的"社会网络"。从当年风靡全球的迈克尔·杰克逊，到鸟叔的《江南 style》，再到 YouTube 中广受追捧的川妹子李子柒，社会网络相比社会群体，突破了明确的边界和秩序。我们发现，社会网络理论兴起于 20 世纪 60 年代，正是随着新兴信息技术的发展而兴起的。因此，社会媒介的变革是导致人类社会关系变革的主要因素。

三 文化生态的核心与圈/层

文化生态的核心是"道"，是意识形态。各种媒介所传播的信息在一定程度上都是为意识形态的传播而服务的。主流意识形态是居统治地位的，是需要社会群体共同践行和追求的文化规范。当两个或多个文化生态系统发生直接或间接持续的接触后，会相互影响、发生融合。而这种影响下的文化传播是由于政治上的优势群体具有进行意识形态传播的动机。灭人之国，必先去其史。始建于公元 532 年的索菲亚大教堂，是拜占庭的宫廷教堂，大量反映圣母子、耶稣受难等内容的马赛克装饰画十分壮观。15 世纪，奥斯曼帝国占领君士坦丁堡，伊斯兰文化成为主流文化后，索菲亚大教堂变为清真寺。由于伊斯兰教禁止一切偶像崇拜，教堂内的马赛克壁画全部被覆盖，并加建了宣礼塔，成为伊斯兰教的传播阵地。很多时候，强者在文化的传播方面具有主动性，并将带有自己的主流意识形态的文化向弱者进行灌输，官员往往承担着文化传播"意见领袖"的重要角色。

斯图尔德曾将当时社会中的主要媒介电视视作资产阶级的意识形态，强调媒介对社会的控制。美国学者托马斯·戴伊写过系列著作

《谁掌管美国》，分析在不同历史时期，媒体的独立话语权和对社会政治、经济的重大影响。通过掌控话语权，媒体成为社会运转的幕后推手。2021 年美国占领国会山运动后，推特永久关闭特朗普账号，引发欧洲多国政坛的关注和反弹，再次将话语权之争推上前台。如果一国总统的话语权都可以轻易被媒体企业所掌控，那么谁才是真正的统治者？

文化生态由"文化圈"和"文化层"构成。文化圈指的是由艺术、知识、风俗、观点相近的人们所聚集而成的群体，具有自发性、流动性和开放性。文化圈形成的基础是圈内群体的共同点，可以是对某件事的认知或态度，也可以是某个生活习惯或者某个兴趣喜好。如南京玄武湖夜晚的广场舞、交际舞、合唱团、各类健身帮、K 歌者，显示了丰富多彩的文化圈。尽管一个文化圈界域内，各个组成群体或个人不是完全相同的，但他们具有大量共同的特质，其同质性的产生是文化适应共同环境，达到文化生态平衡的结果。由于兴趣本身所蕴含的意识形态，这样的文化圈有主流文化圈，也包含亚文化圈。文化圈之间是平等的，并不因规模的大小或者意识形态的不同而产生地位上的高低。

文化圈之间并不是完全封闭的系统，而是可以相互交流，甚至相互学习、模仿、吸收的，从而结成新的具有共同点的群体，诞生新的文化圈。由于文化生态适应的类似性，文化圈的特质可以从一个群体传到另一个群体。文化圈之间通过重新诠释和调整融合的过程来吸收新的特质，文化圈既能吸取性质邻近的文化圈内容，又能保持自己的特殊性和统一性。因此，经过媒介的传播，差异性缩小了，不同文化圈之间很可能出现重叠和相融的现象。以小麦种植为主的黄河文化和以水稻种植为主的长江文化就形成了不同的文化圈。但考古发现，具有黄河流域仰韶文化典型特征的旋纹和花瓣纹彩陶样式，也在长江流域的大溪文化中发现，但器形有了变化。这些彩陶是本地制作的，而非由黄河流域直接流入①。

---

① 王仁湘：《长江中下游地区饮食文化的史前传统》，《健康与文明健康与文明——第三届亚洲食学论坛（2013 绍兴）论文集》，第 172~178 页。

湖北枣阳雕龙碑遗址曾出土了大量仰韶文化的彩陶，说明黄河文化早在6000 多年前就影响到长江流域，并且与当地的文化相结合。随着京杭大运河的开通，长江流域与黄河流域交流更加紧密，两种文化得到了有机的融合和共生。经过元明清 600 多年的国家统一治理，黄河与长江两个文化生态得到了高度的整合，并且传播到黑龙江至珠江流域①。

文化层指的是每个文化圈内部，由于受教育程度、社会阶层、经济条件的不同，而自然形成的自上而下的层级划分，不同层级之间形成自上而下的鄙视链。文化层之间相互调整以形成有效的组织，从而构成文化圈，但每个部分或每个人必须使其地位相互关联，以便保持整个文化圈行为的一致性和认知的一体化。由于社会资源、技术的分布问题，文化层形成一个金字塔形状。处于每一个文化层金字塔顶部的人，往往是这个文化圈的"意见领袖"，引领着相同文化场域的群体的兴趣发展和风向。例如，喜欢喝咖啡的和喜欢饮茶的人群，自然因不同的饮品喜好而分为不同的文化圈。不同文化圈之间会有交集，也会有交流和学习，对于泡茶和冲咖啡的技术技巧、饮用流程等方面会相互借鉴，是一种良性的关系。"亚文化的代际更迭，也会导致主流文化的载体或者文化业态发生更替。②"即便是在主流文化、非主流文化和对立面文化等不同类型的文化主体之间，也会存在相互影响，甚至融合的行为。不同的文化主体背后是不同道德观念、行为方式、思维模式、生活习惯等差异群体的集合。

各个文化圈内部的文化层则呈现自上而下的影响和自下而上的流动现象。喜欢喝手冲咖啡的人群，会从咖啡豆的产地、品种、冲泡技巧等方面进行严格的品鉴，处于该文化圈的顶层，他们通常也是该圈内评价、品鉴咖啡的风向标，由他们来规定哪些咖啡是高等级的、哪些咖啡

---

① 李向民：《长江文化的时代精神》，《群众》2021 年第 3 期。

② 李向民、杨昆：《新时代的文化生态与文化业态》，《深圳大学学报》（人文社会科学版）2021 年第 2 期。

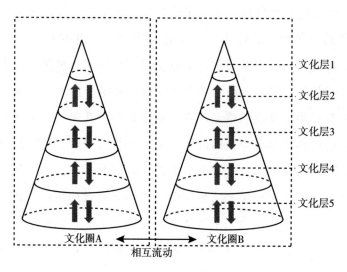

图 1　文化圈/层的流动

是廉价的。因权力、等级和影响力的等次不同，所有的一切均因共同的喜好和追求而逐渐沉淀。

　　文化的特质在于依靠其文化内容的内在吸引而在人群中迅速传播。电影于1895年在法国诞生，随即向世界传播。第二年进入中国，最先作为一个西洋影戏在上海徐园放映，吸引了当时的有钱人。后来被送入清廷，专为慈禧祝寿。早期欣赏电影的，都是社会中较有声望的人士。在此"意见领袖"的带领下，电影逐步走进社会大众视野，成为全民争相观看的新奇事物。当时的传播，基本上依靠报纸、海报等文字印刷品以及口耳相传。但在本土戏曲文化盛行的社会，电影作为西洋的科技产物传入，却意外地得到了民众的认可，并迅速根植发展，并没有遇到当时社会对外来文化的排斥，这是因为电影被认为是更有声望的人群认可的文化。在文化层顶端的"意见领袖"的带领下，电影的传播极为迅速，但限于当时传播媒介的传统性，早期中国电影聚集于上海、北京、广州、香港等几个城市，未能突破地理区域的限制。

四　新媒介时代文化生态的外部性

媒介的发展改变了人类认知世界的方式，伴随着数字技术与文化生态的融合，创造出不同的文化生态平衡，衍生出不同的文化圈，打破文化行业壁垒，重塑文化行业的生产和传播方式，打造新媒介时代的文化业态创新。

（一）新媒介时代的大众文化

大众文化本意是指更容易被很多人所喜爱的文化，更多是在数量层面上的一种定义①。有一些学者更愿意从文化层次上对其进行区分，将大众文化与高雅文化对立②。比如，我们今天在音乐厅、大剧院欣赏的二胡《赛马》、昆曲《牡丹亭》等演出，被视作高雅文化的典范。它的高雅，因为其具有一定程度的排他性，从时间闲暇、审美品位等方面，将观众和非爱好者进行了区分。从艺术角度而言，欣赏高雅文化的群体，尤其强调经典曲目、艺术价值等划分高雅与大众的影响因素。从数量上来讲，高雅文化的文化消费者，也属于社会群体中的少数群体。布尔迪厄指出，文化的高低之分通常被用于维护阶级的高低之分。文化的消费自然地将社会群体进行了阶层的划分。

随着新媒体时代传播媒介的发展，"数量"的概念更加泛化，"大众文化"与"高雅文化"互相转换。一方面，二胡、戏曲等演艺方式，在20世纪之前本就属于"大众文化"范畴。另一方面，由于网络直播、短视频等媒体的兴起，欣赏《赛马》和《牡丹亭》的观众已经不再局限于一个固定空间范围内的群体，人们通过网络或者虚拟设备可以

---

① 〔英〕约翰·斯道雷：《文化理论与大众文化导论（第七版）》，常江译，北京大学出版社，2019，第267页。

② Bennett, Tony. Popular culture: a teaching object. Screen Education, 20-21.

同时间同感受地去欣赏同样的艺术演出。在互联网媒介的加工下，这些高雅文化拥有了更多元化的表现形式。北宋名画《清明上河图》通过人工智能技术，给观众呈现线上四维展览，随着受众数量剧增，立刻从高雅文化转变为大众文化。

新媒介时代的大众文化以更加强势的态度向高雅文化逆传播。科技发展带来的媒介升级，影响了文化传播的方向，将原本文化生态的流动方式进行了方向性扭转。新媒介不仅赋能于文化生态的平衡，且赋权于文化的传播者。传统媒介下信息的传播是由统治者或"意见领袖"掌握话语权，向受众进行文化和价值观的传播。但在新媒介时代，受众同时是信息消费者和传播者，在接收信息的同时也可以拥有创作权、生产权和传播权。新时代的传播不再是单向的线性流动，而是网状的多传播点的扩散。例如通过网络短视频、直播进行的传播，经常出现十几亿级的话题量和讨论量，具有极强的传播效果。李子柒的走红，产生了比主流媒体更有影响力的文化传播效应。在亚文化群体聚集的文化圈 B 站走红的自得琴社，集合古琴、古筝、大鼓、笛、箫等中国传统乐器，改编创作的极具中国传统文化特色的民乐曲《空山鸟语》《枉凝眉》等在网络中迅速传播，获得了网络上几十万的粉丝。将高雅文化成功转型为大众文化，获得多数群体的接受，并反过来向主流媒体渗透。

（二）新媒介时代的"文化圈隔离"

社会群体的划分有多种标准，包括民族、宗教、教育、兴趣等，但最为基础的是亲属关系。马克思曾指出，"物质生活的生产方式制约着整个社会生活和精神生活的过程"。科学技术的升级，促进了媒介的迭代升级，扩展了媒介的功能范围，改变着人类的生活方式和行为习惯，打破了原本亲属关系限制下的群体聚集基础。在传统媒介联系、传播、传承、娱乐等基础功能外，新媒介承载了更多社交和经济功能。媒介不仅是中介，也可以是"门槛"，在传递信息的过程中，由于受众的选择而对传递的信息进行筛选和再加工。对媒介的接受和使用选择，成为当下划分社会群体的一种新标准，形成了不同的文化圈。例如手机及各种App作为新的传播媒介，融合了记录信息、交换贸易、传播信息、身份确认和社交娱乐等多种功能。现代年轻人出门可以不带钥匙、钱包、笔等，但唯一不能缺少的是手机。新媒介将无法使用智能手机的人划为"非主流文化圈"，在新媒介的使用者和不使用者之间建立了一种被认可的分隔，造成了事实上的"文化圈隔离"。不同文化圈的人享有不同的社会资源，主流文化圈内的人掌握了大量的数据信息和传播技能，对整体社会资源进行占有和再生产，而圈外的人则无形地被剥夺了公共资源的占有权和使用权。主流文化圈外的人很多时候都无法享受现代社会的便捷与福利，在银行、电信服务商营业厅、购票窗口排队的大多是以老年群体为主的"数字难民"。

文化圈隔离导致价格歧视的形成。随着科技发展和媒介变迁的融合，文化圈的隔离同时也成为经济圈的隔离，文化资源的被剥夺为经济资源的被剥夺提供了前提。人群按照生活习惯而选择不同的媒介接收信息，从而分为不同的文化圈。老年人愿意通过纸媒，中年人愿意选择电视、广播，年轻人愿意通过网络去接收信息。价格歧视理论认为不同的消费者会对同样的产品有不同的支付意愿，企业从而可以收取不同的价格，达到利润最大化。"不同的消费者"的差异直接体现为所属文化圈的不同。在新媒介时代很容易通过受众对媒介信息的选择行为进行文化圈的区分，企业从而针对不同文化圈群体进行差异化定价。如图2所示，M_1、M_2…M_n表示不同的文化圈，企业针对每个文化圈通过不同的媒介传播信息，采取P_1、P_2…P_n的差别化定价，不同的文化圈覆盖相应的市场份额，从而使得企业达到利润最大化的目的。同样的商品，在超市和直播间甚至出现几倍的价格差异，线下购买的消费者只能支付远高于线上的价格。通过直播间购买的商品要么直接降价销售，要么给予赠品，且直播间商品的链接与商家平台官网为同一地址，即完全相同的商品和出货渠道，价格差异只是因为不同的信息获取方式。由于消费者在做出购买决策时，除了凭自己主观感受外，还要参考其他人的做法。直播间的限量抢货营销，随时告诉消费者商品已售出数量和即将售罄的信息，直接影响了消费者的购买决策，消费者因信息不完全而容易产生从众消费行为①。2020年"双 11"促销，10 月 20 日当天有两名当红销售主播分别实现成交额 35.21 亿和 32.04 亿，观看数最高达 1.6 亿人次。从 2020 年 4 月淘宝直播的用户构成来看，年龄普遍偏小，24 岁及以下用户占 34.3%，25~30 岁用户占 30.4%，31~35 岁用户占 13.1%，36~40 岁用户占 7.2%，41 岁及以上用户仅占 15%。由此可见明显的用户年龄差别所造成的文化圈隔离。

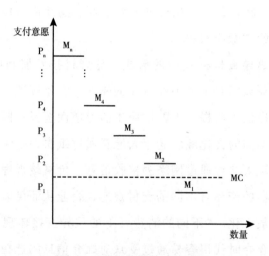

图 2　不同文化圈的价格歧视

　　文化圈隔离造成价格歧视的问题，还产生于不同文化圈原本收入层次的差距。文化与经济密不可分，文化间的斗争是经济或技术力量的抽象产物，并最终由经济与技术力量共同决定。布尔迪厄认为，实际上得

---

① 〔美〕理查德·E.凯夫斯：《创意产业经济学》，唐蓉、张兆慧、冯晨、王栋译，商务印书馆，2017，第 286~287 页。

以实现的文化兴趣取决于被供给财产的系统的状况，文化兴趣的变化来自生存条件的相应配置的变化①。往往是更低生活水平的人所享有的信息量更少，拥有的传播媒介更传统，购买商品要付出更高的价格。媒介对社会群体的分隔无形中造成更深远的影响。

（三）新媒介时代文化生态赋能业态创新

新媒介时代改变了文化业态。文化生态通过媒介手段来影响文化业态的创新。文化生态和社会系统之间的相互交换、相互影响，以及技术在媒介变迁过程中的显著作用，表明媒介是文化生态和文化业态发展的重要因素。随着新媒介的发展和社会系统的日趋复杂，自然环境因素对文化生态的影响逐渐减弱。更先进的媒介技术将跨越环境的约束，使信息得到更广泛、迅速的传播。文化圈的形成也将跨越年龄、阶层、地域等限制，具有更灵活、多样、精准的组合方式，形成新的文化生态的平衡，从而更加适应社会的发展。

媒介的变迁对文化传播的内容创造也产生较大影响。在传统媒介时代，中国的书画作品是通过宣纸、笔墨来表现的，纸张既是传播的媒介，也是创作的材料。发展到新媒介时代，许多传统书画作品得以实现数字化传播，通过数字媒介以影像的方式进行展示，对原有的艺术作品进行解构与重构，使得书画等艺术，从高雅文化的视觉艺术转化为大众传媒的数字艺术，影响了受众群体范围和欣赏品位。北宋名画《清明上河图》本为北京故宫博物院珍藏的国宝级文物，每展览一次都会对作品造成一定磨损。但经过数字技术上线的《清明上河图》，通过手机、电脑进行大众传播，让更多的受众不去博物馆也可以随时随地欣赏到画作，且吸引了许多原本不会踏入博物馆的人群，拓宽了文化传播的空间，拓展了文化圈的群体范围。传统的博物馆展览通过数字化的传播

---

① 〔法〕皮埃尔·布尔迪厄：《区分：判断力的社会批判》，刘晖译，商务印书馆，2015，第359页。

媒介，将艺术品转化为文化产品，实现了艺术品的规模化和产业化，创造出文化产业的新兴业态。

网络、手机等新媒介与社会群体的结合，使文化圈实现了虚拟空间与虚拟聚合的空间发展，形成了文化生态新的平衡，使得人与人的交流及社会关系的构建更具有空间性和流动性。借助影像、数码、网络等不同媒介传递出的文化观念、意识形态、内容样式等方面的信息，吸引了共同认知水平和兴趣爱好的社会群体的聚集。这些新渠道、新手段的媒介运用了文化信息本体，引发其功能和作用的改变，也使得当代文化圈展现出较大的流动性、包容性和虚拟性。许多人只要认同某一文化圈的观念和目标，便可以通过网络世界中的虚拟身份参与其中，并将此身份转至线下，并持续发展。许多COSPLAY社团的建立与发展就是基于对网络动漫、二次元文化的热爱，参与者均以动漫人物形象进行线上和线下的展示，社团内部的交流也不需要对参与者真实的社会角色进行了解。其追逐和喜爱的偶像也是某一个动漫形象，其实质是内容创造者所赋予这个偶像的性格特征与人格魅力，是一种文化符号。例如日本的初音未来演唱会，动辄上千元的门票，但场场爆满、一票难求。现场观众欣赏的是全息投影出来的动漫形象，而其声音则来自YAMAHA的VOCALOID2语音合成，是一种借助数字技术生产出来的全新的演唱会模式，充分发挥了新兴媒介数字网络的特性，将数字信号直接作为文化产品展现出来，融合了观众的视听感受。因此，传播媒介一旦发生变化，文化产品创作和生产的变革就会紧随而至。

在新媒介的推动下，未来会产生更多的新兴文化业态，这种改变，除了对文化生产内容的创新，还涉及文化产业中的营销模式、消费方式和企业管理过程。在网上受人诟病的名媛拼团事件，一些人借助服饰、包等奢侈品以及高档酒店、餐饮等照片作为媒介，向外界展示自己的财富，以此作为靠近或融入名媛文化圈的手段。但价格不菲的奢侈消费催生出拼团消费群，让原本的陌生人为了共同的符号消费需要，而形成一个亚文化圈。现在较流行的 App"小红书",作为新媒介的代表,通过内容生产和网络社交而引导人们的现实消费。由于在许多人内心,"良好的文化意愿"通常表现为他们无条件地选择文化顺从[①],为避免文化圈隔离,找到社交的共同话题和语言,他们不得不使用小红书。而小红书上符号消费的引导,又使得许多人为了融入文化圈而购买商家新推出的"斩男色"口红、象征身份的手提包等。因此,商家与小红书博主的联合,也成了一种新的销售渠道和营销方式。

五 结论

媒介的变迁是文化生态发展变化的本质因素之一,其影响是一个持续反复的过程。媒介不仅是文化传播的重要载体,同时也是推动文化生态发展的重要因素,影响着文化业态的创新发展。媒介变迁永无止境,随着技术的进步和人类文明的发展,媒介对文化生态的影响将会愈加深入。尤其是在新媒介时期,媒介将全程参与文化内容的创作、传播与产业化过程,成为文化生态的一个重要组成部分,推动文化业态进入数字创意产业时代。

---

① 〔法〕皮埃尔·布尔迪厄:《区分——判断力的社会批判》,刘晖译,商务印书馆,2015,第509 页。

北京市阅读空间建设赋能公共文化服务高质量发展

——以朝阳区"城市书屋"建设为例

张　力*

摘　要：北京市朝阳区以习近平新时代中国特色社会主义思想为指导，立足"夯基础、求突破、树标杆、做示范、建长效，建设公共文化服务体系示范区中的核心区"的工作标准，通过多种形式整合社会资源，发挥社会力量优势，打造"城市书屋"公共阅读空间项目，树立品牌、提升服务，为百姓提供丰富的精神食粮，在公共阅读服务方面进行了宝贵的探索和积极的实践。目前，城市书屋建设亟须不断完善长效管理与督导机制，以引导城市书屋规范有序运行，一方面激励城市书屋运营主体的积极能动性，另一方面确保城市书屋赋能公共文化服务高质量发展。

关键词：城市书屋　公共文化服务　高质量发展　全民阅读

近年来，北京市积极贯彻落实党的十九大精神、《中华人民共和国

＊ 张力，博士，北京市社会科学院国际问题研究所副研究员，主要研究方向为国际传播、城市文化国际比较研究等。

公共图书馆法》、《公共文化服务保障法》等重要法律法规，按照中央宣传部出台的《关于促进全民阅读工作的意见》，大力推动全民阅读，传承优秀传统文化，弘扬社会主义核心价值观，提升公共文化服务水平，提高市民人文素质，促进社会文明进步。构建全民阅读推广服务体系是实现全民阅读、建设学习型社会的关键步骤，也是完善公共文化服务体系的重点工作之一。北京市朝阳区打造城市书屋公共阅读空间项目，在公共阅读服务方面进行了宝贵的探索和积极的实践。随着城市书屋建设持续发展，健全完善城市书屋运营管理机制，对城市书屋运行状况进行监督和考核的必要性日益凸显，规范城市书屋建设管理，确保城市书屋发挥公共文化服务效能并取得良好社会效益，势在必行。

一　城市书屋建设概况

北京市朝阳区构建全民阅读推广服务体系，一方面按照总分馆管理模式，构建"3+1"构架，打造传统公共图书馆服务网络，推动全民阅读；另一方面遵循公共文化服务社会化发展的基本思路，撬动社会资源，打造具有朝阳区特色的公共阅读服务品牌城市书屋项目。朝阳区城市书屋项目旨在将政府文献资源、设备设施方面的优势与社会组织在全民阅读推广、运营方面的优势相结合，打造以人为关注核心，有温度、有质感的品质化特色城市文化空间。在城市书屋建设过程中，朝阳区充分调动文化企业、社会组织等参与公共文化建设的主动性与积极性，实现政府和社会资源互补、共建共治，共同打造具有特色的城市书屋，不断扩大城市书屋服务范围和辐射人群，取得了显著成效，入选了中宣部文化创新案例。

2016年4月，朝阳区第一个"城市书房"在西坝河东里落成，拉开朝阳区城市书屋建设工作的帷幕，2017年开始在全区范围内推广。2018年，为改善市民阅读环境，朝阳区城市书屋全面升级，全部安装了自助借阅设备，实现全市"一卡通"公共阅读服务。2019 年，朝阳区主要以文化政策为导向建成一批城市书屋，其中包括：结合文化园区建设，建设文化园区书屋，比如东坝朗园书屋等；结合美丽乡村建设，打造以展示社区村镇地方文献为主的特色城市书屋；结合新时代文明实践中心建设，建立了党群活动中心书屋等。经过 6 年的探索与实践，2022 年朝阳区已建成城市书屋 40 处，覆盖全区 20 个街乡，投入使用总面积近 2 万平方米，藏书量超过 15 万册。北京朝阳城市书屋作为"有家庭书房感觉"的"生活化的阅读空间"，融合了纸质资源与数字资源、阅读服务与便民服务，成为传统阅读阵地的现代延伸和有益补充，通过公益性全天候开放、低成本运营，有效解决城市公共阅读服务"最后一公里"的问题，让公共阅读融入百姓生活，提高了公共图书馆的社会认知程度与使用率，打开了社会力量参与公共阅读服务的通道，成为城市新的"文化地标"和"文化名片"。

总体来讲，北京朝阳城市书屋建设主要有如下特点。第一，从硬件设施方面来看，朝阳城市书屋具有图书馆功能，环境相对舒适，均配备数字化阅读设备，并加入北京市公共图书馆一卡通服务系统，实现免费借阅、通借通还，平时安排专业人员定时维护相关设备设施。针对残障人士，配置带有盲人辅助功能的电脑设备、读报机和中文在线电子阅览设备，可以为盲人提供无障碍阅读服务和多媒体视听体验服务。第二，在提供公共文化服务方面，朝阳区城市书屋提供内容丰富、类型多样的书籍，运行中根据读者反馈，随时调整配送书籍的种类和数量，并增加指示标识，方便不同年龄段读者的使用。现场增设自助借阅设备，读者使用读者证就可以全程在线借书、还书，以及查找书籍。此外，朝阳区图书馆与相关部门紧密沟通联系，策划开展丰富多彩的城市书屋阅读活动、知识讲座、技能培训等。第三，在制度建设方面，围绕更好地建设城市书屋，着手研究制定一系列相关文件，包括《关于推进文化融合发展的实施意见》《政府向社会力量购买公共文化服务实施意见及指导性目录》《朝阳区公共文化服务体系建设准入机制》等，接下来将制定城市书屋考评机制、城市书屋考核评估细则、城市书屋管理培训手册等，进一步建立完善包括市民满意度、阅读服务效能等内容的城市书屋考评体系，不断完善相关政策机制，为社会力量参与城市书屋建设运营提供制度性保障。

在北京朝阳城市书屋建设中，政府发挥了主导推动作用，重视图书馆阅读服务功能的拓展建设，使其回归到基本文化公共服务的职能定位，满足了市民对公共阅读空间的旺盛需求。朝阳城市书屋的兴起，是社会力量投入公共文化服务领域的探索，反映了政府职能的转变，有助于解决人民日益增长的美好生活需要和不平衡不充分的发展之间的矛盾。

二　城市书屋建设的主要成绩

北京朝阳城市书屋建设，广泛吸引社会力量参与，整合利用社会资源，促进公共文化服务社会化，是便民、利民、惠民的有益探索，是提升基层公共文化服务水平的具体实践。

（一）形成"四网一体"的阅读服务体系特色格局

北京朝阳城市书屋建设打通了公共阅读服务"最后一公里"，完善了朝阳区多维度公共阅读服务体系的整体构架，形成了以政府为主导的"四网一体"布局，即以四级架构为基础的传统公共图书馆服务网、以自助图书馆为主体的城市街区便捷阅读服务网、以电子阅览室和共享工程服务点为基础的数字图书馆服务网及以流动图书馆为主体的定制化阅读服务网。其中，"一体"指的是以城市书屋为代表的朝阳特色公共阅读服务体系。根据现实需求，立足资源整合，朝阳区城市书屋进行科学规划布局，增加城市书屋的数量。在确保城市书屋意识形态不动摇、公益属性不突破的前提下，政企携手开展"书香朝阳"全民阅读活动，构建全面阅读服务体系，实现专业化管理运营的模式，提升公共阅读服务能力和水平。

（二）活用社会资源，共建共治改善市民公共阅读环境

在弥补城市公共阅读空间不足、满足居民日益增长的精神文化需求的过程中，通过与社会组织、专业机构、文化园区等合作共建城市书屋，打造品质化公共阅读空间。通过社会力量、文创园区提供场所、书架和运营人员，图书馆提供图书和电子阅览设备的合作方式，实现共建共治，让市民群众的阅读更加便利。城市书屋成了知识分享、信息交流的公共文化空间，融合了创意、特色、传承等文化元素，代表了现代都市人群向往的公共文化品位与文化体验。城市书屋建设秉持贴近生活、方便群众的原则，地理位置优越、空间环境优雅、借阅方式简单，让广大市民轻轻松松享受阅读的乐趣，享用家门口的"文化大餐"，改善了市民阅读环境，提升了公共文化服务水平。

（三）提供优质、精准、便捷、高效的公共阅读特色服务

朝阳区城市书屋建设，立足整合社会资源，因地制宜地建设一批百姓身边的阅读场所，满足群众的基本阅读需求，营造城市书香氛围、构建多维度公共阅读体系、破解文化服务"最后一公里"问题。城市书屋利用整合已有资源，有针对性地为目标人群提供阅读服务。比如，梦工坊馆主要服务盲人阅读，配置了盲人专用电脑设备和数百册盲文图书；798尤伦斯馆以未成年人艺术阅读为特色，充分利用机构艺术资源提供儿童美育素养教育；东亿产业园馆则以影视、艺术、社科经典为主，定期举办影视沙龙、创业讲座等文化活动；北京东区儿童医院24小时图书馆则为候诊家长和患儿提供了亲子阅读条件。

（四）服务全国文化中心建设，营造文化氛围，提升城市品位

城市书屋为市民提供便捷、宜人、高品质的公共阅读空间，激活了公共阅读市场，激发出市民参与公共文化生活的热情，使全民阅读、文化惠民不再流于纸面，真正实现了城市满书香，发挥了营造城市文化氛围和提升城市品位的作用。城市书屋作为新型城市文化空间、人文交流平台，具有辐射带动效应，培养引导市民热爱书籍提升人文素养，把文化根植于大众心里，增强了城市的文化软实力和可持续发展能力，塑造了城市精神，推动了城市文明。

三 城市书屋建设的问题与短板

（一）城市书屋布局不充分、不均衡的问题

不均衡体现在城乡之间，也体现在南北部地区之间，东北部发展较快，南部相对较弱，另外，老旧小区、拆迁上楼的地区阅读文化服务也相对比较欠缺。就目前城市书屋建设而言，不能覆盖所有群体，因此，在打通"最后一公里"、实现公共文化服务均等化方面，要考虑建设服务对象范围更广、服务时间更长的城市书屋，更好地满足不同社会群体的需要。

（二）城市书屋管理存在不够规范化、专业化的问题

城市书屋实际运行中还存在运营人员管理松散、服务人员专业知识缺乏等情况。作为图书馆公共阅读服务的延伸服务模式，城市书屋建设需要探索建立规范完善的管理机制，形成成熟有效的管理模式，最终实现城市书屋建设的制度化、常态化管理，解决这些管理问题尚须在实践中不断总结经验和积极探索。

（三）城市书屋的服务效能还存在较大的提升空间

从城市书屋建设的实际情况来看，有的城市书屋后续发展存在自我更新能力较弱、缺乏发展规划指导的问题；有的城市书屋的文化内涵建设不够，缺乏精准服务的措施和办法，对市民的吸引力和影响力不强；有的城市书屋书刊资源配备不尽合理，所提供的图书报刊种类较少、内容参差不齐、文化品位不高，不能满足各类各层级市民的优质阅读需求。如何将城市书屋与市民文化需求相融合，发挥城市书屋功能，增强城市书屋的文化魅力；如何让更多的市民走进城市书屋，引导民众利用好城市书屋，享受阅读的乐趣，让城市书屋成为市民文化生活不可或缺的文化平台等，都是提升城市书屋服务效能需要思考的问题。

四　其他城市阅读空间建设经验借鉴

（一）浙江省温州市：推进城市书房规范化、标准化运营管理

温州市为推进城市书房管理服务的规范化，于 2017 年 12 月出台了《城市书房服务规范》，进一步规范了城市书房服务的术语和定义、职责、设施设备、服务资源、服务内容、管理要求、监督与考核等内容。随后在此基础上对城市书房建设标准进行了细化，于 2018 年 5 月发布《城市书房绩效考核管理标准》，从开放时间、设施维护、安全保障、阅读环境、文献保障、协作协调、服务效能、读者满意以及服务创新等方面对城市书房建设明确了指标标准。针对运行满一年的城市书房，根据指标标准，每年对服务效能进行考核，评定出三星、四星、五星 3 个等级，根据不同等级给予 4 万~6 万元的补助，考核未达到三星等级的城市书房不予补助。同时，建立城市书房退出机制，要求连续三年考核不合格的城市书房退出。据悉，温州市城市书房标准具有示范性意义，

将升级转化为浙江省省级标准。

北京朝阳城市书屋在建设中引入多种形式的社会资源，给今后的监督管理带来一定挑战，可以学习借鉴温州对城市书房进行效能考核的办法，强化动态管理，每年组织评星定级、达标晋级，继而针对性地施策管理，督促管理落后的城市书屋尽快改进提高，确保书屋规范有序运行。这一方面能够激励城市书屋运营主体的积极能动性，另一方面也确保了城市书屋高品质发展。

（二）安徽省合肥市：建立完善的城市阅读空间考评体系

合肥市把城市阅读空间建设作为公共文化服务体系建设考核的重要内容，纳入政府目标管理，制定了《合肥市城市阅读空间考核方案（试行）》，采用考核对象自评与第三方考评相结合的方式，按照《合肥市城市阅读空间考核指标和评分细则》进行考评。由第三方测评机构采取暗访、实地考察、询问答辩、材料核实、群众满意度调查等多种方法，对各城市阅读空间开展现场评价，逐项指出扣分原因，填写第三方评分表，建立项目评价档案。第三方测评机构需要定期提交考核季度、半年和年度报告，将参与考核的城市阅读空间按照得分高低评定为优秀、良好、合格及不合格四个等次，提供给主管部门作为对城市阅读空间进行奖惩的依据。

合肥市建立了较为完善的城市阅读空间考评体系，对运营主体多元、各具特色的阅读空间进行监管、考核，目标导向性明确，督导措施常态化。相较而言，朝阳区城市书屋具有相似之处，同样是通过引入社会力量投入公共阅读空间的建设，丰富了阅读空间的形态和内涵，但也带来了监管的难度。合肥城市阅读空间的考评措施的借鉴意义在于充分发挥了绩效考评对阅读空间建设管理的指导和规范作用，每个季度对考核对象所提供的基本公共服务进行巡查、暗访以及进行群众满意度调查，并依据考核指标对巡查和暗访的结果进行打分，及时发现解决阅读空间运营管理中的实际问题，以有效保障公共阅读服务水平。合肥加大了阅读空间常态化考核的力度，重视过程化动态监督，对引导阅读空间规范化建设起到助推和指导作用，对于北京朝阳城市书屋考评机制的建立具有借鉴价值。

（三）上海市闵行区：城市书房建设融入以人为本的城市设计

上海市闵行区在城市书房建设中，对城市书房的外观造型、室内装修和环境设计做了较为细化的特别要求，比如"注意体现文化建筑的氛围特点，在空间上和视觉上能无限延伸，注重打造时尚、精致的风格，同时结合所在社区的人文色彩与生活风格，营造家居式、无拘无束的阅读环境"等，体现了闵行区建设城市书房注重人文品质、生活品质，注重以人为本的城市设计，与整个城市国际化文化风貌融为一体。北京朝阳区是国际文化交流窗口区、国家公共文化服务体系示范区，要重视城市书屋的设计理念，围绕服务对象的需求，打造时尚精致的风格，创造愉悦温馨的阅读环境，让城市书屋在为市民提供优质的阅读服务之外，充分发挥文化展示、文化教育、文化交流、文化休闲等职能，彰显优雅时尚现代、多元包容的朝阳文化形象。

（四）山东省威海市：制定城市书房建设管理的地方标准

威海市在 2019 年 7 月出台《威海市城市书房管理细则》后，紧锣密鼓推进城市书房建设规范化工作，2020 年 2 月即发布了《威海市城市书房建设规范》《威海市城市书房服务规范》两项地方标准，进一步推动城市书房的规范化建设及管理服务工作，提高城市书房规范化服务水平，以公共文化服务标准化引领城市内涵提升，满足群众就近阅读、便捷阅读、个性阅读的需求。值得一提的是，威海将城市书房建设管理上升到了地方标准，在规范运营行为和创建秩序方面，具有一定的法治层面的意义。在地方标准制定过程中，利益相关方会立足自身利益诉求积极参与标准内容的规定，从而真正实现约束各相关方不规范行为的目的，进一步强化城市书房建设管理的规范效力和运营秩序。目前，北京朝阳城市书屋建设正处于上升发展期，在制定相关措施、出台相关政策的同时，还需要重视加快城市书屋地方标准的制定，以增强管理的约束力、提高工作的有效性，进而健全城市书屋的运营管理机制，实现各方联动、共同推进，把实践经验用标准化的形式加以总结和推广，形成规模化的社会效应。

五 推进城市书屋公共文化服务 高质量发展的对策建议

（一）贯彻落实公共文化服务相关政策和法规精神

《公共文化服务保障法》指出"国家鼓励和支持公民、法人和其他组织兴建、捐建或者与政府部门合作建设公共文化设施，鼓励公民、法人和其他组织依法参与公共文化设施的运营和管理"。应统筹好政府主导和社会参与的关系，凝聚各方力量，及时发现问题和薄弱环节，形成齐心助推公共文化服务体系建设的生动局面，规范引导社会组织、企业、个人等各类主体参与公共文化服务的积极性，让蕴藏于社会力量中的文化创造活力竞相迸发，让人民群众真正成为文化的建设者、参与者和享有者，让《公共文化服务保障法》的精神内核、制度设计与法定要求真正落实到公共文化服务体系建设、城市书屋发展的各个环节、流程和工作之中，推进基本公共文化服务标准化、均等化发展。

（二）推进落实服务首都全国文化中心建设的示范区的功能定位

公共文化服务体系建设是文化建设的重要组成部分，合理建设布局城市书屋，构建互通共享、便捷高效、品牌响亮的公共阅读文化网络，是完善公共文化服务体系、提高服务效能、加强公共文化服务体系建设的重要工作部署，是持续深化公共服务体系示范区建设的重点领域。应完善考评机制，大力推进公共阅读服务网络建设，提高公共阅读服务精准性，提升全民阅读参与度，让市民群众共享公共文化服务发展的丰硕成果，推动全国公共文化服务示范区、创新文化实验区建设，切实落实城市文化建设的功能定位，服务北京全国文化中心建设，促进首都公共文化服务大发展大繁荣。

（三）规范引导社会力量积极参与公共文化服务体系建设

健全完善城市公共阅读空间考评机制，对于规范引导社会力量、利用社会资源建设城市书屋具有现实指导意义。通过对城市书屋建设进行绩效考评，以公共阅读服务设施考核为基础、以公共阅读服务供给为重点，以第三方评估的方式展开考核评价，加强各方参与者对城市书屋规范化建设的重视，确保城市书屋各项建设任务顺利推进。优化考评机制，固化已有成果，积极推动表现突出的城市书屋建设工作，充分发挥其示范带动作用，推进公共阅读服务从能力建设转变成效能建设，更好地满足群众需求。同时，鼓励引导社会力量参与公共文化服务，投资兴办公共文化服务实体，探索政企合作提高公共文化服务供给水平的新模式，推动公共文化服务领域健康有序发展。

（四）建立和完善城市书屋建设的长效发展机制

制定城市书屋长效发展机制，有利于及时发现问题，集中力量精准解决问题。健全完善城市书屋运营管理机制，对城市书屋建设过程进行规范化管理，同时强化城市书屋建设的制度化管理、常态化管理、过程化管理，形成责任明确、目标清晰、层层落实的城市书屋运营管理责任体系，实现政府主导、各方面共建的合力，科学合理布局城市书屋并逐步完善公共阅读服务网络，从而形成有利于全民阅读服务体系运行的长效机制。

文化产业空间组织形式转型研究[*]

杨传张[**]

摘　要： 后工业社会的经济生产组织形式具有基于城市空间的弹性专业化发展趋势。作为典型性的新经济产业形态，文化产业的发展越来越需要空间集聚和柔性的组织形态。基于城市集聚的文化空间组织新形式，一方面在多元化的文化生产要素集聚的基础上，促进了创意氛围、弹性生产网络、创新效应、规模经济等空间产出效果的出现；另一方面也是城市空间再造、城市功能转型和实现新型城市化的重要方式。

关键词： 城市化　文化产业　空间组织形式

当今城市化与新经济的发展方向，呈现不谋而合的趋势，文化与经济各领域之间的融合正在不断加深，城市与文化产业发展的关系越来越密切，这也成为当代城市化进程的显著特征之一。基于城市空间集聚的文化生产体系构建，是调整城市空间布局，促进城市功能转换，实现新型城市化发展目标的重要路径。同时，我国文化产业经过十余年的发展历程，在普遍的政策扶持和推进下，各区域和各城市的文化产业都获得

---

[*] 本文为北京市社会科学院青年课题"北京数字文化产业高质量发展的政策体系研究"的阶段性研究成果。

[**] 杨传张，北京市社会科学院传媒与舆情研究所助理研究员，主要研究方向为文化产业、文化政策。

了较快的发展，但呈现的一个重要特征是，各地方政府主导的区域文化产业发展普遍存在不切实际的低水平重复建设、同质化竞争以及产品类型趋同性等倾向。基于城市集聚的文化空间组织形式的构建，一方面是实现各区域各城市间文化产业错位竞争和特色发展的重要路径，另一方面也是促进我国文化产业突破传统的生产组织方式，实现网络化、弹性化和规模经济效益的重要动力，是新阶段我国文化产业转型发展的重要方向。

一　基于城市空间的产业集聚形态阶段性演变

作为集聚和专业化生产活动所在地，城市以重要的方式对产业发展发挥着作用。虽然我国乃至全球经济正在进行深刻的转型与升级，但是集聚化的生产体系仍是获得外部经济性和规模报酬递增的重要方式，也是生产价值增值和贸易竞争优势的重要基础。伴随经济快速转型升级的需求，基于城市空间的产业集聚形态不是一成不变的，而是不断创造着新的产业生产体系逻辑和集聚方式，以求获得最大的外部经济性和适应消费需求的转变。

随着经济生产方式的周期性变化，集聚方式也相应地呈现周期性演变规律。"演化经济学"先驱马歇尔，针对 19 世纪英国刀具工业和各种毛纺织区的观察，最早提出了"产业区"的概念。认为产业区作为与大企业相对应的产业组织模式，是同一产业中大量小企业的地理集中。[①] 小的、垂直分离的企业形成了密集的交易网络，生产地理在一定程度上以古典的马歇尔式产业区的形式排列，构成了城市化模式的基础。伴随着 20 世纪福特式大规模生产体系的形成，多层次、多样化的直接或间接供应主体，围绕主导厂商和增长极产业，在空间集聚上构成

---

① 苗长虹：《马歇尔产业区理论的复兴及其理论意义》，《地域研究与开发》2004 年第 1 期，第 1~6 页。

了新的综合体，并形成了 20 世纪发展过度的如底特律、芝加哥等大都市产业区域的经济基础。"此时在重要的产业核心区域与一系列依赖其产生的外围区域之间建立起独特的极化与滴入关系（极化/滴入关系可概括为核心区域作为高工资经济活动的集聚而发展，而外围区域变成了分散的低工资蓝领分工的库房），这在 20 世纪七八十年代所谓的'新国际分工'中达到顶点。"① 20 世纪七八十年代，工业化国家和城市的标准化大规模生产体制出现了危机，社会经济形势发生了明显逆转，后工业社会开始出现。正是在社会经济停滞增长的背景下，以中小型企业为主的"弹性专业化"城市集聚区表现出良好的发展绩效。"弹性专业化"的生产体系关注中小企业的分工、专业化、信息网络和生产弹性，重视既竞争又合作的本地网络及其对本地独特社会文化的根植性，强调地方产业增长的社会、文化和制度基础，认为制度、劳动分工和学习创新之间存在紧密的相互作用，这种相互作用是区域发展的关键。②

为了适应不同阶段产业生产转型的需要，上述基于城市空间集聚的产业生产体系逻辑呈现阶段性变化。19 世纪的作坊和工厂生产体系的集聚，虽然能保证产品的多样性和差异化，但是仍然受规模小、专业化关联程度低等条件的约束，而很难达到外部经济性和规模报酬递增的产业效益。20 世纪福特式大规模生产体系，虽然提升了生产效率和规模，却损害了生产的多样性。而后工业社会弹性化的生产体系，一方面保证了多样化的产品生产，获得了高度专业化、分工细化的好处和显著的外部经济性；另一方面，垂直非一体化的空间集聚方式，也是维持城市空间内经济主体之间竞争与合作平衡的重要基础。在新的生产逻辑下，城市作为产业集聚的空间，依然是马歇尔所谓的产业氛围和区域品牌形成

---

① 〔美〕艾伦·J. 斯科特：《城市文化经济学》，董树宝、张宁译，中国人民大学出版社，2010，第 30 页。

② 苗长虹：《"产业区"研究的主要学派与整合框架：学习型产业区的理论建构》，《人文地理》2006 年第 6 期，第 97~103 页。

的基本要素，同时，作为充足的专业企业和专业人才集聚的资源库，也为适应不同产业项目和产品生产需求，提供了无限的组合变化可能，促使弹性化和网络化的生产结构形成。基于城市空间的新的产业集聚形态和生产逻辑，建立在对面对面交流、信任合作和创新合作与扩散等产业环境和弹性化的生产体系的追求之上，而非完全基于运输成本、交易成本等企业间交易成本的考虑。

二 新经济背景下城市化与文化产业空间组织形式转型发展

20世纪后半期以来，西方发达国家纷纷进入后工业社会。后工业社会是一个从工业化时代走向信息化时代，从机械时代走向创意时代，从增长主义走向可持续发展的过程。在经济高度发达、物质生活逐步富裕的发展阶段，人们对产品和服务的审美属性和符号属性的需求成为消费的主题，产品和服务的文化形式与文化意义成为关键性的生产策略，广泛渗透文化属性、创意属性和符号意义的经济活动领域日益扩大，由此构成的知识经济和信息经济成为新经济时代的根本动力。现代经济发展迫切需要由依赖资源消耗转向依赖创造更高的附加值来获得更大范围内和更长效的核心竞争力。新的发展阶段也对我国城市化和新经济的发展提出了新的要求和挑战。

一方面，从我国城市化发展的阶段性要求来看，"21世纪中'城市'与'文化'的联姻是历史进步的必然，城市发展的走向必将是从'功能城市'走向'文化城市'"。① 我国很多工商业强市，由于土地资源紧缺，工业化的发展方式很难持续。低层次的发展方式、不断下滑的产业效应，以及城市服务功能滞后等问题，迫使这些地区要想在21

---

① 单霁翔：《从"功能城市"走向"文化城市"》，天津大学出版社，2007，第217页。

世纪继续取得繁荣与发展，就必须以新的角度重新思考城市发问题，从陈旧发展模式转向提升产业原创力、提升无形资产投入和差异化的发展方向，转向构建一种创造性的文化，以发挥文化和创意经济的渗透、包容、引领、联动作用，走出一条文化产业与当地特色优势产业互动发展的道路，"就是从推动企业升级到培育新兴产业，从发展从属于企业的工业设计、创意开发、时尚服务等部门，到逐步形成面向社会的工业设计、创意开发、会展服务、时尚传播等企业，再到形成具有规模优势的文化创意产业集群。"①

　　另一方面，从新经济的发展特征和要求来看，我国城市化建设正处于日益明显的以创意为核心竞争力的发展趋势之下，新的发展阶段显现的显著特征是产品和服务本身被赋予了越来越多的象征价值，文化也越来越趋向于商品化，创意产业或创意经济显现出强大的发展潜力。一个值得关注的趋势是，在全球互联网、物联网等技术高度发展的今天，技术上的突破削弱了传统地理因素的重要性，产业所需的资源、资本、技术和其他生产要素可以在全球范围内实现优化配置，对于传统产业来说，地理位置正在丧失其重要性。但是创意产业是具有高创新性、高知识含量的产业，拥有自主知识产权是创意产业发展的基础条件。在日益复杂、日益以知识为本并且日益充满活力的经济环境中，创意经济使得"在我们今天居住的世界里，空间作为组织经济过程的因素的重要性并不是在减弱，相反，它已经变得更加重要。"② 基于城市空间的集聚化发展对新的产业效益的形成起着越来越重要的作用，这本身也是由新经济时代的新特性和新趋势决定的。

　　第一，全球化力量推动了知识、技术、信息、人才等要素在全球范

---

① 花建：《新型城镇化背景下的文化产业发展战略》，《东岳论丛》2013 年第 1 期，第 124~130 页。

② 〔美〕艾伦·J.斯科特：《城市文化经济学》，董树宝、张宁译，中国人民大学出版社，2010，第 36 页。

围内的转移和扩散，使得国际分工由产品分工向要素分工转变，区域之间的联系更多地体现为因充当价值链某一特定环节而建立的紧密合作关系。全球生产体系的形成，使得生产得以在全球范围内展开。一方面，以互联网技术、物联网系统以及以 3D 打印等为代表的新经济的技术支撑系统，在全球范围内实现技术集成，使得创新和创意所需的物质生产功能可以在全球生产体系中获得。另一方面，创意转化为产品的物质生产功能的便利性、低成本、全球范围内的可获得性，将创意从生产中剥离出来并推至新经济发展的主导地位；同时，也让一个城市和地区以创意的集聚作为区域发展的主导力量，提升城市创造力和创新力，加快高级生产要素的集聚，使提升城市能级和走向产业链高端成为可能。

第二，技术的便利性和功能完善，不仅加速了创意产出的效率，也提升了全球消费市场的可达性和可利用性，提升了多样化产品的生存可能性，这为企业以差异化的路径获取持续的市场竞争力提供了机遇和动力。同时，不断提升的消费者品位及其对新颖性和创新性产品的需求，将会促使创意经济呈现越来越高的创意产出速度和产品更新频率。因此，创意经济很难形成标准化和规模化的生产组织方式，而要求具有较高弹性的生产技术和生产组织形式。基于城市空间的创意要素集聚，可以不断吸纳创意经济所需的各类人才、企业、资金和项目，形成充足的专业企业、专业人才和风险投资基金等要素集聚的资源库，围绕不断变化的市场消费需求和越来越多样化与高更新频率的创意项目，提供无限可能的组合变化，这也是新经济背景下城市创新系统形成的基础条件。

第三，创意经济不同于传统大规模和标准化的福特式生产方式，它强调原创性，更强调艺术家和创意阶层的中心地位，而高度的原创性和持续的创造力不仅源于个体的努力，更多地依靠各类主体相互交流和刺激。基于城市空间的创意集聚越来越成为持续性创意的源泉，首先，以多样化的项目为主导，以自组织的形式多次形成新组合，是建立城市空间内相互信任、知识交换和产生学习效应的最有效形式，是激发创意和创造力的有利条件。其次，"创意城市中各种团体间相互作用而形成'创意鸣'，对创造力产生和创意产业区形成具有积极作用，其中，以因文化活动消费而形成的艺术鸣作用最为重要。"① 艺术家和创意阶层由于从事的创意性工作的特征，崇尚自由、多样、刺激和体验性的生活和工作方式。面对面的交流是获得信息和创新灵感的重要方式，城市多样化的文化消费空间能为创意工作者提供良好的创意情境。

第四，城市空间集聚是创意经济获得强大的集体声誉效应的重要方式，也是具有协调服务功能的政府、准政府机构的集合。"城市借由'图像化地'呈现自我来竞争"，"自我图像迟早会吸引人的目光，并产生象征性"，"象征性创举通过构思与象征的力量，得以跳过冗长的了解过程，并避免了大费唇舌的解释"。② 世界性的中心城市都有专门化的创意生产领域，如米兰的时尚和工业设计、巴黎的时尚设计、好莱坞的电影制作等，产品与生产地之间的内在文化和品质的联系，成为影响消费者购买决策和消费心理越来越重要的因素。城市空间的创意集聚，尤其是基于城市某一特质的创意集聚，无论是对于创意者还是消费者来说，都是构成认同印象的重要方式，也是形成具有地方城市特质的垄断性竞争力的重要基因。需要指出的是，城市"图像化"的集聚效应，需要与当地的传统和特色相联系，而不是不加区别地模仿和跟随。基于城市空间的创意集聚也促进了各类公共服务设施和空间、优惠或扶持政策、中介组织、科研创意部门等基础性制度和机构的构建，这也是促进地方经济灵活高效运行的重要保障。

---

① 肖雁飞、廖双红：《创意产业区：新经济空间集群创新演进机理研究》，中国经济出版社，2011，第 20 页。

② 〔英〕查尔斯·兰德利：《创意城市：如何打造都市创意生活圈》，杨幼兰译，清华大学出版社，2009，第 26 页。

三　基于城市空间集聚的文化产业空间
组织新形式的构建

基于城市空间集聚的文化产业空间组织新形式的构建，就是在特定的城市文化、产业基础、资源条件和制度背景下，围绕专门化的创意生产领域，在城市空间内集聚各类创意活动、大量创意企业和创新性人才及相关辅助机构，通过自组织的竞争与合作关系，形成具有显著外向性、网络性、多维性和弹性产业化的城市特色产业生产综合体，从而与城市转型发展和城市功能转换以及产业价值链的提升形成正反馈和递归效应。就其本质而言，它是城市空间再造、功能创新和文化产业空间组织形式转型的统一（见图1）。

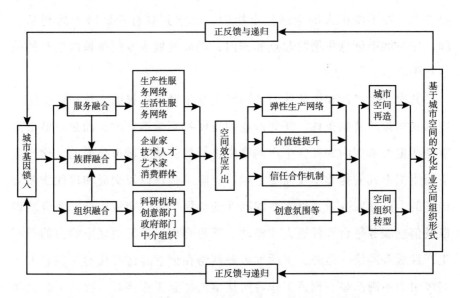

图1　基于城市空间集聚的文化产业生产组织体系

从基于城市空间集聚的文化产业空间组织形式构建的要素来看，首先，城市文化基因是新空间组织形式构建的逻辑起点。"文化因时间而具有价值，因空间而具有多样性，多样性即差异性，而差异性则意味着稀缺性……时间与空间在'稀缺'中交汇、融合。这一规律规定了文化经济的价值构成。"① 空间、文化和经济之间彼此共生，城市特有的文化属性、产业基础、经济秩序和制度环境都可以作为确立城市特定文化生产领域的推动力量，以形成地方垄断性特征和集聚诱因。这种垄断力量和集聚诱因作为城市空间再造的基因，是城市差异化竞争的核心要素。如"第三意大利"、拉斯维加斯、里约热内卢、巴黎、硅谷等大城市或地区都在全球性后工业社会中，基于城市某一特殊基因，而迅速再生城市空间，并成为文化生产的重要中心。因此，特殊的城市基因与文化产品的品质之间存在着越来越密切的联系，其作为城市空间再造的逻辑起点，也将成为城市特色文化产业生产综合体形成的逻辑终点。基于城市集聚的文化产业空间组织形式的构建，必须立足于城市的某一个重要基因，在不断扩大的全球化市场中，寻求到具有发展潜力的利基空间，作为城市创意集聚的起点和诱因，进而发展为专门领域内生产的前沿和中心。

其次，生产性和生活性服务网络是基于城市集聚的文化产业空间组织形式构建的基础条件。任何产业的发展都不是孤立的，而是在城市甚至是在更大范围内的社会生产网络中进行的。基于城市集聚的文化产业空间组织形式的构建不仅需要金融、保险、银行以及交通和现代物流等传统的生产性服务业，更需要国际性的会展平台、交流论坛、教育培训以及信息服务平台等促进人才流动、项目合作、提升地区影响力的新兴生产性服务网络。另外，生活性服务网络在创意经济时代对于创意人才的吸引力不断凸显，创意工作者所从事的创意工作特征，决定了其更加倾向于选择有较大自由度、能提供完善的小型公共空间和交流集会的地区，如酒吧、咖啡厅、特色餐厅和艺术空间等。这是促进面对面交流、

---

① 胡惠林：《时间与空间文化经济学论纲》，《探索与争鸣》2013 年第 5 期，第 10~16 页。

激发创意、产生新思想和建立联系的重要方式和条件，也是新的组织形式下社会合作网络形成的起点。

最后，组织机构是基于城市集聚的文化产业空间组织形式构建的重要保障。政府是营造宽松的社会和城市环境、培育良好的城市品牌形象、降低市场进入和退出壁垒的主导力量。宽松的制度环境一方面是吸引创意人才、企业、艺术家和消费群体的重要因素；另一方面，也可以促进城市内人才、技术和资源自由流动和自组织，以达到每个主体都有机会参与某个项目、每个人都能找到自己合适的位置的最优资源配置效果。

从基于城市集聚的文化产业空间组织形式构建的阶段来看。首先，围绕城市基因的要素集聚只是城市差异化转型和文化产业空间组织形式构建的第一阶段。基于城市基因，围绕专业化的创意生产领域，各类创意企业和创意人才开始入驻和集聚。如大理城市文化空间则是在大理特殊的民族文化背景下集聚了文化旅游、民族工艺、演出演艺、主题客栈以及相关的辅助生产和消费活动的基础上构建的。随着产业进一步发展，生产性和生活性服务网络以及组织机构开始构建。

其次，创意氛围、弹性生产网络、竞争合作机制、创新效应及特色化的文化生产体系和城市品牌效应是要素空间集聚所要达到的空间产出效果，也是第二个发展阶段。反观发展较好的创意性城市的文化生产体系，虽然都有着代表着城市特质的主导型产业，但单一性的城市产业和城市功能很难形成各类要素空间集聚所要达到的网络化、弹性化空间产出效果。因此，围绕主导产业，发展多样性和多元化的产业功能，是集聚多类创意主体和消费群体的前提，进而形成具有充足的专业企业、专业人才和风险投资基金等要素集聚的资源库，以适时组成临时创意团队，满足多样性和多变的文化生产和消费需求。同时，这也是信任机制、合作机制、学习机制、成长机制、创新机制等动力机制的形成过程。

最后，逐渐形成的城市声誉和品牌效应，将会不断加强以上过程的正反馈和递归效应，最终以不断强化的循环机制，促进城市空间内产业价值链的提升和新的文化空间组织形式的构建，以及城市空间再造和功能转换。

四　结语

全球性竞争时代的文化经济具有与传统工业经济不同的发展趋势，技术的便利性没有削弱反而增强了地理空间集聚对文化经济发展的重要性。基于城市空间集聚的文化生产组织形式转型，既推动了城市经济发展方式的转变、城市产业转型升级、城市空间再造和城市功能转换，实现了新型城镇化背景下，我国城市发展的可持续性、集约性、共享性和差异联动性。同时，其也是促进我国文化产业区域布局合理化，由区域间分行业的低层次的竞争发展转向具有特色的差异化融合发展、由区域内各要素的组团隔离发展转向区域内各要素的实时流动竞合发展的重要方式。

在高质量发展中推动城市文化
建设的路径探索

贾　澎*

摘　要：文化是一个国家和民族的灵魂，城市文化建设是实施文化强国战略的重要组成部分。高质量发展这一时代命题从本质上说是坚持以人民为中心的发展思想、是贯彻新发展理念的发展，其根本目标是满足人民群众对美好生活的向往，为推动城市文化建设指明了方向。当前我国城市文化建设仍存在"短板"。在高质量发展中推动城市文化建设应紧紧围绕社会主义核心价值观，坚定"以人民为中心"的文化观，服务于"绿色-科技"的城市发展目标，实施全面协调可持续的城市文化发展战略，以传承谋发展。

关键词：文化建设　高质量发展　城市发展

　　文化是一个国家和民族的灵魂。习近平总书记关于文化建设的重要论述，是新时代中国特色社会主义文化建设的理论纲领和行动指南。随着中国城市化进程不断加快，文化资源向城市聚集的趋势越发明显，城市文化建设已成为中国特色社会主义文化建设的"主战场"。

＊　贾澎，博士，北京市社会科学院市情研究所助理研究员，主要研究方向为哲学、城市文化建设、城市美学。

一　为什么重视城市文化建设

城市不仅是经济资源和政治资源的聚集地，更是文化资源的聚集地。在新的历史起点上，要推动文化高质量发展、实现中华民族伟大复兴，离不开中国特色社会主义文化强国建设。城市文化建设是实施文化强国战略不可或缺的组成部分。

其一，从外部环境看，城市文化建设有助于提升城市竞争力，在国际上争取更大的知名度。联合国教科文组织认为，区域的发展和发达程度最终将以城市文化的发育和繁荣程度来考量，文化繁荣被认为是发展的高级目标。毫无疑问，文化的发展对于提升城市软实力具有重要作用。随着经济全球化的发展、国家实力的提升以及全球城镇化进程的加速，世界范围内城市之间的竞争也必将由经济等硬实力转而演变为文化软实力的较量。在全球化的竞争浪潮中，一个城市要想提高自身的世界知名度，就必须加快推进城市文化建设。

其二，从城市发展看，城市文化建设有助于推动城市全面健康发展。在高质量发展的主题下，城市发展的文化转向越发明显。文化与其他领域的跨界融合现象日益普遍，文化建设的程度甚至影响到城市发展水平，如文化与科技的融合促进新媒体及数字化平台的迅猛发展；文化与经济的融合有力地推动文化产业逐渐成为城市经济发展的支柱力量；等等。可以说，城市文化建设在推动城市发展和城镇化进程中具有前瞻性引导作用，可整合城市政治、经济、社会、生态，实现全面健康发展。

其三，从人民生活看，城市文化建设有助于增强幸福感。以人民为中心，为人民谋幸福，是中国共产党人永远不变的初心与使命。经济水平的大幅提升一方面使人们的物质生活日益充盈，另一方面也呈现社会和文化的发展长期跟不上经济发展的显著不平衡，影响人民群众幸福指数的提升。要增强人民群众的幸福感和获得感,城市定位也应由功能型向宜居型转变。而城市发展的文化转向体现出文化在城市功能定位转变中的重要作用。城市文化建设将增强市民对城市的归属感、家园感和文化认同感,提升幸福指数。

二 当前我国城市文化建设存在的短板

当前我国城市文化建设已取得很大的成就,但是问题依然严峻。文化发展与经济、社会发展不协调所引发的各种矛盾层出不穷,并引起人们的深度担忧。文化建设成为当前中国城市发展中迫切需要补好的"短板"。

其一,城市文化建设缺乏理念支撑。我们党创造性地提出了创新、协调、绿色、开放、共享五大发展理念,使国家总体发展有了新的理念支撑。但城市文化建设作为城市发展的重要组成部分,还需要将宏观层面的五大发展理念进一步融入城市文化建设之中。换言之,就目前来看,支撑城市发展的文化理念大多还处于酝酿之中,尚未形成科学的理论形式。

其二,城市文化建设尚未充分满足市民日益提高的文化需要。随着生活水平的提高,市民的文化需要是不断增长的,对文化的重视程度不断加强。当前城市文化供给与市民不断增长的文化需要之间存在一定差距,文化建设水平尚不能与市民更高层次的文化需要相匹配。

其三,城市文化建设个性不突出。当前我国城市文化建设中普遍存在大城市的文化建设模仿国外大城市、中小城市的文化建设则模仿我国大城市的问题,由此导致文化面貌趋同、文化形态缺乏特色,脱离城市本来的历史文化资源和自然资源,从而找不准城市文化定位,使得城市文化竞争优势不突出、缺乏发展活力。

三　推动城市文化建设高质量发展的路径

习近平新时代中国特色社会主义思想为我们建设怎样的城市文化指明了方向。推动城市文化建设高质量发展是贯彻和落实中国特色社会主义文化发展战略的重要环节。城市文化不是各种文化资源在城市中简单叠加、堆砌，它是一个城市在漫长的历史长河中积淀而成的精神命脉，具有鲜明的历史传承性和时代感召力。城市文化是人为活动的结果，是人们选择创造的结果，因而，城市文化建设不能片面地遵循"自然发育"的方法，必须坚持发挥人的主观能动性与坚持客观规律性相统一的原则。以习近平新时代中国特色社会主义思想为指引，实现我国城市文化建设高质量发展的新飞跃，建设先进的而非落后的、均衡的而非失衡的、大众的而非少数的、科学的而非愚昧的、民族的而非崇洋媚外的城市文化。

（一）城市文化建设要紧紧围绕社会主义核心价值观

文化的核心和灵魂是价值观。习近平总书记指出："我们提出的社会主义核心价值观，把涉及国家、社会、公民的价值要求融为一体，既体现了社会主义本质要求，继承了中华优秀传统文化，也吸收了世界文明有益成果，体现了时代精神。我们提倡和弘扬社会主义核心价值观，必须从中汲取丰富营养，否则就不会有生命力和影响力。"[①]

城市文化建设应与社会主义核心价值观相适应，在文化顶层设计、文化战略、文化政策、市民文化认同这一城市文化建设"四位一体"模式中贯彻落实社会主义核心价值理念。首先，在国家文化制度的顶层设计上必须贯彻社会主义核心价值理念，使其成为文化顶层设计的内在

---

① 习近平：《做党和人民满意的好老师——同北京师范大学师生代表座谈时的讲话》，《人民教育》2014 年第 19 期。

要求，建立平等、先进、全局性的文化顶层设计。其次，在文化战略上必须贯彻社会主义核心价值理念。社会主义核心价值理念不应只体现在策略、办法的层面，应贯彻在超越性、前瞻性的战略制定和实施上；不应只体现在对阶段性目标的追求上，应贯穿在整个社会主义先进文化建设的全过程。再次，在文化政策上必须贯彻社会主义核心价值理念。文化政策是保障文化发展和走向的直接依据，在文化政策上贯彻落实社会主义核心价值理念的要求，就是要建立普惠的、合作的、开放的、公开透明的文化发展政策，保障文化发展的成果惠及全体人民、促进社会主义各项事业的发展、增强我国的国际竞争力。最后，在市民文化认同上必须贯彻社会主义核心价值理念。社会主义核心价值理念具有提升民族凝聚力和向心力的作用，应成为广大市民共同的精神支柱，引导市民树立爱国爱家、尊老爱幼、敬业爱岗、勤奋创新、健康向上的精神追求。

（二）城市文化建设要坚定"以人民为中心"的文化观

马克思主义的文化观是人民大众的文化观，"以人民为中心"观念的提出是马克思主义中国化的科学成果。习近平总书记强调，"要树立以人民为中心的工作导向，把服务群众同教育引导群众结合起来，把满足需求同提高素养结合起来，多宣传报道人民群众的伟大奋斗和火热生活，多宣传报道人民群众中涌现出来的先进典型和感人事迹，丰富人民精神世界，增强人民精神力量，满足人民精神需求。"[1] 继而论之，"以人民为中心"的文化观就是要保证人民群众推动城市文化发展的主体地位。一方面，人民群众是文化创作、文化传播的主力军，是工具性的主体；另一方面，人民群众有享受文化成果、消费文化产品的权利，是目的性的主体。因此，在城市文化建设领域坚持"以人民为中心"的发展思想，不仅是对马克思主义文化观和建设社会主义文化强国的贯彻

---

[1] 习近平：《胸怀大局把握大势着眼大事　努力把宣传思想工作做得更好》，《人民日报》2013 年 8 月 21 日，第 1 版。

落实，也是保证人民群众主体地位的内在要求，同时还是营造健康良好社会氛围的有效途径。一方面要让文化建设服务于广大市民群众的日常生活，让人民群众在城市文化建设中充分展现其主人翁地位、发挥其创造力，并结合其历史传统与民族特色创造出新的健康向上的文化内容、文化形式。另一方面，要坚持"以人民为中心"的城市文化发展导向，大力发展公共文化事业，健全公共文化服务体系，加快推进文化惠民工程，面向基层、服务市民，开展群众性文化活动，发展市民喜闻乐见的城市文化形态和样态，保障全体市民共建共享城市文化发展成果。

（三）城市文化建设应支撑"绿色-科技"的城市发展目标

中国共产党第十八届五中全会创造性地提出"创新、协调、绿色、开放、共享"五大发展理念，特别是"创新"和"绿色"两大理念对城市发展具有重大而现实的指导意义。党的十九大在论及社会主义初级阶段总任务、总目标时，有一创新之处，即把原有的"为把我国建设成为富强民主文明和谐的社会主义现代化国家而奋斗"，改为"为把我国建设成为富强民主文明和谐美丽的社会主义现代化强国而奋斗"。"美丽"和"社会主义强国"蕴含以科技创新带动绿色发展的建设目标。城市的"绿色-科技"发展需要系统的解决方案作为支撑，文化是"五位一体"全面协调发展系统中的重要维度，因此城市文化建设必须符合当前城市发展的需要，即文化建设应以"绿色-科技"为城市发展的目标，支撑起城市发展的"绿色-科技"体系。

（四）城市文化建设要实施全面协调可持续的城市文化发展战略

党的十九大将"推动社会主义精神文明和物质文明协调发展"列入中国特色社会主义文化建设的基本纲领，这是以习近平同志为核心的党中央审时度势提出的新发展理念，彰显出文化建设在整个中国特色社会主义事业发展中的重要作用。城市的建设在很大程度上代表了国家的整体发展水平。伴随人民群众物质和精神需求的极大提高，城市发展中的文化跨界融合现象普遍存在，如文化与科技的融合发展、文化对城市经济和社会发展的正向推动、通过文化宣传教育促进城市生态文明建设，等等。实施全面协调可持续的城市文化发展战略，是城市文化建设的内在要求。当然，文化的发展具有独立性，在很大程度上可以独立于政治、经济、社会、生态，呈现出文化与其他领域发展的不平衡性。因此，实施全面协调可持续的城市文化发展战略，一方面应充分发挥文化对推动整个城市经济社会全面发展的积极作用，另一方面要重视城市文化发展内在规律。

（五）城市文化建设要以传承谋发展

我们党历来重视坚守中华民族文化的立场。在民主革命时期，毛泽东就指出新民主主义文化的民族性问题。在新时代，党的十九大报告明确指出："中国特色社会主义文化，源自于中华民族五千多年文明历史所孕育的中华优秀传统文化，熔铸于党领导人民在革命、建设、改革中创造的革命文化和社会主义先进文化"[①]，表明了我们党对文化传承与发展的基本态度。中华文化所蕴含的丰厚文化资源已经成为中华文化在世界文化中的特色和核心竞争力。要实现中华民族伟大复兴，就要提高中华文化的国际话语权，充分体现中华文化特色。在此基础上建设城市文化，就要立足本来、吸收外来，以传承谋发展。一方面，要培养高度的文化自信，形成深层次的文化自觉，用城市传统文化精髓净化城市文化灵魂、弘扬城市精神、彰显城市个性、激发城市发展的活力；另一方面，要兼顾城市文化民族性与世界性的统一、历史性与时代性的统一，以发展的眼光、开放的姿态、包容的态度，实现文化传承与文化发展的统一。

---

① 习近平：《决胜全面建成小康社会　夺取新时代中国特色社会主义伟大胜利——在中国共产党第十九次全国代表大会上的报告》，《人民日报》2017年10月28日，第1版。

参考文献

习近平：《决胜全面建成小康社会　夺取新时代中国特色社会主义伟大胜利——在中国共产党第十九次全国代表大会上的报告》，人民出版社，2017。

《毛泽东选集（第二卷）》，人民出版社，1991。

中共中央宣传部：《习近平新时代中国特色社会主义思想学习纲要》，学习出版社，2019。

《习近平谈治国理政（第三卷）》，外文出版社，2020。

北京中轴线文化遗产活化利用[*]

景俊美[**]

摘　要：北京中轴线是世界上现存规模宏大、格局完善、景观雄伟、保存完整的传统都城中轴。在申请世界文化遗产的过程中，中轴线如何更好发挥北京灵魂和脊梁作用，活化利用是关键。建议一要遵循丰富性、完整性和可持续性标准，以"共生共荣"理念推动遗产活化利用；二要根据文化遗产特点，分类、系统、开放式活化利用；三要加强资源与信息共享平台建设，提升公众参与活化利用的积极性和主动性。

关键词：北京中轴线　文化遗产　文物活化

北京中轴线体现了先民营城建都"天人合一"的理念，历经了元、明、清、近现代800多年的历史，是我国传统城市规划和建设的杰出代表，更是一部展现中华文明发展变化和演进轨迹的活教材。传统意义上，它南起南二环永定门，北到钟鼓楼，绵延7.8公里，前后起伏、左右对称，穿城而定方位，整饬庄严且壮美。当前，中轴线申遗已步入冲刺阶段，学界对其思想内涵、文化特征及历史脉络的挖掘、研究和解读

---

* 本文为北京市社会科学院智库重点课题"社交媒体时代首都传媒产业转型与机制创新研究"（项目号：2022A7036）的阶段性成果。

** 景俊美，博士，北京市社会科学院副研究员，主要研究方向为文艺理论与批评、戏剧戏曲理论与实践。

已较为深入。在此基础上注重文化遗产与当代人的联系，特别是联合国教科文组织所强调的"突出普遍价值"的意义，"活化利用"是关键。

一 北京中轴线申遗现状

自 2011 年北京市提出中轴线申遗、2012 年北京中轴线被列入《中国世界文化遗产预备名单》以来，"中轴线热"便不断攀升。从学界的研究看，以"中轴线"为主题词，近 10 年的研究数量均在每年 550 篇左右。当然，其中也有一些其他城市中轴线的研究，但主体部分还是北京中轴线。特别是 2022 年，上半年的研究数量已超过 300 篇，彰显了学界对中轴线申遗和遗产活化的巨大热情。与此同时，与申遗相关的古迹修缮工程、危房改造工程、市政完善工程、景观恢复工程等均同步启动。比如，2018 年 10 月，天坛医院完成整体搬迁；2020 年 11 月，北海医院和东天意市场六层建筑的降层拆除工作完成等。整体看，北京中轴线上的 42 处古迹目前保留 38 处，其中，正阳桥还在考古发掘中，有待新文物古迹提供更多申遗素材。

政府层面，2017 年出台的《北京城市总体规划（2016 年~2035年）》，将"积极推进中轴线申遗工作"纳入其中。同年，北京市推进全国文化中心建设领导小组批准成立了中轴线申遗保护专项工作组，全面启动北京中轴线申遗保护工作。2020 年颁布的《首都功能核心区控制性详细规划（街区层面）（2018 年~2035 年）》再次强调，要"以中轴线申遗保护为抓手，带动重点文物、历史建筑腾退，强化文物保护及周边环境整治"①。同年，北京市颁布了《北京市推进全国文化中心建设中长期规划（2019 年~2035 年）》，该规划辟专门章节深入探讨了"通过中轴线申遗推动老城整体保护与复兴"问题，并特别强调了推进

---

① 《中共中央国务院关于对〈首都功能核心区控制性详细规划（街区层面）（2018 年—2035 年）〉的批复》，《中华人民共和国国务院公报》2020 年第 25 期，第 16—18 页。

中轴线申遗保护，要"强化独特壮美的空间秩序"、"保护历史文化底蕴，留住老城乡愁记忆"、"弘扬老城文化价值，彰显古都魅力"。[①] 这一年，北京市还公布了《北京中轴线申遗保护三年行动计划（2020 年7 月—2023 年 6 月）》，对申遗工作列出了时间表和路线图，预示着中轴线申遗进入了关键期。经北京市人大常委会审议通过的《北京中轴线文化遗产保护条例》于 2022 年 10 月 1 日正式施行。该条例包括总则、保护规划和保护措施、传承利用和公众参与、法律责任、附则五个部分。此条例的实施，将为中轴线申遗提供必备的法律依据，这也是中轴线能否列入世界文化遗产的重要条件之一。2022 年 8 月，"北京历史文化名城保护对话会"举办，会上国家文物局党组研究确定推荐"北京中轴线"申报 2024 年世界文化遗产项目，至此，中轴线申遗工作进入倒计时。

二 文化遗产保护过程中存在的困难与问题

（一）文物腾退问题

文物腾退工作一直是文物保护工作中的一个难题，但也是申遗工作必须完成的基础工作。就中轴线沿线的文物腾退工作而言，遗产点分属不同层级的管理和使用单位，涉及复杂而多元的利益诉求，需要协调、平衡各种权益关系。如故宫北侧的大高玄殿和景山公园的观德殿均被其他单位长期占用，腾退工作进展缓慢。

（二）真实性与完整性问题

1984 年，联合国教科文组织公布的《〈世界遗产公约〉操作指南》

---

① 徐秀丽：《〈北京市推进全国文化中心建设中长期规划（2019 年—2035 年）〉出台》，《中国文物报》2020 年 4 月 14 日，第 1 版。

中指出，遗产的真实性与完整性是评估遗产的重要标准。同时，该文件还强调要将保护文化景观的整体与延续性不受破坏作为遗产完整性的重要要求之一。自此，文化景观的保护与管理理念也开始正式纳入联合国教科文组织的管理体系之中，并得到了各成员国的支持与认可。21 世纪以来，修订后的《实施世界遗产公约的操作指南》进一步强调："理解遗产价值的能力取决于该价值信息来源的真实度或可信度。对历史上积累的，涉及文化遗产原始及发展变化的特征的信息来源的认识和理解，是评价真实性各方面的必要基础。"① 针对上述标准和精神，中轴线申遗过程中存在部分建筑真实性受质疑的声音，比如永定门是 2004 年重建的"伪文物"；地安门已经拆除，短期看不具有恢复的可能性；北京先农坛被大量民居占用，且不说建筑本身，连道路也不再是先农坛外围本来的样态等。这些都成为中轴线申遗道路上的质疑之声。

（三）活化利用问题

遗产的保护与活化利用是一体两面，没有很好的保护，很难得到活化与利用；不能活化与利用的遗产，又难以得到最适宜的保护。中轴线文化遗产点多，但被保护的程度和活化利用的效果参差不齐。故宫、天坛本身便是世界文化遗产，并有专门的机构保护，保护机制完善，保护水平和保护能力突出。特别是故宫，在活化利用方面也为全国的文博事业做出了表率。但一些长期被占用的文物在腾退后如何进行保护尚处于探索期。还有一些遗产点如天桥、永定门、先农坛，要么已经不复存在，要么是新近重建的仿古建筑，要么是长期未能腾退。活化利用问题成为这些遗产点的重要议题也是保护难题。

---

① 《实施世界遗产公约的操作指南》，杨爱英、王毅、刘霖雨译，文物出版社，2014，第17 页。

三　北京中轴线文化遗产活化利用的具体建议

（一）遵循丰富性、完整性和可持续性，以"共生共荣"理念推动遗产活化利用

文化遗产的活化利用是社会可持续发展的重要组成部分。传统意义的文物保护工程更加侧重对建筑等文物本体的保护，如对太庙、景山、天坛、社稷坛、先农坛、钟鼓楼、正阳门等重要文物建筑的妥善修缮便是最传统意义的文物保护。但保护文物的终极目的不是让文物独立存在，而是让它更好地融入当代生活，推动社会的可持续发展。同样，申遗的目的也不是让遗产进入博物馆或仅仅成为遗产，而是希望遗产在融入公众生活的同时，健康地走向未来。如从紫竹院到颐和园的游船线路打造，便是一个"坐皇家御河船游京城水系"的活化利用典型。

"共生共荣"理念起源于生物界，指两种不同的生物紧密相连地生活在一起，并达成互益共赢的稳定状态。① 文化遗产保护引入此一理念，是为了更好地让遗产融入当代与未来世代可持续发展的大业，符合联合国教科文组织对"文化遗产"的定义：历史留给人类的财富。当然，这财富理应在我们的保护和传承下传给后人。一切为了人——体现突出的普遍价值、表现人类的创造力、促进人类价值交流。文物的活化利用便是本着"以人为本"的人文理念，在有效保护文物的前提下，从单一的控制性保护转向创意与功能保护，更加体现动态的持续性、丰富性和完整性，即遵循"骨肉相连"原理和整体保护原则。就北京中轴线而言，骨架是其遗产点组成的空间序列和文化景观，血肉是街区、街道、绿化、基础设施、河湖水系、文化传统、礼仪秩序

---

① 李汉飞：《老城保护与更新视角下的存量型城市设计探索——以〈佛山城市中轴线老城区段城市设计及提升策划〉为例》，《规划师》2016年第4期，第69页。

等构成的遗产肌理。未来可设计特色街巷或旅游文化观光线路，将壮美中轴、礼仪中轴和文化中轴"织补式"地融入老城保护与更新和城市设计之中。当前，在"大戏看北京"的大语境下，"会馆有戏"也是一个很好的活化利用实例，恭王府大戏楼更是较早践行这一活化形态的典范。

（二）根据文化遗产特点，采取分类、系统和开放式活化利用

从表现形态上看，文化遗产主要包括有形的文化遗产（即我们一般认为的文化遗产）和无形的文化遗产（即非物质文化遗产）。有形的文化遗产又包括文物、建筑群和遗址等。非物质文化遗产则包括语言，民间文学，传统音乐，传统舞蹈，传统戏剧，曲艺，杂技，传统武术、体育与竞技，传统美术、工艺美术，传统手工技艺及其他工艺技术，传统的医学和药学，民俗，文化空间等 13 类。[①] 整体看，它们的存在方式和表现介质千差万别，但共同构成了内容丰富的文化传统。北京中轴线遗产区和缓冲区占地面积超过 40 平方公里，覆盖北京老城 65% 的面积。遗产点密集，建筑群规模大、体系完整，文物、建筑群、遗址和非物质文化遗产等各种遗产类型齐全，活化利用的空间和潜力巨大，更需要在未来的工作中以更加精准、精细和精确的方式进行活化利用。既鼓励故宫文创大 IP 转换、建立类似运河博物馆等公益性文化空间等活化利用方式，也接纳用小而美、小而精的方式系统解读、开发遗产的可持续发展性。

建筑学家吴良镛说："每一个民族的文化复兴，都是从总结自己的遗产开始的。"[②] 活化利用文化遗产，必须在梳理、挖掘、总结、研究

① 王文章主编《非物质文化遗产概论》，教育科学出版社，2008，第 253 页。
② 吴良镛在纪念其恩师梁思成 105 周年诞辰座谈会上的发言。参见王军《采访本上的城市》，生活·读书·新知三联书店，2008，第 309 页。

遗产的前提下进行，进而实现对遗产的有效保护和合理利用。根据遗产特点分类、系统、开放式活化利用是长效保护遗产的可选之举。以文物古迹类文化遗产为例，构建文化新场景，搭建集展示、交流、研究、体验和消费于一体的"科技+"平台，不仅能够让文物"活"起来，甚至还可以让文物走进百姓生活，成为"会说话""能说话""善说话"的中国故事"代言人"。中轴线上的建筑群遗产囊括了一半以上的中国传统建筑类型，是世界上集宫廷府第建筑、防御守卫建筑、礼制建筑、坛庙建筑、园囿建筑、桥梁及水利建筑、民居建筑和娱乐性建筑于一体的综合性建筑群。这些建筑群的历史与文化价值本身便是其活化利用的瑰宝，具体可根据其保护级别、空间尺度和安全性进行不同形式的活化利用。如正阳书局对万松老人塔的活化利用，很好地展示了遗产活化利用"探路者"的勇气和能力。书局以实体书店的方式吸引了大批热爱北京、想了解北京的读者，成为向社会展示北京和北京文化的窗口，同时运用5G、AR、数字孪生技术，以立体式、沉浸式的方式推出了中轴线及老北京城的历史影像。

（三）加强资源与信息共享平台建设，提升公众参与活化利用的积极性和主动性

活化利用文化遗产的前提是对遗产本身有理性的认知。传播学中的"使用与满足理论"[1] 强调了在传播过程中，受众主动参与的重要性。只有广大民众对文化遗产有了解甚至热爱，才能激发遗产的强大力量。因此，加强中轴线文化的宣传和阐释、共享遗产资源的真实性和准确性，让公众清楚自己的定位与坐标，可以更有效地保护文化遗产并促进遗产的活化和再生。当前，中轴线申遗正全方位展开，各有关部门都愿意并积极参与其中。但资源与信息共享平台建设尚不完善。北京市文物

---

① 郭庆光：《传播学教程》（第 2 版），中国人民大学出版社，2011，第 166~169 页。

局虽预备掀起中轴线的"数字变革"①，但与故宫博物院、北京市公园管理中心、北京市市政市容委、东城区文委、西城区文委如何统筹和共享资源，尚未达成共识。

北京中轴线是一个串联起北京老城各类历史文化遗存的体系，涉及3处世界遗产、11处全国重点文物保护单位、2处市级文物保护单位，还有2处未定级的不可移动文物；缓冲区涉及514处各级文物②，还有大量非物质文化遗产，如北京评书、北京曲剧、京剧，内联升、六必居、瑞蚨祥、马聚源、张一元等中华老字号。它们承载着中华历史文化，见证着社会发展变迁，并在促进文化认同、形成强大社会凝聚力方面起着不可估量的作用。有效调动公众参与中轴线遗产保护和活化，可以避免误解。比如，复建的永定门严格按照五个"原来"③的标准，符合《奈良真实性文件》精神。因此，强化信息建设，多发声、早发声、巧发声，可以让研究成果转化为大众知识，让文化价值转化为公众的文化自觉与自豪。期待在不久的将来，在文物主管部门的统筹下，集结政府、研究机构、媒体、学校、社会组织等相关部门，搭建起中轴线大数据平台，以系统性保护、活态化传承和沉浸式利用等多种形式推出越来越多的活化典范。

参考文献

《中共中央国务院关于对〈首都功能核心区控制性详细规划（街区层面）（2018

---

① 《北京文物局与腾讯掀起北京中轴线上"数字变革"》，北京市人民政府门户网站，2021年9月6日。参见网址：http://www.beijing.gov.cn/renwen/sy/whkb/202109/t20210906_2484765.html。

② 李祺瑶：《本市将建智库保护历史文化名城》，《北京日报》2022年8月8日，第2版。

③ 即"建在原来位置、按照原来形制、遵照原来的结构、使用原级别材料、使用原来的工艺"。参见张小英《复建永定门》，《北京日报》2022年8月9日，第12版。

年—2035 年）〉的批复》，《中华人民共和国国务院公报》2020 年第 25 期。

徐秀丽：《〈北京市推进全国文化中心建设中长期规划（2019 年—2035 年）〉出台》，《中国文物报》2020 年 4 月 14 日。

《实施世界遗产公约的操作指南》，杨爱英、王毅、刘霖雨译，文物出版社，2014。

李汉飞：《老城保护与更新视角下的存量型城市设计探索——以〈佛山城市中轴线老城区段城市设计及提升策划〉为例》，《规划师》2016 年第 4 期。

王文章主编《非物质文化遗产概论》，教育科学出版社，2008。

王军：《采访本上的城市》，生活·读书·新知三联书店，2008。

郭庆光：《传播学教程》（第 2 版），中国人民大学出版社，2011。

《北京文物局与腾讯掀起北京中轴线上"数字变革"》，北京市人民政府门户网站，2021 年 9 月 6 日，参见网址：http://www.beijing.gov.cn/renwen/sy/whkb/202109/t20210906_2484765.html。

李祺瑶：《本市将建智库保护历史文化名城》，《北京日报》2022 年 8 月 8 日。

张小英：《复建永定门》，《北京日报》2022 年 8 月 9 日。

文化场景视角下北京798
艺术区发展论析

吴承忠　　陈　洵*

摘　要：在城市转型发展过程中，创意被视为城市发展动力最重要的来源之一，其在一些特定城市区域的迸发，激发了城市活力，带动了文化及创意产业的发展。本文以北京798艺术区为研究对象，借助芝加哥学派提出的场景理论，对798艺术区的现有文化场景进行分析，并探讨其中存在的问题和矛盾。本文认为在798艺术区未来发展过程中需要注重文化场景的营造，形成更好的文化氛围、艺术氛围、创意氛围，从而促进该地区文化及创意产业的发展，也为其他地区寻找文化及创意产业的发展动力提供一定的借鉴。

关键词：文化场景理论　文化及创意产业　创意人才　798艺术区

一　引言与文献回顾

芝加哥学派特里·克拉克教授等提出的城市研究的新范式即场景理

---

* 吴承忠，对外经济贸易大学政府管理学院教授，博导，主要研究方向为国际文化经济管理，区域文化产业战略、规划与政策，旅游产业规划与政策，休闲产业规划与政策等；陈洵，对外经济贸易大学政府管理学院文化产业管理专业硕士研究生，主要研究方向为休闲产业规划与政策等。

论，重点关注了城市里的舒适物即便利设施、文化设施、休闲娱乐设施等，它们组合在一起形成了特殊的场景，其与特殊群体的结合会使场景超越物理空间的层面而孕育出文化和价值观念。文化场景的形成及其蕴含的价值观能够吸引创意人才的聚集，使得创意氛围和文化氛围更加浓厚。场景理论对于文化和创意作用的阐释更多从消费视角出发，认为场景的形成会吸引人们在这里进行文化层面上的消费，从而有利于城市经济的发展，驱动文化产业和创意产业进步。基于中国文化场景的实践，在陈波、齐骥、吴军、祁述裕等中国学者的研究下，文化场景理论在中国得到快速发展。北京 798 艺术区既是中国现当代先锋艺术的集中展示，又体现了北京文化创意产业的发展，其中包含各种舒适物和文化设施，孕育了独特的艺术气息和文化价值观念，因此是一个典型的文化场景。

二　798艺术区的文化场景分析

北京 798 艺术区的文化场景是不断变迁的，最早这里的建筑和设施是用来进行电子工业生产的，对除工人以外的其他群体并没有太大吸引力。工业衰败后，这里巨大的空间和低廉的房租吸引了艺术家在此自发聚集，对电子工业厂房的空间改造与艺术创作和艺术生产相结合，因此这里形成了特殊的文化艺术场景。在政府力量介入后，这里被规划为文化产业园区。近年来随着 798 艺术区商业化和文化旅游业的发展，这里逐渐形成了独特的文化消费场景。因此，目前 798 艺术区的文化场景更加复杂，也更具有混合性。基于场景理论和现有文献分析，本文把 798 艺术区文化场景要素归纳为：具有文化和艺术氛围的社区、文化设施和生活便利设施等物质结构、不同特点的人群、基于前三个元素的组合以及形成的各种活动、场景所孕育的文化和价值观念。

（一）具有文化和艺术氛围的社区

在场景理论中，对这个要素的定义为 neighborhood，英语中主要的意思为附近、临近、邻里等，可以阐释为具有与众不同特征的地区或空间。因为从工业遗产改造而来，798 艺术区的建筑明显不同于周围的居民区，其中分布着大量的德国包豪斯风格的建筑。早期形成过程中各类艺术家在此进行创作，改造了这里的空间形态，使其具有现代文化和艺术氛围。在长期的发展过程中，这里逐渐形成了一个整体，成为一个文化生态系统，并具有了范围上的概念和抽象意义。798 艺术区作为一个社区概念，承载着这里的多样性人群和各种实践活动。这样一种社区概念不是封闭的，而是开放互动的。798 艺术区相对靠近主城区的地理区位条件和便利的交通更加方便了与周围的交流。

（二）文化设施和生活便利设施

这类场景要素原指物质结构（physical structures），我国学者多界定为城市基础设施或生活文化设施等。798 艺术区的文化设施主要由各类文化和艺术机构组成，具有艺术气质和文化内涵，发挥着重要的文化功能。目前的文化设施可以分为如下方面：文化中心和艺术中心，如北京德国文化中心、巴林文化中心、波斯文化艺术中心、大千当代艺术中心等；美术馆、画廊和非营利性机构，如尤伦斯美术馆、木木美术馆、方圆美术馆、林冠艺术基金会、常青画廊、长征空间等，这类文化设施最为丰富，也最具有代表性；公共文化空间，如红石广场、包豪斯广场、创意广场等；艺术家工作室、摄影工作室和各类设计室等。随着游客和看展人群的进入，798 艺术区出现了大量具有生活气息和商业气息的便利设施，如便利店、咖啡馆、茶社、酒吧、酒店、中外特色餐馆、停车场等，促进了生活和文化消费场景的形成。

（三）不同特点的人群

在工人群体退去后，798 艺术区主要活跃着以下多样性人群：一是艺术家群体，包括长期在此工作的画家、雕塑家、音乐家等，也有大量艺术家来此进行艺术交流和艺术展示；二是辅助性工作人员、服务人员和管理人员，其中就包括政府层面的北京 798 艺术区管理委员会的工作人员和七星集团的相关人员；三是近年来由于商业化的发展，在 798 艺术区也活跃着大量的商家群体和中介机构人员；四是不同目的的来访人员，包括国内外游客，来此参观的国内外政要、社会名流、影视明星，进行文化和艺术相关交易的人员；五是从事文化产业和创意产业的相关创意阶层。这些多样性人群来自不同的地区，拥有不同的知识背景和兴趣爱好，他们之间相互交流、彼此学习，促进了思想和观点的碰撞，激发了很多具有创造性的灵感。

（四）各类特色活动

798 艺术区的厂房建筑不仅为艺术家们提供了巨大的空间，让他们可以进行特色艺术创作活动，如创作大型的雕塑作品和巨幅艺术涂鸦，还可以进行艺术作品的展览活动，以便吸引游客和志趣相投的艺术家。除去当地艺术家的艺术展览，798 艺术区经常举办大型的国际艺术展览和时尚活动，促进了中国现当代艺术的展示与传播，也加强了中国与国际艺术的交流。每年秋季由政府部门、七星集团、艺术机构等各方参与举办的综合性艺术活动"北京 798 艺术节"，作为一场艺术盛宴，连续举办多年，促进了北京文化创意产业的发展。除去有影响力的大型特色活动，在日常生活中，798 艺术区举办了不计其数的创意人才交流活动，这些活动形成了一个创意交流网络，充分展示了 798 艺术区的活力，也促进了文化的发展。

（五）场景孕育的文化和价值观念

场景包括三个维度，即真实性、合法性、戏剧性，也显示了场景所孕育的价值观。798艺术区的物理空间、多样性人群和各类特色活动相互组合，孕育了独特的文化和价值观念，这些文化和价值观念进一步吸引了对它们具有文化和价值认同的创意群体。本文概括为如下方面：对艺术和美的向往，不论是绘画艺术、雕塑作品还是其他艺术形式，都具有独特的艺术风格和美学价值；对个性和时尚的追求，这里曾是前卫的代名词，大量先锋艺术在此诞生，吸引着无数追求个性解放和时尚潮流的中青年群体；对创意和创新的推崇，只要你的创作足够新颖，显示自己的独特见解，可能大多数人无法理解，但在这里能得到足够的尊重；多元和自由的文化，文化本身就具有多样性，只有在不受条条框框限制的情况下才能更好地发展，正所谓"各美其美，美美与共"。

三　798艺术区文化场景中的发展问题及其矛盾性

正如马尔库塞在《单向度的人》中所描述的，发达工业社会的内在矛盾在于其不合理性成分存在于合理性之中，文化场景在形成过程中产生了诸多积极有利的条件，但从社会批判视角来看也存在阻碍其发展的因素。从衰败的电子工业厂发展为今天极具特色的艺术区，798经历了多次危机，我们庆幸其被保留了下来而免遭拆除，但是我们也需要正视其文化场景中的问题和矛盾性，避免单向度的发展。

（一）文化消费与文化生产

场景理论关注消费者视角，认为城市正在进入消费时代，但并不是否定生产的功能。马克思主义经济学认为生产决定消费，消费对生产具有反作用，因此文化消费的增长也应该以文化生产为基础。但在当下

798 艺术区文化场景中，一个文化消费网络正在逐渐取代 798 艺术区引以为傲的草根创意文化生产网络。作为旅游目的地的 798 艺术区吸引了大量游客的涌入，这里的文化消费快速增长，但艺术作品并不适合快速消费。因此，文化消费没有对这里的艺术创作和艺术生产形成有效带动，反而吸引了大量人群使得这里变得喧嚣，低端文化产品的充斥弱化了艺术气质，这些都排斥着艺术创作和生产。当前我国居民文化消费的需求层次较低，想要满足普通大众的需求就势必会与文化生产领域的高端发展存在一定的冲突。

（二）政府干预与自由发展

798 艺术区的成长起始于艺术家在这里的自发聚集，而它得以保留离不开政府力量的介入与协调。但是在未来，798 艺术区应该自由发展，还是应该由政府全面管理，依然处在争议之中。即使采取综合处理的办法，政府干预的程度和市场在资源配置中发挥多大的作用依然难以把握。有人认为政府的规划和管理可以使 798 艺术区更加健康和有序地发展，而另一种观点尤其是艺术家群体的期待则是，政府应该是一个服务者，例如完善公共设施，而不应该过度干预艺术区的管理，甚至确定发展方向。大多数受经济自由主义影响的西方学者认为地方政府的干预不利于城市创意文化空间的建设和有机发展，但是完全自由放任的做法，在我国是不可行的，也是存在较大弊端的。

（三）商业发展与艺术追求

随着大量与文化艺术无关的餐馆、商店、饮品店等不断涌现，798 艺术区出现了过度商业化的倾向，加之文化旅游业的发展，这里的房租价格越来越高，很多艺术家和艺术机构选择搬离，寻找新的生存空间。即使留下来的艺术机构和工作室也有很多迫于经济压力，从事商业行为，这使得艺术价值让渡给商业价值，文化艺术发展让渡给商业发展。这一现象类似于士绅化（或称中产阶级化），大量艺术家由于房租低廉搬进 798 艺术区，提高了 798 艺术区的象征价值，然后转化为更高的土地价值，使得这里的地产增值。这反过来却让艺术家们无法负担在那里从事艺术生产和艺术创作的费用，而不得不给能创造更大经济价值的群体腾出地方。产权方进行商业发展似乎做出了符合经济人的理性选择，但破坏了文化艺术发展的生态，最终不利于长久的发展。

（四）同质竞争与多样发展

在 798 艺术区成名过程中，其发展模式得到了广泛关注，因此基于学习和借鉴，北京以外的地区出现了争相模仿的现象，如西安大华 1935。北京作为文化中心本身就具有不少的艺术区，如宋庄原创艺术聚集区和草场地艺术区等，与 798 艺术区具有一定的相似性，形成了竞争发展的关系。为了促进园区内文化产业和创意产业的发展，798 艺术区提出要发展多种文化业态，这是否会对文化艺术的独特性造成削弱还需要实践检验，却从侧面反映出 798 艺术区发展动力的不足。

四　798艺术区未来发展的文化场景营造

本文认为在 798 艺术区未来的发展过程中要注重对文化场景的营造，并且需要保持独特的文化艺术氛围，以此来吸引创意阶层的聚集。政府力量和商业活动都在深刻影响 798 艺术区的发展，但笔者认为这些并不是根本的发展动力，只能作为辅助性力量。创意人才及其互动过程所产生的创意，可以作为 798 艺术区未来发展持续性的推动力，并且这种推动力在特定的文化场景中产生，与文化场景中的要素紧密相关。

（一）坚持文化场景中文化和艺术的主体地位

798 艺术区作为中国现当代艺术的重要展示窗口和北京市的文化名片，它既非以往的工业区，更不是繁华的商业区，独特的文化和艺术才是它的本色。798 艺术区的定位应不同于王府井大街，也不同于南锣鼓巷，对于入驻这里的商业机构，应该促进它们文化化的发展，赋予它们文化内涵与艺术价值，避免文化和艺术的过度商业化倾向，对文化产品的消费要以当地文化艺术的创作与生产为基础。北京大多数旅游景点都充斥着游客，但是在 798 艺术区文化旅游活动的发展过程中要注重对以艺术家群体为代表的文化先驱者的保护，798 艺术区最终要争夺的是创意阶层而非游客。在当前文化场景中几乎不缺乏生活便利设施，798 艺术区要持续吸引创意人才，就要坚持文化场景中文化和艺术的主体地位。

（二）文化场景的产业发展和政府角色

在英国文化创意产业发展过程中，英国文化、媒体和体育部发挥着相当重要的作用，但在提供支持的过程中其始终坚持"一臂之距"原则，较少干预具体的运营。美国的全国艺术捐赠基金会为艺术机构等非营利性组织提供重要资金援助，但一直扮演着促进者角色，这使得美国博物馆、美术馆等拥有较好的经营活力。在我国现有环境下，798 艺术区文化场景中文化及创意产业的发展，需要政府层面的规划和引导，但这应该是在顺应产业发展规律的前提下进行的，政府应在激发文化市场活力的基础上提供支持。在融合发展趋势下，798 艺术区文化及创意产业的发展依然处于重要的成长期，政府需要扮演好支持角色，在基础设施建设、投融资、税收等方面提供必要支持。

（三）营造文化场景的文化共鸣和情感共鸣

一个文化场景蕴含着其特有的文化和价值观念，当场景中的人群形成文化认同和价值认同时便会产生场景依赖，并且通过社会交流网络来吸引其他地区的创意人才。根据由场景理论发展而来的蜂鸣理论（the Buzz Theory），"蜂鸣"是文化场景凝聚创新资源的价值枢纽，而798艺术区的发展离不开这种创意人才之间产生的互动场景。在未来营造798艺术区的文化场景时，更加需要基于文化和艺术产生的认同感和归属感，创造超越种族、地区、年龄等的文化共鸣，这种文化共鸣不仅可以增强798艺术区的整体性，也能增强来访人员的向往。创意人才在798艺术区的聚集不仅是因为能获得经济收益，而更多的是想要寻找情感上的支持和共鸣，因此798艺术区的文化场景更需要蕴含作者独特思想情感的文化作品和艺术作品，而非冰冷的文化工业品。

（四）促进文化场景的多方互动与协同发展

在798艺术区文化场景中存在政府、七星集团、艺术家、各类机构等多方主体，要促进文化场景的和谐发展就必须重视主体之间的矛盾，协调好各方的利益关系。798艺术区可以通过民主途径探索形成一个合作治理网络，在多方互动交流中制定决策。文化场景中的各要素并不是相互孤立存在的，需要注意各要素的协同作用，促进798艺术区在一个共同的理论视角下成为理想的全系统的文化区。文化场景的形成需要文化生产和文化消费之间密切的相互作用，创意活动的聚集也应该是由生产功能和消费功能共同驱动的。就当前来看，798艺术区的文化生产和艺术创作等活动不应该被过分忽视。

参考文献

Chou T. L. , "*Creative Space, Cultural Industry Clusters, and Participation of the State in Beijing,*" *Eurasian geography and economics*, 2012, 53 (2).

Santagata W. , Bertacchini E. , "Creative Atmosphere: Cultural Industries and Local Development," *University of Turin*, 2011.

Frey O. , "Creativity of Places as a Resource for Cultural Tourism," *Enhancing the City*, Springer, Dordrecht, 2009.

Della Lucia M. , " Trunfio M. The Role of the Private Actor in Cultural Regeneration: Hybridizing Cultural Heritage with Creativity in the City," *Cities*, 2018, 82.

Richards G. , "Creativity and Tourism: The State of the Art," *Annals of Tourism Research*, 2011, 38 (4).

Lange B. , Kalandides A. , Stöber B. , et al. , " Berlin's Creative Industries: Governing Creativity?" *Industry and Innovation*, 2008, 15 (5).

Drake G. , " 'This place gives me space': Place and Creativity in the Creative Industries," *Geoforum*, 2003, 34 (4).

张铮、于伯坤：《场景理论下我国文化产业园区的发展路径探析》，《出版发行研究》2019 年第 8 期。

祁述裕、吴军：《文化场景视角下中关村创业大街发展动力探索》，《艺术百家》2017 年第 4 期。

吴军、夏建中、〔美〕特里·克拉克：《场景理论与城市发展——芝加哥学派城市研究新理论范式》，《中国名城》2013 年第 12 期。

刘明亮：《对北京 798 艺术区当下发展困境的分析》，《文艺理论与批评》2011 年第 1 期。

齐骥、亓冉：《蜂鸣理论视角下的城市文化创新》，《理论月刊》2020 年第 10 期。

刘东超：《场景理论视角上的南锣鼓巷》，《东岳论丛》2017 年第 1 期。

姚永玲、郑国楠：《创意消费阶层的成长——以北京 798 艺术聚集区为例》，《经济管理》2012 年第 4 期。

祁述裕：《建设文化场景　培育城市发展内生动力——以生活文化设施为视角》，《东岳论丛》2017 年第 1 期。

吴军：《文化场景营造与城市发展动力培育研究——基于北京三个案例的比较分析》，《中国文化产业评论》2019 年第 1 期。

陈波、林馨雨：《中国城市文化场景的模式与特征分析——基于 31 个城市文化舒适物的实证研究》，《中国软科学》2020 年第 11 期。

肖云：《创意产业系统的自组织特性研究——以北京"798 文化艺术创意产业园区"为例》，《经济体制改革》2014 年第 4 期。

"线上教学常态化"趋势下独立学院
艺术设计专业教学管理研究

尹媚丹　　巢月星[*]

摘　要： 疫情防控期间众多高校响应教育部"停课不停学"的号召，通过互联网进行线上授课教学。在"线上教学常态化"趋势下，创新与完善在线课堂教学管理方法成为当前高校教学管理的一项重要工作，应通过对线上教学监督管理过程中遇到的问题进行分析与总结，制定出适合独立学院艺术设计专业自身特点的线上教学管理方式。

关键词： 在线教学　教学管理　艺术设计　独立学院

新冠肺炎疫情的持续使得国内高校逐渐将"线上教学"由"线下教学"的一种有效补充形式转变成为一种常态化的教学方式。在"线上教学常态化"的趋势下，独立学院艺术类专业的教师及教学管理者需要结合专业特点，对教学方法和教学管理制度进行研究总结与创新实践，建立科学有效的"在线教学"管理制度，保障教师们在线授课和学生们在线学习的效果。

---

* 尹媚丹，首都师范大学科德学院讲师，主要研究方向为艺术设计；巢月星，中央财经大学文学硕士，主要研究方向为文化产业。

一　独立学院艺术设计专业线上教学管理的现状

独立学院的教学管理分为教师的课堂教学管理和学院对教师的教学管理。

独立学院艺术设计专业的本科文化课和专业课录取分数要低于普通本科院校艺术专业的录取分数段，所以独立学院艺术专业招收的普遍是文化课基础薄弱、专业水平偏低、自学习能力有待加强的学生们。而独立学院艺术设计专业的教师队伍主要由国内外重点艺术院校的硕士博士毕业生构成，这些教师们自身具备过硬的专业技能、扎实的理论基础、较强的自律性。因此在授课过程中会自然而然地照搬重点本科院校的教学方式对学生进行严格管理，上课时会进行长时间授课，忽略了独立学院艺术专业学生们不能够长时间保持专注度听讲的特点。体现在"线上授课"的情况，就是老师在不断地讲授课程，察觉不到仅一屏之隔的学生们已经出现了听课厌倦感。因为教师们线上授课时使用的平台或软件记录的数据只能代表学生们的挂课时间，并不会展示学生们听课的状态。这便造成线上教学前阶段学生们会积极地签到和听课，到了后期就会出现旷课或者挂课不听课的现象。

独立学院艺术专业负责教学管理的督导老师多数是文科或理工科院校退休的教授，他们会按文科和理工科的教学管理标准进行教学检查，重视教师的教学秩序与规范性，但没能兼顾艺术设计专业教学的连贯性和阶段性特点。例如绘画技法课程，教师在上课前阶段会把一个案例分成若干个步骤，边示范边讲解，讲完一个阶段的内容后，会让学生进行实践操作。根据讲授内容的连贯性，教师会分配学生的作息时间，然后依据学生们完成的效果分阶段继续讲课，直至讲完一个案例。所以艺术设计专业的教师们授课不会完全按着学校规定的作息时间进行。线上教学的时候就会出现教学督导按着学院规定上课时间进入在线课堂听课，而教师长时间不讲课的现象，使得教学督导无法准确掌握教师的线上授课情况。

二　"线上教学常态化"趋势下对独立学院艺术设计专业教学管理的要求

　　当前中国大学 MOOC、学堂在线、腾讯课堂等课程资源平台发布的在线课程对于艺术设计专业的教学实用性仍显不足，艺术设计专业的教师线上教学主要使用的是腾讯会议、钉钉会议、雨课堂等直播类型的软件。可是这些软件的功能侧重又各有不同，导致教师在备课的时候需要研究多款软件，为了减少线上教学过程中切换软件的频率，教师在上课前还要进行授课预演，设计出完善的线上教学方案。

　　此外，线上教学过程中会遇到网速卡顿、直播环境突然有噪声、电脑报错导致直播终止等突发情况。教师需要在备课的时候录制教学视频并上传到云盘，作为线上教学时的应急方案，在线上教学的有效时间内保障学生们的学习质量。

　　在线教学的过程中，教师要增加与学生的在线互动交流，随时掌握学生的学习状态。独立学院艺术专业学生的学习存在一个普遍的特点，就是自控与自学能力较弱，学生在家上课又比在教室听课自由，熟悉的生活环境更加容易分散他们听课的注意力。即便师生在上课期间通过摄像头进行在线视频，由于直播软件的窗口显示数量限制，教师不可能通过视频注意到全班学生的听课状态。在线提问、展示课堂作业、发布实时听课数据等互动形式可以督促学生在线认真听课。

　　同样，线上教学让督导老师们的教学管理工作更加复杂，这就要求督导老师通过班级群二维码或者学院规定的统一教学平台进入在线课堂的时候，不仅仅要监督教师的授课规范性和学生在线率出勤情况，在听课过程中发现问题还要及时地与教师沟通。例如雨课堂软件并不适合艺术设计专业的 3D 软件课程使用共享屏幕的方式授课，教师会用钉钉软件的在线直播功能讲课，有的时候学生们会直接进入在线课堂听课，忘记到学校规定的雨课堂中签到。同样是 3D 软件课程，有时候会出现 3D 软件运行卡顿的现象，教师需要临时退出学院统一规定使用的教学软件，改用其他的软件。督导教师调取数据时候就会认为学生的出勤率有问题，乃至产生艺术设计专业的课堂学生出勤率低，教学缺少纪律性的印象。因此在线上教学的管理过程中，作为学校的教学管理者要在发现问题的时候，及时与教师沟通，了解教师上网课的情况，帮助教师解决在线教学时遇到的实际困难。

三　"线上教学常态化"趋势下独立学院艺术设计专业教学管理模式的转变

在"线上教学常态化"的趋势下，作为独立学院艺术设计专业的教师要转变传统课堂教学活动中教师单方面输出知识、学生被动接受知识的授课方式。如果教师在线教学的时候仍然采用课堂教学的方式，学生会因为缺少互动交流，逐渐产生厌倦感，失去听课的兴趣。所以教师在线讲课的时候可以采用"微课"的形式，将准备的案例拆分为若干个步骤，教师边做示范边分析技术的重点和难点，便于学生快速理解和掌握刚才所学的知识。教师在线授课的时候也可以随时让学生展示作业的效果，根据学生的作业质量设置一些奖励机制，提高学生们在线学习的积极性。教师还可以实时监控学生们在线听课的效果，发现学生们在学习过程中遇到的难题，调整后续课程内容教学的方法。

现在艺术设计专业的发展体现出跨学科交叉融合、技术迭代更新快的特点。教师可以在准备线上教学的时候制作一套包括拓展内容在内的课程教学案例，上传到在线课程平台或网盘，引导学生在课余时间自学，以解决课堂有效教学时间不足的问题。而且教师提前录制完案例制作演示视频提供给学生观看，可以提高教师的讲课效率。教师通过分析软件记录的每一位学生观看视频的次数和总时间，能够掌握每位学生的学习状态，知道学生的学习难点，以便在制定同一门课的教学方案与教学内容时做出更新与调整。

学校在艺术设计专业的线上教学管理方面除了制定应急预案，监督线上教学的规范性，还应该考虑艺术设计专业教学的特殊性，提升教师线上教学的质量。首先，严格规范和评价教师线上教学的质量。在开课之前任课教师要向教务处提交内容更加详细的教学方案，包括教学大纲、教学日历、教案、课件、使用的线上平台、对学生线上学习的考核方法。学校的督导老师们对线上课程的内容进行政治审查和学术性审查，保证课程的思想性、专业性、学术性、创新性符合学校的教学要求。教师在线上教学的时候可以根据学生的反馈和学习效果，调整课程内容及在线教学方式，及时反馈给学校的督导老师。

其次，进行符合艺术设计专业教学要求的线上课程建设。一方面搭建虚拟教室，让学生们通过网络感受课堂学习的气氛，增加师生之间的实时互动。艺术设计专业课程需要学生动手实践完成，例如雕塑、设计构成等课程需要教师随时对学生进行操作指导，目前教师很难通过直播软件或平台教学的方式指导学生修改创作，毕竟实际修改示范比语言指导的效果要好，而在虚拟教室上课，通过配有力学反馈的虚拟现实设备，可以完全模拟现实课堂的教学效果。另一方面，教师也可以录制高质量的教学视频上传到虚拟课堂方便学生观看。现在使用的在线教学平台和直播软件为了保证视频流畅度都会对画面进行压缩，尤其是教师在讲解软件课程的时候，软件的菜单字体小，制作案例的时候使用的命令多，操作步骤逻辑性强。学生们通过手机看到的界面较为模糊，有时还会遇到画面延时的情况，导致学生们看不清教师的操作演示，跟不上教学进度，做不出效果，最终失去学习的兴趣。

从在线教学的效率和效果方面考虑，学校教学管理者应该转变教师工作量的考核机制，鼓励艺术设计专业教师采用在线大班授课、分班辅导的教学方式。独立学院的艺术设计专业的培养目标是培养具备创新性的应用型人才，课程以实践操作为主。传统的课堂教学由于教室面积、教师工作量计算等原因，教师讲授同一门课都是分班授课，为了保证班级之间教学内容的一致，同样的案例教师要讲几次。在线教学打破了教学空间的限制，创造了多人同时听课的条件。教师在大班授课前可以将教学大纲提供给学生们，让学生们对课程的全部内容有所了解。在线授课的时候以讲解理论知识、技术重点和难点为主，统一解答学生们在学习过程中出现的共性问题，提高授课效率。分班授课又能够让师生之间有充分交流，有针对性地进行指导，有效地调动学生们学习积极性和创造性。对于教师的线上教学考核，学院教学督导老师们可利用线上教学过程中生成的大数据对学生出勤率、学生对课程访问数、教师授课时长、师生互动、作业提交情况等数据进行分析，能够对教师的教学工作做出客观的评价，也能及时向教师反馈线上教学质量相关问题。

结　语

在疫情防控期间，线上教学促使独立学院艺术设计专业教师们转变了教学理念，创新了教学方式，更新了教学内容，客观上促进了艺术设计专业课程体系的改革。在"线上教学常态化"的趋势下，建立和完善符合独立学院艺术设计专业的教学管理制度，鼓励教师采用多种方式开展专业教学，提高在线教学的效率和质量，为独立学院艺术设计专业未来的建设与发展起到了积极的推动作用。

参考文献

卢明煜:《浅析独立学院艺术设计专业教学管理》,《教育教学论坛》2011 年第 16 期。

谭亚、杨清:《独立学院设计类专业的教育模式探讨》,《艺术与设计(理论)》2016 年第 5 期。

胡小平、谢作栩:《疫情下高校在线教学的优势与挑战探析》,《中国高教研究》2020 年第 4 期。

张欣:《高校艺术设计课程线上线下多元互动式教学模式研究》,《美术教育研究》2021 年第 3 期。

张家豪:《基于"云校园"的中外合作办学人才培养模式研究》,《教育教学论坛》2022 年第 17 期。

吕威威、盛悦蕾:《"停课不停学"背景下高职院校线上教学管理模式研究》,《国际公关》2020 年第 6 期。

柳丹、刘春宇:《浅析独立学院艺术设计专业的教学与管理》,《今日科苑》2007 年第 10 期。

"科技+消费"驱动文化和旅游
产业创新发展研究

高明亮 *

摘　要： 经受疫情冲击并正在逐步恢复的文化和旅游产业，在阵痛之后急需新的发展动能，通过科技创新和消费升级来实现整体跃升非常必要。作为文化和旅游产业发展重要动力，科技创新可有效塑造文化和旅游产业新范式，消费升级能快速激发文化和旅游产业新活力。"科技+消费"将从空间载体构建和产业内容提升等方面驱动文化和旅游产业创新发展。

关键词： 文化和旅游产业　科技创新　消费升级

近期受疫情影响的中国文化和旅游产业的发展虽有所恢复但未完全恢复，而通过科技创新和消费升级可以迅速为文化和旅游产业发展注入新动能，对文化和旅游产业创新发展而言显得非常必要。在数字化加速发展以及文化和旅游融合发展的背景下，从全新的视角观察包括文化服务业、文化制造业、文化批发和零售业以及旅游业在内的文化和旅游产

---

* 高明亮，北京道源咨询有限公司总经理，兼任全国老龄办老年人才信息中心特聘专家、三明学院经济与管理学院客座教授等，主要研究方向为文化和旅游产业、战略性新兴产业以及数字经济等。

业在疫情发生前后的产业规模和新业态等情况的变化，并在分析文化和旅游产业发展的动力机制基础上探索相应的创新发展路径，将有助于疫情影响下的文化和旅游产业发展新格局的构建。

一　"科技+消费"驱动文化和旅游产业 创新发展的必要性

（一）受疫情影响的文化和旅游产业尚未完全恢复

虽然中国旅游业营业收入从 2019 年的 57251 亿元下降为 2020 年的 22286 亿元，但是包括文化服务业、文化制造业、文化批发和零售业在内的文化及相关产业的发展在一定程度上弥补了这一亏空。至 2021 年，文化和旅游产业营业收入达到 148255 亿元，已经恢复到 2018 年的水平（140534 亿元），接近新冠疫情发生前 2019 年的水平（156283 亿元）。从总体上看，遭受阵痛的文化和旅游产业尚未完全恢复。

同时，由于旅游产业、文化及相关产业受疫情影响程度不同，文化和旅游产业的营业收入结构也发生了一些变化。从不同类型产业营业收入占文化和旅游产业营业收入的比重来看，近年来被疫情严重拖累的旅游业营业收入占文化和旅游产业营业收入的比重在 2020 年疫情发生前最高，2018 年和 2019 年分别达到 36% 和 37%，而受疫情影响的 2020 年和 2021 年则分别下降为 18% 和 20%，仅相当于 2019 年占比的一半。受疫情影响相对较小的文化服务业占文化和旅游产业营业收入的比重，则从 2018 年和 2019 的 25%、28% 提升为 2020 年和 2021 年的 39%、38%，一举成为文化和旅游产业营业收入中占比最高的产业类型。此外，文化服务业占文化和旅游产业营业收入的比重自 2019 年超过文化制造业后，于 2020 年、2021 年进一步扩大了领先优势，这与全国第三产业增加值占 GDP 的比重明显超过第二产业的情况类似。

表1 2018～2021年全国文化和旅游产业营业收入

单位：亿元

	2018年	2019年	2020年	2021年
文化服务业	34454	43454	48874	56255
文化制造业	38074	38044	38137	44030
文化批发和零售业	16728	17534	16454	18779
旅游业	51278	57251	22286	29191
合计	140534	156283	125751	148255

数据来源：国家统计局文化及相关产业统计数据、文化和旅游部2018～2021年文化和旅游业发展统计公报。如无特殊说明，以下图表资料来源相同，不再赘述。

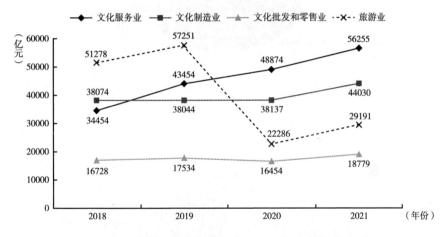

图1 2018～2021年全国文化和旅游不同产业类型营业收入

（二）面临考验的文化和旅游产业急需发展新动能

虽然2021年文化和旅游产业的营业收入已经恢复到接近疫情发生前2019年的水平，而且其中受疫情影响相对较小的文化及相关产业涉及的文化服务业、文化制造业、文化批发和零售业的营业收入与疫情前相比还有所增长，但是受疫情影响严重、疫情前在文化和旅游产业营业收入中占比最高的旅游业，要恢复到疫情发生前的水平还有一段很长的

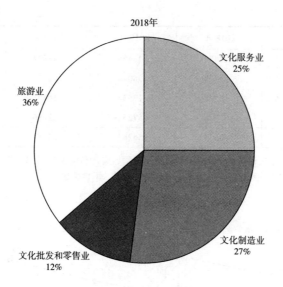

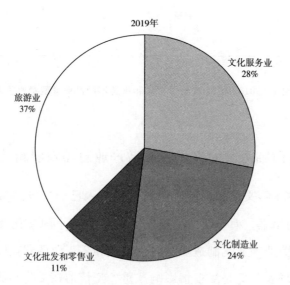

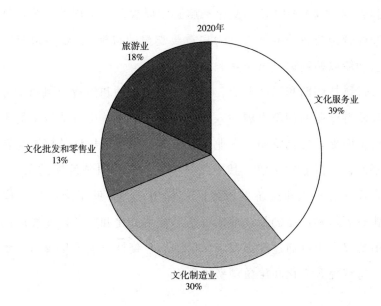

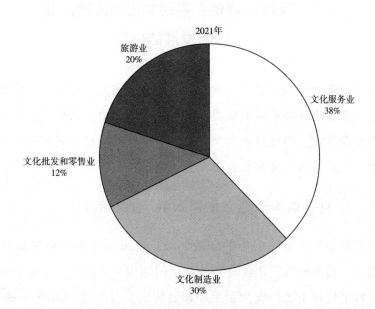

图 2　近年全国文化和旅游不同产业类型营业收入占比

路要走。在此背景下，还将面临诸多困难的文化和旅游产业要顺利实现文化和旅游部《"十四五"文化和旅游发展规划》提出的成为经济社会发展和综合国力竞争的强大动力和重要支撑的目标[①]，就必须及时获得发展新动能以顺利通过重重考验。

通过科技创新和消费升级，可以从创新驱动和消费牵引两个方面为文化和旅游产业的创新发展注入新动能，进一步减少疫情带来的不利影响，对全面提升文化及相关产业的发展质量以及加快恢复旅游业至疫情前水平而言显得非常必要。其中，科技创新作为引领发展的第一动力，通过发挥其对文化和旅游发展的赋能作用，将有助于全面推进模式创新、业态创新和产品创新，形成疫情影响下文化和旅游产业发展的新优势。消费提升则可通过加强需求侧管理，在疫情影响下培育新的消费增长点、持续提升文化和旅游消费水平。

二　"科技+消费"驱动文化和旅游产业创新发展的机制

科技创新和消费升级是文化和旅游产业发展的重要动力。科技创新为文化和旅游产业高质量发展提供外在的创新动力，有助于塑造文化和旅游产业新范式。消费升级为文化和旅游产业高质量发展提供内生的消费动力，有助于激发文化和旅游产业新活力。

（一）科技创新塑造文化和旅游产业新范式

以科技创新为重要内容的创新驱动，已成为经济社会发展第一动力。同时，近年来数字化促进经济社会的结构和功能发生重大变化，经济社会数字化转型已经成为包括中国在内的全球各地的重要发展趋势，

---

① 《"十四五"文化和旅游发展规划》，https://zwgk.mct.gov.cn/zfxxgkml/ghjh/202106/t20210602_ 924956.html。

中国数字经济增加值占 GDP 的比重已经接近四成，数字经济对国民经济的支撑作用日益明显。国家层面明确提出实施数字中国战略，推动数字经济核心产业增加值占 GDP 比重从 2020 年的 7.8% 提高到 2025 年的10%①。中国信息通信研究院发布的《全球数字经济白皮书（2022年）》显示，2021 年全球 47 个主要国家数字经济增加值规模达到 38.1万亿美元，其中，中国数字经济规模达到 7.1 万亿美元，占 47 个国家总量的 18.5%，仅次于美国，位居世界第二②。2021 年中国数字经济规模达到 45.5 万亿元，同比名义增长 16.2%，高于同期 GDP 名义增速3.4 个百分点，占 GDP 比重达到 39.8%。其中，作为数字经济发展主引擎的产业数字化发展进入加速轨道，规模达到 37.2 万亿元，同比名义增长 17.2%，占 GDP 比重为 32.5%。服务业引领数字化转型，从零售、餐饮、旅游到办公、教育、医疗等各类传统服务市场，因数字化赋能实现了线上线下融合，进一步带动服务业的繁荣发展③。目前，作为数字经济发展主引擎的产业数字化发展进入加速轨道，文化和旅游产业数字化已经成为一个国家和地区构建文化和旅游产业核心竞争力的关键举措。

科技创新通过培育文化和旅游产业的新业态、开拓文化和旅游产业的虚拟空间，推动文化和旅游产业逐渐形成数字化背景下的发展新范式，改变了文化和旅游产业的发展逻辑。

一是培育文化和旅游产业的新业态。近年来，以数字化为重要代表的科技创新通过推动中国新型工业化、新型城镇化、信息化和农业现代

---

① 《中华人民共和国国民经济和社会发展第十四个五年规划和 2035 年远景目标纲要》，http://www.gov.cn/xinwen/2021-03/13/content_ 5592681. htm。

② 《中国数字经济规模达 7.1 万亿美元》，https://m.gmw.cn/baijia/2022 - 07/30/130 3067626. html。

③ 中国信息通信研究院：《中国数字经济发展报告（2022 年）》，http://www.caict.ac.cn/kxyj/qwfb/bps/202207/t20220708_ 405627. htm。

化水平持续提升，引发文化和旅游产业空间不断重塑、文化消费内容和场景快速变化。以 5G 背景下人工智能、大数据、物联网和区块链等为代表的数字技术的发展，有力地推动了文化产业数字化和数字文化类新型消费的快速发展，推动线上线下消费深度融合和互动式沉浸体验等新型消费加快发展。数字经济时代的到来对旅游业以及文化及相关产业的传统发展路径造成了较大冲击，文化和旅游产业数字化已经成为未来发展的重要内容，元宇宙等概念的兴起表明社会各界对数字化世界的探索进入了新阶段。从近年来文化及相关产业的发展来看，数字文化新业态特征较为明显的新业态发展动力强劲，受疫情影响较小。来源于国家统计局的数据显示，数字文化新业态特征较为明显的 16 个行业小类，2020 年实现营业收入 31425 亿元，增长 22.1%；2021 年实现营业收入 39623 亿元，比上年增长 18.9%。这些文化新业态营业收入两年平均增长 20.5%，高于文化企业平均水平 11.6 个百分点；占文化企业营业收入的比重为 33.3%，比上年提高 0.8 个百分点。其中，可穿戴智能文化设备制造、互联网广告服务 2 个细分行业营业收入两年平均增速分别为46.4%和 31.8%。

二是开拓文化和旅游产业的虚拟空间。通过数字科技发展对虚拟空间开拓与数字文化和旅游产业培育产生深远影响。作为真实系统的虚拟化展现的数字双胞胎概念在工业制造领域的提出及其在教学实训、基建工程以及其他数字城市有关的领域中更多应用场景中的延伸，使其在数字经济时代成为数字虚拟世界和现实物理世界交汇的手段。在元宇宙成为热门话题的当下，借助数字双胞胎等数字技术推动文化产业空间虚实转化，主要体现为以互动式沉浸体验为重要特征的公共文化新型空间、虚实结合的虚拟文化产业园的构建，为文化产业空间发展提供更有效的、立体式的多元化支撑。近年来浙江、江苏、福建、四川和辽宁等地纷纷在该领域加快布局。

（二）消费升级激发文化和旅游产业新活力

以精神为特质、持续增长的教育文化娱乐需求将成为激发文化和旅游产业的新活力。文化和旅游产业的数字化将对文化和旅游消费规模、结构、内容与方式的变化起到重要的推动作用，而文化和旅游消费方式的改变将衍生出多元化消费需求，比如互联网原住民（2000年以后出生）与非互联网原住民的文化和旅游消费需求明显不同。通过提升经济发展水平以及鼓励文化和旅游消费、降低恩格尔系数、挖掘文化和旅游消费潜力，可以更有效地推动物质消费向精神消费跃升和提升教育文化娱乐消费占比。

一是降低恩格尔系数，推动物质消费向精神消费跃升。消费升级带来的消费牵引作为推动文化和旅游产业发展的内在动力，体现了作为原动力的人类的物质需求和精神需求。随着经济社会发展水平的逐步提高，作为内在动力的消费牵引将通过持续的文化和旅游消费升级，推动人类消费逐步从以物质消费为主向以精神消费为主转变。19世纪德国统计学家恩格尔发现，家庭收入越少则总支出中购买食物的比重越高，从国家层面看亦如此。降低恩格尔系数，将增加作为高级需求代表的文化和旅游消费需求。

二是挖掘文化和旅游消费潜力，提升教育文化娱乐消费占比。近年来，全国各地采取了一系列促进文化消费的措施，积极挖掘文化消费潜力，在很大程度上促进了地方文化和旅游营业收入的增加，提升了地方人均教育文化娱乐消费在人均消费支出中的占比。2021年，文化和旅游部联合国家发展改革委、财政部发布第二批55个国家文化和旅游消费试点城市，公布第一批120个国家级夜间文化和旅游消费集聚区，并于2022年对第二批123个国家级夜间文化和旅游消费集聚区名单进行公示。

从近年全国居民人均可支配收入和人均消费支出的情况看，两者基本处于同步增长状态。人均可支配收入持续增长是教育文化娱乐消费支出逐步增加的坚实基础。同时，数据显示，近年来食品烟酒消费支出占比与教育文化娱乐消费支出占比之和基本保持在40%左右，其他消费支出占比基本保持在60%左右，而且食品烟酒消费支出占比与教育文化娱乐消费支出占比处于此消彼长状态，随着作为物质需求代表的食品烟酒消费支出占比的逐步降低，作为精神需求代表的教育文化娱乐需求消费支出占比将逐步提升，这为文化和旅游产业的发展提供了重要动力。

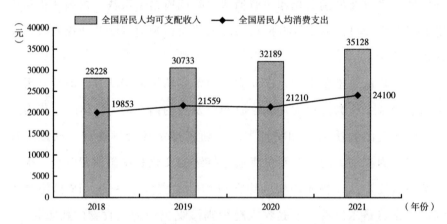

图 3　2018~2021 年全国居民人均消费支出与可支配收入同步增长

数据来源：国家统计局 2018~2021 年国民经济和社会发展统计公报。

表 2　2018~2021 年全国居民人均消费支出构成

单位：元，%

	食品烟酒消费支出	占比	教育文化娱乐消费支出	占比	其他消费支出	占比
2018 年	5631	28.4	2226	11.2	11996	60.4
2019 年	6084	28.2	2513	11.7	12962	60.1
2020 年	6397	30.2	2032	9.6	12781	60.2
2021 年	7178	29.8	2599	10.8	14323	59.4

数据来源：国家统计局 2018~2021 年国民经济和社会发展统计公报。

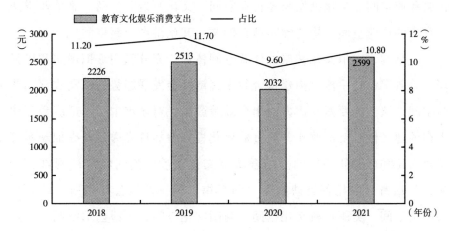

图 4 2018~2021 年全国居民教育文化娱乐消费支出占人均消费支出比重

数据来源：国家统计局 2018~2021 年国民经济和社会发展统计公报。

三 "科技+消费"驱动文化和旅游产业 创新发展的路径

在科技创新和消费牵引的共同作用下，包括文化服务业、文化制造业、文化批发和零售业、旅游业在内的文化和旅游产业将向与数字经济社会相匹配的方向发展。"科技+消费"驱动文化和旅游产业创新发展的路径包括空间载体构建和产业内容提升等。

（一）以数字化为依托构建虚实结合的文化和旅游产业新空间

与城市更新和乡村振兴结合，加快文化和旅游产业领域的新型基础设施建设，完善文化产业"云、网、端"基础设施，推动生产生活空间的虚拟化和文化产业空间数字化，形成虚拟空间与现实空间交织发展的格局。在此基础上，以文化服务业和旅游业为重点，全面提升包括文化服务业空间、文化批发与零售业空间、文化制造业空间、旅游业空间等在内的产业空间，构建虚实结合的文化和旅游产业新空间。

一是构建虚拟文化和旅游体验空间体系。充分利用虚拟现实和增强现实等数字科技手段，构建符合数字经济社会发展趋势的沉浸式互动体验空间。从土地要素支撑方面出台政策鼓励，对城市中已不适应数字化生存的地区做必要的改建，通过数字化提升叠加灯光秀以及虚拟现实等拟建文化和旅游体验空间。结合城市文化生活中夜间经济"网红打卡文化"培育，依托各类博物馆、图书馆、科技馆等公共场所，设立公共阅读空间、美丽乡村文化空间、商圈文化空间、文博艺术空间、跨界文化空间等公共文化空间，构建最美公共文化空间体系。

二是推动数字文化和旅游产业园体系构建。设立跨越物理边界的"虚拟"产业园和产业集群虚拟产业园，通过虚拟现实产业等提升文化制造业、文化服务业、文化批发和零售业、旅游业的产业数字化水平，以点带面推动数字文化和旅游产业领域核心竞争力的提升。

（二）以消费升级为抓手培育文化和旅游新业态

以数字化背景下文化和旅游消费城市、夜间文化和旅游消费集聚区等新型文化和旅游消费体系构建和夜间经济发展为重要依托，积极推动传统文化和旅游产业转型以及培育数字化特征明显的文化和旅游新业态。

一是依托文化和旅游消费城市建设和夜间经济培育，推动文化和旅游消费升级，促进文化和旅游消费规模、结构、质量和方式发生重要变化。以国家文化和旅游消费示范城市、国家文化和旅游消费试点城市、国家级夜间文化和旅游消费集聚区等为重要框架，从各地选择资源禀赋好、市场潜力大和具有较好品牌优势的城市或区域，建设集合多种业态的消费集聚地，举办消费季和消费月等活动，持续提升各地文化和旅游消费水平。

二是培育数字化特征明显的文化和旅游新业态。结合文化和旅游消费城市建设和夜间经济培育,通过加快数字文化和旅游产业链建设,打好"建链、强链、延链、补链"组合拳,提高产业链稳定性和竞争力。围绕产业链和创新链构建,积极培育数字化特征明显的文化和旅游新业态,促进优秀文化和旅游资源数字化,发展平台经济,培育云演艺业态和发展沉浸式业态等,满足新兴文化和旅游消费需求。在发展沉浸式业态方面,与全国各地的城市公共空间、特色小镇等的数字化相结合,引导和支持虚拟现实、增强现实、5G+4K/8K超高清、无人机等技术在文化和旅游领域应用,发展全息互动投影、无人机表演、夜间光影秀等产品,推动现有文化和旅游内容向沉浸式内容移植转化。

图书在版编目（CIP）数据

文化和旅游产业前沿. 第九辑／郭万超主编. --北京：社会科学文献出版社，2023.1

ISBN 978-7-5228-1020-1

Ⅰ.①文… Ⅱ.①郭… Ⅲ.①文化产业-产业发展-研究-中国②旅游业发展-研究-中国 Ⅳ.①G124②F592.3

中国版本图书馆 CIP 数据核字（2022）第 205590 号

文化和旅游产业前沿 第九辑

主　　编／郭万超

出 版 人／王利民
组稿编辑／邓泳红
责任编辑／王　展
责任印制／王京美

出　　版／社会科学文献出版社
　　　　　地址：北京市北三环中路甲 29 号院华龙大厦　邮编：100029
　　　　　网址：www. ssap. com. cn
发　　行／社会科学文献出版社（010）59367028
印　　装／三河市龙林印务有限公司

规　　格／开 本：787mm×1092mm　1/16
　　　　　印 张：26.75　字 数：363 千字
版　　次／2023 年 1 月第 1 版　2023 年 1 月第 1 次印刷
书　　号／ISBN 978-7-5228-1020-1
定　　价／128.00 元

读者服务电话：4008918866